CHINA FURNITURE YEARBOOK 2015

中国家具年鉴

中国家具协会 编

CHINA NATIONAL FURNITURE ASSOCIATION

中国林业出版社

中国家具协会 CHINA NATIONAL FURNITURE ASSOCIATION
地址：北京市朝阳区百子湾路 16 号百子园 5C-1203 室
Add：Room 1203, Building C, No.5 Baiziyuan, No.16, Baiziwan Road, Chaoyang District, Beijing
邮编 Postcode：100124
电话 Tel：010-87766752 87766795
传真 Fax：010-87747349
E-mail：huiyuan@cnfa.com.cn
QQ：1186486096
http://www.cnfa.com.cn

CHINA FURNITURE YEARBOOK 2015
中国家具年鉴

图书在版编目（CIP）数据

2015 中国家具年鉴 / 中国家具协会编. -- 北京：
中国林业出版社，2015.6
ISBN 978-7-5038-8031-5

Ⅰ. ①2… Ⅱ. ①中… Ⅲ. ①家具工业－中国－
2015－年鉴 Ⅳ. ①F426.88

中国版本图书馆 CIP 数据核字（2015）第 130963 号

出 版	中国林业出版社（100009 北京西城区德内大街刘海胡同 7 号）
网 址	http://lycb.forestry.gov.cn
电 话	(010) 83143572
发 行	中国林业出版社
印 刷	北京华联印刷有限公司
版 次	2015 年 6 月第 1 版
印 次	2015 年 6 月第 1 次
开 本	185×260 1/16
字 数	470 千字
印 张	23.25
定 价	230.00 元

《2015 中国家具年鉴》编委会

CONTENTS

目录

地方篇

CONTENTS
目录

CONTENTS

目录

01/特载文章

FEATURED ARTICLES

2014年12月4日，中国家具行业年会暨中国家具协会第五届五次理事会在北京召开。会上，中国轻工业联合会会长步正发同志作了重要讲话，他从轻工行业发展的角度为家具行业把脉，对行业发展做出了肯定，并对中国家具协会的工作提出了更高要求与希望；中国家具协会理事长朱长岭同志作了2014年度行业工作报告，他对2014年行业发展进行了全方位的分析与总结，并介绍了2015年工作计划，对行业发展具有重要指导意义。

在中国家具协会第五届五次理事会上的讲话

中国轻工业联合会 会长　步正发
2014年12月4日

各位理事、同志们：

今天，我们在这里隆重召开中国家具协会第五届五次理事会，总结今年工作，分析研究家具行业面临的形势，部署新一年的重点工作。朱长岭同志将代表理事会作工作报告，各位理事将结合行业和企业实际，提出真知灼见。这是家具行业改革发展、转型升级的一次重要会议。我代表中国轻工业联合会对大会的召开表示热烈祝贺！

近年来，家具行业克服国际金融危机的严重影响和国内经济下行压力加大、要素成本上升、资源环境约束增强等各种困难，保持了全行业平稳较快发展，取得了结构调整和转型升级的积极成果。企业不断调整和完善发展思路，提升研发、设计能力，加大结构调整、产业集聚力度，加强质量管理和经营管理，骨干优势企业的引领作用进一步发挥，上下游产业链之间、制造业同文化创意产业之间进一步加强融合合作，满足多元化需求的新设计、新产品不断涌现，线上线下结合新的商业模式快速推进，定制家具发展迅速，红木家具等一批高档产品稳步发展。今年1～10月，家具行业工业增加值同比增长9.5%，高于轻工业0.7个百分点；规模以上企业主营业务收入同比增长11.6%，

高于轻工业 2.3 个百分点；海关统计出口额 427.06 亿美元，同比增长 0.2%，连续负增长的态势得到遏制。1 ~ 9 月，规模以上企业实现利润 273.97 亿元，同比增长 15.63%，平均单件产品价值提升，企业盈利能力提高。家具行业取得的成绩来之不易，我谨向大家表示由衷的谢意！

世界经济已经进入后国际金融危机时期的深度调整阶段，我国经济在新常态下正在发生深刻而积极的变化，服务业比重继续提升，经济向中高端明显迈进，科技创新日趋活跃，市场活力不断迸发，新型业态快速涌现，简政放权等政策催生发展新的动力，分配结构积极改善，经济质量稳步提高。

轻工业正由高速增长转为中高速增长，增长方式由主要依靠规模扩张转为主要依靠质量、品牌、结构优化升级，增长动力由主要依靠劳动力成本、引进技术等要素驱动和投资驱动转向创新驱动，加大用高新技术改造发展传统产业力度，加快技术创新、商业模式创新，提升智能化制造水平，加快设计、文化创意同产业的融合、艺术与技术的融合、制造业同服务业的融合，满足多元化、时尚化、定制化消费需求，在国际市场竞争中由产业中低端转向中高端，由追赶型转为赶超型。

家具行业是轻工业的重要组成部分。家具行业要在国际国内的大局和轻工业发展的规律中思考谋划行业的发展，我们必须清醒地看到行业面临的经济下行和出口难度增加的压力依然很大，家具行业结构性矛盾依然突出，产业集中度不高、产品同质化、附加值低、管理粗放，产能过剩与市场需求新变化矛盾凸现，一些企业自主创新能力还不强，特别是缺乏在国内外市场影响力强的自主品牌。标准化、知识产权保护等基础建设，公平竞争的条件和环境有待进一步改善。家具行业进入只有调整结构、转变发展方式才能持续健康发展的关键时期。

尽管面临的经济形势依然错综复杂，但家具行业仍处在重要的发展机遇期，人们对家具产品多样化的需求是家具行业发展的强大推动力。随着我国工业化、城镇化进程和人民生活水平的提高，家具行业有着巨大的发展潜力。我国家具在相当长时间内仍具有发展优势，企业提升走出去水平上仍有广阔的发展空间。

家具行业要以深化改革获取发展新的动力，把发挥市场在资源配置中起决定性作用和积极争取政府支持结合起来。进一步发挥科技对产业升级的引领支撑作用，依靠科技创新提质增效。以消费者为中心，满足和创造多元化的消费需求，在普及和升级换代上下功夫，在加强产业同设计、文化创意融合上下功夫，在提升高端产品比重上下功夫，加大同消费者体验互动，大力培育新的消费增长点。通过市场竞争，将有限的资源配置到产业升级效率最高的领域，使高效环保企业引领带动产业发展，由扩大规模向技术升级、产业升级和商业模式创新转移，重新构建企业竞争力的基础。同时积极争取政府支持，切实解决企业实际困难，进一步完善扶持政策，改善企业转型升级的环境和条件。

中国家具协会成立 20 多年来，在家具行业的快速发展和结构调整的进程中，发挥了重要作用。协会认真履行服务宗旨，充分发挥行业、企业与政府之间的桥梁纽带作用，深入企业、产区、卖场调查研究，反映行业诉求。在推动企业自主创新，促进产业结构调整，培育发展产业集群，规范拓展市场，培育技术技能人才，加强国际合作交流及自身建设等方面，都做了大量成效显著的工作。家具行业产业集群、各类展览会、家居文化节的功能进一步拓展。家具协会被民政部授予 5A 级社团组织。协会会员进一步扩大，凝聚力、国内外影响力进一步增强，得到了整个行业的赞扬。

家具协会要巩固发展多年来取得的成绩和经验，认真研究行业和行业协会面临的新情况、新问题，不断增强和完善协会服务功能，提升服务能力，增强服务效果。借此机会，我对协会工作提出几点希望：

一是继续推进结构调整，促进产业优化升级。重点推动培育一批应用高新技术和适用技术，改造提升传统产业的项目，进一步发挥优势产业集群、大型企业、特色企业对行业的引领作用，提升产业集中度。促进企业技术创新，鼓励企业重视原创设计，推进原创设计产品产业化，加强设计同产业的融合。积极推广节能环保的新技术、新材料、新工艺，促进资源节约和综合利用，推动产业可持续发展。

2015年是我国实施"十二五"规划的最后一年，要在全面总结全行业实施"十二五"规划的成绩、经验、差距的基础上，制定家具行业的"十三五"规划，用深化改革和法治的思维，认真研究行业转型升级和改革发展的实际问题，明确"十三五"主要目标任务和措施，明确明年行业发展的思路和重点工作。

二是加强和完善企业质量管理体系，培育提升自主品牌的影响力。协会要认真总结推广企业在以质量为中心，加强现代管理的先进典型，组织分析行业和企业在产品质量、节能减排、品牌影响力等方面的差距，组织提出改进意见和措施。加大对优势自主品牌的培育和宣传力度，采取多种方式提升品牌的影响力。加大对家具标准的宣贯力度，进一步加强标准化、知识产权保护等基础工作。

三是加强行业自律，规范市场行为。持续组织开展行业诚信和自律教育，制定有针对性的规范家具市场秩序的行规行约。加强对行规行约实施情况的自律检查，通过检查发扬成绩，纠正问题。积极应对社会和媒体有关家具行业的热点问题，维护消费者和企业的合法权益。

四是进一步加强协会自身建设。坚持服务宗旨，不断提高服务行业、企业的能力，服务政府的能力，服务消费者和社会的能力。提高说清行业、引领行业发展的专业业务水平和综合政策水平。完善科学民主决策制度，加强领导班子和员工队伍建设，充分发挥广大员工的积极性，深入持久抓好作风建设，提高协会依法治理能力，努力把协会办成团结和谐、凝聚行业的学习型、服务型、创新型社团组织。

同志们，新的一年家具行业结构调整、转型升级任务十分艰巨。让我们共同努力，以全面深化改革、全面推行依法治国为动力，奋发进取，扎实工作，为中国家具行业转型升级和持续健康发展做出新的贡献！

谢谢大家！

中国家具协会第五届五次理事会2014年度工作报告

中国家具协会 理事长　朱长岭
2014 年 12 月 4 日

尊敬的各位领导，各位行业同仁们：

大家好！

今天大家相聚北京人民大会堂召开中国家具协会第五届五次理事会，贯彻中央的精神，总结家具行业发展情况，报告家具协会工作，为新一年行业持续发展做好准备。

2014 年，党中央国务院坚持稳中求进的工作总基调，坚持统筹稳增长、调结构、促改革，坚持宏观政策要稳、微观政策要活、社会政策要托底的有机统一，创新调控思路和调控方式，保持经济社会发展稳中有进、稳中向好，实现了良好开局。

中国家具行业认真贯彻中央精神，扎实开展工作，取得了较好的成绩。当前家具行业进入结构优化调整的变革时期，一批骨干企业依靠先进生产技术，引领行业加快升级发展，多元化拓展国内外市场，使行业保持了平稳较快发展态势，为国民经济发展做出了重要贡献。

在行业稳步发展的同时，中国家具协会本着为行业、为企业、为政府及为社会服务的原则，在促进行业进步方面做了大量的工作。下面，我向大会

作工作报告，请大会予以审议。

一、2014 年我国家具行业的基本情况

我国家具行业经过改革开放 30 多年发展，已经成为消费品领域的大行业，全口径统计，产值达到 1.2 万亿，已经成为家具生产大国，家具出口大国，家具消费大国，得到了世界家具行业广泛关注。

1、家具行业转型升级调整结构　2014 年，我国正处在经济增长换挡期、结构调整阵痛期以及前期政策消化期，家具业的发展步伐与全国经济形势一致，也将从高速发展向中低速发展转变。

家具行业的产业结构调整继续进行，2014 年，整个行业经历了重大考验，出口由上半年下降到基本持平，国内销售增长缓慢，产业结构调整加快，环保要求提高，税制改革继续，经济下行压力加大，房地产市场不景气等压力，经过全行业努力，克服困难取得了较好的效果 。

2、全行业技术水平快速提升　目前，中国家具行业整体技术水平已经得到快速提升，业内知名企业已经掌握了全球最先进的生产技术和工艺，产品基本满足了市场的需求，并在国际上具有一定的影响力。通过家具出口要求提高以及国内市场消费需求不断的提升，促进了家具企业设备技术的大幅度提高。

3、大中型家具企业发展情况较好　我国大型家具企业发展趋势较好，规模以上家具企业的数量也在不断增多。全国规模以上家具企业 4933 家，1 ~ 9 月实现主营业务收入 5121.87 亿元，同比增长 12.64%，规模以上企业平均收入继续增长。大企业在行业中的领军作用增强；中型企业的呈现增长趋势，在优化企业结构、提高产业集中度中发挥了重要的作用。

4、企业盈利水平在提高　从盈利能力上看，1 ~ 9 月，规模以上企业累计利润 273.97 亿元，同比增长 15.63%，而累计产量 56245.39 万件，增幅仅为 3.74%，利润增幅高于产量增幅，说明在产量稳定的情况下，产品附加值在提高，企业效益有所提升，盈利能力得到提高。2013 年，家具行业规模以上企业平均劳产率同比增幅超过 5%，而就业人数出现负增长，这种情况对反映家具行业经济增长方式发生了质的转变，全行业整体进入了依靠提高劳产率实现增长的时代。

5、定制家具快速发展　目前，定制化家具可以满足消费者个性化要求，近年来大型定制家具生产企业发展迅速。全屋家具定制，发展到厨房、衣柜、木门等多品类家具定制，家居配套服务等定制企业发展迅速。这些企业引入了大规模定制化生产设备，将信息技术应用于生产制造，缩短了产品生产周期，将现代科技与传统制造业充分结合，成为家具企业转型升级的样板。更多企业在尝试定制家具服务。

6、家具出口出现低增长　2014 年上半年家具出口呈现负增长，比上年同期下降 5.8%。1 ~ 9 月，家具行业累计出口 382.49 亿美元，同比增长 0.34%。出现了降低和基本持平。今年我国家具出口形势十分严峻。在当前国内经济下降压力较大，国际形势复杂多变、贸易壁垒频出的情况下，一部分出口企业对出口利润的增长前景并不看好，转内销的现象不断增多，我国家具出口形势不容乐观。需要引起大家的重视。

7、家具卖场建设快速发展　家具卖场发展速度加快，现有的连锁卖场持续开店，各地招商引资建设卖场也很多，造成家具卖场数量和营业面积快速增长。家具卖场的提升和扩张，为品牌企业走向全国市场提供了条件，一定意义上规范了家具卖场，但是，企业反映家具卖场单位面积销售额在下降，卖场顾客流量下降，市场竞争更加激烈。

8、家具电子商务发展迅速　我国家具行业电子商务逐渐兴起，近年来销售出现快速增长。根据中国行业咨询网研究数据，2015 年中国家居行业的电子商务规模预计将达 2050 亿元。一些大型企业及大型卖场开始采用电商销售模式，力求在消费观念逐渐变化的消费市场上占取先机。部分卖场及企业与天猫、京东商城等平台合作，开始了线上与线下相结合的销售模式探索电子商务。 一些专业从事家具电子商务销售的公司发展快速，受到了消费者的认可，将线上销售与线下体验充分结合，为家具销售提供了新的渠道。

9、家具展会升级服务行业　我国家具展会的

展出质量和国际影响力都有很大提升。其中以每年3月的广州家具展和9月的上海家具展为龙头，全国各地的家具展览会也在各单位努力下积极组织，为家具企业交流、订货、展示提供服务。

家具展会的配套服务和相关活动逐步提升，展会举办高峰论坛活动，探讨行业发展方向，分享企业成功的经验；展会的各项设计评比赛事，促进了家具行业原创设计水平的提升；展会业务拓展促进了全球家具行业的交流，家具展会成为国际技术交流和行业协会对接的重要平台；家具展览会极大地促进了行业的发展。

10、新的环保法规促进家具企业技术改进　当前，国家日益重视环境保护工作，新的环境保护法即将实施，家具企业为了适应新的环保要求，对生产设备进行改造升级，改进生产工艺和技术，研究开发使用新材料。家具企业家具制造过程中，不断使用新设备，改进生产工艺，通过使用低污染、低能耗的材料，减少对大气的污染。如今已有多样解决方案，通过机械喷涂代替人工生产，降低工人在制造过程中对健康带来的影响；使用水性涂料、粉末涂料替代高污染涂料，降低有害物质的排放，保护环境和人类健康。同时促进行业的技术进步。

总之，2014年我国家具行业在国家深化改革的进程中，不断地壮大成长，成为服务民生重要行业。行业发展任重道远，仍然需要全行业努力，在新的一年里争取更大成绩。

二、2014年中国家具协会工作情况

党的十八届三中全会通过的《中共中央关于全面深化改革若干重大问题的决定》明确指出，要激发社会组织活力，正确处理政府和社会关系，加快政社分开，推进社会组织明确责权、依法自治、发挥作用，明确了社会组织在承接政府转移职能，参与社会事务管理，提供公共服务中的优势地位。中国家具协会认真贯彻中央三中全会精神，在2014年的工作中，努力增强自立能力、说清行业能力、组织协调能力、引领行业发展能力，认真开展工作。

1、获得民政部社会组织评审5A级协会　2013年，民政部社会组织评估专家组到中国家具协会实地考察，对协会等级进行评估。通过评定，2014年4月25日，民政部授予中国家具协会在中国社会组织评估等级中获得最高的5A等级。对中国家具协会的组织建设、工作开展、规范管理给予肯定，这对促进协会健康、规范发展，增强协会公信力有着积极的作用。

2、紧密联系行业，服务企业、摸清现状　为了充分掌握行业发展的情况，组织了多次行业情况的调研，走访了重点省份重点企业，了解了行业的生产、销售情况，也了解到很多企业的诉求。下半年，中国家具协会与国务院发展研究中心市场经济研究所合作，共同开展了“中国家具市场发展研究”课题，对全国10多个省市家具卖场的实际情况进行调研，通过问卷调查和座谈了解，掌握了当前家具卖场发展的经验和碰到的问题。通过课题研究，努力实现做到服务行业、反映诉求。

3、会员组织继续发展壮大　中国家具协会通过不断为行业服务的各项活动，更广泛地团结了家具行业的生产、销售、流通及上下游企业，很多企业要求加入协会，2014年新增会员单位112家，这次会议新增理事单位148家。

会员数量的增加，组织的壮大为协会更全面的了解行业提供了重要基础，也为协会更深层次的服务企业增加了新的渠道。

4、加强国际交流，国际影响力进一步提升　今年以来，协会加大了与全球各国家具产业的联系。分别组团参观考察了意大利、俄罗斯、伊朗、新加坡等家具展会、市场和企业，与美国、土耳其、意大利、西班牙、葡萄牙、芬兰等国家行业协会进行了多次国际交流活动，了解了各国家具产业的特点及对中国家具产业的需求，努力为各国企业接洽中国企业搭建平台。参加亚洲家具联合会的各项活动，与协会成员国进行了广泛接触。

继续与意大利米兰信息中心CSIL开展合作，共同撰写《世界家具展望》报告；与瑞典木业协会组织了中国、瑞典设计及贸易洽谈会；与俄罗斯家具与木材家具企业协会签订了合作协议，举办了座谈会；与中国、东盟商务理事会签署战略合作协议。通过交流与合作，了解了国际家具行业的情况和相关信息，提高中国家具行业国际影响力。

5、信息服务工作进一步加强　中国家具协会多次召开行业信息发布会，并且与轻工业信息中心合作，获取家具行业统计数据，共同编写出版家具行业发展年度报告。今年与中国林业出版社合作出版的2014年《中国家具年鉴》，成为公开发行的家具行业年度资料。

努力办好中国家具协会网站，通过改版，增添了会员服务平台，增强协会服务能力。出版《中国家具协会通讯》，及时报道行业信息，并增加了《新家具》杂志，再在杂志上开展“中国家具行业优秀品牌展示”活动，先后免费展示了近百家优秀家具品牌，为宣传提升中国家具行业品牌，提高家具品牌社会知名度做了工作受到了会员企业的欢迎。

6、举办家具展览会和家居文化节　中国家具积极参与主办的3月的广州国际家具博览会，9月的上海国际家具展览会，使展览会规模和质量进一步提升。与此同时，积极支持各省市家具行业家具展览会的举办，通过展览会举办，团结了行业，促进了交流，加强了合作。

我们联合家具产业基地政府和协会，先后举办了“第三届中国香河国际家居文化节”、“中国传统红木家具品鉴会”、“中国西部家具商贸之都八益家居文化艺术节”、“中国红木家具经销商大会”、“中国西南家具博览会”等活动，为带动产业基地的经贸发展，扩大影响做了工作。

7、产业集群工作继续加强　从2003年到2014年的十多年间，中国家具协会通过授予和共建的方式，已经授予了36个地区的37个产业集群称号，涵盖了生产、流通、出口等各个领域，从区域分布来看，主要集中在环渤海、长三角、珠三角等地区。产业集群的发展，使中国家具行业逐渐形成以产业基地为主产业布局，有利于产业链的形成，可以建立集中的产业服务中心，促进行业集中度提高，降低生产运输成本。

今年两个产业集群通过专家评审，还有很多地方家具产业聚集地区提出要加入到家具产业集群的队伍。

8、行业培训有所创新　中国家具协会在各地建立家具培训中心，通过每年定期举办行业各类培训工作，职业资格考试以及全面系统的培训，为从业人员系统学习专业知识、提高专业技能，培养管理综合素质提供学习机会。同时开展了全国家具行业协会工作人员的培训工作。

在推广新技术方面，首次与粉末喷涂企业朗法博合作，举办技术学习班，为行业内学习新技术推广新工艺，受到企业的欢迎。

9、开展标准化工作促进行业产品质量提高　中国家具行业的标准化工作取得重要成绩，协会和相关单位出版了《家具标准汇编》发放给会员企业。通过努力，在企业积极参与下修、制定了大量家具标准，现有家具标准128项，涵盖了所有家具产品。在中国家具协会和全国家具标准化委员会的组织下，2014年5月23日，国际标准化组织家具标准化技术委员会（ISO/TC 136）第12届全会及其工作组会议在上海召开，会议通过了由中国成立国际标准《床类——力学性能试验方法》起草小组，负责起草国际标准。国际标准化组织家具标准化技术委员会年会在中国召开，为中国专家提供一个了解、掌握国际标准制、修订动态，切实参与国际标准化活动的机会，同时让更多的国际标准化专家了解了我国有关部门及专家对国际标准化工作的重视和相关工作能力，进一步扩大了我国在国际家具标准领域的影响力，进一步提升了我国在国际家具标准化领域的话语权。

中国家具协会在上级主管部门的领导下，在各理事单位的支持下，经过几年的努力，在组织建设、能力提高，了解行业，促进发展方面有很大的进步，2014年取得了较大的成绩，在新的一年将更好的工作，在今后承接政府转移职能，参与社会行业事务管理，提供公共服务中增强中国家具协会优势地位。

三、2015年主要工作

1、制定好十三五规划，促进行业发展　中国家具协会组织相关专家制定中国家具行业十三五规划，2015年是十二五最后一年，将全面总结2011～2015年来行业发展的基本情况、数据信息、成功经验和不足，提出未来五年中国家具产业的发展重点和主要方向，使家具行业融入到未来五年中国经济的发展规划中去，制定今后五年的纲领性文件。

2、继续搞好行业转型升级　继续搞好行业的转型升级在国家经济体制改革的总方针指导下，继续搞好家具行业转型升级贯彻国家各项改革政策，执行国家新的环保政策，不断提高家具行业的技术水平，提高企业的竞争力，改变扩充产能增长方式，用现代技术和信息化手段改造传统行业。贯彻节能减排理念，减少资源消耗，提高资源利用率。

3、促进企业管理水平提高　在当前的经济快速发展环境下，需要提高家具企业管理者综合素质，提升管理水平，快速适应全球化带来的新变化。应用现代技术进行信息化管理，制度化管理。采用专业化生产，提高劳动生产率。

4、加强行业的集中度，鼓励大型企业集团建设　在家具行业进行产业结构调整进程中，解决产品同质化严重、产能过剩问题，需要通过企业间的兼并重组行为增强行业集中度，逐步淘汰产品质量差、经营效率低的落后产能。

5、坚持品牌建设和创新　家具行业持续发展必须坚持品牌建设和不断创新。目前我国已产生一批具有社会影响力和品牌知名度的家具企业，不少家具企业上市，家具行业内以品牌企业为中心的品牌集团将成为行业发展的重点。通过科学的技术创新、产品创新、营销创新，增强品牌的核心竞争力，不断提升品牌附加值，扩大品牌影响力，促进品牌企业的持续稳定发展。根据市场需求，要不断推广适合行业的新技术，不断采用新工艺，不断开发新产品，在引进先进生产设备的同时，加强自主技术革新，研发新的加工设备，推广信息技术的应用。

6、继续搞好家具出口　中国是全球最大的家具出口国，多年来始终保持出口第一的位置。中国家具出口的不断增加解决了就业问题，提升我国家具的产品质量水平，出口是家具行业发展的重要方面。因此，我国家具企业仍应坚持扩大出口贸易不动摇。要从 OEM 代工生产向品牌输出转变，从全球贸易分工中逐渐向产业链高端发展。在出口产品档次上，应继续提升产品附加值，参观学习各国先进企业，考察国外发展较好的地区、产业园区，提升技术水平和管理水平。

7、加强产业集群建设　家具产业集群对我国家具行业的发展具有重要的促进作用，产业集群的发展有利于发挥大型企业的龙头导向作用。加强产业集群建设，需要做好集群布局规划，大力发展物流仓储、五金配件、油漆化工、木材交易等上下游配套产业；加强与高等院校、咨询等专业机构的合作；加强专业化分工合作，坚持做好公共服务平台建设，提供设计研发、检验检测、电子商务、培训教育、贸易对接等多项服务，拓宽产业集群企业的营销渠道，提升产业集群内企业的整体水平。

8、充分发挥协会组织的作用　为了进一步发挥全国性行业组织的特性，中国家具协会将认真总结今年与国家机关及部委的合作经验，更加密切的政府部门联系，在相关政府部门的指导下，开展科技创新、低碳环保、营销拓展、国际贸易以及协会应该做的各项工作，同时向政府部门反映行业动态情况和企业的诉求。同时加强协会自身建设，提供人员素质，提升服务水平。

9、加强信息工作，深化国际合作与交流　中国家具协会和全球多国家具协会及组织建立联系并开展合作，在明年的工作中，我们将深化合作内容，结合企业的需求，有针对性地开展各国产业对接活动，促进国际贸易和行业交流，推动中国家具产业国际影响力的提升。

在信息工作上，近几年的信息工作已经积累了大量的行业信息，明年的工作中我们将提升网站、微信、微博等网络平台的信息及时响应速度，增强《年鉴》《通讯》《新家具》等纸媒内容的编辑水平，重点在信息统计分析、信息共享、信息发布上加强工作力度，提升信息工作为行业服务的实际意义。

10、制定宣贯家具标准、规范市场行为　虽然近两年来中国家具标准制修订步伐已经加快，但标准的贯彻执行仍然有待于增强。2015 年，中国家具协会将在推行行业标准方面开展进一步的工作。我们将通过与主流媒体、各级政府的对接，积极引导家具企业执行新的家具标准，并关注最新的国际标准，不断推动中国家具标准与国际接轨。

在规范市场行为上，中国家具协会通过市场委员会及今年的家具市场调研活动已掌握了家具市场中诸多问题。在明年的工作中，我们将针对这些问题，在各地区政府规划布局、市场规范经营、企业诚信营销等方面开展工作，努力为行业持续稳定发展营造健康的市场环境。

11、完善行业培训体制　在今年的培训工作中，通过多渠道、多方向的培训，已经走出了一条新的培训道路。我们看到，更加贴近企业需求的培训更具意义、也更受企业重视。在明年的工作中我们仍坚持进行中国家具行业职业技能培训基地的建设，及营销师、导购师的基础培训工作，并加快新工艺、新技术、新材料的推广及宣传，为行业输送人才、为企业转型献策，进一步完善培训体制。

结束语

各位代表，各位同仁，当前中国经济正处于新的发展阶段，中国家具行业也在转型升级的过程中不断发展，中国家具行业未来将面临更多的机遇和挑战，我们要以全面深化改革为动力，坚持创新驱动，推动家具行业健康发展。在全国家具同仁的共同努力下实现家具强国愿望。

谢谢大家！

02 年度纪事

ANNUAL CHRONICLE

2014 年，我国家具行业进入深度调整期，已经上市的家具企业增速放缓、14 家家居企业冲击 IPO 未果，然而一些家具电商企业业绩增长迅速，取得了骄人的成绩。国际标准领域，在 ISO/TC 136 全会及工作组会议上，正式通过了中国上海质检院提出的新标准，使我国在国际家具标准化领域的话语权有了质的提升……本篇对中国家具协会及行业大事记进行了年度总结，并通过多条渠道，广泛搜罗国内外行业新闻资讯，筛选斟酌，将年度新闻大事记一网打尽。

中国家具协会及家具行业 2014 年度纪事

2014 中国家具行业信息发布会在东莞召开

2014 年 3 月 16 日，由中国家具协会、国际名家具（东莞）展览会、瑞丽家居设计联合主办的“2014 中国家居流行趋势暨行业信息发布会”在广东东莞召开。会议发布了 2013 年中国家具行业的经济运行情况、行业发展特点以及 2014 年的行业预测数据以及 2014 年行业发展的重要方向，瑞丽家居介绍了 2014 年色彩和风格流行趋势，来自俄罗斯的商务代表分享了俄罗斯家具市场的现状和俄罗斯民众的家具消费习惯，并对俄罗斯目前主要的家具商作了介绍。

2014 ~ 2015“大岭山杯”金斧奖中国家具设计大赛正式启动

2014 年 3 月 16 日，2014 ~ 2015“大岭山杯”金斧奖中国家具设计大赛在厚街国际名家具展上正式启动。金斧奖中国家具设计大赛为中国家具行业最高设计赛事和最高设计奖。本届大赛由中国家具协会主办，中国家具协会设计工作委员会及大岭山家具协会承办，是双方合作举办的第三届赛事，大赛主题为“结构与细节”，复赛实物作品展将于 2015 年 9 月在中国国际家具展上举办。

中国家具协会三月广东行

2014 年 3 月 17 ~ 21 日，中国家具协会组织工作人员先后来到广州、东莞、深圳三地，分别参观了中国（广州）国际家具博览会、国际名家具（东莞）展览会和深圳国际家具展三大展会。此次观展团由刘金良副理事长带队，贾清文名誉理事长一同参加。本次参观使协会工作人员进一步了解了行业发展动态，增加了与企业交流的机会。

第 33 届中国广州国际家具博览会在广州举办

2014 年 3 月 18 日，第 33 届中国（广州）国际家具博览会隆重开幕。本届展会两期总规模达 68 万平方米，共有来自中国、美国、德国、意大利、法国、英国、比利时、葡萄牙、印度、新加坡、泰国、澳大利亚、日本、马来西亚、土耳其等 32 个国家和地区的 3659 家企业参展，阵容鼎盛。展品涵盖民用家具、办公家具、户外家具、装饰品、家具生产设备和原辅材料及其上下游产业的全系列题材。

中国·瑞典贸易洽谈及研讨系列活动成功举办

2014 年 3 月 29 日，中国家具协会与瑞典木业协会、中国木材与木制品流通协会共同举办了圆桌讨论会、“室内和家具设计中的木材元素”论坛。圆桌讨论会由瑞典农业事务部国务秘书麦格那斯延布先生发表致辞，他表达了瑞典与中国木材进出口贸易的强烈愿望和祝福。此次会议是瑞典木业协会对适合中国广大消费者生活方式的家居用材设计风格的一次探索，将进一步促进中瑞木材及家具贸易的持续、健康发展。

2014 中国家具协会办公家具专业委员会年会在中山举行

2014 年 3 月 26 日，2014 中国家具协会办公家具专业委员会年会在广东中山举行。中国家具协会理事长朱长岭、广东省家具协会会长王克、中国对外贸易广州展览总公司华佳公司副总经理吴佶强、中山市东升镇副镇长黄伟忠等行业领导和专家出席，来自全国各地代表 600 余人参加会议。本次年会分为行业会议和高峰论坛两部分，高峰论坛又分“环保与责任”、“创新与未来”两个主题。会上，中国家具协会朱长岭理事长围绕“改革、环保、品牌、诚信、奉献”五个关键词，作了重要讲话。

中国家具协会访问意大利并出席 CSIL 发布会

2014 年 4 月 9 日，受意大利木业与家具工业联合会邀请，中国家具协会理事长朱长岭一行访问意大利。访问期间，中国家具协会一行参观了米兰国际家具展，并与意大利木业与家具工业联合会进行了友好磋商。朱长岭理事长还出席了红星美凯龙“红星国际平台”发布会，并发表致词。4 月 10 日，中国家具协会出席了由意大利米兰轻工信息中心 CSIL 组织的 2014 年世界家具展望新闻发布会，与各国家具行业协会、政府机构代表共同发布了各国家具产业发展报告。

中国家具协会荣获全国性社会组织评级5A等级

2014年4月25日，全国性社会组织评估委员会全体会议表决确定了2013年度全国性行业协会评估等级，中国家具协会在评估中获得最高的5A等级。2013年，民政部社会组织评估专家组到中国家具协会实地考察，专家组一行通过听取汇报、查阅资料、质询了解等形式，围绕基础条件、内部治理、工作绩效、社会评价等几方面对协会进行全面考评。专家组对协会建设及工作开展给予了充分肯定。此次评估获得5A等级，对中国家具协会是一种肯定和激励，对促进协会健康、规范发展，增强协会公信力有着积极的作用。

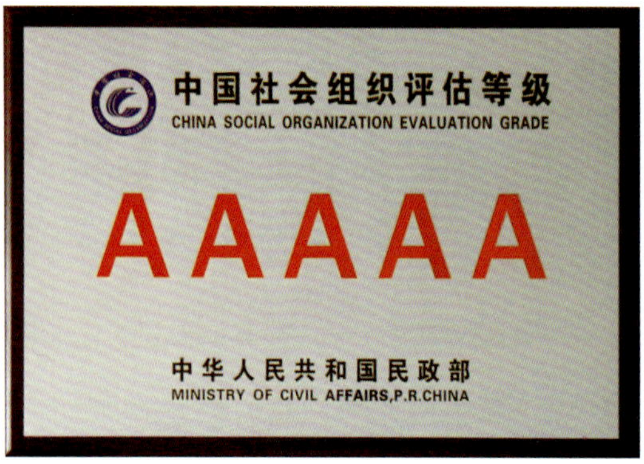

中国家具协会原辅材料专业委员会主席团筹备会暨2014首届中国·正定国际家具辅料博览会召开

2014年4月26日，由中国家具协会原辅材料专业委员会主办，石家庄东江展览有限公司承办的中国家具协会原辅材料专业委员会主席团筹备会暨2014首届中国·正定国际家具辅料博览会在河北正定召开。此次博览会室内展览面积3万平方米，来自河北、山东、广东和浙江等地的千余家客商汇聚于此，共赏家具辅料新技术、新产品和新趋势。此次会议调整了原辅材料专业委员会组织架构，会上宣读的《原辅材料专业委员会工作条例修订稿》完善了会员职责，更好地发挥主席团成员的行业带头作用。

第三届中国香河国际家居文化节盛大开幕

2014年4月28～5月3日，由中国家具协会、河北省家具协会和香河国际家具城共同主办的第三届中国香河国际家居文化节在河北香河国际家具城盛大开幕。此次文化节在前两届的基础上，融入了更多的国际元素，活动更加丰富，论坛更为专业。开幕式上，中国家具协会理事长朱长岭与香河县人大党组副书记、香河家具城工委书记李玉革共同签署了长期战略合作框架协议。文化节期间还举办了中国家具协会经济信息委员会成立大会筹备会暨“深化改革，创新发展”国际论坛、中国家具协会信息媒体工作会暨信息媒体联谊会、香河家具产业国际推介会等多项行业会议及研讨交流活动。

中国家具协会与俄罗斯家具与木材加工企业协会建立合作意向

2015年5月11日~14日，中国家具协会理事长朱长岭访问俄罗斯，参观俄罗斯家具展并出席俄罗斯经济及世界家具市场研讨会。访问期间，朱长岭理事长拜访了俄罗斯家具与木业企业协会，双方就如何推动中国与俄罗斯两国家具产业持续进步展开对话并签署了谅解备忘录。在俄罗斯家具展期间，朱长岭理事长参加了俄罗斯经济及世界家具市场研讨会，并作为中国家具行业代表发布行业报告。2014年9月12日，双方就进一步合作举行座谈会。会上，双方表达了深度合作的意愿。会后，各方出席了由俄罗斯国际家具展览会主办的“聚焦俄罗斯，充满潜力的进口和投资市场”商业论坛。

国际标准化组织家具标准化技术委员会ISO/TC136第12届全会及工作组会议在上海召开

2014年5月20日~23日，由国家标准化管理委员会（SAC）主办，上海市质量监督检验技术研究院（SQI）承办，震旦（中国）有限公司、喜临门家具股份有限公司协办的ISO/TC 136国际标准化组织家具标准化技术委员会第12届年会及其工作组会议在上海召开，获得圆满成功。ISO/TC 136全会及工作组会议是国际标准化领域“家具产品”的最高权威会议。来自9个国家的50余名代表参加了本届会议，本届共召开会议4场次，研究讨论了家具桌类、椅凳类（包括儿童高椅）、储藏类、睡眠类等多类家具的力学性能（强度、耐久性、稳定性）、安全性能等标准化问题。中国家具协会理事长、全国家具标准化技术委员会主任委员朱长岭在会上作了《中国家具标准化现状》报告。会议一致通过了由上海市质检院提出的床类家具新标准项目“家具 床类 强度和耐久性测试方法”及新工作组“床类 测试方法”的建立。

2014年全国家具协会会长、秘书长工作会议暨京津冀家具行业发展论坛在津召开

2014年5月29日，由中国家具协会和天津市家具行业协会共同主办的2014年全国家具协会会长、秘书长工作会议暨京津冀家具行业发展论坛在天津召开。此次会议，是在党中央强调京津冀协同发展的背景下召开的。国务院发展研究中心市场经济研究所所长任兴洲以京津冀一体化背景下家具行业的发展为题作演讲，民政部民间组织管理局社团一处处长高成运结合十八大和三中全会精神，传达了社会组织改革的新精神，中国家具协会理事长朱长岭做总结发言。

中国家具协会受邀参加中意企业家委员会成立大会暨中意经贸合作论坛

2014 年 6 月 11 日，国务院总理李克强在北京人民大会堂与意大利总理马泰奥·伦齐共同出席中意企业家委员会成立大会暨中意经贸合作论坛并致辞。受商务部邀请，中国家具协会理事长朱长岭出席活动。会议期间，朱长岭理事长与意大利木业和家具工业联合会总裁 Roberto Snaidero 签署了“中国家具协会与意大利木业和家具工业联合会谅解备忘录”，这将进一步促进意大利和中国家具和室内设计行业的发展，共享技术和市场信息，鼓励企业在两国市场的投资和贸易，为双方企业提供商业与合作机会，共同为双方家具企业建立交流与合作平台。

中国家具协会与中国—东盟商务理事会签订战略合作伙伴关系框架协议

2014 年 6 月 18 日，中国—东盟商务理事会执行理事长许宁宁一行访问中国家具协会，中国家具协会理事长朱长岭会见了许宁宁一行，双方就如何促进中国与东盟家具产业对接进行了友好交流。基于合作的强烈意愿，双方探讨了合作的领域，秉承优势互补、平等互助、友好协商的原则，签署了“中国—东盟商务理事会和中国家具协会建立战略合作伙伴关系框架协议”。合作内容包括信息共享、项目合作、调研合作、培训合作、成立行业合作对接机制及商务咨询几方面内容。

第四届中国国际轻工消费品展览会在京举办　家具行业上演红木、实木两大主题展览

2014 年 6 月 27 日 ~ 30 日，由中国轻工业联合会主办，近 20 家行业协会共同协办的高端消费品展会“中国国际轻工消费品展览会”在北京中国国际展览中心举办。展会期间，由中国家具协会主办的“首届中国现代实木家居生活体验展”及“第二届中国红木家具精品品鉴会”同期举办。中国轻工业联合会会长步正发到会祝贺并致辞，中国家具协会理事长朱长岭等领导出席了开幕式。

中国实木家具精英企业大会暨2014中国家具协会实木家具专业委员会年会在京召开

2014年6月27日下午，中国实木家具精英企业大会暨2014中国家具协会实木家具专业委员会年会在京召开。中国轻工业联合会副会长杜同和、中国家具协会理事长朱长岭、副理事长陈宝光等领导出席了大会。大会宣布了《“中国木魂——金斧奖”实木家具设计制造奖》获奖名单，河北蓝鸟、湖北荣星两家企业的参赛作品获得特别金奖，廊坊华日、北京曲美、广东联邦、七台河双叶四家企业的产品获得金奖。日前，中国家具协会携手新浪家居共同举办的“2014年消费者最喜爱的实木家具产品与品牌评选”评选活动也在会上公布了获奖名单。

器以载道——当代中国红木家具文化推进大会在京召开

2014年6月28日，“器以载道——当代中国红木家具文化推进大会”在北京家和家美红木第一城召开。本次大会由中国家具协会主办，北京家和家美红木第一城协办，合作媒体为新浪家居。中国家具协会理事长朱长岭、副理事长陈宝光等领导出席大会。会上，行业内领导和嘉宾就六个品鉴主题作了演讲，同参会人员作了分享和交流。大会对第二届金斧奖中国传统家具设计制作大赛的获奖作品进行了颁奖，同时对“2014年消费者最喜爱的红木家具产品与品牌”进行了获奖名单的公布及颁奖。

中国西部家具商贸之都第八届国际家居文化艺术节在成都举办

2014年7月2日上午，由中国家具协会和成都市武侯区人民政府主办，四川省家具行业商会和成都八益家具城承办的中国西部家具商贸之都第八届国际家居文化艺术节在成都武侯区八益家具城隆重开幕。文化节期间，第二届中国家具产业发展成都国际论坛于7月3日在四川成都举办，当天，第15届成都国际家具工业展览会开幕。本次论坛由中国家具协会和成都市人民政府共同主办，会上，中国家具协会理事长朱长岭同成都家具展组委会常设组织机构——新东方展览有限公司总经理蒋丹共同签署了战略合作协议，双方将深化合作内容，共同促进西部地区家具产业长期发展。

中国木制家具（成都）峰会圆满召开

2014年7月4日下午，中国木制家具（成都）峰会在成都金牛宾馆召开，会议由中国家具协会、中国龙桥家居博览城共同主办，家和家园国际家居商城承办。中国家具协会理事长朱长岭、中国龙桥家居博览城企业联盟主席谭武分别在会上致辞，并进行了家和家园国际馆全球招商启动仪式。主办方特别邀请著名经济学校赵晓，在会上以《六个继续》为主题，从经济面宏观、总量、结构、体制等多方面解读中国当前经济情况。同时还邀请了多位行业专家以“新格局下的木制家具生产与消费”为话题展开高峰对话。

2014第三届沈阳国际家具博览会成功举办

2014年8月15～17日，由中国家具协会、辽宁省家具协会、上海博华国际展览有限公司共同主办的2014第三届沈阳国际家具博览会在沈阳国际展览中心成功举办。中国家具协会理事长朱长岭、中国林产工业协会秘书长石峰、辽宁省工商业联合会副主席宋文利、辽宁省家具协会会长祖树武出席开幕式并致辞。本届家博会有来自国内外507家企业参展，展馆面积达10万平方米，会间有10余万国内外专业人士和买家与会，成交额20.7亿元人民币，买家数量比去年增加近50%。

2014板式家具粉末涂装培训班在朗法博公司举办

2014年8月6～8日，由中国家具协会主办，朗法博粉末涂装科技有限公司、广东高校家具制造工程技术开发中心承办的第一期“2014板式家具粉末涂装技术培训班”于朗法博山东工厂举办。掌上明珠、好孩子、中泰龙、华盛、科宝·博洛尼、骏业、爱榕、缘和等知名家具企业的30多位学员前来学习，部分企业于培训班结束后启动了粉末涂装生产线，为家具行业推广新材料、新技术，促进传统家具行业转型升级和绿色生产起到很大的促进作用。

2014年全国家具协会会长、秘书长工作会议在上海举行

2014年9月9日，2014年全国家具协会会长、秘书长工作会议在上海举行。来自全国各省市家协的会长、秘书长共五十余人出席了会议。会上，朱长岭理事长从行业发展情况，新形势下的协会工作开展，以及今后一段时期协会工作安排三个方面与各省市协会会长、秘书长做了沟通。各地家具协会的代表也纷纷发言，交换意见、总结经验，会议对各省市协会了解当前形势、把握发展思路有着积极作用。

第二十届中国国际家具展览会完美落幕

2014年9月14日，为期五天的第二十届中国国际家具展览会在上海新国际博览中心完美落幕，展会五天内共接待来自158个国家和地区的海内外观众98,401人次，与去年相比增长了15.34%，其中海外买家21,813人次，比去年增长了3.3%。无论国内外观众人数还是海外国别地区数都创造了家具展的历史最新纪录。展会期间举办了“2014中国家具设计金点奖”和“2014中国家具产品创新奖”两大设计大赛以及DOD论坛、设计师之夜、首届家居电商采购订货会、100沙发秀等活动，同期还举办了由中国家具协会、上海博华国际展览公司及《家具时代》杂志共同打造的中国家具战略发展峰会。9月10日晚，近千名家具业精英和100位特邀嘉宾参加了开幕酒会暨20周年庆典晚宴，共同见证了展会20年的发展历程。

第二届中国西南家居博览会暨龙桥家居购物节在成都开幕

2014年9月29日，由中国家具协会主办，成都家具产业园管理委员会、新都家具协会承办的“第二届中国西南家居博览会暨龙桥家居购物节”在成都市新都区中国龙桥家居博览城盛大开幕。中国家具协会理事长朱长岭、副理事长陈宝光、副秘书长吴国栋以及成都市商务局、博览局、新都区政府有关领导等出席了本次活动。“‘龙桥杯’金斧奖中国家居设计大赛”在开幕式上正式启动。以“未来·家”为主题的中国家居创意设计高峰论坛同期举行，国内外顶尖设计专家齐聚蓉城，聚焦家居创意设计。

全国家具行业标准化工作会暨全国家具标准化技术委员会第二届一次全体委员会议在廊坊召开

2014年11月19日，由中国家具协会、全国家具标准化技术委员会主办，廊坊华日家具股份有限公司承办的全国家具行业标准化工作会暨全国家具标准化技术委员会第二届一次全体委员会议在河北省廊坊市隆重召开。出席本次会议的有中国轻工业联合会、中国家具协会、上海市质量技术监督局等有关部门的领导及相关人员共120余人。大会听取审议通过了中国家具协会理事长、全国家具标委会主任委员朱长岭作的《全国家具标准技术委员会工作报告》、全国家具标委会秘书长罗菊芬作的《全国家具标准化技术委员会财务报告》，还对为我国家具标准化事业做出突出贡献的单位和个人进行了表彰。

2014 年家具行业职业资格培训工作夯实进取

2014 年，“中国家具行业职业技能培训基地”落户贵州西南国际家居装饰博览城和宁波市家具商会，并分别于 7 月 1 日和 9 月 25 日举行了搬牌仪式，这为当地开展职业培训与技能鉴定、推行员工持证上岗制度打下坚实的基础。家具行业“高级营销师”职业资格培训班于 2014 年 5 月扬帆起航，并在北京、深圳成功举办三期。课程包含文化营销、商业美学、品牌公共关系与国学等内容，通过考试与答辩，全年 100 余名企业营销负责人获得了由国家人力资源和社会保障部颁发的“营销师”一级职业资格证书。另外，全年累计 300 余人取得了相应级别的“营业员”、“家具设计师”、“木制品涂饰工”等国家职业资格证书。

芬兰等多国行业机构到访中国家具协会

2014 年，芬兰木业代表团、亚洲家具联合会、国际家具媒体联盟 IAFP、美国宾夕法尼亚州农业部、意大利木业和家具工业联合会、西班牙设计师代表团、日本高山市代表团等多国行业机构纷纷到访中国家具协会，就双方合作问题进行交流。其中，中国家具协会理事长朱长岭与意大利木业和家具工业联合会总裁 Roberto Snaidero 还共同签署了“中国家具协会与意大利木业和家具工业联合会谅解备忘录”，进一步推动中意两国家具产业的深度交流和发展。

中国家具协会受邀出席意大利等多国行业活动

2014 年 9 月 18 日，意大利木业和家具工业联合会与博罗那展览集团共同主办的“意邸 IDI”公司成立北京新闻发布会在北京举行，中国家具协会理事长朱长岭先生受邀出席并发表讲话。此外，中国家具协会还受邀出席了其他多国举办的行业活动。9 月 27 日，中国家具协会受邀出席北京设计周举办期间的“6 边行——预见西班牙设计”研讨会；10 月 12 日，出席在伊朗首都德黑兰举办的 Deco 2014 暨第七届家具、设计、艺术和装饰国际研讨会系列活动。此外还出席了“美国佐治亚州：通往全球成功之路”推介会、马来西亚商机推介会等活动。

中国家具行业年会暨中国家具协会第五届五次理事会在京召开

2014年12月4日，中国家具行业年会暨中国家具协会第五届五次理事会在北京人民大会堂隆重召开，中国轻工业联合会会长步正发、民政部民间组织管理局副巡视员赵泳、国资委行业协会联系办公室副主任张涛、中国家具协会理事长朱长岭、副理事长刘金良、副理事长兼秘书长张冰冰、副理事长陈宝光、名誉理事长贾清文等领导以及来自全国各地参会代表六百余人出席了大会。中国家具协会理事长朱长岭向大会作第五届五次理事会2014年度工作报告。会上宣读并通过了《关于促进家具行业环境保护工作的指导意见》和《中国家具行业知识产权保护办法》两个文件，并对第五届理事会的理事单位及特邀常务理事单位进行了增补。

第四届中国家具产业集群工作会议在京召开

2014年12月4日，第四届中国家具产业集群工作会议在北京召开，来自全国各地近160位行业代表参加了会议。会议由中国家具协会理事长朱长岭主持。会上，中国家具协会副理事长陈宝光作《2014中国家具产业集群发展报告》，宣读了《关于授予人江镇“中国传统家具专业镇”荣誉称号的通知》《关于共建“中国京作古典家具产业基地”的通知》和《关于共建“中国钢制家具产业基地”的通知》并举行了授牌仪式，江西省抚州市南城县委副书记肖明向朱长岭理事长递交了《南城县人民政府申请共建“中国校用家具生产基地”的函》，会议还宣读了《中国家具协会关于确定湖州市安吉县为中国家具行业转型升级试点县的决定》。

朱长岭理事长当选亚洲家具联合会会长

2014年12月5日，2014年亚洲家具联合会（CAFA）第18届年度会议在北京召开。参加本次会议的有来自新加坡、马拉西亚、泰国、印度尼西亚、日本、韩国、土耳其等亚洲家具联合会的会员单位。本次会议进行了亚洲家具联合会会长换届选举仪式，朱长岭理事长当选新一届（2015 ~ 2016任期）亚洲家具联合会会长，中国家具协会成为亚洲家具联合会会长单位。

2014 国内行业新闻

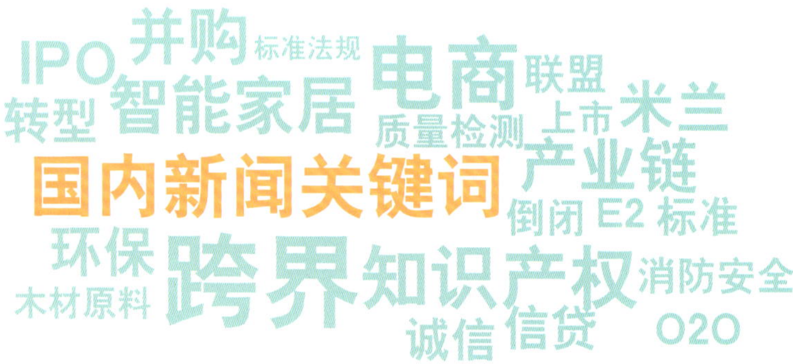

北京家具协会设征信平台 企业不诚信将进黑名单

1 月，北京家具协会设征信平台，由北京市经信委等 8 个委、办、局监督，对诚信企业给予投资优先等政策支持，不诚信企业将被拉入黑名单。

粤商成立佛山泛家居企业联合会

1 月 11 日，粤商成立佛山市泛家居企业联合会，通过电子商务实现建材、家具、家电等行业资源整合，即通过打造云制造、云设计、金融三大平台为消费者打造一站式装修平台。

江西赣州家具基地跻身国家外贸转型升级示范基地

2 月，商务部正式下文，将赣州市家具基地列入国家外贸转型升级专业型示范基地。

最新环保清单发布，家具品目分类更加标准

2 月，第十三期环境标志产品政府采购清单（即环保清单）正式发布，此次环保清单中家具分类更加细化，入围企业数量变化不大。

曲美喜获 2014 年 IF 产品设计奖

2 月 28 日，“IF 奖”颁奖典礼于德国慕尼黑盛大举行，该奖项被欧洲媒体誉为“设计的奥斯卡”。曲美家具作品“豌豆公主”休闲椅和“乐山居”沙发获得 IF 产品设计奖。

南康国家家具产品质量监督检验中心正式开工建设

3 月，占地 30 亩，总投资 9000 万元的国家家具产品质量监督检验中心（江西）正式开工建设。该检验中心将具备家具、人造板及木材三大类 100 多个产品的检验能力，预计每年可为家具企业提供 10 万批次的检验服务，节约检测成本 2000 万元。

仙游红木家具产业获中国工商银行 9 亿元信贷

3 月，福建省工商银行通过了《关于支持仙游县古典工艺家具产业融资方案》的优惠政策，将对仙游红木企业投放 9 亿元信贷，用于解决企业资金周转问题，促进红木家具产业健康发展。

顾家家居免费保养政策在升级打造服务品牌

3月5日，顾家家居“沙发也要有修养”新闻发布会上表示：即日起，消费者所购皮沙发产品将享受5年免费清洗保养服务，是行业首创之举，推动家具行业服务理念升级。

中国森林认证市场开始发生倾斜 CFCC实现与PEFC互认

3月7日，中国森林认证管理委员会（CFCC）与森林认证体系认可计划（PEFC）在深圳宣布，已完成最终互认。此后，CFCC项下的中国森林认证产品可以通行于所有PEFC互认的其他国家市场。同时，中国的森林认证市场完全向PEFC敞开。

新《消费者权益保护法》正式实施

3月15日，新《消费者权益保护法》正式实施，其中与家具行业相关的包括网购7天无理由退货、保护消费者个人信息、消费纠纷从消费者举证转为商家自证清白、欺诈行为退一赔二升级为退一赔三等。

广东东成红木家具研究院正式揭牌成立

3月15日，广东东成红木家具研究院正式在大涌成立并授牌，主要开展红木家具新产品研发和工艺技术开发、红木家具高端保养用品的研发、出版行业专著书籍等工作。

家具知识产权快速维权中心正式成立

3月16日，国内第一家“中国家具知识产权快速维权援助中心”在东莞市厚街正式成立，国家、广东省、东莞市三级政府知识产权局领导共同举行授牌仪式。该维权中心于5月中旬正式启用。

东莞名家具展正式“握手”上海国际家具展，双展“联姻”强强联合

3月17日，中国国际家具展主办方之一的上海博华国际展览有限公司，与东莞名家具展的主办方广东现代会展管理有限公司商定确立双方建立战略合作伙伴关系，双方以“共享资源、共建全球家具展览跨区域合作平台”为宗旨，为中国家具业的强国之路助力。

我国首部《家具材料标准解读与选编》系列丛书正式出版

3月17日，我国首部《家具材料标准解读与选编》系列丛书正式出版启动新闻发布会于顺德龙江举行，并于9月在第28届国际龙家具展览会和第18届亚洲国际家具材料博览会上发布《皮革卷》。该丛书对家具行业发展具有重要的参考价值。

“运城中国北方家居产业基地项目”亮相深圳家具展

“运城中国北方家居产业基地项目”由运城市政府与深圳家具协会、山西安民集团合作建设，是集家具制造、物流仓储、商贸流通、园区社会于一体的转型家具产业集聚基地，3月19日，亮相深圳家具展，进行招商引资。

东莞市万盛宇红木交易中心启动建设

3月20日，位于东莞市凤岗镇的东莞市万盛宇红木交易中心举行筹建启动仪式，该项目首期工程占地2.6万平方米，全部建成后占地达5.8万平方米。

2014年世界木材日暨首届国际木文化节在福建仙游举办

3月21日，2014世界木材日暨首届国际木文化节在福建仙游举办，以Wood is Good为宗旨、以文化演变中的木材为主题，吸引了来自全球70多个国家和地区400多名中外嘉宾参加，参展的中外木艺术作品超过5000件，参观人员逾10万人。

黑龙江木材商业性采伐全面停止

4月1日起，黑龙江森工、大兴安岭林业集团全面停止商业性采伐，所属各林业局第一季度的采伐量、出材量一律不得超过2014年度木材生产计划的70%。

新环保法于2015年1月1日起正式施行

4月24日，十二届全国人大常委会第八次会议表决通过了《环保法修订案》。该法对持续性的环境违法行为进行按日、连续的罚款；对情节严重的违法行为实施行政拘留；相关环境监测机构、环保设备维护机构承担连带责任；将环境违法信息记入社会诚信档案，并向消费者公布违反环保法企业黑名单。

居然之家与意中基金会达成并签署战略合作协议，中意贸易交流将进入深水区

4月9日，意中基金会、北京国际设计周、居然之家、北京家居行业协会联合主办“China Home B2B(国际家居品牌中心)- 居然之家意大利年”新闻发布会。居然之家至尊进口品牌馆将成为进口家居品牌的投资、文化传播、店面推广、终端销售的公共平台。

黑吉辽三省家具行业协会组建战略联盟，首次搭建起家具全产业链大平台

4月15日，哈尔滨家具协会、辽宁家具协会、辽宁木材协会和吉林家具协会共同签署《东北地区家具行业资源整合战略联盟协议书》，这标志着东北三省家具业首次搭建起家具全产业链大平台，并由此展开多项合作。

赣州市家具质检中心两项标准被列为江西省科技创新项目

4月，江西省家具产品质量监督检验中心的《〈梳妆台〉地方标准的制定》和《泡沫海绵及橡胶自动热切割机的研制》两个项目被省质监局列为科技创新项目。

安徽百仪家具创业园正式落成

4月26日，百仪家具创意园落成仪式暨品牌上市发布会在安徽省百仪家具创意产业园举行。该创意园占地近100亩，建设面积逾6万平方米。会上，百仪与中南林业科技大学签署了战略合作合约。

东盟企业家来华探讨家居产业合作新模式，签约项目142亿元

4月27日，“中国—东盟家居业知名企业崇左行”活动开幕，共吸引境内外280家企业400多位企业家前来探寻商机。当天各方共签订合作项目16个，总投资142亿元人民币，包括中国红木第一城加工基地、广西崇左—龙赞东盟国际林业循环经济产业园、大新东盟建材装饰城项目等。

国家家具质检中心技术联盟在上海成立

4月28日，“国家家具质检中心技术联盟”在上海成立。成员包括上海、北京、成都、河北、江苏、深圳、常州、浙江、徐州、广东十个家具质量监督检验中心。

第4届米兰家具设计报告会在广州举办

5月，第4届米兰家具设计报告会在广州举办，顺德职业技术学院教授刘晓红、广州美术学院家具研究院副院长徐岚对今年参观米兰家具展及相关设计活动情况做了精彩的报告。

新《商标法》正式实施 商品外包装禁用“驰名商标”

5月1日，国家正式实施了新修订的《商标法》，新《商标法》规定，生产、经营者不得将“驰名商标”字样用于商品、商品包装或者容器上，或者用于广告宣传、展览及其他商业活动中，违者将处10万元罚款。

2014家具潮流趋势发布会首站在深圳召开

5月，2014年家具潮流趋势发布会在深圳家具研究开发院举办，研发院院长许柏鸣教授在发布会上就“潮流灵感如何转化为概念设计”进行指导，研发院主案战略设计师就国内三大展潮流趋势、2014米兰国际家具展标杆品牌及潮流趋势进行深度解读。

《红木类商品销售及售后服务管理规范》标准正式启动，2015年颁布实施

5月，经国家商务部批准立项，由中国木材与木制品流通协会红木流通专业委员会编制的《红木类商品销售及售后服务管理规范》标准已正式启动，并将于2015年正式颁布实施。红木行业将结束没有销售及售后服务标准的时代。

美乐乐在成都开辟首家面积超5000平米的大型体验馆

5月，中国家具电商品牌“美乐乐”在成都开辟首家面积超5000平方米的大型体验馆，从建材家具到家纺家饰的一系列家居产品一应俱全。喜临门、宜华木业等家具细分领域佼佼者作为合作品牌入驻美乐乐。

《家具力学性能试验》新国标于2014年5月正式实施

国家质检总局、国家标准委批准发布35项国家标准，其中包括6项家具力学性能试验系列标准，涉及桌类、椅凳类、柜类、单层床等家具的强度、耐久性和稳定性，于2014年5月正式实施。

河南省首家家具技工学校在清丰挂牌成立

5月6日，河南省首家家具技工学校——清丰县职业技术学校暨清丰县家具技工学校在清丰县正式挂牌成立。将设“短修班”和“专修班”两种模式，为家具行业输送合格的技术人才与高级从业人员。

国家级红木检测中心正式揭牌成立

5月12日，中国红木委“红木与红木制品检测中心”正式揭牌。检测中心在细化常规木材解剖与切片观察方法的同时，还将引进DNA树种识别等先进技术，提供客观精确的判定结果。

重庆家具商会与东盟家具工业协会强强联合

5月17日，重庆市家具商会与东盟家具工业协会共同发表宣言，双方表示将在家具产品设计、共同拓展市场和互联网营销方面深化合作。

樟树市家具商会成立

5月18日，樟树市家具商会正式成立，顺应了市场发展的需要，标志着樟树市家具产业步入了健康规范化的发展轨道。

住建部、工信部联合印发《绿色建材评价标识管理办法》

5月21日，住房城乡建设部、工业和信息化部以建科〔2014〕75号印发《绿色建材评价标识管理办法》。该《办法》分总则、组织管理、申请和评价、监督检查、附则5章22条，自印发之日起实施，统一了绿色建材发展的定义和评价标准。

四川省家居用品国际商会在成都成立

5月23日，四川省家居用品国际商会在成都国际会展中心宣告成立。商会将致力于帮助会员企业大力开拓国际市场。

北京家具推广会“京”艳中国

5月28日，北京家具推广会在京举行，该推广会由北京家具行业协会监管，北京品牌家具企业共同出资2000万元，全力支持金牌经销商开店经营。

中国（赣州）家具产业高峰论坛在南康举行

5月28日下午，中国（赣州）家具产业高峰论坛在南康区举行。国家林业局计财司副司长、国家木材行业管理办公室主任孙建，行业专家和企事业单位等200余人参加。多位嘉宾围绕“推动产业转型升级打造千亿产业集群”发表演讲。

《木家具中有害物质限量国家标准》修订起草完成

6月，国家家具及室内环境质量监督检验机构称，《木家具中有害物质限量国家标准》修订已起草完成。在新标中，将采用无损检测取代破损检测，并拟采用“气候箱检测法”取代现有的“大气检测法”。同时，新标还提高了环保指标要求，对甲醛释放量的要求由1.5mg/L提高到1.0mg/L。

南康家具市场被认定为江西省级重点培育市场

6月，江西省商务厅印发《关于认定南康家具市场和新干县箱包市场为江西省重点培育内外贸结合商品市场的通知》，授予南康家具市场“江西省重点培育内外贸结合商品市场”称号。江西省将对南康家具市场予以政策支持，包括引导市场培育外贸功能，市场外贸公共服务平台建设以及帮助市场内商户开拓国际市场等。

重庆市最大家居产业园落户大足区

6月，重庆市最大的家居产业园在大足开建，主要布局生产加工区、居住配套区、展示交易区、家具五金配套区四大功能区，园区规划面积6平方千米，截至6月，已有80余户企业签约入驻。

中山首推红木家具防伪二维码

6月，中山一红木企业推出“防伪二维码系统”，借助“扫一扫”操作方式，对接网络端数据库，通过二维码、数据编号、产品信息一对一的方式，确保企业对消费者公开的产品信息真实可靠，从而尽量避免红木家具行业中现存的以假乱真的现象。

深圳家居产业园探寻中国家居商业新模式

6月，"打造世界家居第四极·深圳家居产业园360° 商业新模式"发布会在苏州举行，该产业园由南北两个部分组成，其中南部为工业制造、物流仓储，总用地约14平方公里，北部为商贸流通，总用地约1平方公里。打造国内"前店后厂""产销结合"的家居产业基地。

北京启动环保技术改革工程曲美成首批示范企业

6月27日，北京市环保局启动百项环保技术改革工程，项目涉及挥发性有机物治理、脱硫、脱硝、除尘等多个方面。曲美作为首批示范企业，承诺即日起，曲美家具全线产品将正式启用水性漆材料。

哈尔滨60亿家居产业园项目开拓东北亚家具市场

6月底，华美东北亚家居产业园项目正式签署，此项目总投资额约60亿元人民币，整个产业园占地3000亩，经营内容以原材料生产加工为主，同时涵盖辅材生产、仓储、物流等，推动我国建材家居行业上下游企业拓展东北亚及俄罗斯市场。

北京恭王府古典家具研究中心成立

7月，恭王府发起成立文化部恭王府中国古典家具研究中心，聘请胡德生、张德祥等十余位专家，以清代王府家具研究为主要方向，延伸至清代宫廷家具及民间家具的选材、制作工艺等方面。

14家家居企业IPO受阻被中止审查

7月4日，证监会发布了《首次公开发行股票中止审查和终止审查企业基本信息情况表》。数据显示，截至7月3日，在被列入"中止审查"名单中，囊括了所有14家泛家居行业的企业。

北京家具产业园落户河北芦台

7月30日，芦台经济开发区与北京家具行业协会在北京签订家具产业园项目合作框架协议。芦台经济开发区承接北京家具产业转移，建设家具研发中心、教学培训中心、家具检测中心、生产制造区、原材料供应区、产品展示区、总部经济平台、仓储物流区和生活配套区等九大功能版块，同时设立电子商务平台，商务交易平台。

广东省家具协会与涂料协会等达成战略合作

8月6日，广东省家具协会分别与广东省涂料行业协会、广东省林业产业协会、广东省木工机械商会、广东省服装设计师协会签署协议，建立战略合作关系，共同向家具企业推荐优质、环保的涂料，人造板，优质的国产木工机械，并形成家具、服装跨界设计、营销。

芝华仕维权胜诉

8月6日，东莞市中级人民法院判决顾家家居涉嫌侵犯敏华控股旗下芝华仕沙发专利外观知识产权成立；11.20维特拉侵权芝华仕头等舱沙发外观专利成立，芝华仕维权胜诉。

家居品牌联盟总部基地在安徽蚌埠启动建设

8月15日，以中国家居品牌联盟68家企业为投资主体组建的首个总部基地——联盟国际家博城在安徽蚌埠正式启动，联盟企业旗下的211个品牌强势入资。项目目标是满足高、中、低各个层面的消费需要，打造消费者一站式购物、休闲、娱乐。

家具电商销售企业林氏木业建首家体验馆

8月23日，中国家具电商销售品牌林氏木业，在佛山市顺德区龙江镇建成全国首个020线下体验馆——林氏木业大厦，涉足020模式。和其他线下体验店相比，林氏木业020体验馆是集线下销售、体验、休闲、娱乐、亲子、购物集一体的大型商城。

国家印发《关于调整排污费征收标准等有关问题的通知》排污费将翻番

9月1日，国家发改委、财政部和环境保护部联合印发《关于调整排污费征收标准等有关问题的通知》，要求2015年6月底前，各省（区、市）结合实际，调整污水、废气主要污染物排污费征收标准到原标准两倍左右。

华源轩、富之岛、百兰床垫相继陷入危机

6月，深圳华源轩 IPO2 次受阻，资金链紧张，陷入资金危机。几乎同时，深圳家具排名前列的富之岛家具也传出消息，其生产线工人因被拖欠约 1000 万元人民币工资而罢工停产。9月9日，百兰床垫母公司深圳华仁实业公司在其工厂门口贴出告示宣告倒闭。

第 12 届中国（胜芳）金属玻璃家具博览会成功举办

9月16日，第 12 届中国（胜芳）金属玻璃家具博览会在河北省霸州市胜芳镇胜芳国际家具博览城开幕。3万余家采购商、1200余家参展商参加了此次博览会。

丽维家获雷军千万投资 丽维家 B2B 拓展迅猛

9月，丽维家获得雷军和顺为基金超千万元的A轮投资，希望打造年轻人的第一套定制家居，用互联网的方式挤出传统家居市场的价格泡沫。同月，丽维家又将与各地多家青年公寓战略合作，成为他们指定家具供应商。

红星美凯龙与吉盛伟邦合作推家居购物公园

2月初，红星美凯龙与吉盛伟邦签署了《股权收购框架协议》，拟以超过 20 亿元资金收购吉盛伟邦 100% 股权。5月，红星美凯龙发布公告称，与吉盛伟邦签署品牌许可使用合同，吉盛伟邦将其商业品牌独家长期授权红星美凯龙在全国范围内发展新商场。10月25日，红星美凯龙与吉盛伟邦合作推家居购物公园。

宜华木业刘绍喜上 2014 胡润慈善榜

10月28日，胡润研究院发布的《2014 胡润慈善榜》显示，宜华木业刘绍喜家族以捐赠 6240 万元位列慈善榜第 26 位，捐赠方向主要为扶贫与环保。

北京政府发布《北京市工业污染行业、生产工艺调整退出及设备淘汰目录（2014 年版）》

10月28日，北京市人民政府办公厅印发了市经济信息化委市环保局制定的《北京市工业污染行业、生产工艺调整退出及设备淘汰目录(2014 年版)》。预计到 2016 年底，北京市关停退出的工业污染企业将达 1200 家，而且全部就地关停，绝不向外省市输出污染，其中包括沥青类防水卷材生产企业。

《木制家具制造行业大气污染物排放标准》公开征求意见

10月29日，由北京市环境保护科学研究院起草的《木制家具制造行业大气污染物排放标准》完成意见征集工作。该标准除了规定木制家具制造行业生产过程中的大气污染物排放浓度限值、监测和控制要求，还对家具生产环节中的涂料性质、使用量、生产环节中的生产环境、生产工艺和设备等生产流程也都做了详细规定。

国家质检总局通报儿童家具等 29 种产品抽查情况，不合格率 12.4%

10月29日，国家质量监督检验检疫总局召开例行新闻发布会，通报了儿童家具等 29 种产品质量国家监督抽查情况。在本次抽查中，共有 292 批次产品不合格，不合格率为 12.4%。

浙江省发布全国首个红木制品鉴评规范

11月1日，浙江省红木研究会发布了《红木制品鉴评规范》，在红木制品鉴评原则、方法程序、结果分级、鉴评证书、活动组织等方面进行了规定。

红星美凯龙联姻工行总行打造中国首个“行业金融生态圈”

“双 11 节”大战前夕，红星美凯龙与中国工商银行总行签订战略合作协议，联合打造中国首个“行业金融生态圈”，以平台金融创新为消费者和商户创造价值。目前已推出利率低至 2% ~ 4% 的“分期家居贷”。

双十一淘宝家具销量榜林氏全友顾家列前三

2014 年“双 11”，家具品牌冲进全类目销售额 TOP10 的有两个家具品牌。据数据魔方 11 月 11 日 24 时的统计结果显示，在“住宅家具”行业的排行中，林氏木业、全友家居、顾家家居排在前三，这与 2013 年家具类的排名一致。林氏木业“双 11”的成交金额为 3.2 亿元，在天猫全品类商品中销量第七，全友则以 1.12 亿的销售额排在第二。

上海市质监局发布地方标准《家具经营服务规范》

11月11日，上海市质量技术监督局发布上海市地方标准《家具经营服务规范》，此规范于2015年2月1日起正式实施。该标准是全国首部家具行业服务性的地方标准，将为上海地区家具行业生产、经营提供服务规范的科学依据。

《家具标识标注通则》将严格规定实木家具标称

11月17日，国家家具及室内环境质检中心、北京市消费者协会等单位联手起草的北京市地方标准《家具标识标注通则》公开征集意见。按照规定，面板用实木木材、内部用人造板制造的家具，称为综合类木家具，而非实木家具。本标准将木制家具中的全实木、实木、人造板类、综合类木家具和红木家具进行区分定义。

中山红木家具产业标准联盟试点获批立项

12月，广东省质监局印发《广东省质监局关于开展2014年广东省标准联盟试点工作的通知》，中山市红木家具工程技术研究开发中心承担的红木家具产业标准联盟试点正式获批立项。

仙游古典家具制作技艺（仙作）入选国家级非物质文化遗产名录

12月3日，国务院公布第四批国家级非物质文化遗产代表性项目名录，仙游古典家具制作技艺（仙作）上榜。

广东省湖南商会家具协会周年庆打造粤湘家居品牌联盟

12月3日，广东省湖南商会家具协会、湖南家具行业协会和江西赣州南康区湖南商会联合倡导成立的“粤湘家居品牌联盟”举行签约仪式。通过广泛联合湘、粤、赣三地的湖南籍家具企业整合资源，抱团出击，合作共赢。

锐驰获伦敦国际华语电影节最佳商业短片奖

12月6日，第二届伦敦国际华语电影节颁奖典礼在威斯敏斯特中央大厅举行。国内顶尖家具品牌CAMERICH（锐驰）年度品牌大片“Design for Desire”斩获“最佳商业短片奖”。

北京成立家具企业工会联合会

12月15日，覆盖21家企业、万名职工的北京市家具企业工会联合会成立。当天的工会联合会成立大会上，职工方代表和企业方代表签订了工资集体协商协议，明确行业内生产、经营岗位的职工工资将不低于北京市最低工资标准的1.1倍。

龙江家具携手阿里巴巴推出龙江产业带

12月16日，龙江镇政府和阿里巴巴签署协议，建立“阿里巴巴·龙江产业带”。立足家具制造产业，共建电子商务平台，提升“龙江制造”线上竞争力。

北京市质监局发布地方标准《清洁生产评价指标体系 家具制造业》

12月17日，由北京家具行业协会组织起草的北京市地方标准《清洁生产评价指标体系 家具行业》正式发布，于2015年4月1日正式实施。

宜华木业、喜临门、华日三巨头签署战略合作协议

12月24日，广东省宜华木业股份有限公司与喜临门家具股份有限公司、廊坊华日家具股份有限公司在北京举行战略合作签约仪式，三方通过资源整合与优势互补提高竞争力，共同开拓市场。

智能家居市场群雄逐鹿，家具企业不甘落后

中兴、乐视、小米相继通过并购或研发新品来抢占智能家居市场；家电企业如海尔谋划转型，在公主岭设智能家居体验中心；家具企业不甘落后，数十家福建企业开发智能家居市场。

2014 国际行业新闻

英国通过家具设计专利法案 未注册专利保护仍有争议

英国通过家具设计专利法案，开始重视设计行业的改革以及与之相关的知识产权问题。但英国教育与科技国务大臣兼议员与 ACID 反抄袭设计协会就未注册专利的设计作品是否应该受到刑事法律的保护产生分歧。

英国睡眠协会举办更换新床垫活动

5 月，英国睡眠协会举办为期一个月的消费者意识活动，用“可能需要换个新床垫了（May be time for a new mattress）”口号来向消费者强调为什么需要扔掉旧床垫，换一个舒适的新床垫。

印度政府公开拍卖 4160 吨小叶紫檀

9 月 19 日 ~ 9 月 26 日，印度安得拉邦将对历年来所查扣的檀香紫檀(小叶紫檀)进行公开拍卖，拍卖数量为 4160 吨（分等级出售）。

意大利纳图兹品牌策略大变 扩张进入卧室家具市场

2013 年纳图兹全球销售下跌 7.5% ，裁员并专注躺椅细分市场的策略 ，在 14 年公布的产品目录中，纳图兹开始将其产品版图扩容到卧室家具中。

意大利成出口中国家具 欧洲第一大国

意大利木业和家具工业联合会主席罗伯特·斯纳德罗（Roberto Snaidero）指出，2014 年意大利家具在中国市场的表现强劲，取代德国成为欧洲向中国出口家具第一大国，出口额较 2013 年翻番。

土耳其最大家居 YATAS 入驻中国

2014 中国·哈尔滨“土耳其咖啡品鉴会”暨“土耳其 YATAS 家居集团入驻中国起航仪式”在月星国际家居广场启幕。该集团首次进驻哈尔滨，标志着欧洲土耳其最大家具集团正式进入中国市场。

瑞典宜家因砍伐 600 年大树 被吊销 FSC 森林认证

宜家的林业子公司 Swedwood 违背多项采伐条例，如“关键生物栖地”以及老龄树木的砍伐问题，被曝砍伐了受保护林地生长了 600 年的大树，因此被吊销 FSC 森林认证。

瑞士正在研究可帮助老年人的机器人家具

瑞士联邦技术研究所（EPFL）正在进行自重构机器人方面的研究，这种机器人被称为“Roombots”，将各种材料和家具融合在一起，为居家和办公室创造可以自适应的家具，即能改变形状和功能的智能家具。

瑞典快时尚巨头 H&M 等跨界进入家居蓝海

快时尚巨头开始寻求家具蓝海，继 Zara 将 Home 系列引入中国后，今年 1 月起，H&M 也开始将家居系列产品引入中国，并在中国的北京、上海、沈阳等 6 大城市引入家居系列。

瑞典宜家购入 98 兆瓦风力发电厂打造宜家能源帝国

宜家在美国购入 98 兆瓦风力发电厂，在意大利建 696.15kW 光伏发电站，走能源可持续发展道路。

欧盟严控木材来源越南众多木制家具企业面临倒闭

欧盟是越南木制家具的主要出口目的地。欧盟与越南达成的 FLEGT VPA 协议中规定，凡向欧盟出口木制家具的生产商必须严格说明木材来源，采用非法木材原料制造的家具一律不得出口。

欧盟发布新的床垫生态标签标准

6 月 25 日，欧盟在其官方公报 OJ 上发布了新的床垫生态标签标准 2014/391/EU，以替代之前的 2009/598/EC。其中在附录中针对聚氨酯（PUR）泡沫、线和弹簧、织物、胶水和胶黏剂、阻燃剂、床垫的有机挥发物等分别制定了有毒有害限制等方面的规定，此外还对技术性能、材料的拆解和回收等方面亦有要求。

缅甸林业局查获 1000 多吨非法走私的木材

4 月 29 日至 5 月 4 日，缅甸各省邦内查获非法走私木材共计 1078.2396 吨。其中，有柚木 105.0338 吨、硬木 637.7463 吨、杂木 335.4515 吨。

孟加拉家具商要求政府降低原材料进口税率

孟加拉国家具出口势头强劲，但其家具业的很多原材料都需要从国外进口，进口价格的高涨制约了产品出口的发展，因此家具商们纷纷要求政府降低税率。

美国对中国出口床垫弹簧将被续征高额反倾销税

美国国际贸易委员会 25 日做出肯定性裁定，决定继续对中国输美床垫弹簧征收高额反倾销税。美国国际贸易委员会当日发布公告称，经日落复审，该委员会参与审核的 5 名委员一致裁定维持中国输美非封闭内置弹簧组件的反倾销令。

美国诺华获准纳斯达克上市成首家纳斯达克上市的中国家具企业

纽约当地时间 7 月 2 日，总部设在美国加利福尼亚州的中国家具企业——诺华家具公司（Nova LifeStyle, Inc.）已获准转板纽约纳斯达克证券交易所（Nasdaq）上市。

美国对马来西亚弹簧生产商征收高关税 因其使用中国配件

美国商务部裁定，由于马来西亚床垫内置弹簧生产商 Reztec 公司违反规定，使用了已被征收反倾销税的中国制造的不加盖内置弹簧组件，并且销往了美国，所以该公司将要为所有销往美国的产品支付 234.5% 的高税率。

爱室丽联合伊森艾伦提请对中国家具征收反倾销税

爱室丽和伊森艾伦两家公司的法人代表已向美国最高法院提交了一份诉讼申请，该申请书提出：中国木制家具产品已经对美家具行业造成严重打击，美国政府必须向国内家具行业提供反倾销保护，对中国木制卧室家具征收反倾销税。

舒达床垫 10 年后重新加入 ISPA 国际睡眠产品协会

舒达床垫脱离国际睡眠协会（ISPA）10 年后，于 2014 年 3 月宣布再次正式加入该协会。

La-Z-Boy 或全面退出木家具市场 为品牌做减法

美国著名的沙发品牌 La-Z-Boy 宣布，将停止在美国国内的木家具生产业务，并将青少年家具业务出售。

美国阻燃法案对家具行业影响的最新进展

美参议员提交了一项法案，以禁止床垫和儿童家具产品使用有毒阻燃剂。美国两大家具联盟协会抵制加州新家具阻燃法案；诺沃克家具采用低挥发有机合成材料应对阻燃法案；美国最大非赢利性医疗机构停止采购含阻燃剂的家具。

世界地球日营销：furniture 网站为每笔订单种一棵树

美国的家具电商网站 furniture.com 宣布，凡 4 月 21 日至 24 日之间在该网站购物的顾客，网站将会以顾客的名义通过美国森林组织（American Forests）种下一棵树，从而帮助消费者们实现回馈自然、帮助重建美国森林的梦想。

美康州要求所有床垫生产制造商必须提供床垫回收服务

2013 年，康涅狄格州、加利福尼亚州、罗得岛州通过了由国际睡眠产品协会（ISPA）支持的床垫回收法案。2014 年底，美国康涅狄格州能源和环境保护部门现已批准由床垫回收委员会 MRC 负责康涅狄格州的床垫回收计划管理。至此，康涅狄格州成为全美实现床垫回收计划的第一州。

美国两大家具电商 Furniture XO 和 Furniture PM 陷诈骗风波遭检察院起诉

宾夕法尼亚州两大网上家具公司 Furniture XO 和 Furniture PM 陷入诈骗风波，遭到全国消费者投诉，宾夕法尼亚检察院向这两家家具电商提起公诉。

美国几大家具巨头争相要求获得反倾销补贴基金

Standard Furniture 、伊森艾伦和爱室丽向美国最高法院提出申请，要求获得部分针对中国卧室家具的反倾销补贴基金。

VizeraLabs 研发全新投影技术随意改变家具款式与质感

美国旧金山的 VizeraLabs 公司的设计团队近日推出了一款功能奇特的小投影仪，可以随意改变物体表面款式及材料质感，帮助加强客户体验的同时，减少库存压力。

美国俄亥俄州成立家具中央银行

美国俄亥俄州成立家具中央银行，为有需要的家庭免费提供二手家具。

美国家居巨头家得宝被黑 5000 万用户信息被窃

11 月 7 日，调查人员通报称，北美最大家居用品连锁零售集团家得宝遭遇大量客户信用卡信息遭窃事件，原因为黑客通过盗取的商家用户名和密码进入该公司的零售系统。

南加州大学为防丢家具部署 RFID 家具系统

2011 年，南加州大学（USC）和 Simply RFID 合作部署 RFID 系统 NoxVault；2012 年夏天，USC 所有资产上附着了 RFID 标签并将资产的数据输入到 NoxCore 软件里；2013 到 2014 学年间，学校开始收集数据以了解特定家具的寿命情况。参考数据进行采购和预采购家具。

金可儿床垫实施 10 年保修期政策 舒达和席梦思明年起缩短床垫保修期

金可儿床垫发表声明称：公司所有高端床垫系列从 2014 年 4 月 1 日起转变为 10 年全免费保修。美国舒达和席梦思母公司 CEO 宣布，公司将从 2015 年开始实行三级保修制度：旗舰产品改为 10 年保修，奢华类产品改为 15 年保修，这些系列产品目前保修期高达 25 年，低端系列继续目前 1 ～ 10 年的保修期，保修年限有所缩短。

FLS 开设大型高科技设计中心

Furnitureland South 在其总部门店开设一家总面积达 17,000 平方英尺的设计中心，该中心提供来自 500 家供应商的数百份产品目录和数千个面料和涂料样品。中心以互动电视为特色，将 22 个电视屏幕与苹果电视设备相连，支持用户将小型设备上的信息通过大屏幕浏览。

舒达统一品牌

美国舒达床垫（Serta）在其 iComfort 凝胶记忆泡沫产品和其 iSeries 凝胶记忆泡沫内弹簧产品成功之后，继续跟进采取行动，通过统一产品的共同特征、效益、内涵和美学来统一品牌。

爱室丽家居达成 500 家门店里程碑

2 月 21 日，Ashley 爱室丽家具第 500 家门店盛大开幕。

美国家具名人堂改选董事会成员

美国家具名人堂已经完成了对董事会新一任成员及高管的选举，并一同公布了名人堂遗产委员会的新成员名单。Star Furniture 公司 CEO William D. Kimbrell 被选举为董事会主席。

美国爱室丽家居提供电子商务在线

为了帮助经销商夺回被网店抢走的室内饰品和家具业务，爱室丽家居用了一年半的时间，投资数百万美元，建立一个电子商务项目：Ashley Express，这个项目正在顺利推出。

寝之堡推出 REM-Fit 视频频道

美国寝具防护产品制造商寝之堡（Protect-A-Bed）推出一个名为 REMFit Life 的全新视频频道，向消费者提供来自芝加哥 CrossFit 私人健身教练 Kevin Houston 的健康与健身小贴士。

美国加州推行软质家具产品阻燃剂标签法案

美国加利福尼亚州于 2014 年 9 月 30 日签署 SB1019 法案，即家具产品阻燃剂法案，该法规将于 2015 年 1 月 1 日生效。新法规对家具产品标签中明确写出是否含有阻燃剂等条例做了相关要求。

马来西亚政府推动家具业发展

马来西亚种植及原产业部长道格拉斯指出，该部将制定制度，通过与家具业者合作，推动马来西亚家具业发展，以增加本地员工在家具业的就业比率，争取在 2020 年实现家具业本地员工比率达 70% 的目标。

非洲国家颁布原木出口禁令

为增加木材价值，刚果盆地如加纳、科特、马里、塞拉、比绍的一些国家进行原木就地加工，以达到在保护环境的同时，增加就业的目的。

法国家具名品 Habitat 进军新加坡市场

10 月，法国知名家具品牌 Habitat 登陆新加坡市场，在位于新加坡的裕廊东（Jurong East）开店，面积达 1500 平方米。

德国人均家具消费 390 欧元世界最高　中国 44 欧元低于平均水平

德国家具工业协会 1 月 9 日公布的信息表明，2013 年，该国人均家具消费 390 欧元，为世界最高。奥地利人均消费 360 欧元位居第二，瑞典以人均消费 340 欧元位居第三，美国人均家居的支出 210 欧元，俄罗斯的人均支出 70 欧元，中国和印度远低于国际平均水平，大约在 44 欧元左右。

4 AXYZ 公司推出可内嵌芯片的家具 3D 打印机，推动家具智能化进程

4 AXYZ 公司推出可制造实木家具的 3D 打印机后，再次推出可以在木头中嵌入电路系统的 3D 打印技术，让家具智能化成为可能。

2014 年波兰家具出口破 80 亿欧元

波兰是世界第 4 大家具出口国，大部分产品是运往邻国德国，家具生产位列世界前 7。 2014 年波兰家具出口突破 80 亿欧元大关（约为 572.75 亿元人民币）。

北美家具协会 NAHFA 要求对家具电商征收营业税

北美家具协会 NAHFA 已经向众议员罗伯特·古德莱特（Robert Goodlatte）发出信件，期望对《市场公平法案》再次举行投票，法案要求要求在网上销售的零售商同样必须缴纳营业税。

巴西为家具业延长减税促产业复兴

巴西政府宣布，由于经济发展缓慢，政府将会把对家具和汽车行业的减税政策延长至今年年底。而政府之前曾表示，7 月 1 号开始将对家具和汽车制造业恢复税收政策，从而保证财政收入。

婴儿床等三类儿童产品出口巴西须关注新规定

来自巴西国家计量、标准与工业质量协会（INMETRO）消息，巴西近日对三类儿童产品采取了一些新措施，可能会对中国出口商造成一定的影响，分别是：机动车辆用儿童约束装置的新技术要求、修订婴儿床合格评定要求、婴儿坐式推车技术标准要求。

澳大利亚对木材进口商实施新的非法采伐法

9 月 1 日，澳大利亚农林渔业部发布 2014 年第 82 号行业进口通关通告，从 2014 年 11 月 30 日开始对木材进口商实施新的非法采伐法。该法主要影响进口某些管制的木材和木材产品进入澳大利亚的进口商。

爱尔兰都柏林国际家具展 2014 年停办　恢复日期未定

爱尔兰国际家具展的母公司，蒙哥马利展览服务公司（Montgomery Exhibitions）宣布，从 2014 年 5 月份开始，原本每年一次的展会将会在接下来的几年内不再开展，但不排除未来还会重新恢复展览和该展会品牌。

阿根廷比索贬值物价上涨　政府欲控制家具价格

阿根廷比索大幅贬值对价格体系造成的冲击逐步显现，不少商家开始对进口比例较高的商品涨价或者干脆下架停售，进口比例较高的家具类商品平均涨幅分别为 10%。阿根廷政府采取措施控制家具价格。

03 政策法规

POLICIES AND REGULATIONS

“环保”和“诚信”是2014年家具行业内反复强调的两大关键词。2015年1月1日，新《环境保护法》正式实施，2014年9月，北京市出台堪称“史上最严”的《木制家具制造行业大气污染物排放标准》，这一系列举措都说明了“环保”将成为今后生产企业转型创新的方向以及必须遵守的条件。随着行业规模的扩大和建设的完善，“抵制抄袭、鼓励原创”的呼声越来越高，诚信经营是企业长远发展的必要条件。中国家具协会在2014年制定并通过了《关于促进家具行业环境保护工作的指导意见》和《中国家具行业知识产权保护办法》，使“环保”和“诚信”有章可循、有法可依，督促行业健康发展。

关于促进家具行业环境保护工作的指导意见

中国家具协会
2014 年 12 月 4 日

各省市家具协会、会员企业：

2014 年 4 月，全国人大常委会通过了新修订的《中华人民共和国环境保护法》，该法将于 2015 年 1 月 1 日起正式施行。家具行业为进一步适应相关法律法规的需要，保护和改善生态环境，防治污染和其他公害，保障公众健康，推进生态文明建设，促进家具行业可持续发展，结合本行业实际情况，制订本指导意见。

一、全行业应加强环境保护工作领域的协调能力，建立健全行业内环境保护工作的标准和制度。环境保护工作应贯穿于企业的采购、生产、经营、销售、回收、售后等各个环节中，应当注重保护生态环境、生活环境，保障人体健康，防止污染和其他公害，切实控制污染物排放，严格遵守国家环保标准和相关法律法规的规定。

二、家具行业环境保护工作应坚持保护优先、预防为主、协会参与、企业施治的原则。企业应将环境保护工作纳入企业发展规划，确保环境保护与企业发展同步进行，处理好经济发展与环境保护之间的关系。

三、《中华人民共和国环境保护法》第三十条规定：开发利用自然资源，应当合理开发，保护生物多样性，保障生态安全，依法制定有关生态保护和恢复治理方案并予以实施。

家具行业为保护生态安全，应慎用珍惜濒危植物材料，对上述材料的使用应按法律要求严格执行。

四、家具生产用原材料，应尽可能采用低碳环保材料，节约木材等生物材料的使用。企业应积极研发符合环保要求的新工艺、新技术、新材料，提高企业环境保护科学技术水平。不鼓励家具生产唯材料论，不鼓励生产消耗材料过多、设计过为繁杂，易造成高能耗、高排放的家具类产品。

五、家具生产企业在新址建厂，必须进行环评，并提出保护生态环境的评估报告，不得破坏当地的生态环境。

现有企业应主动对企业进行环保升级改造，加大对环境保护工作的投入，努力减少污染物排放。

六、生产企业在生产过程中，应按国家规定标准排放粉尘、污水，严格控制 VOC 挥发物质，不达标不得生产，确保清洁生产。

生产过程中，企业还应为工人提供安全生产环境，采取有效措施预防特殊工种职业病的发生。

七、生产企业生产产品应注重保护环境，提倡使用回收材料和再生材料生产产品，减少废弃物的产生，减少对资源的消耗和原材料损耗，提高原材料利用率。鼓励企业主动回收废旧家具并进行环保且有效的再利用。

八、家具产品必须符合产品环保标准，有毒有害物质排放应减少到最低或不含有。鼓励企业参与制修订或实施高于国家、地方或行业的环保标准进行生产。

九、不得生产、销售或者转移、使用严重污染环境的工艺、设备和产品。禁止引进不符合我国环境保护规定的技术、设备、材料和产品。

十、现有企业对环境产生影响的应努力尽快改进，达到法律法规要求的标准，任何单位和个人有权向有关部门举报，保证行业在环保领域的影响。

中国家具行业知识产权保护办法

中国家具协会
2014 年 12 月 4 日

中国家具协会作为全国性行业组织，执行《中华人民共和国专利法》《中华人民共和国商标法》等知识产权相关法律法规，加强全行业知识产权的保护工作，维护企业的合法权益，引导行业健康、持续发展，特制定本办法。

第一条　保护知识产权是促进全行业健康、持续、繁荣发展，保障市场经济正常运行的重要工作环节，中国家具协会所有会员单位应当积极贯彻和执行本办法，并且，中国家具协会倡议所有国内家具行业相关企业共同贯彻和遵守本办法。

第二条　本办法所保护的知识产权，是指受《中华人民共和国专利法》《中华人民共和国商标法》及其实施细则等法律法规和世界贸易组织规则、《保护工业产权巴黎公约》等中国加入或承认的国际条约中规定的受保护的知识产权类型。具体包括但不限于：已经获得专利权的发明、实用新型、外观设计，以及注册商标等。

发明，是指对产品、方法或者其改进所提出的新的技术方案。

实用新型，是指对产品的形状、构造或者其结合所提出的适于实用的新的技术方案。

外观设计，是指对产品的形状、图案或者其结合以及色彩与形状、图案的结合所作出的富有美感并适于工业应用的新设计。

注册商标，是指经商标局核准注册的商标，包括商品商标、服务商标和集体商标、证明商标；商标注册人享有商标专用权。

第三条　中国家具行业知识产权保护工作应坚持企业自律、保护为主、反对抄袭、协会参与、协商解决的原则。

第四条　中国家具行业应共同努力是以下目标：

（一）建立健全统一、高效、有执行力的家具行业知识产权保护标准和制度，制订相应的工作规划并组织实施；

（二）保护家具企业知识产权合法权益不受侵犯，协助政府、会员、社团处理家具行业知识产权纠纷，建立知识产权侵权举报投诉机制；

（三）维护家具行业整体利益，提高行业整体声誉，营造健康有序的竞争环境和市场氛围，努力实现中国创造；

（四）促进行业现代化建设和转型升级，提升全行业自主创新能力，推进家具行业知识产权相关人才队伍的建设；

（五）加强知识产权国际交流工作，提升和加强中国家具行业知识产权在国际中的地位和话语权，协调处理家具行业涉外知识产权纠纷；

（六）加大展会知识产权执法保护力度，营造健康展会环境；

（七）树立正确的知识产权保护观；

（八）在行业内开展有利于知识产权保护的各类活动。

第五条　中国家具行业支持和鼓励以下行为：

（一）对产品的材料、工艺、设计、功能等方面的发明、创造；

（二）以原创设计参与国际家具、设计展或相关比赛；

（三）维护自身知识产权合法权益或行业整体利益；

（四）独立或与政府、协会等国内外组织或企业合作开展知识产权保护相关活动，提升知识产权保护意识。

第六条　中国家具行业反对和抵制以下行为：

（一）未经权利人许可而使用，或直接抄袭、仿冒权利人已经取得专利权的产品外观设计、功能设计、商标等的行为；

（二）公开销售、展出仿冒产品或使用他人的设计创意、商标，损害他人合法利益的行为；

（三）其他违反《中华人民共和国专利法》《中华人民共和国商标法》等相关法律法规的行为；

（四）任何组织或企业滥用知识产权保护的行为。

第七条　符合下列情形之一的地方协会、会员单位或个人，可以给予其鼓励表彰：

（一）产品设计或功能获得被广泛认可的国际知名设计创新类大奖或由中国家具协会主办的全国性设计创新类大奖的；

（二）新材料、新工艺、新技术应用方面获得重大突破和成果，并得到实际应用，对行业发展起到促进作用的；

（三）为家具行业知识产权保护工作做出突出贡献的；

（四）在处理知识产权纠纷事件中有重大贡献的。

第八条　对于违反本办法规定的行为，对侵权单位或个人可以采取以下措施：

（一）在中国家具协会自身的宣传平台中予以曝光；

（二）在中国家具协会组织的各类活动或会议中向全行业通报、批评。

第九条　在专利申请日前已经制造相同产品、使用相同方法或者已经作好制造、使用的必要准备，并且仅在原有范围内继续制造、使用的，不视为侵犯专利权。

第十条　为生产经营目的使用、许诺销售或者销售不知道是未经专利权人许可而制造并售出的专利侵权产品，能证明该产品合法来源的，无需承担赔偿责任。

第十一条　中国家具协会将根据全行业知识产权保护工作的具体需要，与政府管理知识产权工作的部门或其他第三方专业机构合作，处理有关行业知识产权事务，以更好地为行业和会员服务。

第十二条　根据平等互利、尊重协议、诚实守信的原则，以及我国知识产权法律法规和我国加入或认可的有关知识产权保护的国际公约或双边条约，处理我国与国际家具行业知识产权问题。

第十三条　中国家具行业倡导在各类国际展会、会议或活动应对不同国家的参展商、观众、参会人员等应实行国民待遇，抵制滥用知识产权实行变相行业保护的行为。

第十四条　本办法自中国家具协会理事会通过之日起执行。

04 标准公告

STANDARDS BULLENTIN

《中华人民共和国标准化法》将中国标准分为国家标准（GB）、行业标准(QB)、地方标准(DB)、企业标准(Q/)四级。本篇收录了2014年颁布的国家标准2条以及工业和信息化部行业标准6条，国家标准、行业标准分为强制性标准和推荐性标准（/T）两种。标准的建立为促进技术进步、改进产品质量、提高经济效益、维护人民利益具有重要作用。

2014 年国家标准批准发布公告

2014 年，国家标准批准发布公告共 2 项，如下表所示：

2014 年国家标准批准发布公告一览表

序号	标准号	标准级别	标准名称	代替标准号	发布日期	实施日期
1	GB/T 31106-2014	国标	家具中挥发性有机化合物的测定		2014-9-03	2015-08-01
2	GB/T 31107-2014	国标	家具中挥发性有机化合物检测用气候舱通用技术条件		2014-9-03	2015-08-01

2014年工业和信息化部行业标准批准发布公告

2014年，工业和信息化部行业标准批准发布公告共8项，如下表所示：

2014年工业和信息化部行业标准批准发布公告一览表

序号	标准编号	标准名称	标准主要内容	代替标准	采标情况	实施日期
1	QB/T 4668-2014	办公家具人类工效学要求	本标准规定了常用办公家具产品中办公桌、办公椅和文件柜的一般人类工效学要求。 本标准适用于一般办公场所使用的办公桌、办公椅和文件柜产品。	/	/	2014-10-01
2	QB/T 4669-2014	家居画饰	本标准规定了家居画饰产品的术语和定义、产品分类、要求、试验方法、检验规则、标志、包装、运输、贮存。 本标准适用于家居画饰产品。	/	/	2014-10-01
3	QB/T 4670-2014	吧椅	本标准规定了吧椅的分类、要求、试验方法、检验规则和标志、使用说明、包装、运输、贮存。 本标准适用于座面高度不低于550mm并带有脚踏的可移动吧椅，其他类似产品可参照执行。	/	/	2014-10-01
4	QB 4764-2014	家具生产安全规范 自动封边机作业要求	本标准规定了家具制造过程中自动封边机的一般要求、作业场所与环境要求、加工操作要求、机床维护保养要求、物料搬运要求和防护用品使用要求等。 本标准适用于家具制造中所使用的自动封边机。其他半自动封边机和手动封边机可参照执行。			2014-11-01

（续表）

序号	标准编号	标准名称	标准主要内容	代替标准	采标情况	实施日期
5	QB/T 4765-2014	家具用脚轮	本标准规定了家具用脚轮的术语和定义、分类、要求、试验方法、检验规则、标志、使用说明、包装、运输和贮存。 本标准适用于家具的非动力驱动的移动用脚轮。 本标准不适用于办公椅（转椅）脚轮。			2014-11-01
6	QB/T 4766-2014	家具用双包镶板技术要求	本标准规定了家具用双包镶板的术语和定义、分类、要求、试验方法、检验规则、标志、包装、运输、贮存。 本标准适用于家具用双包镶板。其他单包镶板可参照执行。			2014-11-01
7	QB/T 4767-2014	家具用钢构件	本标准规定了家具用钢构件的术语和定义、产品分类、要求、试验方法、标志、包装、运输、贮存等。 本标准适用于家具产品中的钢构件。			2014-11-01
8	QB/T 4768-2014	沙发床	本标准规定了沙发床的术语和定义、产品分类、要求、试验方法及检验规则和标志、包装、运输、贮存。 本标准适用于沙发床产品。			2014-11-01

05/数据统计

STATISTICAL DATA

本篇选用的行业基础数据均来自中国轻工业信息中心，分为全国数据、地区数据和分类数据三大类。为了便于读者更好地从基础数据中了解行业的发展状况，中国家具协会与中国轻工业联合会联合编写了《2014年中国家具行业经济运行分析》，文章对全国各省市地区的行业企业数量、家具产量、主营业务收入、利润、主营业务收入利润率、资产负债率和行业亏损情况等数据进行对比分析，并针对国际市场形势，对我国家具行业进出口情况进行了数据解读和形势分析。

2014年中国家具行业经济运行分析

中国家具协会
中国轻工业联合会

2014年，家具行业整体发展平稳，增速放缓却仍位于合理区间，提质增效的成果出现，内销规模不断扩大，固定资产投资强劲，运行质量保持稳中有进的态势。对外贸易增速低于2013年，出口大致表现为“先低后高”的发展格局，增速止跌回升到一个较为温和的增长阶段；受国内经济增长放缓影响，抑制了进口增量，增速回落到10%以下。

本报告以国家统计局、国家海关总署的数据为主要数据源，以中国轻工业经济运行与预测预警系统为依托，结合中国家具协会和相关企事业单位的实际工作情况，对2014年家具行业的发展情况进行总结分析。

一、行业基本格局

（一）规模以上企业分布情况

2014年全国家具行业共有规模以上企业4942家，其中大型企业106家、中型企业851家、小型企业3985家，小企业占全行业的80.64%。从注册类型看，内资企业3988家，占80.7%；港、澳、台商投资企业488家，占9.87%；外商投资企业466家，占9.43%。家具企业广泛分布在广东、浙江、山东、福建、河南等省份。分行业来看，我国共有木质家具企业3165家，占规模以上企业的64.04%，金属家具制造企业925家，占18.72%，塑料和竹藤家具分别83家和75家。

（二）生产情况及产区分布

2014年，我国家具行业累计规模以上企业累计产量7.78亿件，同比增长3.1%；产量居全国前10位的地区依次是浙江、广东、福建、河南、山东、辽宁、上海、四川、江苏及江西，仅前三甲的产量就合计占到了全国家具总产量（下同）的65.73%（图1）。与2013年相比，上述主要产区中只有辽宁和上海的位次变化了互换，其他8个地区的排名未变；广东、辽宁、江苏及江西4个地区

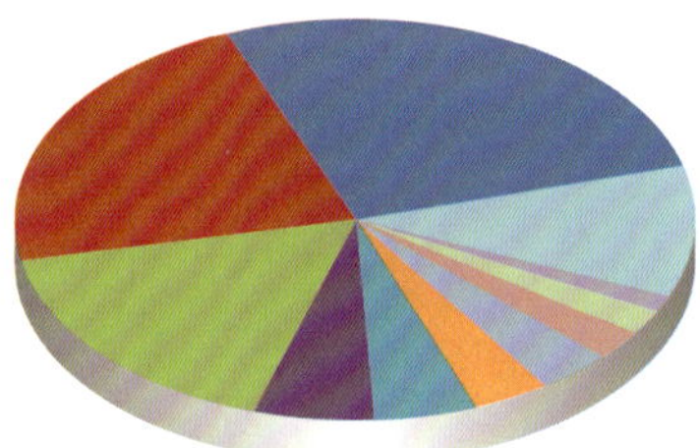

图1　2014年家具行业主要产区累计产量占比情况

表1　2014年家具行业主要产区产量及增速

排序	地区名	累计产量（万件）	增速（%）
1	四川	1692.98	17.82
2	江西	1456.09	15.15
3	广东	17259.68	4.93
4	河南	4921.47	4.41
5	福建	12660.93	3.00
6	浙江	21205.00	2.33
7	江苏	1646.59	-0.19
8	上海	2628.11	-1.28
9	山东	3914.46	-5.05
10	辽宁	2726.57	-7.91

注：表中按增速大小排序。

数据来源：中国轻工业经济运行及预测预警系统。

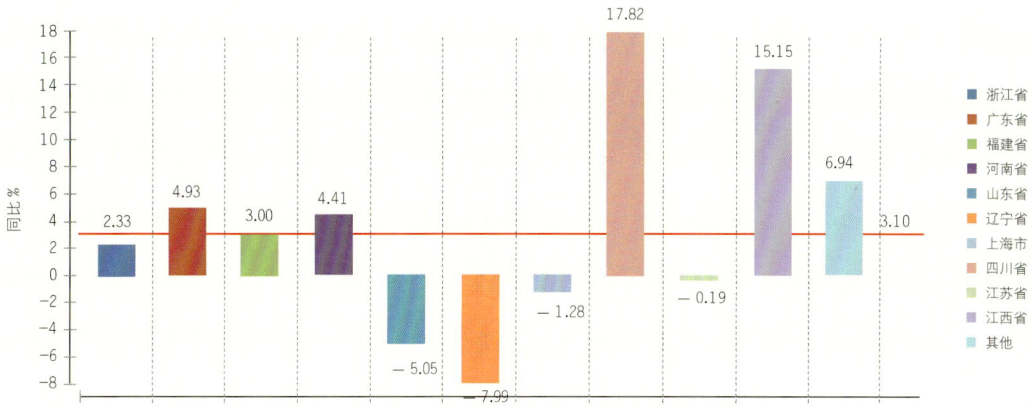

图 2 2014 年家具行业主要产区累计产量增速情况

的累计产量占比有所扩大，而其他地区的累计产量占比均出现不同程度的收窄（图 2 和表 1）。

（三）主营业务收入分析

2014 年全国家具行业规模以上企业累计完成主营业务收入 7,187.35 亿元，同比增长 10.86%，家具行业规模以上企业累计主营业务收入居全国前 10 位的地区分别是广东、山东、浙江、河南、四川、辽宁、福建、江苏、上海及安徽，与 2013 年相比，四川超越辽宁成为第五，江苏超越上海成为第八，安徽代替湖南进入前十行列；这 10 个地区的累计主营业务收入合计占比接近八成，其中广东的累计主营业务收入（下同）完成了 1608.03 亿元（占 22.37%），山东完成了 858.45 亿元（占 11.94%），浙江完成了 766.64 亿元（占 10.67%）（图 3）。

同年，上述 10 个地区中，安徽的累计主营业务收入增速（下称“累计增速”）最快，保持在 20% 以上；河南、四川、山东及广东 4 个地区的累计增速超过了 10%；福建、江苏、浙江及上海 4 个地区呈个位数增长，只有辽宁的累计增速为负（图 4 和表 2）。与 2013 年相比，安徽、河南、四川及上海 4 个地区的累计增速有所提升，其他地区均放慢了增长。

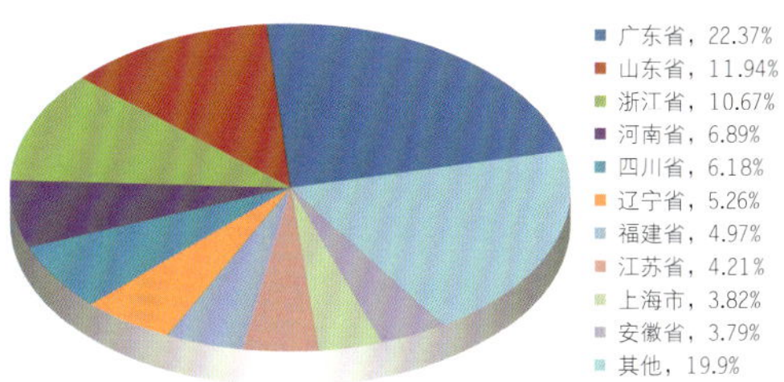

图 3 2014 年主要地区家具行业规模以上企业累计主营业务收入占比情况

表 2 2014 年主要地区家具行业规模以上企业累计主营业务收入及增速

排序	地区名	累计主营业务收入（亿元）	增速（%）
1	安徽	272.47	21.90
2	河南	494.89	17.65
3	四川	444.40	16.93
4	山东	858.45	11.37
5	广东	1608.03	10.45
6	福建	357.09	9.89
7	江苏	302.24	8.72
8	浙江	766.64	6.25
9	上海	274.56	4.43
10	辽宁	378.31	-2.59

注：表中按增速大小排序。

数据来源：中国轻工业经济运行及预测预警系统。

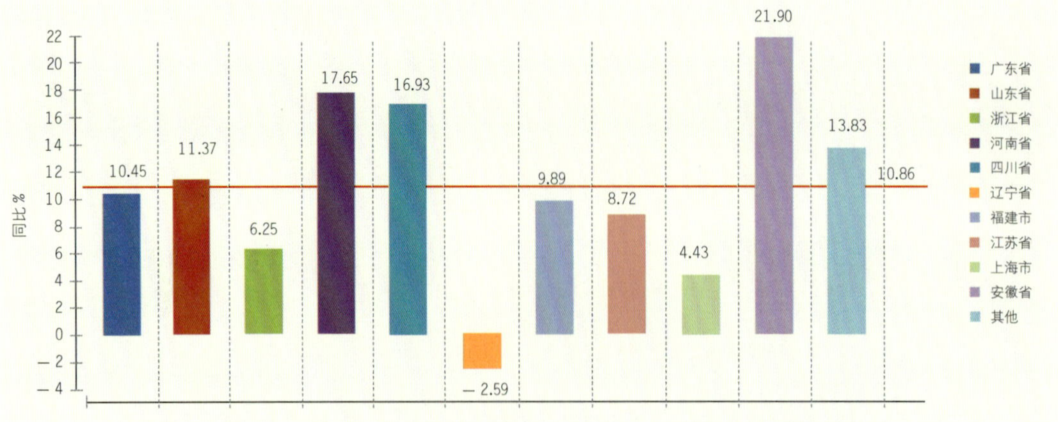

图 4　2014 年主要地区家具行业规模以上企业累计主营业务收入增速情况

（四）利润分析

2014 年全国家具行业规模以上企业累计完成利润总额 441.85 亿元，同比增长 12.50%，家具行业规模以上企业累计利润总额居全国前十的地区先后是广东、山东、河南、浙江、上海、四川、福建、安徽、辽宁、及河北，合计占比达到了 79.35%；其中，广东累计实现利润总额（下同）77.58 亿元，占 17.56%；山东累计实现 56.93 亿元，占 12.88%；河南累计实现 52.62 亿元，占 11.91%（图 5）。与 2013 年相比，居前十位的地区中，福建和安徽分别跃升为第七、第八，辽宁由第七降至第九，河北由第九变为第十；只有广东、浙江及安徽 3 个地区的占比有不同程度的扩大，其他 7 个地区的占比均表现为收窄。

同年，上述 10 个地区中，安徽和浙江是累计利润总额高速增长（下称“累计增速”）的 2 个地区，分别达到了 21.60% 和 21.53%；广东、河南及河北 3 个地区的累计增速超过了 10%；累计增速处

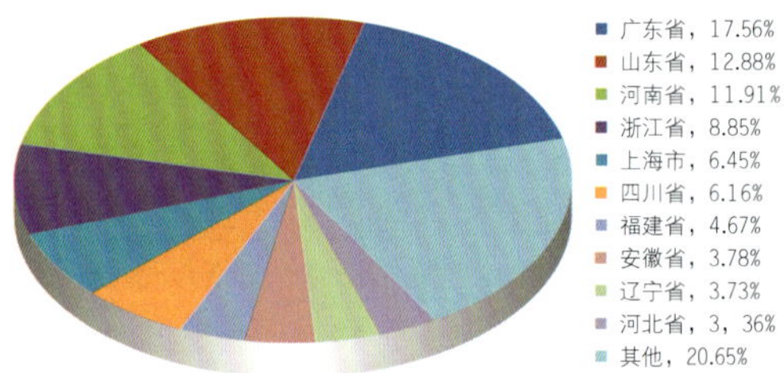

图 5　2014 年主要地区家具行业规模以上企业累计利润总额占比情况

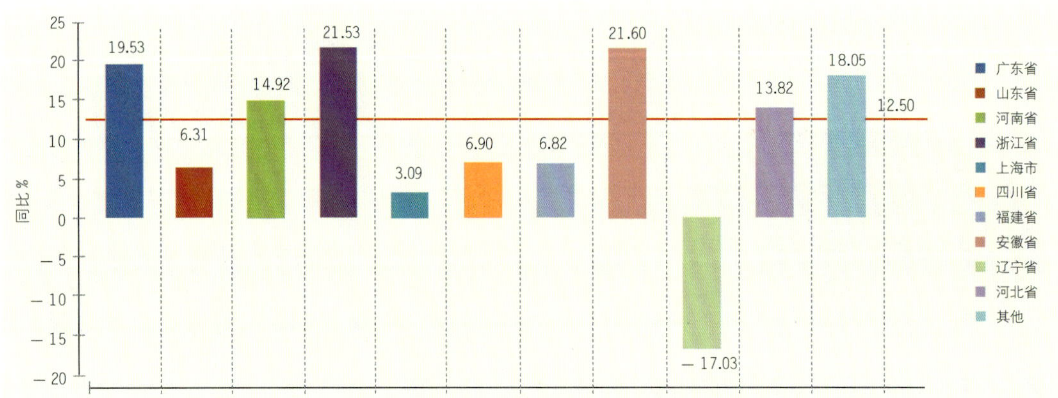

图 6　2014 年主要地区家具行业规模以上企业累计利润总额增速情况

表 3　2014 年主要地区家具行业规模以上企业累计利润总额及增速

排序	地区名	累计利润总额（亿元）	增速（%）
1	安徽	16.71	21.60
2	浙江	39.09	21.53
3	广东	77.58	19.53
4	河南	52.62	14.92
5	河北	14.85	13.82
6	四川	27.22	6.90
7	福建	20.65	6.82
8	山东	56.93	6.31
9	上海	28.48	3.09
10	辽宁	16.49	-17.03

注：表中按增速大小排序。

数据来源：中国轻工业经济运行及预测预警系统。

于全国家具行业平均线以下的地区中，除了辽宁呈现出两位数负增长以外，其他 4 个地区均为个位数增长（图 6 和表 3）。

（五）主营业务收入利润率分析

2014 年家具行业规模以上企业的累计主营业务收入利润率为 6.15%，比 2013 年微增了 0.09 个百分点；行业累计主营业务收入利润率（下同）居全国前十位地区依次是：新疆 25.17%、陕西 11.33%、河南 10.63%、上海 10.37%、内蒙古 9.85%、重庆 9.83%、江西 7.57%、天津 6.86%、河北 6.82% 以及广西 6.66%，均超过了全国家具行业平均水平（图 7）；与 2013 年相比，新疆增加了 33.16 个百分点，陕西增加了 0.68 个百分点，河南下降了 0.25 个百分点，上海下降了 0.13 个百分点，内蒙古增加了 0.82 个百分点，重庆增加了 1.41 个百分点，江西增加了 0.62 个百分点，天津下降了 0.28 个百分点，河北下降了 0.05 个百分点，

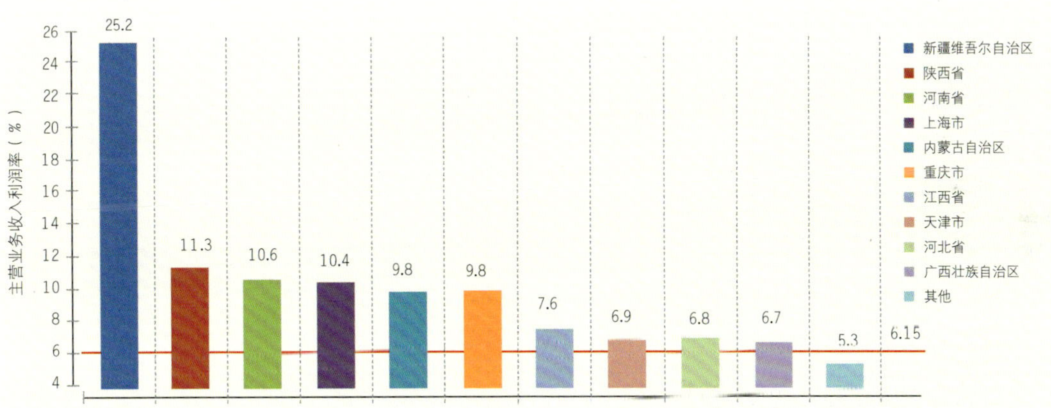

图 7　2014 年主要地区家具行业规模以上企业累计主营业务收入利润率情况

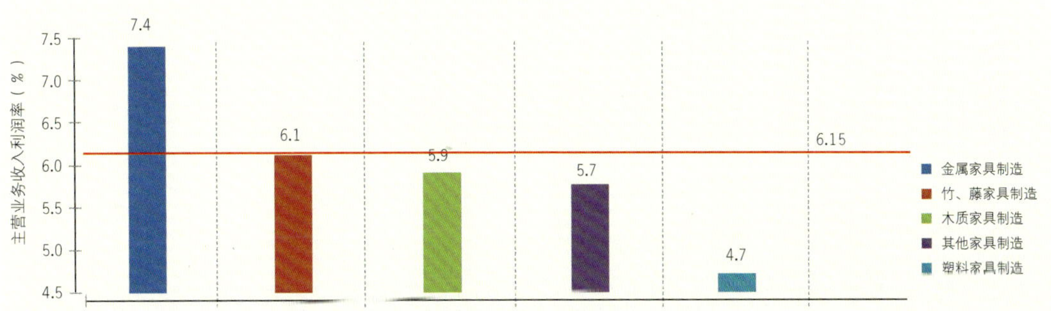

图 8　2014 年全国家具行业规模以上企业累计主营业务收入利润率子行业对比情况

广西下降了 0.76 个百分点。

从分行业来看，金属家具主营业务收入率为 7.4%，高于全行业平均水平，比去年增加 0.26 个百分点。木质家具、塑料家具主营业务收入利润率分别下降 0.08 和 0.58 个百分点（图 8）。

（六）资产负债率分析

2014 年，家具行业规模以上企业的累计资产负债率为 49.70%，比 2013 年下降了 0.65 个百分点；行业累计资产负债率（下同）居全国前十位的地区相继是：云南 69.64%、天津 68.43%、山西 67.10%、浙江 65.11、黑龙江 63.92%、上海 60.81%、广西 59.99%、重庆 58.10%、北京 55.29% 以及福建 52.74%，都高于全国家具行业平均线（图 9），说明上述地区家具行业的债务资金较多，财务风险相对较高，融资成本增加；与 2013 年相比，云南下降了 4.37 个百分点，天津增加了 3.25 个百分点，山西增加了 10.36 个百分点，浙江下降了 0.83 个百分点，黑龙江增加了 0.41 个百分点，上海增加了 0.66 个百分点，广西增加了 1.12 个百分点，重庆下降了 1.24 个百分点，北京下降了 0.94 个百分点，福建下降了 2.50 个百分点。

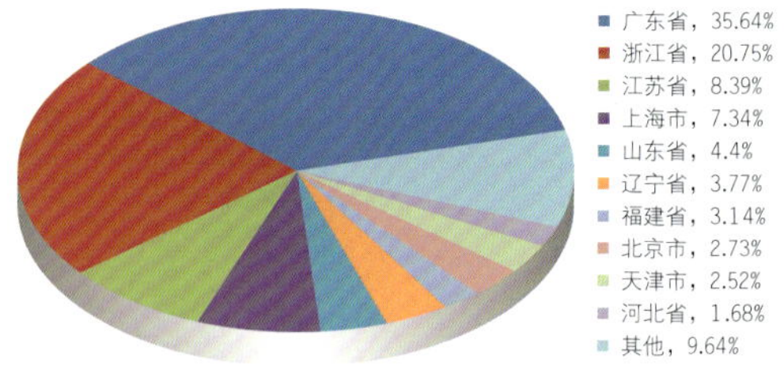

图 10　2014 年全国家具行业规模以上企业累计亏损企业数地区占比情况

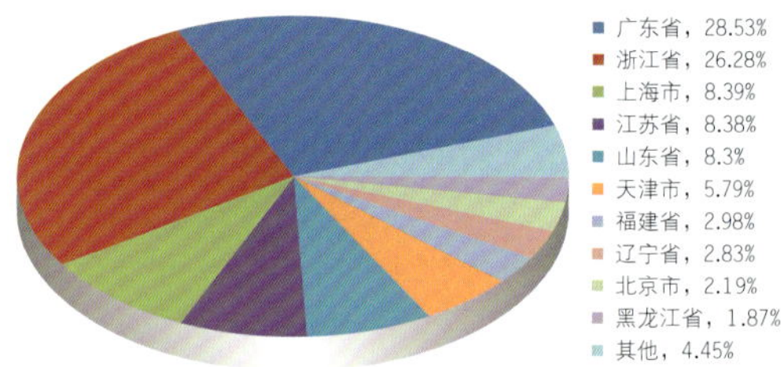

图 11　2014 年全国家具行业规模以上企业累计亏损额地区占比情况

（七）行业亏损情况分析

2014 年家具行业规模以上企业的亏损面达到 9.65%，低于去年 10.88% 的亏损面，共有亏损企业 477 家，亏损企业主要分布在广东、浙江、江苏等地区，全行业累计亏损 17.7 亿元，广东、浙江、上海亏损额较大，其中上海同比增长 95.30%，同比增幅较大（图 10 和图 11）。

二、行业运行分析

2014 年，家具行业在国内外复杂严峻的形势以及持续加大的宏观经济下行压力下，面临了不少

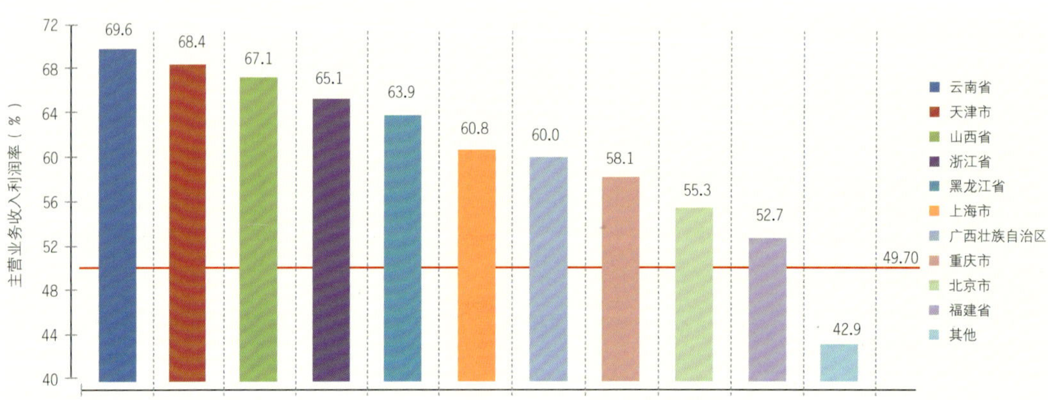

图 9　2014 年主要地区家具行业规模以上企业累计资产负债率情况

困难与挑战，然而随着国家各项定向调控政策的效应逐步显现，为行业发展创造了良好的环境，行业经济运行表现出了以下几个特征。

（一）增速放缓成新常态，发展平稳实现质增

根据国家统计局初步核算显示，2014 年度，我国国内生产总值（GDP）636463 亿元，按可比价格计算，同比增长 7.4%，实现了 7.5% 左右的增长目标，符合“新常态”下经济发展增速换挡的客观规律；工业生产运行在合理区间，全国规模以上企业工业增加值（下同）按可比价格计算，同比增长 8.3%，其中轻工全行业同比增长了 8.6%，两者分别比 2013 年回落了 1.4 个百分点和 1.6 个百分点。

表 4　近五年轻工全行业与家具行业的工业增加值增速变化

年度	轻工全行业工业增加值增速（%）	家具行业工业增加值增速（%）
2010 年	13.6	19.7
2011 年	13.0	15.2
2012 年	10.1	11.2
2013 年	10.2	10.1
2014 年	8.6	8.9

数据来源：2010 ～ 2012 年数据来自国家统计局网站，2013 ～ 2014 年数据来自中国轻工业信息中心相关数据。

近年来，家具行业的运行走势与轻工全行业相似，增速呈现逐渐回落之势，从 2012 年起增长放缓开始明显，2014 年工业增加值和主营业务收入的增速均为五年来新低，尤其工业增加值增速更是首次跌破 10%，变为个位数增长（表 4 和表 5）。

尽管如此，家具行业发展的韧性与潜力依然

表 5　近五年轻工全行业与家具行业的主营业务收入变化

年份	轻工全行业		家具行业	
	主营业务收入（亿元）	增速（%）	主营业务收入（亿元）	增速（%）
2010 年	120245.75	30.39	3793.08	30.77
2011 年	160235.73	29.30	4992.30	25.71
2012 年	177202.23	15.43	5438.90	13.84
2013 年	203101.51	13.66	6462.75	14.30
2014 年	220762.08	8.72	7187.35	10.86

注：（1）表中均为规模以上企业数据，2011 年起规模以上企业的统计标准变为年主营业务收入 2000 万元及以上全部工业法人企业。

（2）2010 年的数值为当年 1 ～ 11 月的累计值。

数据来源：中国轻工业经济运行及预测预警系统。

数据来源：中国轻工业经济运行及预测预警系统。

图 12　家具行业规模以上企业近三年月度主营业务收入对比

较强，总体保持在合理区间运行，增速仍略快于轻工全行业和全国工业的平均水平。2014 年，家具行业规模以上企业累计完成主营业务收入 7187.35 亿元，同比增长 10.86%，比轻工全行业高了 2.14 个百分点（表 3），比全国工业高了近 4 个百分点；月度主营业务收入的运行显示出上半年惯性震荡，下半年缓步抬升的走势（图 12），表明主营业务收入增速进入了缓中趋稳的新常态化发展阶段。

同年，规模以上家具企业 4942 家，比上年同期增加了 226 家，同比增长 4.79%；累计生产家具为 77785.69 万件，同比增长 3.10%，这两项指标的增速均低于工业增加值和主营业务收入的增长，说明家具行业的体量虽然逐年扩大，但行业发展已实现从“量增”向“质增”转变。

（二）规模效应日益提高，大型企业作用增强

从近五年来的数据可以看出，家具行业规模以上企业（下同）的平均规模保持了逐年扩大的态势，2014 年与 2010 年相比，平均主营业务收入增长了 1.26 倍，平均利润总额增长了 1.83 倍，平均资产总计增长了 1.22 倍，表现出较好的成长性（表 6）；家具行业的利润总额增速持平或超过了主营业务收入增速，且与资产总计增速相同，都保持了两位数增长，从而表现出较强的抗风险能力（表 7）。

增速放缓倒闭了家具行业加快转型升级的步伐，在市场优胜劣汰及强制淘汰落后产能的机制作用下，大型家具企业发展趋势较好，而一部分小型企业遭遇了淘汰的命运。2014 年，大型企业的平均主营业务收入利润率为 7.52%，高于中

表 6　近五年家具行业规模以上企业平均经济规模变化

指标名称	2010 年	2011 年	2012 年	2013 年	2014 年
企业平均主营业务收入（万元）	6431.13	12102.54	12327.52	13703.89	14543.41
企业平均利润总额（万元）	315.50	701.63	781.19	856.41	894.08
企业平均资产总计（万元）	4137.36	6951.63	7431.90	8564.69	9165.02

注：(1) 2011 年起规模以上企业的统计标准变为年主营业务收入 2000 万元及以上全部工业法人企业。

(2) 表内 2010 年的数值为当年 1 ～ 11 月的平均值。

数据来源：“中国轻工业经济运行及预测预警系统”相关数据计算得出。

表 7　近五年轻工全行业与家具行业规模增速比较

指标名称		2010 年	2011 年	2012 年	2013 年	2014 年
主营业务收入增速（%）	轻工全行业	30.39	29.30	15.43	13.66	8.72
	家具行业	30.77	25.71	13.84	14.30	10.86
利润总额增速（%）	轻工全行业	37.09	31.98	19.58	14.61	5.20
	家具行业	46.80	32.20	19.39	14.01	12.50
资产总计增速（%）	轻工全行业	22.72	22.40	13.66	14.16	11.63
	家具行业	23.46	23.50	13.71	16.85	11.53

注：(1) 表中均为规模以上企业数据，2011 年起规模以上企业的统计标准变为年主营业务收入 2000 万元及以上全部工业法人企业。

(2) 2010 年的数值为当年 1 ～ 11 月的累计增速。

数据来源：中国轻工业经济运行及预测预警系统。

表8 近五年家具行业不同规模企业经济指标占比变化

指标名称	企业规模	2010年	2011年	2012年	2013年	2014年
主营业务收入占比（%）	大型	6.52	7.49	13.47	15.78	17.51
	中型	26.54	29.96	31.04	32.02	30.48
	小型	66.95	62.54	55.48	52.21	52.01
利润总额占比（%）	大型	9.32	10.60	16.66	19.44	21.41
	中型	23.87	25.97	27.19	28.47	27.68
	小型	66.81	63.43	56.15	52.09	50.92
资产总计占比（%）	大型	9.84	11.57	18.66	21.33	21.59
	中型	35.41	40.25	37.52	34.76	33.85
	小型	54.74	48.18	43.82	43.91	44.56
主营业务收入利润率（%）	大型	7.01	8.20	7.83	7.70	7.52
	中型	4.41	5.02	5.55	5.56	5.58
	小型	4.90	5.88	6.41	6.24	6.02

注：(1) 表中均为规模以上企业数据，2011年起规模以上企业的统计标准变为年主营业务收入2000万元及以上全部工业法人企业。

(2) 表内2010年的数值为当年1～11月的累计值。

数据来源：中国轻工业经济运行及预测预警系统。

型企业5.58%、小型企业6.02%的水平。近五年，大型企业主营业务收入在家具行业的占比由6.52%增加到17.51%，利润总额占比由9.32%增加到21.41%，资产总计占比由9.84%增加到21.59%，增长幅度均较大，说明此类企业在行业中的竞争优势与领军作用不断增强（表8）。

（三）盈利能力表现较好，中西部具后发优势

2014年家具行业规模以上企业（下同）累计实现利润总额441.85亿元，同比增长12.50%，继续保持快速增长态势，并且超过累计主营业务收入增速1.63个百分点；主营业务收入利润率为6.15%，比上年同期回升了0.09个百分点；每百元主营业务收入中的成本为84.71元，比上年同期增加0.48元；每百元主营业务成本中的期间费用为8.71元，比上年同期微降了0.06元（表9）。说明在生产增速放缓的情况下，行业的经济效益有所提高，盈利能力表现较好，运行质量稳步发展。

从区域上来看，在政府“微刺激”、“强改革”等政策红利持续释放的背景下，中西部地区家具行业的地域优势、后发优势继续得到发挥，发展势头明显快于其他区域。2014年，中西部家具行业规模以上企业（下同）的利润总额增速、主营业务收入增速以及主营业务收入利润率三项指标均高于全国平均水平（表10），说明中西部家具行业的产品附加值有所提高，市场竞争力增强，行业发展潜力较大，获利水平得到了提升。

表9 2014年家具行业规模以上企业的盈利水平及单位成本费用

指标名称	2014年	2013年
主营业务收入利润率（%）	6.15	6.06
每百元主营业务收入中的成本（元）	84.71	84.23
每百元主营业务收入中的期间费用（元）	8.71	8.77

数据来源：根据“中国轻工业经济运行及预测预警系统”相关数据计算得出。

表 10　2014 年家具行业规模以上企业区域发展情况

	利润总额增速（%）	主营业务收入增速（%）	主营业务收入利润率（%）
全国	12.50	10.86	6.15
东部	12.42	9.18	5.74
中部	17.24	17.83	7.65
西部	18.86	18.78	7.11
东北部	-9.94	0.91	4.65

数据来源：中国轻工业经济运行及预测预警系统。

三、国际市场分析

（一）进出口基本情况

2014 年全国家具行业累计完成进出口总额 562.23 亿美元，同比增长 1.00%，其中实现出口额 534.16 亿美元，同比增长 0.61%，低于去年 6.30% 的增速；实现进口 28.07 亿美元，同比增长 9.25%，低于去年同期 10.11% 的增速。全年实现贸易顺差 506.09 亿美元。

1、出口形势与国别分析　2014 年，我国家具行业出口在轻工主要商品出口中占 8.68%，居第五位；累计出口值增速尽管由上半年的同比下降 5.83% 上涨为同比增长 0.61%，但仍比轻工主要出口商品的平均水平低 9.66 个百分点，对比近五年增长情况来看，家具行业出口下滑明显。（表 11 和图 13）。

从月度出口的走势来看，1 月以月度新高开局，

表 11　近五年我国家具出口值变化

年份	累计出口值（亿美元）	增速（%）
2010 年	337.24	29.95
2011 年	388.82	15.31
2012 年	499.60	28.52
2013 年	531.01	6.30
2014 年	534.16	0.61

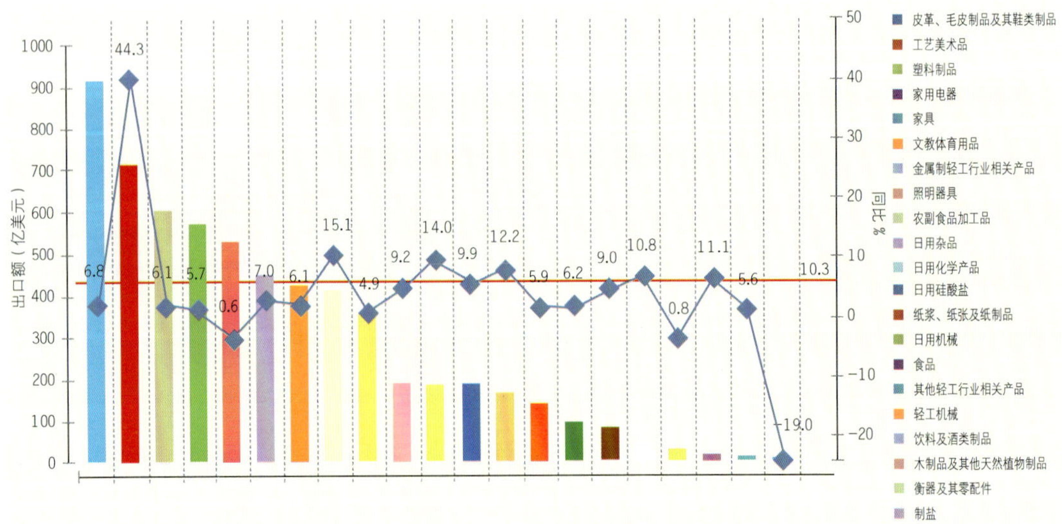

图 13　2014 年轻工各主要行业累计出口值及增速

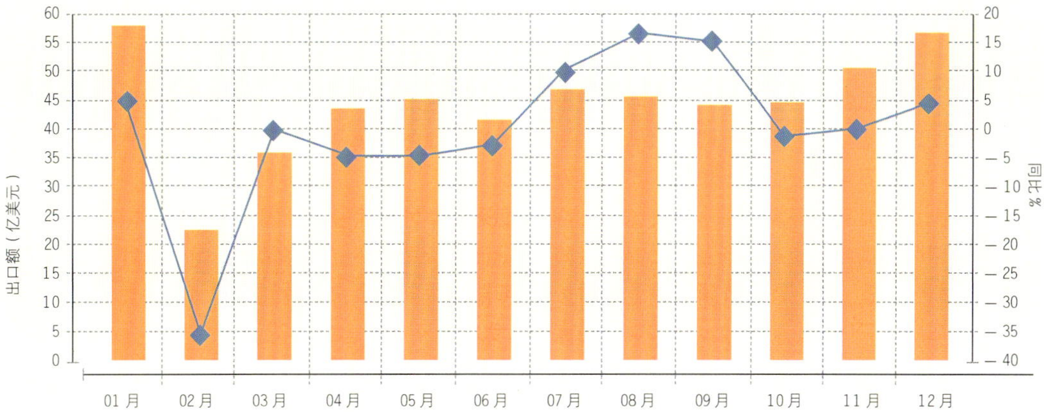

图 14　2014 年家具行业月度出口值及增速

增速却仅为 4.73%，比 2013 年同月下降了 49.47 个百分点；2 月出口回落，比 1 月减少了 35.48 亿美元，增速大幅降至 –35.51%，是近年来负增长最高的一个月；3 ~ 5 月出口值出现反弹，6 月短暂下滑，这 4 个月持续了负增长的态势；7 月出口值与增速出现双回升，增速接近 10%；8 ~ 9 月，出口值虽然呈现平缓回落，但都保持在 15% 以上的快速增长；10 ~ 12 月，出口值再次构筑出年末翘尾之势，然而 12 月的回升高度并未超过 1 月，3 个月的增速由负增长逐渐恢复到个位数增长（图 14）。

从出口产品来看，主要出口产品以坐具及其零件、木家具和金属家具为主，在主要出口产品中牙科、理发椅及其零件出口同比增长 45.6%，同比增幅较高（图 15 和图 16）。

从出口国别来看，我国家具行业主要出口国别

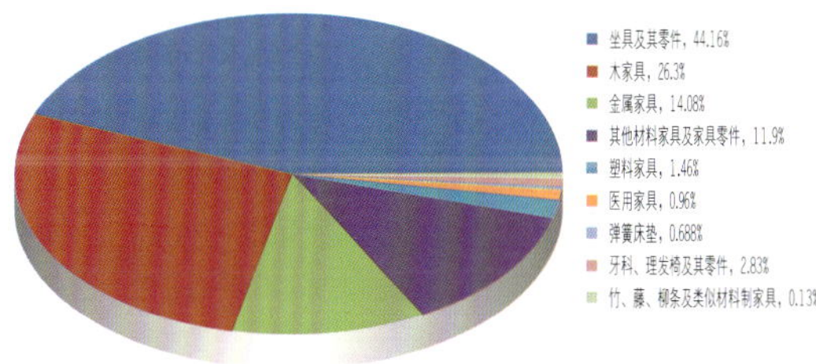

图 15　2014 年全国家具行业累计出口额子行业占比情况

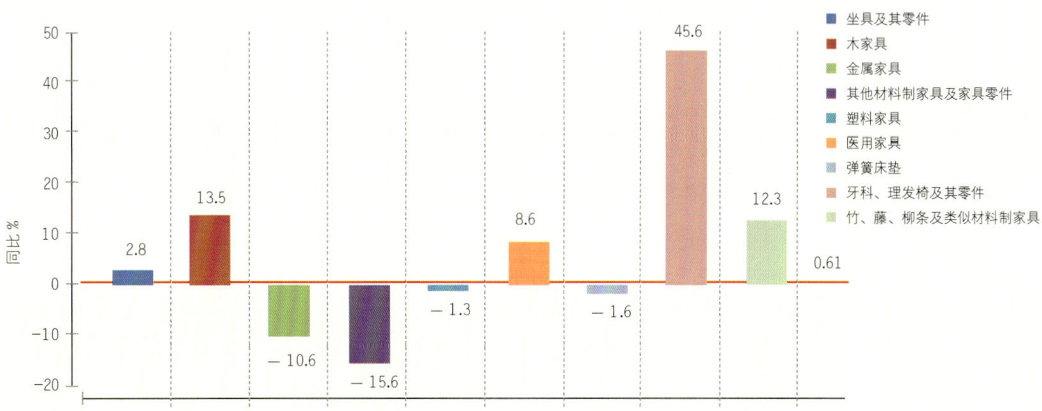

图 16　2014 年全国家具行业累计出口额子行业同比增长情况

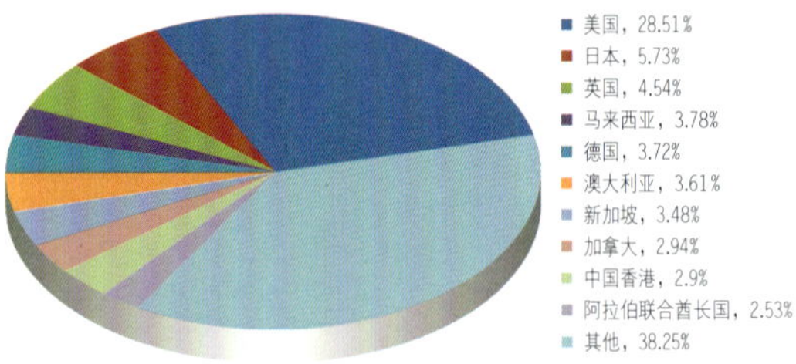

图 17　2014 年全国家具行业累计出口额贸易国占比情况

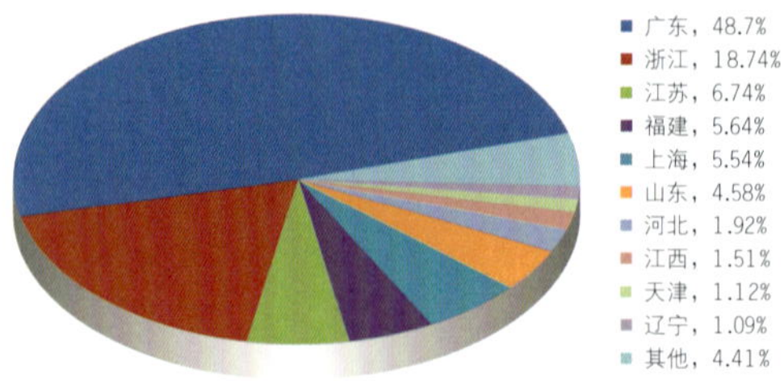

图 18　2014 年全国家具行业累计出口额地区占比情况

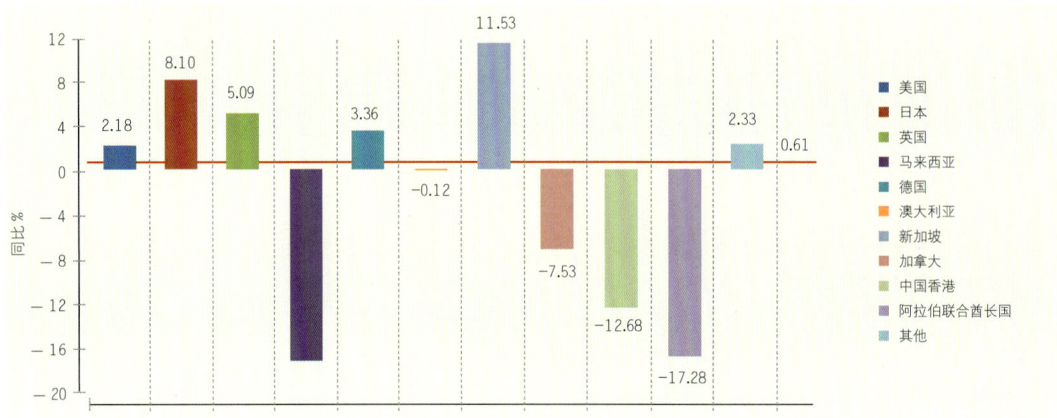

图 19　2014 年全国家具行业累计出口额主要贸易国同比增长情况

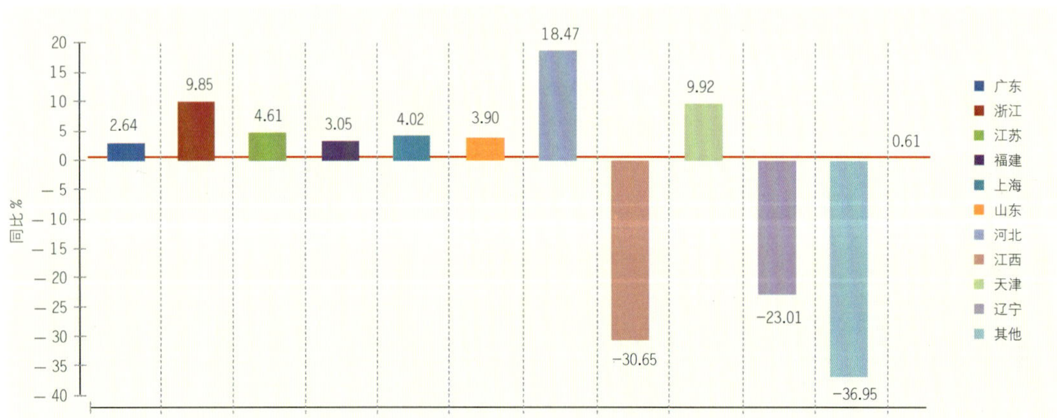

图 20　2014 年全国家具行业累计出口额主要地区同比增长情况

为美国、日本、英国、马来西亚、德国等国家和地区。在主产区中，对新加坡出口增长较快，对马来西亚和阿拉伯出口下降明显（图 17 和图 19）。

从主要出口省份来看，广东、浙江、江苏等是我国家具行业的主要出口省份，在主要出口省份中，河北、天津和浙江出口增幅较大。山东、辽宁出口下滑严重（图 18 和图 20）。

2、进口形势与国别分析　2014 年我国家具行业主要以坐具及其零件和木家具进口为主，在主要出口产品中，牙科、理发椅及其零件出口同比增长 85.1%，同比增幅较高（图 21 和图 23）。

从进口国别来看，我国家具行业主要进口国为

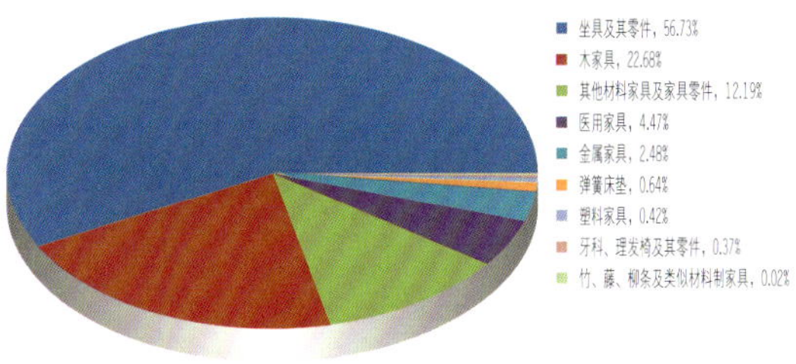

图 21　2014 年全国家具行业累计进口额子行业占比情况

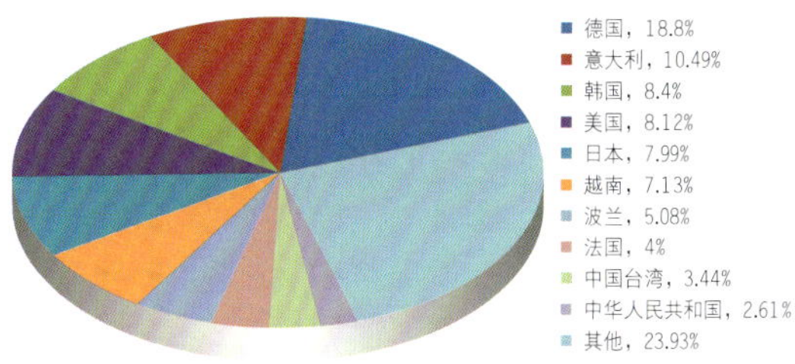

图 22　2014 年全国家具行业累计进口额贸易国占比情况

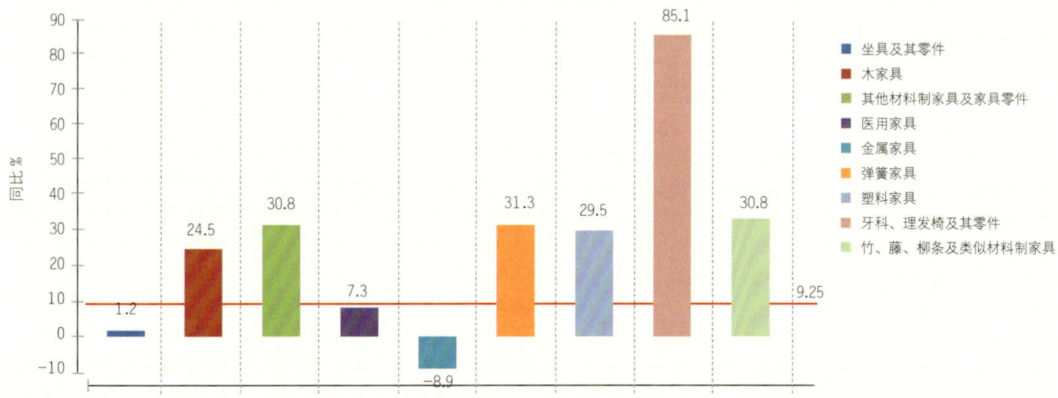

图 23　2014 年全国家具行业累计进口额子行业同比增长情况

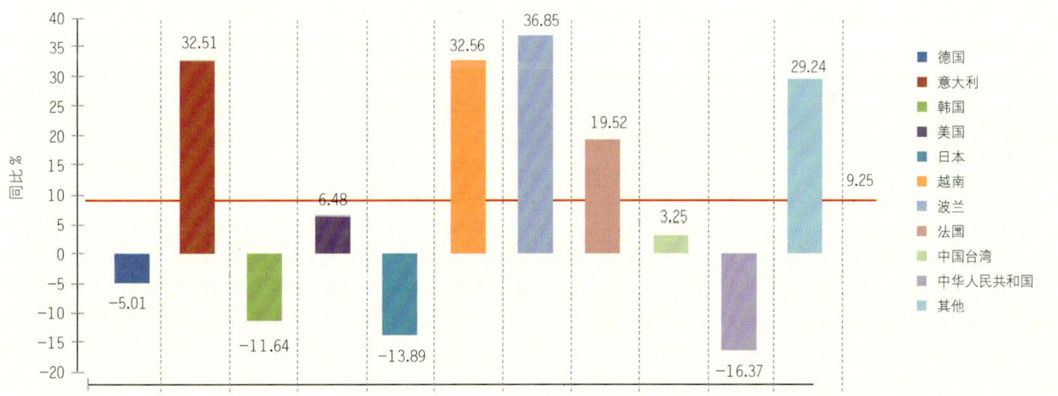

图 24　2014 年全国家具行业累计进口额主要贸易国同比增长情况

德国、意大利、韩国和美国等国家和地区。在主要进口国家中，从波兰、意大利和越南进口增长较快，对日本、韩国和德国进口下降明显（图 22 和图 24）。

从主要进口省份来看，上海、广东、北京是我国家具行业的主要进口省份，在主要进口省份中，广西、上海和江苏进口增幅较大。从辽宁、吉林进口下滑严重（图 25 和图 26）。

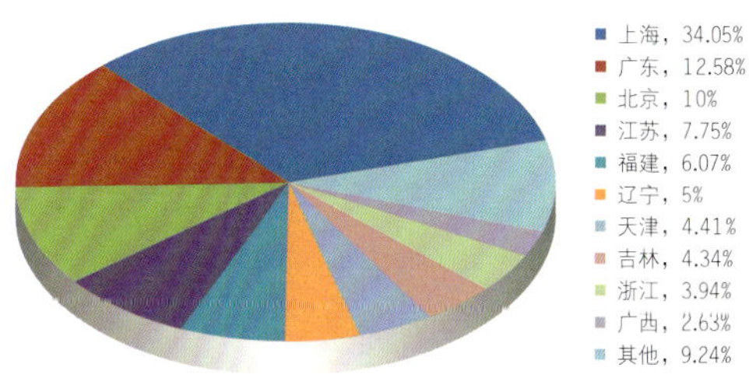

图 25　2014 年全国家具行业累计进口额地区占比情况

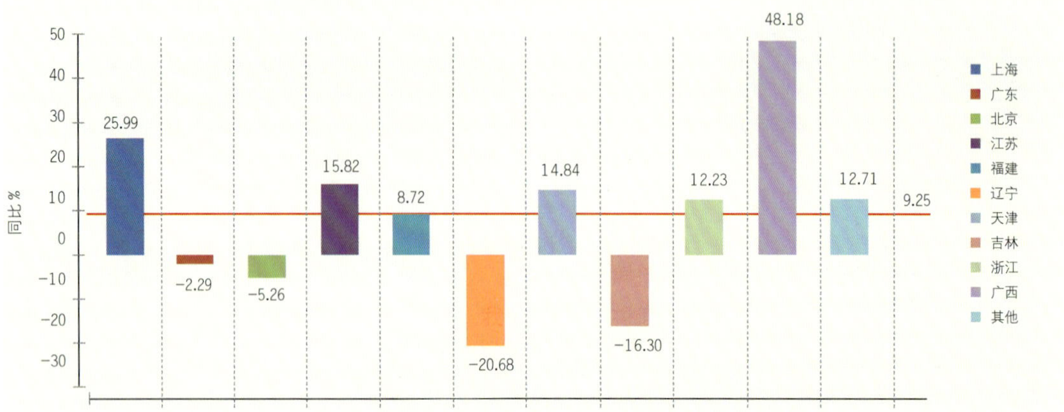

图 26　2014 年全国家具行业累计进口额主要地区同比增长情况

（二）进出口形势分析

1、外部经济环境复杂，家具出口走势分化　从全球区域布局来看，美国和欧盟仍是我国家具出口的主要市场，然而从 2012 年起我国家具出口到这两个市场的合计占比已降到 50% 以下，说明我国家具行业的出口市场结构调整初见成效，多元化发展取得一定进展。

2014 年，我国家具出口的三大传统市场中，美国因个人收入增长较慢、消费者信心不强，导致需求旺季不旺，对其家具出口增速仅为 2.18%；欧盟成员国的经济复苏进程不平衡，影响消费者信心，对其家具出口微增 0.21%；日本受益于收入增长与就业环境的改善，消费者信心上升，对其家具出口增速达到了 8.10%（表 12）。除此之外，新兴市场国家经济增速进一步放缓，地缘政治风险凸显，多数国家遭遇货币贬值，部分国家出现较大规模资本流出，但同时印度、菲律宾等国家经济则表现出了强劲的增长势头，这样的经济增长分化导致我国对新兴市场出口家具的走势也出现了分化，既有对中国—哥斯达黎加自贸区的出口增速高达到 30.82%，也有对中国—秘鲁自贸区的出口呈现负增长 42.09%（表 12）。

表 12　2014 年家具行业主要商品出口主要国际市场情况

主要国际市场		2014 年出口值（万美元）	2013 年出口值（万美元）	占比（%）	增速（%）
家具行业主要商品		5341585.46	5309443.01	100.00	0.61
传统市场	美国	1522658.05	1490104.35	28.51	2.18
	欧盟	1003758.81	1001609.73	18.79	0.21
	日本	306144.31	283211.92	5.73	8.10
自贸区	中国—东盟	624293.24	648284.30	11.69	-3.70
	中国—新加坡	186010.73	166779.00	3.48	11.53
	中国—巴基斯坦	4439.57	3930.07	0.08	12.96
	中国—新西兰	24407.79	22200.31	0.46	9.94
	中国—智利	24191.80	23351.97	0.45	3.60
	中国—秘鲁	8309.70	14349.52	0.16	-42.09

（续表）

主要国际市场	2014 年出口值（万美元）	2013 年出口值（万美元）	占比（%）	增速（%）
中国—哥斯达黎加	2788.39	2131.44	0.05	30.82
内地—港澳	168097.25	186873.61	3.15	-10.05
内地—台湾	35531.72	30955.09	0.67	14.78
中国—冰岛	382.50	446.78	0.01	-14.39
中国—瑞士	4792.78	4765.14	0.09	0.58
金砖国家（除中国外）	227017.28	239452.00	4.25	-5.19

数据来源：中国轻工业经济运行及预测预警系统。

2、进出口增速显双降，对外贸易价格倒挂　2014 年，在我国 40 种八位编码家具商品中，出口量跌价增的商品仅有飞机用坐具（94011000）、柳条及类似材料制的坐具（94015900）、皮革或再生皮革制面带软垫的木框架坐具（94016110）3 种，出口量价齐跌的商品有竹制或藤制的坐具（94015100）、其他未列名坐具（94018090）、其他红木家具（94036010）、家具的零件（94039000）4 种；出口单价提升的商品有 18 种，对出口值增长的贡献率达到了 392.00%，其中，有 11 种提价幅度在 0 ~ 10% 之间（不包括 10%），仅 1 种提价幅度在 10% ~ 20% 之间（不包括 20%），有 6 种提价幅度在 20% 及以上；出口单价下降的商品有 22 种，占 55.00%，比 2013 年多了 10 种，拉低了出口值增速；与 2013 年相同的是进口单价高于出口单价的商品仍然有 31 种，占 77.50%（表 13）。

表 13　2014 年家具行业八位编码商品出口情况

商品编号	商品名称	出口单价增速（%）	进口单价高于出口单价
94011000	飞机用坐具	28.67	※
94012010	皮革或再生皮革制面的机动车辆用坐具	-4.42	※
94012090	非皮革或再生皮革制面的机动车辆用坐具	-1.34	※
94013000	可调高度的转动坐具	0.08	※
94014010	皮革或再生皮革制面的能作床用的两用椅（但庭园坐具或野营设备除外）	66.05	※
94014090	非皮革或再生皮革制面的能作床用的两用椅（但庭园坐具或野营设备除外）	-17.69	
94015100	竹制或藤制的坐具	168.36	
94015900	柳条及类似材料制的坐具	29.42	※
94016110	皮革或再生皮革制面带软垫的木框架坐具	5.09	※
94016190	非皮革或再生皮革制面带软垫的木框架坐具	8.48	※
94016900	其他木框架坐具	-5.09	※
94017110	皮革或再生皮革制面带软垫的金属框架坐具	-14.06	※

（续表）

商品编号	商品名称	出口单价增速（%）	进口单价高于出口单价
94017190	非皮革或再生皮革制面带软垫的金属框架坐具	-24.21	※
94017900	其他金属框架坐具	-5.62	
94018010	石制的坐具	-62.76	※
94018090	其他未列名坐具	3.09	※
94019011	机动车辆用座椅调角器	1.71	
94019019	机动车辆用坐具的其他零件	-3.44	
94019090	非机动车辆用坐具的零件	-0.14	※
94021010	理发用椅及其零件	-71.90	
94021090	牙科用椅及其零件；理发用椅的类似椅及其零件	-94.96	※
94029000	其他医用家具及其零件（如手术台、检查台、带机械装置的病床等）	-89.95	※
94031000	办公室用金属家具	-6.54	※
94032000	其他金属家具	-13.18	※
94033000	办公室用木家具	7.38	※
94034000	厨房用木家具	4.39	※
94035010	卧室用红木家具	39.75	※
94035091	卧室用漆木家具	-6.70	※
94035099	卧室用其他木家具	8.88	※
94036010	其他红木家具	2.09	
94036091	其他漆木家具	90.67	※
94036099	其他木家具	-1.47	※
94037000	塑料家具	-8.32	
94038100	竹制或藤制家具	10.59	※
94038910	柳条及类似材料制家具	-2.34	※
39263000	塑料制家具、车厢或类似品的附件	6.32	※
94038920	石制家具	-10.67	※
94038990	其他材料制家具	8.65	※
94039000	家具的零件	-19.05	
94041000	弹簧床垫	-11.73	※

数据来源：根据“中国轻工业经济运行及预测预警系统”相关数据计算得出。

2014年我国家具对外贸易出现了双降的局面，与2013年相比，出口值下降了5.70个百分点，进口值下降了0.87个百分点（进口家具28.07亿美元，同比增长9.25%）；在40种八位编码进口家具商品中，累计进口值为正增长的有24种，占到60.00%，增速超过20%的有16种；有21种商品的进口单价出现提升，其中，单价增速（下同）在20%以上的有10种（2种超过了100%），10%～20%之间的有2种，低于10%的有9种，这些商品的进口单价提升对家具进口值增长的贡献率达到了34.74%（表14）。

表14　2014年家具行业八位编码商品进口情况

商品编号	商品名称	进口值增速（%）	进口单价增速（%）
94011000	飞机用坐具	-13.82	-10.91
94012010	皮革或再生皮革制面的机动车辆用坐具	-2.71	46.61
94012090	非皮革或再生皮革制面的机动车辆用坐具	-27.25	-22.14
94013000	可调高度的转动坐具	22.04	18.76
94014010	皮革或再生皮革制面的能作床用的两用椅（但庭园坐具或野营设备除外）	241.59	92.15
94014090	非皮革或再生皮革制面的能作床用的两用椅（但庭园坐具或野营设备除外）	-15.85	30.01
94015100	竹制或藤制的坐具	15.02	1.27
94015900	柳条及类似材料制的坐具	-6.75	-4.58
94016110	皮革或再生皮革制面带软垫的木框架坐具	18.44	0.18
94016190	非皮革或再生皮革制面带软垫的木框架坐具	33.99	-2.84
94016900	其他木框架坐具	29.73	-4.75
94017110	皮革或再生皮革制面带软垫的金属框架坐具	48.12	31.28
94017190	非皮革或再生皮革制面带软垫的金属框架坐具	3.60	1.84
94017900	其他金属框架坐具	30.55	-1.98
94018010	石制的坐具	-71.60	-68.74
94018090	其他未列名坐具	65.88	3.33
94019011	机动车辆用座椅调角器	5.01	-8.16
94019019	机动车辆用坐具的其他零件	-6.08	0.39
94019090	非机动车辆用坐具的零件	3.85	0.16
94021010	理发用椅及其零件	-8.77	-96.66
94021090	牙科用椅及其零件；理发用椅的类似椅及其零件	97.74	-92.05
94029000	其他医用家具及其零件（如手术台、检查台、带机械装置的病床等）	7.26	-94.72
94031000	办公室用金属家具	-8.22	-6.81
94032000	其他金属家具	-9.10	-44.09
94033000	办公室用木家具	30.20	0.68

（续表）

商品编号	商品名称	进口值增速（%）	进口单价增速（%）
94034000	厨房用木家具	-5.42	-14.93
94035010	卧室用红木家具	-42.63	77.76
94035091	卧室用漆木家具	-56.25	-66.64
94035099	卧室用其他木家具	47.48	2.25
94036010	其他红木家具	21.12	34.48
94036091	其他漆木家具	-88.55	-82.93
94036099	其他木家具	38.41	2.49
94037000	塑料家具	29.53	-17.83
94038100	竹制或藤制家具	40.51	23.62
94038910	柳条及类似材料制家具	-73.44	141.16
39263000	塑料制家具、车厢或类似品的附件	8.69	38.80
94038920	石制家具	-8.67	-12.30
94038990	其他材料制家具	44.77	11.68
94039000	家具的零件	41.17	-8.30
94041000	弹簧床垫	31.32	710.76

数据来源：根据“中国轻工业经济运行及预测预警系统”相关数据计算得出。

全国数据

2014 年家具行业规模以上企业主营业务收入表

行业名称	2014 年主营业务收入（万元）	2013 年主营业务收入（万元）	增速（%）
家具制造业	71873527.3	64831437.9	10.86%
其中：木质家具制造业	45575633.4	41183326.9	10.67%
竹、藤家具制造业	1509366.2	1349556.3	11.84%
金属家具制造业	13693159.5	12245333.2	11.82%
塑料家具制造业	940613.4	919088.0	2.34%
其他家具制造业	10154754.8	9134133.5	11.17%

2014 年家具行业规模以上企业出口交货值表

行业名称	2014 年出口交货值（万元）	2013 年出口交货值（万元）	增速（%）
家具制造业	16243738.6	15493011.3	4.85%
其中：木质家具制造业	8009397.0	7628265.0	5.00%
竹、藤家具制造业	473596.7	413685.9	14.48%
金属家具制造业	4417699.7	4222175.3	4.63%
塑料家具制造业	517351.8	505127.0	2.42%
其他家具制造业	2825693.4	2723758.1	3.74%

2014 年主要家具产品产量表

产品名称	2014 年产量（件）	2013 年产量（件）	增速（%）
家　具	777856873	754499272	3.10
其中：木质家具	263450121	259323805	1.59
金属家具	375349987	364185261	3.07
软体家具	52987499	50434360	5.06

地区数据

2014 年各地区家具行业规模以上企业主营业务收入表

地区名	汇总企业单位数（个）	2014 年主营业务收入（万元）	2013 年主营业务收入（万元）	增速（%）
全国	4942	71873527.3	64831437.9	10.86
北京市	66	747528.5	715426.3	4.49
天津市	66	860566.0	869657.9	-1.05
河北省	138	2175445.1	1897545.9	14.65
山西省	5	59266.3	58766.7	0.85
内蒙古自治区	7	229673.3	175493.0	30.87
辽宁省	168	3783078.6	3883628.8	-2.59
吉林省	69	1262846.4	1125478.9	12.21
黑龙江省	65	745599.0	730077.8	2.13
上海市	166	2745550.2	2629028.4	4.43
江苏省	248	3022448.2	2780020.8	8.72
浙江省	679	7666396.4	7215385.9	6.25
安徽省	232	2724720.3	2235144.6	21.90
福建省	296	3570880.6	3249522.8	9.89
江西省	117	1772999.2	1418669.4	24.98
山东省	536	8584499.3	7708117.7	11.37
河南省	279	4948888.8	4206398.9	17.65
湖北省	107	1381647.1	1130322.1	22.23
湖南省	126	2524980.1	2333890.1	8.19
广东省	1160	16080265.0	14558810.6	10.45
广西壮族自治区	42	812811.1	729806.7	11.37
海南省	5	19267.2	26661.8	-27.73
重庆市	56	1182374.6	940898.6	25.66
四川省	247	4443992.2	3800446.2	16.93
贵州省	22	203045.0	134967.5	50.44
云南省	4	14940.8	13541.0	10.34
陕西省	20	194181.8	157608.7	23.21
甘肃省	4	7612.1	8862.8	-14.11
青海省	1	27302.0	8965.0	204.54
宁夏回族自治区	5	38444.0	48956.7	-21.47
新疆维吾尔自治区	6	42278.1	39336.3	7.48

2014 年各地区家具产量表

地区名	2014 年产量（件）	2013 年产量（件）	增速（%）
全国	777856873	754499272	3.10
北京市	6746969	6904400	-2.28
天津市	12907668	9460992	36.43
河北省	13218928	13188763	0.23
山西省	154880	104322	48.46
内蒙古自治区	1114410	914774	21.82
辽宁省	27265737	29607970	-7.91
吉林省	3640094	3273449	11.20
黑龙江省	2496214	3182403	-21.56
上海市	26281128	26622849	-1.28
江苏省	16465912	16497595	-0.19
浙江省	212050039	207227015	2.33
安徽省	10724513	11086682	-3.27
福建省	126609255	122916703	3.00
江西省	14560943	12645646	15.15
山东省	39144624	41224905	-5.05
河南省	49214720	47135345	4.41
湖北省	5847754	4538665	28.84
湖南省	7405346	7226863	2.47
广东省	172596786	164494504	4.93
广西壮族自治区	4498348	4977944	-9.63
海南省	63553	74701	-14.92
重庆市	5160886	4426719	16.58
四川省	16929766	14369018	17.82
贵州省	1079773	869399	24.20
云南省	94975	73386	29.42
陕西省	774817	892439	-13.18
甘肃省	119983	89623	33.88
青海省	105921	21772	386.50
宁夏回族自治区	225258	198524	13.47
新疆维吾尔自治区	357672	251902	41.99

2014 年各地区家具进口情况

地区名	2014 年进口值（美元）	2013 年进口值（美元）	增速
全国	2807080256	2569435083	9.25%
上海市	955680408	758531865	25.99%
广东省	353197274	361490135	-2.29%
北京市	280683803	296266786	-5.26%
江苏省	217458055	187754349	15.82%
福建省	170477983	156806005	8.72%
辽宁省	140264424	176828059	-20.68%
天津市	123703034	107718807	14.84%
吉林省	121784649	145506301	-16.30%
浙江省	110715173	98649769	12.23%
广西壮族自治区	73738147	49764162	48.18%
山东省	57054059	55882690	2.10%
湖北省	52710912	45012322	17.10%
四川省	40809578	39081021	4.42%
重庆市	39721455	28740752	38.21%
安徽省	15961667	17311765	-7.80%
河北省	11035466	7307373	51.02%
黑龙江省	9540033	4601749	107.31%
云南省	8508125	8641948	-1.55%
湖南省	6653493	8282324	-19.67%
海南省	5025642	5596635	-10.20%
河南省	3209237	2958202	8.49%
陕西省	3180752	4289934	-25.86%
山西省	2612652	436635	498.36%
江西省	1933037	968725	99.54%
宁夏回族自治区	528526	309590	70.72%
内蒙古自治区	334784	236477	41.57%
新疆维吾尔自治区	256248	161272	58.89%
贵州省	149644	141025	6.11%
西藏自治区	146693	124011	18.29%
青海省	4840	34395	-85.93%
甘肃省	463		

2014 年各地区家具出口情况

地区名	2014 年出口值（美元）	2013 年出口值（美元）	增速
全国	53415854640	53094430097	0.61%
广东省	26012995760	25344435969	2.64%
浙江省	10012621545	9114587502	9.85%
江苏省	3599614473	3440931077	4.61%
福建省	3010727953	2921558885	3.05%
上海市	2960688910	2846275102	4.02%
山东省	2444684148	2352856009	3.90%
河北省	1028077204	867765236	18.47%
江西省	807820888	1164859423	−30.65%
天津市	597235957	543319124	9.92%
辽宁省	583616155	758020299	−23.01%
安徽省	429542055	742588061	−42.16%
河南省	319215228	647604335	−50.71%
北京市	246516383	193883975	27.15%
湖南省	219024726	291612514	−24.89%
黑龙江省	208282097	205048825	1.58%
湖北省	142739656	145018371	−1.57%
四川省	125553961	245821321	−48.92%
重庆市	109772372	402919574	−72.76%
新疆维吾尔自治区	101862548	154830317	−34.21%
吉林省	78266248	63191206	23.86%
陕西省	75601551	121525069	−37.79%
云南省	62133292	155770809	−60.11%
内蒙古自治区	59828984	16981979	252.31%
广西壮族自治区	55081272	93336396	−40.99%
海南省	36308918	68928229	−47.32%
贵州省	31222590	131448606	−76.25%
宁夏回族自治区	25729976	7783928	230.55%
甘肃省	18383521	15417911	19.23%
青海省	5923149	109320	5318.18%
西藏自治区	3584015	20922799	−82.87%
山西省	3199105	15077126	−78.78%

分类数据

2014 年家具商品进口量值表

商品编码	进口商品名称	计量码	计量单位	2014 年进口量	2014 年进口值（美元）	2013 年进口量	2013 年进口值(美元)	进口量增速(%)	进口值增速（%）
	家　具				2807080256		2569435083		9.25
94011000	飞机用坐具	01	个	9726	125213006	10054	145286096	-3.26	-13.82
94012010	皮革或再生皮革制面的机动车辆用坐具	01	个	6055	4870318	9124	5005752	-33.64	-2.71
94012090	非皮革或再生皮革制面的机动车辆用坐具	01	个	310394	46100257	332214	63368452	-6.57	-27.25
94013000	可调高度的转动坐具	01	个	210049	22488138	204401	18426640	2.76	22.04
94014010	皮革或再生皮革制面的能作床用的两用椅（但庭园坐具或野营设备除外）	01	个	64	162722	36	47636	77.78	241.59
94014090	非皮革或再生皮革制面的能作床用的两用椅（但庭园坐具或野营设备除外）	01	个	10943	1025864	16907	1219091	-35.28	-15.85
94015100	竹制或藤制的坐具	01	个	126207	1819609	111125	1582048	13.57	15.02
94015900	柳条及类似材料制的坐具	01	个	13676	228887	13995	245463	-2.28	-6.75
94016110	皮革或再生皮革制面带软垫的木框架坐具	01	个	80154	55324411	67797	46709693	18.23	18.44
94016190	非皮革或再生皮革制面带软垫的木框架坐具	01	个	288384	75061680	209119	56019486	37.90	33.99
94016900	其他木框架坐具	01	个	1709907	121652606	1255493	93776463	36.19	29.73
94017110	皮革或再生皮革制面带软垫的金属框架坐具	01	个	41158	17163665	36479	11587600	12.83	48.12
94017190	非皮革或再生皮革制面带软垫的金属框架坐具	01	个	197332	22031715	193985	21266277	1.73	3.60
94017900	其他金属框架坐具	01	个	1173483	14875690	881111	11394638	33.18	30.55
94018010	石制的坐具	01	个	139	59322	153	208868	-9.15	-71.60
94018090	其他未列名坐具	01	个	832021	63954435	518274	38554602	60.54	65.88
94019011	机动车辆用座椅调角器	01	套	18345531	108221464	16044034	103057774	14.34	5.01
94019019	机动车辆用坐具的其他零件	09	千克	112331543	765342370	120074570	814918981	-6.45	-6.08
94019090	非机动车辆用坐具的零件	09	千克	24410454	146849974	23542804	141407266	3.69	3.85
94021010	理发用椅及其零件	01	个	21195	605145	777	663326	2627.80	-8.77
94021090	牙科用椅及其零件；理发用椅的类似椅及其零件	01	个	92080	9718763	3702	4914912	2387.30	97.74

（续表）

商品编码	进口商品名称	计量码	计量单位	2014年进口量	2014年进口值（美元）	2013年进口量	2013年进口值(美元)	进口量增速(%)	进口值增速（%）
94029000	其他医用家具及其零件（如手术台、检查台、带机械装置的病床等）	01	件	1507799	125536070	74184	117035082	1932.51	7.26
94031000	办公室用金属家具	01	件	67749	13762769	68789	14995760	-1.51	-8.22
94032000	其他金属家具	01	件	814561	55944532	501017	61542943	62.58	-9.10
94033000	办公室用木家具	01	件	414284	32809986	320357	25199361	29.32	30.20
94034000	厨房用木家具	01	件	503712	105951950	453061	112022295	11.18	-5.42
94035010	卧室用红木家具	01	件	9922	5149731	30745	8976856	-67.73	-42.63
94035091	卧室用漆木家具	01	件	674	145648	514	332930	31.13	-56.25
94035099	卧室用其他木家具	01	件	979405	138121654	679030	93653272	44.24	47.48
94036010	其他红木家具	01	件	115397	19635978	128123	16211619	-9.93	21.12
94036091	其他漆木家具	01	件	930	1639862	1386	14315710	-32.90	-88.55
94036099	其他木家具	01	件	5723785	333081141	4238278	240646731	35.05	38.41
94037000	塑料家具	01	件	802645	11882979	509169	9173894	57.64	29.53
94038100	竹制或藤制家具	01	件	19394	539529	17063	383981	13.66	40.51
94038910	柳条及类似材料制家具	01	件	51	7152	463	26924	-88.98	-73.44
39263000	塑料制家具、车厢或类似品的附件	09	千克	3602133	91111041	4600113	83826275	-21.69	8.69
94038920	石制家具	01	件	1661	3050669	1595	3340396	4.14	-8.67
94038990	其他材料制家具	01	件	246925	70520891	190481	48711842	29.63	44.77
94039000	家具的零件	09	千克	64400100	177548199	41833043	125769988	53.95	41.17
94041000	弹簧床垫	01	个	49269	17870434	304181	13608160	-83.80	31.32

2014年家具商品出口量值表

商品编码	出口商品名称	计量码	计量单位	2014年出口量	2014年出口值（美元）	2013年出口量	2013年出口值（美元）	出口量增速（%）	出口值增速（%）
	家　具				53415854640		53094430097		0.61
94011000	飞机用坐具	01	个	9389	118214712	10296	100749089	-8.81	17.34
94012010	皮革或再生皮革制面的机动车辆用坐具	01	个	140020	16591718	105938	13133351	32.17	26.33
94012090	非皮革或再生皮革制面的机动车辆用坐具	01	个	2550702	134698128	2358993	126271396	8.13	6.67
94013000	可调高度的转动坐具	01	个	56032938	2196400909	50187226	1965660874	11.65	11.74
94014010	皮革或再生皮革制面的能作床用的两用椅（但庭园坐具或野营设备除外）	01	个	277120	90177165	161670	31682985	71.41	184.62

（续表）

商品编码	出口商品名称	计量码	计量单位	2014年出口量	2014年出口值（美元）	2013年出口量	2013年出口值（美元）	出口量增速（%）	出口值增速（%）
94014090	非皮革或再生皮革制面的能作床用的两用椅（但庭园坐具或野营设备除外）	01	个	4148769	434878312	3774860	480739845	9.91	−9.54
94015100	竹制或藤制的坐具	01	个	204223	9228369	590357	9940878	−65.41	−7.17
94015900	柳条及类似材料制的坐具	01	个	67224	1044488	86735	1041297	−22.49	0.31
94016110	皮革或再生皮革制面带软垫的木框架坐具	01	个	19387372	3119469786	19403425	2970789313	−0.08	5.00
94016190	非皮革或再生皮革制面带软垫的木框架坐具	01	个	50307185	4165151531	44227567	3375646554	13.75	23.39
94016900	其他木框架坐具	01	个	29347178	762495306	26103306	714557912	12.43	6.71
94017110	皮革或再生皮革制面带软垫的金属框架坐具	01	个	19326947	690557828	17855040	742344545	8.24	−6.98
94017190	非皮革或再生皮革制面带软垫的金属框架坐具	01	个	123971447	4398852119	111077450	5200526039	11.61	−15.42
94017900	其他金属框架坐具	01	个	218980506	3229777654	205136873	3205692237	6.75	0.75
94018010	石制的坐具	01	个	51769	3453967	43536	7799844	18.91	−55.72
94018090	其他未列名坐具	01	个	79222559	1090022060	82809135	1105207098	−4.33	−1.37
94019011	机动车辆用座椅调角器	01	套	18700743	117744232	16672274	103206513	12.17	14.09
94019019	机动车辆用坐具的其他零件	09	千克	118056222	1085607868	106871282	1017747530	10.47	6.67
94019090	非机动车辆用坐具的零件	09	千克	468151464	1921739176	433701255	1782772492	7.94	7.79
94021010	理发用椅及其零件	01	个	3799287	148374717	686819	95469363	453.17	55.42
94021090	牙科用椅及其零件；理发用椅的类似椅及其零件	01	个	3181431	29209581	145293	26463422	2089.67	10.38
94029000	其他医用家具及其零件（如手术台、检查台、带机械装置的病床等）	01	件	33230623	513084128	3073891	472456250	981.06	8.60
94031000	办公室用金属家具	01	件	9910966	545285564	8437911	496736727	17.46	9.77
94032000	其他金属家具	01	件	267581591	6976281864	263581394	7915237540	1.52	−11.86
94033000	办公室用木家具	01	件	17071773	1031106594	15866922	892440735	7.59	15.54
94034000	厨房用木家具	01	件	22726365	1207062918	20422195	1039085812	11.28	16.17
94035010	卧室用红木家具	01	件	896	461361	789	290712	13.56	58.70
94035091	卧室用漆木家具	01	件	16568	1594082	4984	513991	232.42	210.14
94035099	卧室用其他木家具	01	件	32298166	3899990271	27584518	3059090030	17.09	27.49
94036010	其他红木家具	01	件	10395	3876377	11529	4211092	−9.84	−7.95
94036091	其他漆木家具	01	件	21319	3758192	15373	1421327	38.68	164.41
94036099	其他木家具	01	件	145117946	7898278302	133617233	7381145887	8.61	7.01

（续表）

商品编码	出口商品名称	计量码	计量单位	2014年出口量	2014年出口值（美元）	2013年出口量	2013年出口值（美元）	出口量增速（%）	出口值增速（%）
94037000	塑料家具	01	件	34843816	781455282	32358573	791538035	7.68	-1.27
94038100	竹制或藤制家具	01	件	3267441	57292883	3162477	50144514	3.32	14.26
94038910	柳条及类似材料制家具	01	件	663642	12783089	621221	12252728	6.83	4.33
39263000	塑料制家具、车厢或类似品的附件	09	千克	51095273	339376575	49630038	310063488	2.95	9.45
94038920	石制家具	01	件	969313	182771148	778425	164308426	24.52	11.24
94038990	其他材料制家具	01	件	37350787	2653757235	32601939	2131972400	14.57	24.47
94039000	家具的零件	09	千克	927487008	3182635063	1162238388	4926928594	-20.20	-35.40
94041000	弹簧床垫	01	个	5699621	361314086	5112105	367149232	11.49	-1.59

2014年家具商品进口各国家（地区）情况

	国家（地区）名称	2014年进口值（美元）	2013年进口值（美元）	增速（%）
	贸易国合计	2807080256	2569435083	9.25%
	亚洲	1020154334	991786086	2.86%
103	孟加拉国	3482213	2553786	36.35%
105	文莱			
106	缅甸	314253	143198	119.45%
107	柬埔寨	1366877	1096430	24.67%
108	塞浦路斯		85	-100.00%
109	朝鲜	880	2198	-59.96%
110	中国香港	6488333	3227550	101.03%
111	印度	14349140	12336890	16.31%
112	印度尼西亚	47832164	32532882	47.03%
113	伊朗	13630	31741	-57.06%
115	以色列	1807504	1363624	32.55%
116	日本	224422108	260621961	-13.89%
117	约旦	1510	1104	36.78%
119	老挝	5959711	3417662	74.38%
120	黎巴嫩	48862	38078	28.32%
121	中国澳门	3277	44891	-92.70%
122	马来西亚	27069776	27069790	0.00%
124	蒙古	12252	224	5369.64%
125	尼泊尔	165212	141998	16.35%
126	阿曼		405	-100.00%

（续表）

	国家（地区）名称	2014 年进口值（美元）	2013 年进口值（美元）	增速（%）
127	巴基斯坦	597422	96376	519.89%
128	巴勒斯坦	1118		
129	菲律宾	8272304	6904286	19.81%
130	卡塔尔	5229		
131	沙特阿拉伯	4124	19132	-78.44%
132	新加坡	3462273	2983437	16.05%
133	韩国	235894374	266958641	-11.64%
134	斯里兰卡	22316	106156	-78.98%
135	叙利亚			
136	泰国	65740155	35542809	84.96%
137	土耳其	3001276	2542380	18.05%
138	阿拉伯联合酋长国	21249	43939	-51.64%
141	越南	200018429	150890734	32.56%
142	中华人民共和国	73259794	87594920	-16.37%
143	中国台湾	96516396	93476943	3.25%
144	东帝汶		691	-100.00%
145	哈萨克斯坦	173		
148	土库曼斯坦			
149	乌兹别克斯坦		1145	-100.00%
	非洲	1173147	687402	70.66
203	贝宁	1710		
206	喀麦隆		900	-100.00%
215	埃及	683829	300686	127.42%
217	埃塞俄比亚	39	19	105.26%
219	冈比亚	30		
220	加纳	315		
223	科特迪瓦共和国			
224	肯尼亚		620	-100.00%
225	利比里亚		50	-100.00%
227	马达加斯加	29312	19952	46.91%
232	摩洛哥	7735	13388	-42.22%
233	莫桑比克		39940	-100.00%
234	纳米比亚	170		

（续表）

	国家（地区）名称	2014 年进口值（美元）	2013 年进口值（美元）	增速（%）
235	尼日尔			
236	尼日利亚	56	162	−65.43%
240	塞内加尔	3611	102	3440.20%
242	塞拉利昂	346		
244	南非	376304	288793	30.30%
246	苏丹	620		
247	坦桑尼亚	45935	2318	1881.67%
248	多哥	19288	11277	71.04%
249	突尼斯	2987	6145	−51.39%
254	津巴布韦	860	3050	−71.80%
	欧洲	1508449619	1317620660	14.48
301	比利时	6799623	8553862	−20.51%
302	丹麦	10132702	7599691	33.33%
303	英国	64409692	70280159	−8.35%
304	德国	527671997	555480348	−5.01%
305	法国	112293472	93956848	19.52%
306	爱尔兰	907060	798684	13.57%
307	意大利	294584855	222304083	32.51%
308	卢森堡	6415	17344	−63.01%
309	荷兰	4659207	3341292	39.44%
310	希腊	298762	65353	357.15%
311	葡萄牙	19231045	18115810	6.16%
312	西班牙	14509450	12064611	20.26%
313	阿尔巴尼亚	42786	19747	116.67%
315	奥地利	32976588	23276623	41.67%
316	保加利亚	3763576	5564007	−32.36%
318	芬兰	5300800	3172652	67.08%
320	直布罗陀		32	−100.00%
321	匈牙利	33299892	25058885	32.89%
322	冰岛		72	−100.00%
323	列支敦士登		4031	−100.00%
325	摩纳哥	1198	260	360.77%
326	挪威	5863471	5375494	9.08%

（续表）

国家（地区）名称		2014 年进口值（美元）	2013 年进口值（美元）	增速（%）
327	波兰	142653701	104243862	36.85%
328	罗马尼亚	12806538	7315555	75.06%
329	圣马力诺	150221	54372	176.28%
330	瑞典	48908466	30458370	60.57%
331	瑞士	6447519	6031492	6.90%
334	爱沙尼亚	6907971	4735011	45.89%
335	拉脱维亚	4133004	2864217	44.30%
336	立陶宛	37370751	19765224	89.07%
340	白俄罗斯	8162	11320	-27.90%
343	摩尔多瓦	786	1370	-42.63%
344	俄罗斯联邦	5651316	4743051	19.15%
347	乌克兰	2094240	11309	18418.35%
350	斯洛文尼亚共和国	5099446	5324366	-4.22%
351	克罗地亚共和国	2046155	1232006	66.08%
352	捷克共和国	58978546	48994272	20.38%
353	斯洛伐克共和国	34754914	24611050	41.22%
354	前南斯拉夫马其顿共和国	213		
355	波斯尼亚—黑塞哥维那共和国	3369060	1953611	72.45%
358	塞尔维亚	316019	220314	43.44%
	拉丁美洲	22531765	14127231	59.49
402	阿根廷	24746	2631	840.55%
410	巴西	3196039	4194600	-23.81%
412	智利	6580	8612	-23.59%
413	哥伦比亚	28414	36339	-21.81%
415	哥斯达黎加		13372	-100.00%
416	古巴		8469	-100.00%
423	危地马拉		925	-100.00%
425	海地	676	167	304.79%
426	洪都拉斯	837981	85497	880.13%
427	牙买加	920		
429	墨西哥	18433388	9774581	88.58%
431	尼加拉瓜	138		
432	巴拿马	248	1803	-86.25%

（续表）

	国家（地区）名称	2014 年进口值（美元）	2013 年进口值（美元）	增速（%）
434	秘鲁	190	103	84.47%
444	乌拉圭			
445	委内瑞拉	2445	132	1752.27%
	北美洲	249395336	240034595	3.90
501	加拿大	21476837	25977609	-17.33%
502	美国	227918499	214056986	6.48%
	大洋洲	5356126	5153277	3.94
601	澳大利亚	4058250	4110909	-1.28%
603	斐济	4092	40	10130.00%
609	新西兰	1293784	1041848	24.18%
620	密克罗尼西亚联邦		480	-100.00%
701	国别（地区）不详	19929	25832	-22.85%

2014 年家具商品出口各国家（地区）情况

	国家（地区）名称	2014 年出口值（美元）	2013 年出口值（美元）	增速（%）
	贸易国合计	53415854640	53094430097	0.61%
	亚洲	18044384976	18311294258	-1.46%
101	阿富汗	762634	1233391	-38.17%
102	巴林	63386674	63423717	-0.06%
103	孟加拉国	157972533	60094832	162.87%
104	不丹	327012	1036480	-68.45%
105	文莱	426765325	385441721	10.72%
106	缅甸	55716243	51949806	7.25%
107	柬埔寨	16649947	26997606	-38.33%
108	塞浦路斯	23238422	19890930	16.83%
109	朝鲜	34747316	21604576	60.83%
110	中国香港	1549918652	1775047200	-12.68%
111	印度	731683136	744093650	-1.67%
112	印度尼西亚	772210637	776002235	-0.49%
113	伊朗	501267652	326764008	53.40%
114	伊拉克	109401440	100325222	9.05%
115	以色列	196512632	267003385	-26.40%
116	日本	3061443092	2832119161	8.10%

（续表）

	国家（地区）名称	2014 年出口值（美元）	2013 年出口值（美元）	增速（%）
117	约旦	114922947	138719443	-17.15%
118	科威特	170874203	129424229	32.03%
119	老挝	3581977	15928385	-77.51%
120	黎巴嫩	60234158	121149607	-50.28%
121	中国澳门	131053833	93688928	39.88%
122	马来西亚	2017878149	2452041733	-17.71%
123	马尔代夫	4126596	3487770	18.32%
124	蒙古	22601485	25633774	-11.83%
125	尼泊尔	2254649	3496000	-35.51%
126	阿曼	98692860	177746698	-44.48%
127	巴基斯坦	44395691	39300689	12.96%
128	巴勒斯坦	5066939	2722417	86.12%
129	菲律宾	259888481	232511314	11.77%
130	卡塔尔	158243967	124496368	27.11%
131	沙特阿拉伯	1135852012	1254153083	-9.43%
132	新加坡	1860107337	1667789991	11.53%
133	韩国	1203435978	1079318671	11.50%
134	斯里兰卡	53681332	39907060	34.52%
135	叙利亚	5526362	9157122	-39.65%
136	泰国	605825964	585645233	3.45%
137	土耳其	246316069	201257448	22.39%
138	阿拉伯联合酋长国	1353241133	1635912234	-17.28%
139	也门共和国	39598167	73079076	-45.81%
141	越南	224308372	288534969	-22.26%
143	中国台湾	355317186	309550906	14.78%
144	东帝汶	2587252	1634701	58.27%
145	哈萨克斯坦	91578533	85590573	7.00%
146	吉尔吉斯斯坦	15246804	17332216	-12.03%
147	塔吉克斯坦	23416101	17513250	33.71%
148	土库曼斯坦	6099464	6094034	0.09%
149	乌兹别克斯坦	26396790	25448416	3.73%
199	亚洲其他国家（地区）	30838		
	非洲	3234263468	2709903644	19.35%

（续表）

	国家（地区）名称	2014 年出口值（美元）	2013 年出口值（美元）	增速（%）
201	阿尔及利亚	166175674	97614222	70.24%
202	安哥拉	595197960	145594898	308.80%
203	贝宁	110174221	95131049	15.81%
204	博茨瓦那	10051501	5278258	90.43%
205	布隆迪	426760	6247674	-93.17%
206	喀麦隆	43111385	39839694	8.21%
207	加那利群岛	65593	39842	64.63%
208	佛得角	2497561	4046008	-38.27%
209	中非	82351		
210	塞卜泰（休达）	2060	9936	-79.27%
211	乍得	769687	3176246	-75.77%
212	科摩罗	3729972	1953316	90.96%
213	刚果（布）	28169607	7278073	287.05%
214	吉布提	34906723	56621464	-38.35%
215	埃及	93835287	91427758	2.63%
216	赤道几内亚	8064907	7552736	6.78%
217	埃塞俄比亚	9197517	5193136	77.11%
218	加蓬	11809783	8407841	40.46%
219	冈比亚	3572161	1183790	201.76%
220	加纳	121515785	81937476	48.30%
221	几内亚	29157960	43124410	-32.39%
222	几内亚（比绍）	337203	533612	-36.81%
223	科特迪瓦共和国	31200247	9790940	218.66%
224	肯尼亚	154916471	73793479	109.93%
225	利比里亚	5183233	2749513	88.51%
226	利比亚	103966736	112013102	-7.18%
227	马达加斯加	12416489	6755815	83.79%
228	马拉维	9577656	28304960	-66.16%
229	马里	2791614	4684595	-40.41%
230	毛里塔尼亚	7997990	3469145	130.55%
231	毛里求斯	34950118	31078178	12.46%
232	摩洛哥	142411088	224956781	-36.69%
233	莫桑比克	81612893	30904796	164.08%

（续表）

	国家（地区）名称	2014 年出口值（美元）	2013 年出口值（美元）	增速（%）
234	纳米比亚	29379274	20005757	46.85%
235	尼日尔	2596696	2252100	15.30%
236	尼日利亚	360081032	154556925	132.98%
237	留尼汪	17916262	13622543	31.52%
238	卢旺达	2097811	3628768	-42.19%
239	圣多美和普林西比	64825	6168	950.99%
240	塞内加尔	86432302	18408503	369.52%
241	塞舌尔	1529536	744435	105.46%
242	塞拉利昂	2367654	1081131	119.00%
243	索马里	8370197	3640352	129.93%
244	南非	590424861	834518917	-29.25%
245	西撒哈拉			
246	苏丹	20452057	94430057	-78.34%
247	坦桑尼亚	121998188	65317640	86.78%
248	多哥	57878186	134453260	-56.95%
249	突尼斯	17108774	30586787	-44.06%
250	乌干达	7082875	46090389	-84.63%
251	布基纳法索	1084747	1165351	-6.92%
252	刚果（金）	22895273	12245259	86.97%
253	赞比亚	7659920	11196559	-31.59%
254	津巴布韦	12129582	3764476	222.21%
255	莱索托	1804115	1462781	23.33%
256	梅利利亚	57408	85367	-32.75%
257	斯威士兰	537208	114845	367.77%
258	厄立特里亚	308159	159998	92.60%
259	马约特岛	1933980	25231387	-92.34%
260	南苏丹	156052	417359	-62.61%
299	非洲其他国家（地区）	40301	23787	69.42%
	欧洲	11020629460	10811829119	1.93%
301	比利时	481069623	472998852	1.71%
302	丹麦	334954404	266331638	25.77%
303	英国	2424113253	2306809966	5.09%
304	德国	1987962680	1923389799	3.36%

（续表）

	国家（地区）名称	2014 年出口值（美元）	2013 年出口值（美元）	增速（%）
305	法国	1172191049	1166380005	0.50%
306	爱尔兰	85970787	58139629	47.87%
307	意大利	565745759	586414708	-3.52%
308	卢森堡	466610	1938762	-75.93%
309	荷兰	990247774	994024555	-0.38%
310	希腊	101540067	96715627	4.99%
311	葡萄牙	63150635	49423529	27.77%
312	西班牙	598430958	613289507	-2.42%
313	阿尔巴尼亚	13323691	9599902	38.79%
314	安道尔	47986	8747	448.60%
315	奥地利	44424755	39143923	13.49%
316	保加利亚	24561346	23571247	4.20%
318	芬兰	79773918	92890418	-14.12%
320	直布罗陀	26		
321	匈牙利	11831427	10742409	10.14%
322	冰岛	3825014	4467803	-14.39%
323	列支敦士登	94342	148773	-36.59%
324	马耳他	49232870	265204592	-81.44%
325	摩纳哥	614072	1642729	-62.62%
326	挪威	120123165	129785654	-7.44%
327	波兰	350336476	380049340	-7.82%
328	罗马尼亚	53199718	52056399	2.20%
329	圣马力诺	495		
330	瑞典	362428564	366682937	-1.16%
331	瑞士	47927829	47651404	0.58%
334	爱沙尼亚	29535120	23212629	27.24%
335	拉脱维亚	47332678	42960904	10.18%
336	立陶宛	33987950	34949091	-2.75%
337	格鲁吉亚	30478780	31221260	-2.38%
338	亚美尼亚	6853772	5945022	15.29%
339	阿塞拜疆	18070589	20614408	-12.34%
340	白俄罗斯	4389901	2686888	63.38%
343	摩尔多瓦	1139249	1479508	-23.00%

（续表）

	国家（地区）名称	2014 年出口值（美元）	2013 年出口值（美元）	增速（%）
344	俄罗斯联邦	682965872	452819907	50.83%
347	乌克兰	67698069	98799144	-31.48%
350	斯洛文尼亚共和国	37370318	30751746	21.52%
351	克罗地亚共和国	26218528	27103640	-3.27%
352	捷克共和国	40869239	53098064	-23.03%
353	斯洛伐克共和国	17403131	17932425	-2.95%
354	前南斯拉夫马其顿共和国	588373	521088	12.91%
355	波斯尼亚—黑塞哥维那共和国	602829	805138	-25.13%
357	法罗群岛	25238		
358	塞尔维亚	4641614	5059706	-8.26%
359	黑山	2868917	2365697	21.27%
	拉丁美洲	2116666866	2479988259	-14.65%
401	安提瓜和巴布达	1543670	231677	566.30%
402	阿根廷	69316374	103695183	-33.15%
403	阿鲁巴岛	1975505	2693272	-26.65%
404	巴哈马	10478486	16157354	-35.15%
405	巴巴多斯	1058420	1202474	-11.98%
406	伯利兹	272217	437465	-37.77%
408	玻利维亚	4470910	3567999	25.31%
410	巴西	265098929	363087477	-26.99%
411	开曼群岛	177376	133587	32.78%
412	智利	241918020	233519651	3.60%
413	哥伦比亚	142186110	113858993	24.88%
414	多米尼克	684770	761266	-10.05%
415	哥斯达黎加	27883927	21314423	30.82%
416	古巴	7389584	21843555	-66.17%
417	库腊索岛	614374	473534	29.74%
418	多米尼加共和国	34867847	21141030	64.93%
419	厄瓜多尔	45634934	46170835	-1.16%
420	法属圭亚那	1627773	1438901	13.13%
421	格林纳达	602916	685226	-12.01%
422	瓜德罗普岛	2750211	1827851	50.46%
423	危地马拉	17960771	14220552	26.30%

（续表）

	国家（地区）名称	2014 年出口值（美元）	2013 年出口值（美元）	增速（%）
424	圭亚那	5907473	4634546	27.47%
425	海地	4678766	4437939	5.43%
426	洪都拉斯	6902773	66294115	-89.59%
427	牙买加	19050044	56249090	-66.13%
428	马提尼克岛	1536841	1258360	22.13%
429	墨西哥	512862816	451320577	13.64%
431	尼加拉瓜	4209620	2256171	86.58%
432	巴拿马	396623965	543635655	-27.04%
433	巴拉圭	5312101	4461595	19.06%
434	秘鲁	83097019	143495230	-42.09%
435	波多黎各	44743096	50840490	-11.99%
437	圣卢西亚	1725453	651188	164.97%
438	圣马丁岛	68897	43880	57.01%
439	圣文森特和格林纳丁斯	139281	108585	28.27%
440	萨尔瓦多	8391658	7245288	15.82%
441	苏里南	7662664	8924993	-14.14%
442	特立尼达和多巴哥	10339172	9824521	5.24%
443	特克斯和凯科斯群岛		23628	-100.00%
444	乌拉圭	51406706	72583074	-29.18%
445	委内瑞拉	71511735	82473704	-13.29%
446	英属维尔京群岛	3286	51788	-93.65%
447	圣其茨和尼维斯	183316	140194	30.76%
449	荷属安地列斯群岛	1766010	570328	209.65%
499	拉丁美洲其他国家（地区）	31050	1015	2959.11%
	北美洲	16797165583	16599464515	1.19%
501	加拿大	1570467988	1698286625	-7.53%
502	美国	15226580494	14901043483	2.18%
503	格陵兰	10		
504	百慕大群岛	115151	134407	-14.33%
599	北美洲其他国家（地区）	1940		
	大洋洲	2202744287	2181950302	0.95%
601	澳大利亚	1930111152	1932489701	-0.12%
602	库克群岛	87716	78109	12.30%

（续表）

	国家（地区）名称	2014 年出口值（美元）	2013 年出口值（美元）	增速（%）
603	斐济	3846227	3492303	10.13%
604	盖比群岛			
606	瑙鲁	86922		
607	新喀里多尼亚	5954113	7500789	-20.62%
608	瓦努阿图	532659	442665	20.33%
609	新西兰	244077901	222003084	9.94%
610	诺福克岛	81038	30051	169.67%
611	巴布亚新几内亚	10911418	10401819	4.90%
612	社会群岛	189372	328896	-42.42%
613	所罗门群岛	130905	190613	-31.32%
614	汤加	146650	676221	-78.31%
617	萨摩亚	2219951	601715	268.94%
618	基里巴斯	101412	43510	133.08%
619	图瓦卢	5944	26683	-77.72%
620	密克罗尼西亚联邦	160442	53687	198.85%
621	马绍尔群岛共和国	60375	134902	-55.25%
622	帕劳共和国	388698	168747	130.34%
623	法属波利尼西亚	3255107	3221922	1.03%
625	瓦利斯和浮图纳	46089	16103	186.21%
699	大洋洲其他国家（地区）	350196	48782	617.88%

06 地方篇

LOCAL AREA

2014年，中国经济发展进入新常态，家具行业下行压力加大。行业整体发展平稳，增速放缓但仍位于合理区间，发展动力逐渐由要素驱动转向创新驱动，家具行业结构也不断优化升级。各种数据显示，行业正逐渐走出低成本扩张、低价格竞销的传统老路，转而走向不断采用先进设备、技术降低成本、保证质量的发展新路。本篇收录了全国30个重点省市2014年的行业发展情况，主要记录各重点省市的行业概况、主要特点、存在问题以及发展趋势，统计了28个省市近五年的行业数据，以供读者对比研究。

北京市

北京市家具协会　何法润

一、行业概况

受国内外环境的影响，首都功能的重新定位，给行业生存带来严峻的考验。北京市家具企业在转型升级、重视原创设计、提升产品附加值及创新销售模式等方面取得了较好的效果，行业保持了较为乐观的发展态势。

企业数量及从业人员数量　随着不符合首都功能定位工业企业的调整退出，北京市家具生产企业数量从2010年的1700余家，减少到2014年底的1200家左右；据市经信委提供的资料显示，规模以上企业从2010年底的67家，减少到2014年底的66家。目前，从业人员约有17万人。

工业总产值　根据北京市家具协会对所属120家重点企业的调查统计，工业产值约为200亿元，同比增长12%，预计全市家具工业总产值达到400亿元。

出口额　北京家具生产企以内销为主，出口的产品以软体为主，近几年来一直稳定在2亿～3亿美元左右。

投资额　受有关环保政策等的影响，北京家具生产企业在转型升级中逐步加大了投资力度，购买先进的生产设备、水性涂料涂饰流水线等，如曲美的“油改水”项目投资约为3000万元，预计全市在完成“油改水”项目后，总投资额为3亿元左右。

二、主要特点

在新常态下，以往单纯依靠规模扩张，依靠低劳动力成本、低土地成本、低环境成本来发展的模式难以为继。为赢得生存与发展的空间，企业在产品结构优化、发展模式转变、产品质量提升与效率提高等方面做了大量的实质性工作，北京家具行业呈现以下特点：

杜绝污染环节 环保改造成为必然　前段时间，作为北京市百项技改试点示范单位的曲美公司“油

2010～2014年北京市家具行业发展情况汇总表

主要指标	2014年	2013年	2012年	2011年	2010年
企业数量	1200	1400	1600	1700	1700
规模以上企业数量	66	67	67	67	67
工业总产值（万元）	4000000	3600000	2800000	2300000	1900000
规模以上企业工业总产值（万元）	2000000	1603814	1128330	916409	742270
出口值（万美元）	20000.0	19409.3	22746.0	20070.0	20018.5
内销（万元）	3999800	3599800	2799800	2299800	1899800
家具产量（万件）	2864.2	2894.3	3254.3	2696.2	1698.7

数据来源：北京市家具协会。

改水项目”的完成并通过验收，标志着曲美公司的全线产品正式启用无毒无害的水性漆。这充分体现了曲美公司的社会责任感以及一贯秉承的环境友好的可持续发展方式。在此示范效应下，优秀企业纷纷加入到清洁空气行动计划中来。目前，百强、黎明等公司已将技改方案上报至环保局，天坛、强力等众多公司也正在研究并积极申报，这充分彰显了行业企业的社会责任意识。

淘汰落后技术 高端装备成为首选　随着科技的发展、现代信息技术的应用，众多公司纷纷引进国际先进水平的加工技术和工艺，行业在生产技术水平的提升、劳产率的提高等方面有了较快发展。如天坛、利丰等公司引进国际先进水平的数控加工中心，黎明、国林等公司引进国际先进水平的板式生产线，天坛、丽日等公司机械手的应用等，使企业的生产效率得以快速提升。相信随着信息技术的广泛和深入应用，家具作为过去人们眼中的劳动密集型的传统产业的认知也将得以彻底改观。

注重设计创新 高精尖是发展方向　首都功能的重新定位，以设计创新作为企业生存与发展的驱动力从而打造“高精尖”、创造出更高的附加值已成为大家的共识。企业在加大设计创新投入的同时，也取得了很好的成果。方式尽管不一样，但殊途同归。有的注重产学研的结合，如曲美公司联合国际优秀设计师、设计机构成立了国际设计联盟；天坛公司与深圳家具研发院共同研发新产品，并举办了“天坛·北林杯”大学生家具设计大赛。有的尝试产业融合，如荣麟公司与中赫时尚建立了互利共赢的合作方式。有的拓展产品思路，如利丰公司依托完善的设备，推出了“跨界定制”这一新思路。

创新营销模式 线上线下有机融合　随着互联网技术的应用，电子商务已应用到各行各业，正在不断改变着人们的生活方式，同样也在改变着家具业传统的营销模式。天坛、曲美、百强、黎明等公司分别建立起自己的网上销售平台，实现了实体店与电子商务、线上与线下的有机融合。

三、品牌发展及重点企业情况

（一）品牌发展

1、品牌意识明显增强　企业注重品牌的建立和培养，并以品牌优势为核心促进发展。截至目前，北京市家具生产企业中有 2 家荣获中国名牌、6 家荣获中国驰名商标、4 家获得北京市名牌、24 家获得 26 个北京市著名商标。

2、科技创新意识增强　2 家企业通过高新技术企业认证，多家企业进行研发设计中心建设，并与高校院所进行产学研合作。

3、管理创新意识增强　逐步注重以人为本、人文管理，规范企业内部管理制度。

4、家具质量提升　随着传统产业结构调整的确立，企业纷纷谋求产品升级，以质量求生存。

（二）重点企业状况

1、北京金隅天坛家具股份有限公司　金隅天坛是一棵常青树，58 年来枝繁叶茂，今天还依然激情昂扬和充满活力。真材实料、质量上乘是天坛长盛不衰的根本，旗下拥有两大品牌“龙顺成”和

“天坛·北林杯”首届首都大学生家具设计赛启动

天坛家具用在 APEC 会议会场

曲美"旧"爱地球

"奇耐特"，中华老字号"龙顺成"是中国传统家具群中闪亮的明珠，红木圈椅和圆会议桌在APEC会议中闪亮亮相，是中国家具行业中华文化传承与创新的典范。

2、曲美家具集团股份有限公司　曲美是中国家居行业绿色环保理念的先行倡导者和实践者。行业首创家具环保实验室，首推全线产品启用水性漆，与中国绿化基金会发起"'旧'爱地球 绿碳行动"公益计划，承诺连续五年推行家具"以旧换新"行动，传播循环利用、低碳消费；为贫困地区捐资造林，践行绿色承诺。曲美家具用实实在在的行动和持续不断的环保创新，推动了行业的环保升级，成为了中国制造的环保典范。

3、北京黎明文仪家具有限公司　中国家具行业多元与聚焦发展的探索者。20多年来，黎明一直努力专注于办公家具、民用家具、橱柜衣柜、装饰木门等室内空间产品的全系打造。黎明勇于迎接互联网浪潮，创办"小尼宅配"网，力推O2O模式，为实现"全屋家居一站式购齐"的愿景跨出了坚实的一步。聚焦办公家具，连续八年中央政采排名第一，开创了家具建材、成套木作、现代农业、电子商务多元化发展的新局面。

四、存在问题

随着北京城市功能定位的调整以及环境保护力度的加大，企业的经营环境发生了重大变化。主要表现在：

环保制约发展　作为国家的首都，北京市政府一直重视环保问题，特别是当前关于PM2.5的治理力度，不可避免的影响北京市家具产业的发展。

劳产率有待提高　由于行业门槛较低，北京家具生产企业以中小微型企业为主，大型企业较少。由于大多数企业规模较小，产品生产批量不大，造成整体劳产率较低。据市经信委统计，全市规模以上企业2014年上半年的人均劳产率仅为20万左右。

环保治理措施亟待加强　进过多年的发展，企业的环保意识有所增强，在资金投入、设备改造、工艺改进等方面取得了一定的成绩。但不可否认的是，过低的门槛让产业鱼龙混杂，家具生产企业的节能减排降耗与市政府的要求仍存在一定的差距，直接影响到行业的生存和可持续发展。

发展趋势　科技带来革命。信息技术的快速发展，让人们在不经意间进入微信、微博、微刊、微电影等的"微时代"，给生产、经营模式等带来了巨大改变。"智能"不再是一种概念，已成为现实，并逐步应用到家具生产以及产品中，人类进入了"工业4.0"时代，所有这些均影响着家具行业的未来发展。同时，从北京"清洁空气行动计划"的进一步实施来看，正在制定以及将来可能实施的有关污染企业的水、电、污染物排放等差别性收费等等，无不对北京家具行业提出了更高的要求，转型升级成为必然。

顺应大势 油改水　随着《北京市新增产业的禁止和限制目录（2014年版）》以及《北京市工业污染行业、生产工艺调整退出及设备淘汰目录（2014年版）》的出台，北京市将在2016年以后不再允许使用有机溶剂型涂料，"油改水"成为必然。

持续发展 清洁生产　人口数量的急剧增长，造成北京资源十分匮乏的同时也带来了空气污染，更限制了发展。为此，倡导清洁生产、循环利用资源日益迫切。2014年12月，北京市质监局颁布的《清洁生产评价指标体系 家具制造业》于2015年4月1日实施，将有效促进企业的清洁生产战略从被动变为主动，节能、减排、降耗、增效才是发展之路。

创新驱动 智能转型　北京技创新中心的建立，必然限制了作为传统的劳动密集型的家具制造业的生产与发展。突破口在于依靠科技创新，利用信息化技术、智能化技术等，实现家具产品的“高、精、尖”。

生产外迁 改变制造　随着环保、土地、用工等成本的增加，在北京生产的企业将会越来越少，但“北京”这一品牌优势将长期存在。因此，在不远的将来会有不少企业将生产环节外迁至北京周边地区，北京总部基地只保留产品研发、销售及展示平台，使“北京品牌”在未来得以长远的保留和发展。

京作家具 发扬光大　随着北京城市功能定位的重新调整以及家具工艺美术大师的评审，“京作”家具将迎来发展机遇，在人才培养、提升从业人员技艺、技艺传承以及创新发展等多方面得以提升。

上海市

上海市家具协会　童兆祥

一、行业概况

对上海家具行业来说，2014 年又是个不平凡之年。近几年连续大环境的不景气，市场暗流涌动，行业跌宕起伏。2014 年上海家具行业新增会员单位 24 家，截至目前注册会员数 1073 家，其中在线会员 561 家。上海家具市场规模新增 20 万平方米，总数在 370 万平方米左右。

在全国经济形势越来越“常态化”的背景下，在群起纷争的市场博弈中，上海家具行业协会在这一年里迎来了建会 20 周年庆。回顾发展历程，行业在渡过了改革开放初十年的嗷嗷待哺期之后，伴随协会成立的 20 年进入了快速成长期。随着行业规范的逐渐明晰，上海家具行业在日益成熟的过程中有序成长。协会 20 周年庆是行业成长期的终结，更是步入“而立之年”的开始。

上海家具行业身处坚持实行最严格的土地管理制度，投资增速高位回落、投资结构不断优化，城市服务功能的拓展深化等政策影响的大环境中，从而使得上海消费者在购房等大宗商品方面更为理智。2014 年上海家具市场虽然疲软，但仍保持平稳发展态势。

二、家具经济数据及分析

以下是综合近年来上海家具行业经济指标

2010 ～ 2014 年上海市家具行业发展情况汇总表

主要指标	2014 年	2013 年	2012 年	2011 年	2010 年
生产企业数量	2600	2725	2800	2800	2950
规模以上企业数量	365	352	330	330	329
规模以上企业总产值（亿元 /%）	284.4 ＋7.1%	264.2 ＋7.6%	244.2 ＋2.7%	240 ＋20.8%	192.5
规模以上企业产量（万件）	3174.9	2248.1	2396.2	1977.9	2677.7
出口值（亿美元）/%	28.16 －0.8%	28.7 ＋1.4%	28.3 ＋5.4%	26.78 ＋9.3%	
内销（包括机团、办公采购）（亿元）	171.5 －9.6%	195 ＋15.4%	165 －7%	170 ＋3%	165

数据来源：上海市家具协会。

注：以上表内“生产企业数量”项不可能很准确，注册中有“实业、装潢、木业等”名称的企业，其中会包含装潢、地板、木材；而装饰业、木材企业中又可能包含家具生产。“内销”项，2012、2014 两年是下降的，2013 年数据的增长主要是采购、办公家具方面销量较好。

(2010 ~ 2014) 分析，可见上海家具行业的发展基本是平衡的。

上海家具行业 2013 年市场销售额约为 195 亿元，出口 28.7 亿美元约 180 亿元人民币，2014 年在采购、办公家具领域表现较好，出口额也略有上升，但市场销售额略有下降。2014 年，市场受地产影响更甚，家具市场仍不乐观。据行业初步统计，内销市场比 2013 年下滑 9.6%，其中金属家具略微上升 4.3%、软体家具下降 5.2%，作为主要产品的木家具类下降 9.93%（中国产业信息中心统计至 2014 年 11 月份的数据是：金属家具上升 2.25%、软体家具下降 5.21%，木家具类下降 10.73%），估测市场销售额在 175 亿元左右（包括民用、办公、采购）。

因各项成本的提高；市场不景气导致的各种低价行为，使得行业利润跌落到历史最低时期。行业平均毛利率为 24.4%，同比 2013 年 25.16% 下降了 4 个百分点，纯利润平均为 3.1%，比 2013 年 5.15% 下降了近四成。

影响利润主要因素是居高不下的生产、销售成本，其中管理费占 11.48%，比 2013 年新增 4.5%；财务费用、原材料占用基本持平；人工费占 17.38%，比 2013 年增加 8%；营业费占 17.38%，比 2013 年有所减少，营业费的减少与企业适当收缩经营场地有关。

参照中国轻工信息中心对规模以上家具企业 1 ~ 11 月份的统计数据可以看出，上海市规模以上企业实现销售收入为 106.68 亿元（包括内、外销），同比增长 8.28 %；实现利润总额为 7.36 亿元，同比下降 7.77 %。在成本方面，销售费用同比增长 6.48 %；管理费用同比增长 12.66 %；财务费用同比略有下降。从以上数据分析，2014 年，上海家具行业规模以上企业经营情况尚可，销售费用增加是因规模企业门店的扩张所至。家具出口数维持上升。两个数据对比可以看出规模以上家具企业经营良好，市场在扩展，而占 70% 以上的中小企业比较困难，经营场所减少，市场在萎缩。受大环境影响，2014 年上海家具内销市场呈下滑态势。

截止到 2014 年底，上海家具市场规模约 370 万平方米左右。2012 年上海人年均家具消费额为 360 元左右（高于全国人均 269 元），近两年人均家具消费并没有提高。以上海 2425 万常住人口计，预计消费应达 87.3 亿，而 2014 年的市场销售量仅为 75.6 亿元左右（机团、办公采购除外），明显受到房地产及其他紧缩开支的影响。如人均分配到 370 万平方米商场，每平方米的年销量仅 2043 元，除去大量的网购、团购渠道，消费量更低。

三、行业特点

（一）二十周年庆 步入成年期

二十年庆是上海家具业重要的里程碑，是上海家具业总结成长期，步入成年期的新起点。借 20 周年之际，上海家具行业协会作出了建会以来首次评定“行业领军人物”“卓越贡献奖”“优秀贡献奖”“优秀管理者奖”“行业奉献奖”等个人奖项以及“行业精英团队奖”团体奖项的决定。历时一年左右准备的首批“上海家具艺术大师”评选工作，也于庆典大会上落槌。借鉴先进企业与个人的经验，凝聚行业力量、奋发进取，是实现上海家具业新一轮发展的动力。

（二）弘扬海派文化 打造地方特色

以海派文化为底蕴的上海家具业，这一年里为打造上海“设计之都”添上了绚丽一笔。2014 年“亚振”和“震旦”品牌共同闪耀位于意大利的“上海 – 佛罗伦萨中意设计交流中心”。亚振家具连续三届结缘世博会，成为 2015 年米兰世博会中国馆的全球合作伙伴，是全国唯一一家被工信部授予“全国工业品牌培育示范企业”的家具企业。震旦家具也

上海市家具行业协会成立二十周年表彰大会

亚振家具成为中国馆全球合作伙伴签约仪式

获得了上海市设计创新示范企业、市级技术中心等称号。

（三）转型升级 倡导服务

上海是家具生产成本比较高的地域，不改革不升级是没有出路的。人才储备、引入现代化企业管理模式、树立企业文化、创建企业品牌等是必然之路。上海奉贤区是传统型家具之乡，截至 2014 年底已关停 831 家企业和个体作坊。目前政府已制定了“三年行动计划”，培育一批具有自主创新能力、高效生产能力和社会贡献大的企业，促进行业转型发展。强化有能力的企业品牌塑造和管理工作，也正在行业内普遍展开。

上海市家具协会以上海《家具经营服务规范》地方标准为准则，逐渐在全市主要家具市场范围内推进“企业服务质量合格报告”制度。同时也以上海《企业质量信用分级评价准则第 1 部分：制造业企业》为标准，对生产企业开展等级评价活动。

（四）行业规范 诚信于市

截至 2014 年底，上海市已有 16 家商场和 34 家企业通过行业评估成为诚信商场或企业。2012 年下半年起协会起草的《家具经营服务规范》地方标准，2014 年 11 月已被市技监局正式通过，并正式发布。它有效填补了家具销售服务领域的标准空白，以切实、具体的规范要求和评价体系规范上海的家具市场。

新《消法》实施后，在行业内组织开展 20 场营业员培训活动，务实地指导行业从业人员，从遵纪、守法、合规入手，全面推进上海家具市场“上海家具买卖合同”“上海家具定作合同”签约销售工作。为行业规范、诚信于市，做好坚实基础工作。

四、存在问题

一是针对上海经济大环境的影响，作为传统型家具行业，在战略、资本、市场、技术、管理等方面都表现出诸多硬伤和缺陷。无论是终端营销模式，还是制造方面的联合、上下游的合作，都没有摆脱传统模式。要做到企业为消费者服务、行业为社会服务、转型为服务型行业还任重道远。

二是家具产品质量不够稳定。多年来家具市场抽检合格率始终在 70% ~ 80% 之间。2014 年，上海市消保委家具办抽检实木家具，不合要求者达 42.5%。实木家具不实，是行业的一块心病，社会影响很大。提高企业法规意识，特别是边远、微小企业的法规意识，合法依标生产，显得十分迫切。

三是城市型行业协会的工作是很具体的，直接涉及行业对社会的影响和消费者利益。协会的服务和管理职能能否覆盖全行业，关系到协会的能力、影响力，以及政府给予行业的关注、关心程度，这些在上海是欠缺的。

五、拓展服务功能是行业发展趋势

行业的新动力要转向创新驱动，即创意价值高于制造价值；通过以打造龙头品牌为核心的转型升级，从而提升产品附加值；推动强强联合，聚合各种资源形成合力。服务改进将是行业发展的新方向。通过行业诚信工程的深入发展，着力推进行业标准化工作。在继续宣贯彻各项产品标准的同时，认真贯彻上海《家具经营服务规范》地方标准和上海《企业质量信用分级评价准则第一部分：制造业企业》两大标准，使行业标准化工作迈出一大步。

2015 年，上海市家具行业不仅要在产品质量方面诚信面对消费者，更要在行业服务方面像其他窗口行业学习，不断提高消费者满意度，以提升售前售后的优质服务的方式促进企业形象和品牌的提升，推动企业从生产型制造企业向服务型制造企业转型。

天津市

天津市家具行业协会 高秀芝

一、行业概况

截止2014年底，天津市共有家具企业305家，从业人员约15万人。规模以上企业21家，大中型家具卖场13家，市场营业面积190万平方米。近年天津家具实现了快速发展，通过对天津市规模以上家具企业的走访调研，估算2014年天津市家具企业完成工业产值180亿人民币，比2013年同期增长8%，出口值达50亿人民币。

二、品牌发展情况

2014年，天津市家具企业明显加快了品牌建设的步伐，实木家具在业内的品牌影响力得到飞速提升。天津家具企业的创新可以归结为两个最大的特点：一是企业非常注重对产品的研发设计。天津本土缺乏家具产业链服务公司，企业大部分从广东深圳、东莞等家具企业发展前沿地导入力量，通过在产品研发上的重金投入，使众多家具企业错位发展，避免了恶性竞争，逐渐形成了差异化格局。同时对企业和产品品牌建设也非常重视，企业和品牌形象飞速提升，直接使企业上了快车道。二是企业非常注重导入南方人才。据统计，目前已经从南方高薪引进营销、生产、管理等各类人才200余人，其中产值过亿的家具企业副总、营销总监以及骨干力量80%均从南方家具企业引进。

越来越多的企业已经明白，品牌创新是通往价值链最高端的唯一通道，由于几年注重产品研发、品牌升级、渠道管理、售后服务等工作，“津派”实木已经引起业内高度重视，美克美家、圣斯克、南洋胡氏、兴叶、意利达、珍荣等众多企业在业界已经形成了强大影响力和极高知名度。据统计，目前天津家具企业产值过亿家具企业20余家，大部分品牌企业都保持着10%～30%的增长速度，天津实木家具将迎来持续发展的好时机。

三、部分重点企业情况

美克 2014年，美克美家发布了帕拉罗黎、亚岱尔、卡洛儿以及查尔斯汀等新品；推进店面布局，近80家直营连锁店面现已覆盖40城市。美克美家全面升级，以不断更新的生活方式和优质服务，构建无缝零售模式，企业稳步发展。

南洋胡氏 2013年南洋胡氏20万平方米新工业园正式投产使用后，引进德国豪迈一体化生产线，将之打造成实木行业最先进的现代化生产线，并建立国家级家具检测检验实验室确保产品质量稳定，引进全自动水循环处理系统和锯末回收系统，塑造现代化环保工厂。2014年，全国新增店面159家，共计500余家，年销售总额超5亿。已经成为中国实木家具领导品牌，并朝全球健康家居资源整合者的目标迈进。

兴叶 兴业家居2010年产值仅为5000万元，近年迅猛发展成为天津实木家具的代表企业，在不到4年的时间里产值成倍增长，目前年销售总额超3亿元，2014年仍保持30%的速度增长，为目前天津发展最为良性的企业之一。

四、天津（国际）家具展

2014年5月29日，主题为“比肩世界、爱木天津”的第一届天津（国际）家具展盛装亮相，众多企业汇聚津门，本次展会展览规模达8万平方米，共计400余家企业参展，四天展期接待专业买家 20 万人次以上。由于定位精准，各参展商收获颇丰，创造了首届参展商单家签店 70 家的良好成绩，同时整个展会也吻合天津高端实木的形象，展会也受到各界良好评价，在业内引起巨大反响。2015 年有 80% 的参展商继续参展，业界寄予此次展会更大的厚望。

五、存在问题

天津家具企业融资问题将继续困扰中小企业。从目前情况来看，由于在品牌建设前期资金需求较大，70% 的天津企业都涉及融资，资金问题已经成为制约中小企业发展的重要因素，特别是近年由于国家政策和目前全国经济环境，中小企业融资也变得更为艰难，目前也没有完善的融资体系。同时，也还有不少企业仍缺乏理念，仍存有小富即安的思想，也在的很大程度上制约着企业发展。

六、发展趋势及展望

为使天津家具企业实现持续发展，首先要办好天津家具展。在众多专业展中需脱颖而出，在行业中快速树立北方第一展地位，通过实木主导北方第一展的精确定位，借助高端形象打造和全国区域重点宣传以及优质的客户资源，形成专业贸易平台，提升津派家具的整体形象和影响力，开拓制造商的销售渠道。

其次，天津家具要打造整体区域品牌，通过加大津派家具品牌培育力度，力推原创产品设计，鼓励实施品牌战略升级，大力推进津派家具品牌集群，迅速提高津派家具品牌形象。

再次，作为协会、联盟等服务机构，要强化资源对接和转换的作用，通过与政府、协会、卖场等环节的资源优化和整合，快速推进家具企业生产管理、营销渠道建设，提升企业竞争力。最后，要鼓励、引导天津家具走资源整合模式，通过优势互补、资源对接等方式把各自优势最大化，实现天津家具产业的快速发展。

重庆市

重庆家具行业协会　丁华

一、行业概况

2014 年，重庆市家具行业工业企业总产值 65 亿元，同比增长 9.6%；规模以上企业产值 45 亿元，同比增长 7.3%，企业数量比上一年有大幅增加，达到 17500 家（含卖场和生产企业设立的销售门店）；出口额 610 万美元，同比减少 34%；投资额 23 亿元，同比增长 7.2%；从业人员数量 552718 人，同比增长 3.9%。

二、主要特点

（一）苦练内功 积极转型

受欧盟针对家具进口发布的“木材及木制品规例和新环保设计指令”新规影响，2014 年重庆市家具出口企业面临生产成本大幅提升、市场下滑的局面。欧盟的新规迫使部分企业放弃欧美市场，开始将眼光瞄准了受调控政策影响小的国内及本地市场。虽然国内经济下滑，但是刚需住房以及消费者对家具的升级换代要求，使得市场对家具产品具有很强的市场需求。

（二）长远规划 有待提升

2014 年沿袭了 2013 年的经济下行趋势，重庆市各家具企业充分感受到面临不少困难：工业品出厂价格下降，融资和劳动力成本上升，民营经济和小微企业发展瓶颈亟待突破，做大总量与调优结构对产业发展形成双重压力；科技创新能力不足、投入不够、人才缺乏等问题较为突出。企业日子难过，销量下滑、利润下滑，有的家具企业已经转行，更多的家具企业则留在本行业内苦苦挣扎。

重庆家具生产企业大多为劳动密集型企业，产业聚集程度低，缺乏长远发展规划，在设计、生产、质量控制等方面的管理能力不够，产品知名度不够。未来，重庆家具企业将以加快转型、苦练内功，以质量为基础，发展品牌，提高在国内市场的综合竞争力。

2010～2014 年重庆市家具行业发展情况汇总表

主要指标	2014 年	2013 年	2012 年	2011 年	2010 年
企业数量	5178	2900	2400	2500	2300
规模以上企业数量	135	128	119	120	114
工业总产值（万元）	653738	625801	564230	582931	450782
规模以上企业工业总产值（万元）	458125	336425	203309	210179	153350
出口值（万美元）	610	925	713	502	325
内销（万元）	901704	751420	662400	631701	483732
家具产量（万件）	4768231	4246312	4033697	4137281	3567453

数据来源：重庆家具行业协会。

（三）创新模式 防范风险

据统计，截至2014年11月，重庆市房地产开发投资完成3251亿元，同比增长22.9%；商品房新开工面积5689万平方米，同比下降18.7%；商品房施工面积28117万平方米，同比增长10%；商品房竣工面积2771万平方米，同比下降1.7%；销售面积4329万平方米，同比增长5.8%。

上述数据标志着，2015年，在重庆市经济社会蓬勃向上发展的良好预期之下，在房地产行业即将回暖的形势下，作为房地产下游行业的家具行业，将雾霾散去，迎来曙光。重庆家具行业协会会长、重庆聚信名家汇集团董事长曹选利在2014年会上要求各会员企业：着力稳增长、调结构、促改革，抢抓机遇，创新企业发展和营销模式，防范风险，认识新常态、顺应新常态、引领新常态。

三、品牌发展及重点企业情况

2014年，重庆市家具生产及销售企业，全面苦练内功，积极谋求转型升级，狠抓技术创新，内销增速延续了2013年下半年的良好表现，保持在20%左右。

（一）朗萨：以品牌引领行业发展

“企业的长远发展不仅在于自身做大做强，更在于营造一个健康发展的生态链环境，助推行业健康发展。”在重庆市朗萨家私有限公司总经理吴应荣看来，企业应该主动承担起助推行业健康发展、切实服务消费者的责任。打造一条健康的行业生态链，需要原材料供应商、企业员工和经销商等各方实现共赢，并保证产品品质和售后服务让消费者满意。朗萨家私公司以家具为核心，不断外延盈利模式，形成以家具为基点、以服务增值的2.5产业模式。比如在新建的产业园区开设健康生活馆，突出公司的附加值等。

（二）佳梦：成功实现华丽转身

有着29年历史的重庆佳梦家具有限公司，以佳梦床垫为主打，用高品质的产品、贴心到家的服务，赢得了市场认可，获得了重庆人的口碑相传。为改变产品单一的格局，实现华丽转身，佳梦盯准转型发力，与台商合资，投入3000万元，新建的美式实木家具生产线于2014年7月竣工投产，该生产线的生产及管理人员全部从广东引进，生产出的涵盖沙发、床、衣柜等100多种类型的“美卡诺”国际家居产品，以品质引领市场，深受广大消费者喜爱。

（三）玛格：智能化基地群布局全国

国内唯一一家实现全非标定制家具产品信息化生产的重庆玛格装饰建材有限公司，创立于2003年，它是一家集专业设计、制造、销售、服务为一体的大型现代化定制家具企业，其总部基地为玛格西南（重庆）生产基地。2010年，玛格向广东挺进，成立广东玛格家居有限公司，打造玛格华南（广东）生产基地。为满足北方市场需求，2014年8月，玛格北部（天津）生产基地建成，这标志着在全国高端实木定制家具中，玛格成为第一家向北方扩张的南方定制家具品牌，也是唯一一家实现南北实木家具规模化生产基地布局的品牌。

（四）聚信名家汇：打造“家具奥特莱斯”

2014年4月26日，名家汇家具奥特莱斯在重庆市北部新区鸳鸯盛大开业，这也是重庆聚信名家汇集团的又一家居力作。聚信名家汇集团是一家以家居卖场运营为核心的大型集团公司，在20多年的家具建材运营中，已与重庆市内外许多家居界的朋友结下了深厚友谊，深谙家居商场经营管理之道，并历练出了一套完善的家居建材卖场管理体系及运作团队。在这个高效的团队运作下，聚信名家汇建材城成为重庆家居建材卖场翘楚。

名家汇集团打造重庆人的家具“奥特莱斯”

河北省

河北省家具协会　李凤婕

一、行业概况

2010～2014 年河北省家具行业发展情况汇总表

主要指标	2014 年	2013 年	2012 年	2011 年	2010 年
企业数量	5300	5300	5500	5300	5100
规模以上企业数量	133	129	120	113	138
工业总产值（万元）	550	510	450	410	350
规模以上企业工业总产值（万元）	2335703.08	2162688.04	1948367.6	1527730.4	1125728.25
出口值（万美元）	86799.65	80370.047	72405.4476	56838.6	42137.9
内销（万元）	510	460	410	355	310
家具产量（万件）	979.78	907.203	817.3	771.2	678.3

数据来源：河北省家具协会。

二、主要特点

2014 年，河北省家具行业主要呈现以下特点。

（一）紧跟国家趋势

2014 年河北省家具协会积极参与京津冀一体化建设，与北京家具行业协会联合举办了京冀家具产业对接会，对河北家具产业的发展起到了积极的推动作用，得到了河北省工信厅和河北省工经联领导的充分肯定。

2014 河北省家协年会及京冀家具产业对接会

（二）产业集群建设更进一步

2014 年，涞水县被命名为“中国京作古典家具发祥地”，和中国家具协会、涞水县人民政府、河北省家具协会、北京林业大学材料科学与技术学院、涞水县古典艺术家具协会共建“中国京作古典家具产业基地”，极大地提升了当地企业的凝聚力，为京作红木家具的传承、京作家具影响力的提升发挥了积极作用；香河家居文化节延续了往年的盛况，吸引了国内外 3000 余家经销商、采购商，汇聚了国内主流媒体、行业权威媒体 200 余家，在行业内产生巨大影响；正定春秋两季家具采购节、胜芳秋季家具采购节的成功举办，进一步提升了这

涞水县被授予“中国京作古典家具发祥地”称号

2014 第四届石家庄木工机械及家具原辅材料展览会

些特色集群在华北，乃至全国的影响力。

（三）品牌建设又结硕果

2014 年，“喜德来”和“汇丰”相继被认定为中国驰名商标，河北森通木业旗下品牌“绿天使”荣获“中国板材行业十大品牌”。在中国实木家具精英企业大会上，河北省蓝鸟、汇丰和红旗等企业被评为中国实木家具精英企业；蓝鸟还被被评为 2014 年河北重点行业排头兵企业，石家庄怀特家居城隶属的河北怀特集团有限公司和河北新凯龙家具商贸有限公司携手获评 2014 年河北服务业 50 强企业。

（四）家居卖场建设持续平稳发展

东明、红星美凯龙、居然之家等连锁家居品牌不断增开新店，抢先布局，进一步扩大市场份额；依丽兰等一批生产企业的直营店相继开业，一批瞄准三、四线城市的卖场也在逐渐增多，河北市场的横向、纵向发展逐步完备。这些卖场的营业，提升了行业的竞争力，对销售环境的优化起到了推动作用。

（五）积极探索新模式

米氏集团爱绿居电子商务平台正式上线，河北三才电子商务有限公司成立，“家家旺”家具销售网站成立；双李等企业登陆第三方平台体现了家具行业积极探索适应电子商务的决心；定制家具方兴未艾，河北省越来越多的企业开展定制家具业务，蓝鸟、喜德来、顺心等企业纷纷建立定制车间，除此之外还涌现出不少专做定制家具的中小型企业。

（六）行业环保意识提升

河北省家具协会组织近百家企业赴北京参加水性涂料讲座培训活动，推广水性涂料的使用；通过协会申请认证“绿色环保”标志的企业在 2014 年达到新高。

（七）平台搭建初具规模

石家庄木工机械及家具材料展览会已经发展为北方首屈一指的家具及上游行业交流盛会之一。2013 年举办的第四届展会，短短两个月时间就顺利完成了招展及各项准备工作，企业参展热情达到历史最高水平，对推动河北省家具产业转型升级、提升省内家具企业竞争实力、促进科技成果在行业内顺利转化产生了巨大效用。

石家庄国际家具博览会虽然不能与国内其他知名家具展会相比，但已经成为石家庄本土各行各业历史上举办的最大规模展览会。2013 年 5 月，河北省家具协会克服了展馆面积小、容纳力低等重重困难，顺利举办了的第三届石家庄家具展，吸引了来自山西、内蒙古、河南、山东、京津及全省各地的大批家具经销商前来采购。

2014 第三届石家庄家具展览会

（八）积极响应国家"走出去"的号召

邯郸红旗家具公司在缅甸合资所建工厂在2014年生产销售均有良好表现，不仅在当地获得了巨大的市场，还获得了缅甸花梨木等稀缺资源，是河北家具企业走出去的典范，也使一批想走出国门的企业坚定了决心。

（九）行业社会责任感增强

东明、三才等一部分企业主动承担社会责任，与石家庄西部山区的贫困山村结对子，给贫困户送去米面油等生活用品和慰问金，弘扬了行业的良好风尚和正能量。

三、重点企业情况

2014年行业增速下滑，竞争非常激烈，但是河北的重点企业还是顶住压力，有着不同的发展。

河北蓝鸟家具股份有限公司厂区搬迁结束，老厂区升级改造建设工程拉开帷幕，蓝鸟家具迈入新的征程；河北东明家具国际博览有限公司再次突破，石家庄新增2家店面，省会布局更加合理，市场占有率得到较大提升；河北依丽兰家具有限公司稳步快速发展，直营店、经销商全面开花，取得了不俗的成绩；河北喜德来家具有限公司销售额稳定增长，全年实现销售2.08亿，增长11%，全国各门店纷纷再创佳绩，保持了较强的竞争力；航母式的大型家具卖场经纬家居城在香河正式开业。

四、存在问题

河北是一个家具大省，拥有数千家的家具企业，但是整体规模大，单体规模小，产品设计研发能力落后于珠三角等发达地区，众多中小企业管理粗放，发展盲目，产品附加值低，同质化严重，对企业的发展形成较大阻力；省内主要产销基地之间的相互衔接，互动还不够，急需加强区域合作。

五、发展趋势

2015年，定制家具将占据更多市场份额，其内涵，即消费权利转移，以消费需求为中心，必将对企业生产决策产生越来越大的影响；电子商务愈发受到家具行业重视，会有更多的企业试水电商，抢占市场，积累经验；受板式家具市场下行影响，省内实木、板木家具生产企业会进一步增多，竞争更加激烈；企业之间、行业上下游的互动会逐步增加，以顺应消费者便捷、实惠的需求。总体而言，河北的家具行业将在困境中前行。

山西省

山西省家具行业协会　池秋燕

一、行业概况

2014年，对于山西家具行业来说是艰难坎坷的一年。据不完全统计，山西省家具制造企业由原来的300多家减少约20%（其中规模以上企业约10家），而全省家具终端市场面积仍在不断扩张。以居然之家和黎氏阁为例，2014年，居然之家又增加了东方建材馆、小店坤泽店、榆次店几处门店。黎氏阁增加了北中环店。市场间的竞争愈演愈烈，市场的租金也在不断地增长，这无形地给家具经营户的发展带来了更大的阻力，也不利于山西家具行业的有序发展。

有些商场实施了“厂家联盟”“捆绑入驻”等措施。这些强硬的措施，导致一些地方的商户出现了公开抵制商场的行动。有的知名品牌产品，也开始淡出传统家居卖场，厂家、经销商和商场间的博弈会更加激烈。

二、主要特点

（一）转型升级、技术创新及突出点

山西家具行业在2014年是苦苦经营的一年，也是在苦苦探索和寻找新出路的一年，很多知名家具品牌纷纷“触网”，电子商务逐渐成为家具行业营销的新宠。随着网络运用的普及以及80后消费大军的兴起，网购必然成为一种消费趋势。山西福润家具公司在互联网+的电商模式中正在寻找自己的新模式，已初见成效。居然之家和山西省内的一些大的经销商也正在摸索互联网线上线下的营销模式，如红苹果、恒友、百强等，在2014年的双11中就有很好的效果。

（二）品牌发展及重点企业情况

山西目前规模以上的企业有福润实木家具、锦言斋古典家具、金贵精红木、猫王、安民木业、荣泰真红木、富丽达木业等。这些规模企业在近几年

2010～2014年北京市家具行业发展情况汇总表

主要指标	2014年	2013年	2012年	2011年	2010年
企业数量	320	400	428	/	/
规模以上企业数量	8	10	10	/	/

数据来源：山西省家具协会。

主要指标	2014年	2013年	2012年	2011年	2010年
规模以上企业主营业务收入（万元）	59266.3	58766.7	18871.8	/	/
出口值（美元）	3199105	15077126	91902957	4695379	2630419
家具产量（件）	154880	104322	31213	24352	18733

数据来源：中国轻工业信息中心。

的发展中实力和规模都在不断提升。虽然受到大环境的影响，但随着居民收入和生活水平的不断提高以及室内装饰业的迅速发展，人们对家具产品款式、档次、质量的要求，对居住环境、生活和工作空间条件的重视都将不断提高和加强，中高档产品的需求量将呈上升势头。

三、存在问题

山西家具企业不仅在人才、培训、生产、管理上下工夫，还需加大产品创新、营销模式的创新，激发创造力，改革创新力，迎合时代的变革，透彻分析市场、商户、消费者及大环境的关系，把握机遇、主动应对。

四、发展趋势

中国二、三线城市新兴商圈正在兴起，周边客户具有很大的消费潜力，现在正是家具商进军二、三线城市的好时机。

电子商务逐渐成为家具行业营销的新宠。随着网络运用的普及以及 80 后消费大军的兴起，网购必然成为一种消费趋势。家具企业把握好这个商机就意味着锁定了更多的目标客户，创造了更多的市场空间。

山西省家具行业协会也将积极主动作为，加强和企业、市场的沟通，紧密联系和依靠会员，搜集信息、调查研究、了解一手情况、综合分类提出解决方案，为企业出谋解难。发挥协会在行业交流中的多功能的平台作用，规范和引导家具行业健康、有序、科学发展。

内蒙古自治区

内蒙古家具行业协会 秦超

一、行业概况

2014年，在面对家具市场竞争激烈的情况下，内蒙古家具各企业依据市场变化，积极促进转型升级、技术创新、勇于开拓、实现了稳中求精的新局面。

2014年，内蒙古家具生产企业依托资源优势和交通便利条件，对内加强了企业管理和基础设施建设，日益完善了管理制度，同时更加注重了产品市场开发的能力和水平的提高。通过加强产品质量、提高产品设计能力、加大广告宣传力度、提升市场开发人员素质等多种途径来提升产品市场竞争力和占有率。采用先进技术改造传统的家具生产方式，加快了企业内部结构调整的步伐，提高产品附加值，并依靠技术创新、个性化订制、体验式销售来提高家具产业的竞争力，同时还增加了工薪阶层百姓消费的产品比重。在这方面做得好的生产企业有：内蒙古华锐肯特家具有限公司、内蒙古润佳家具有限责任公司、内蒙古美林实业集团有限公司。

对于家具经销企业2014年可以说各种竞争如火如荼，活动频繁、想方设法促销售、更多的让利于顾客。如：进社区推广，每月设节日活动、大品牌联盟、爆破营销、家具换购、网络营销、微信营销等，还有一些家具商场对于个别楼层进行了经营业种的调整，由原来家具经营变成经营体育用品、眼镜、KTV娱乐场所等。还有企业成立了小额贷款公司解决资金运作，以此来增加收入。在这方面做得好的家具经销企业有内蒙古金锐家具汇展有限公司、包头市深港家具有限责任公司、赤峰市白领傢私有限责任公司、集宁港澳家具广场、锡林浩特市世纪三和家居生活广场、通辽新天地商贸有限责任公司、乌兰浩特市集友家具城大地家私城等。

二、品牌发展

在内蒙古家具行业品牌发展中，内蒙古家具行业协会非常重视内蒙古家具行业的品牌发展，2013年一年联系各盟市家具企业负责人并实地考察了一些企业，针对一些企业在品牌发展中遇到的困难尽可能的帮助其解决。

在企业的品牌发展中，内蒙古华锐肯特家具有限公司在华锐品牌经营中突出了实木套房产品、木门、红木家具、办公家具的研发、生产和经营。内蒙古润佳家具有限责任公司突出了利用当地樟子

2010～2014年内蒙古自治区家具行业发展情况汇总表

主要指标	2014年	2013年	2012年	2011年	2010年
规模以上企业数量	7	10	11		10
规模以上企业主营业务收入（万元）	229673.3	213663.1	/	/	/
出口值（万美元）	5982.9	1698.2	1588.5	1871.8	1293.8
规模以上企业家具产量（万件）	111.4	87.3	95.8	/	/

数据来源：中国轻工业信息中心。

松资源多的优势，研发、设计出新颖的原木卧房系列、实木门系列、儿童系列等新产品。内蒙古美林实业集团有限公司主要突出生产和经营了自主品牌“祺林”办公家具及“红猴”民用家具的研发和推广工作。

三、重点企业介绍

（一）内蒙古金锐家具汇展有限公司

内蒙古金锐家具汇展有限公司作为内蒙古家具行业的典范和呼和浩特市及包头市的知名企业，成立于 1997 年，公司在内蒙古自治区呼和浩特市、包头市下设多家大型家具名品商场。经营着各式民用家具、酒店、办公家具、地毯、窗帘布艺等十几大类 400 多个品种，汇集了众多的国内外知名品牌。

金锐家具公司现共有展位 400 多个，平均展位服务人员近 10 人，加上公司所有工作人员近 300 人。内蒙古金锐家具汇展有限公司共为社会解决就业人员 5000 多人。其中解决再就业人员 3000 多人。公司每年为呼和浩特市纳税 400 多万元，为包头市纳税 300 多万元，合计 700 多万元。

（二）包头市深港家具有限责任公司

包头市深港家具有限责任公司成立于2000年，是内蒙古自治区最具发展潜力、销售能力最强的专业家具营销卖场。营业面积为 50000 多平方米，经营着民用家具、布艺制品、办公家具众多国内外品牌家具，汇集了全国近 300 多个名牌厂商入驻。15 年来，深港家具经营情况在同行业中处于领先地位，销售额占包头市家具销量的 60% 以上，是包头市家具行业的领头羊，销售覆盖市区及周边旗县，以及巴彦淖尔市、鄂尔多斯市等周边地区。

2013 ~ 2014 年度，当众多家居卖场面临招商不足压力时，深港家具公司成功开创了“名品 + 折扣 + 电商”模式 。从 2013 年底到 2015 年，深港家具公司基本完成了从大品牌家具商场到服务大众品牌家居商场的转型，经营产品类型、发展理念和营销模式等方面进行了全面创新。

（三）赤峰白领家私有限责任公司

赤峰白领家私有限责任公司成立于 2001 年 10 月，白领丽家家居商场 2004 年底建成，是内蒙古自治区家具行业的知名品牌。目前白领丽家家居港的两大卖场分别位于赤峰市红山区钢铁西街和巴林右旗大板商贸中心，总营业面积 3 万多平方米，拥有员工 200 多人，是内蒙古东部地区规模较大的专业化家具经营商场。营销软体家具、板式及实木套房、整体厨房、餐台茶几、办公家具、窗帘及家居饰品、集成家具等众多种类产品。

（四）内蒙古华锐肯特家具有限公司

内蒙古华锐肯特家具有限公司成立于 2003 年，是内蒙古最大的一家集研制、开发、生产、销售、售后服务为一体的家居产业集团。经过十几年的拼搏，华锐已从商海中的一叶小舟发展成一艘巨型航母。如今华锐旗下有华锐肯特家具公司、华锐床垫公司、华锐装饰公司、华锐包头分公司、华锐经营公司、华锐培红家具公司、华锐文宝轩办公家具公司、华锐文宝轩家具公司、华锐小额贷款公司及华锐香河红木家具体验馆等多个子公司，并投资蒙银银行，占投资总额的 10%，

金锐家居公园东路店企业文化展示现场

包头市深港家具有限责任公司举办的首届家具建材婚庆博览会现场

涉及家具生产销售、装饰装潢、银行贷款、金融投资及公益事务多个领域。

现在，华锐已是拥有总资产1.9亿元，年销售3亿多元的全国知名家具生产销售企业，2014年实现销售收入3.5亿元，成功实现了年初制定的集团整体销售翻番的目标。

（五）内蒙古润佳家具有限责任公司

内蒙古润佳家具有限责任公司于2009年11月正式注册成立，公司注册资本4000万元，公司现占地面积99000多平方米，固定资产达1.5亿元。主营实木家具生产和销售，公司拥有对外贸易进出口经营权，主要以俄罗斯樟子松为原材料，生产原木民用室内家具。润佳家具曾在2008年大连国际家具展上赢得金奖。

（六）内蒙古美林实业集团有限公司

内蒙古美林实业集团注册于2012年，注册资本达5000万元，总资产近5亿元，现有员工390余人，是目前内蒙古地区最大的集装饰、家具设计、生产、订制、销售、物流配送为一体的大型综合性集团化企业。集团下设美林家居购物中心、通辽市美林林产品有限公司、通辽市美林装饰工程有限公司、通辽市美林家具有限公司。

辽宁省

辽宁省家具协会　祖树武、白红

一、行业概况

2014 年，辽宁家具行业经受了严峻考验，在经济形势下行压力下，结束了 30 年来持续高速增长时代，进入经济发展的“换档期”。

据辽宁省统计局对全省家具行业规模以上的 168 家企业统计：全年主营业务收入 378.3 亿元，同比增长 -2.6%；完成利税 23.9 亿元，同比增长 -11.3%；实现利润 16.5 亿元，同比增长 -17%；家具产量 2726.57 万件，同比增长 -7.9%。

据辽宁省家具协会统计，2014 年全省共有家具生产企业 2200 家，从业人员 30 万；全行业完成工业总产值 650 亿元，同比增长 8.3%。（详见下表）

二、行业发展的主要特点

（一）行业发展增速明显放缓

辽宁家具行业坚持稳中求进工作总方针，主动适应经济发展新常态，把转方式调结构、压缩过剩产能放到重要位置，行业由高速发展向中低速发展转变，增长速度由持续 30 年的两位数降至 8.3%。

（二）企业品牌意识不断提升

在国内家具行业同质化低端竞争日趋激烈，做好产品研发设计创新，打造自己的原创品牌至关重要。通过培育“中国实木家具产业基地十大品牌”“辽宁办公家具十大品牌”“辽宁定制家具十佳品牌”“辽宁沙发诚信品牌”等系列活动，打造辽宁家具产业新高地。华丰、华夏、宏发、舒丽雅、梦宝床垫、隆兆办公家具等企业加大投入开发研制新产品，集中亮相沈阳国际家具展，提升辽宁家具品牌影响力。

（三）定制家具增速加快

随着家具市场的发展和生活观念的转变，消费者对家具的差异化个性化需求不断增加。定制家具带着自己鲜明的特点走进人们的生活。目前全省定制家具企业达 400 多家，贝格尔、格瑞澜、家

2010 ~ 2014 年辽宁省家具行业发展情况汇总表

主要指标	2014 年	2013 年	2012 年	2011 年	2010 年
企业数量	2200	2000	2000	2300	2000
规模以上企业数量	168	174	190	192	192
工业总产值（万元）	6500000	6000000	5000000	4200000	3500000
规模以上企业主营业务收入（万元）	3783079	3884064	3571642	3199009	2992543
出口值（万美元）	58362	75802	82463	48670	49496
家具产量（万件）	2726.57	2960.44	1711.84	1973.87	1881

数据来源：辽宁省家具协会。

2014 第三届沈阳国际家具博览会开幕

仕得等品牌脱颖而出，在行业整体增速放缓的形势下，定制家具逆势而上，增速高达 20% 以上，已成为业界极具发展潜力的商机。

（四）沈阳家具展助推企业拓展国内外市场

2014 年，由辽宁省家具协会联合中国家具协会、专业展览机构举办的沈阳家具展，实现三年迈出三大步，达到 10 万平方米规模，有 600 企业参展，近 10 万买家与会，为家具企业调整策略，积极开拓东北内蒙古二三四线新兴市场，在做好国内渠道的同时，开发日本、韩国、朝鲜、俄罗斯、蒙古等周边国家市场，起到了积极作用。同时，展会促进了国内外行业交流合作和辽宁家具业产品创新发展，已升级为全国家具业唯一的国家级区域展会。

（五）行业自律成效显著

辽宁省家具协会与辽宁省经信委、省工商局共同发布的《辽宁省流通领域家居行业经营行为规范》和《辽宁省流通领域家居行业“放心消费示范店”认定办法》，依据相关法律法规，从主体准入、商品质量准入、经营行为等方面进一步明确其责任与义务。在首批认定 32 家“放心消费示范店”的基础上,2014 年推选 14 家企业为“放心消费示范店”创建单位，在国内家具界反响很好，成为推进行业发展的范例。

（六）广泛开展对外交流与合作

2014 年，辽宁省家具协会有计划地组织企业到家具产业发达省份的协会和企业学习考察，组团参加国内外大型展会和专业会议 30 多个，接待来访考察团 20 多批次，并与美国、加拿大、芬兰、日本、俄罗斯、韩国等国行业组织洽谈合作项目。在交流中把外地的发展经验引进来，把辽宁的展会、品牌、企业宣传出去，开阔了视野，拓宽了渠道，使辽宁家具产业在国内外的影响力大大提升。

2014 第三届沈阳国际家具博览会现场

辽宁省家具协会赴欧洲考察团合影

三、重点企业情况

（一）中国实木家具的龙头企业——大连华丰家具集团有限公司

华丰家具集团是中国一流的现代化家具制造企业。注册资本 899.9958 万美元，公司占地面积 6 平方公里，建筑面积 100 万平方米，下属 20 个工厂，职工 5680 多人。2014 年公司实现产值 198.176 万元，实现利税 16245 万元，实现出口额 1023 万美元。华丰品牌家具曾先后荣获“中国名牌”、“中国驰名商标”、“环保家具”。誉为中国实木家具生产基地的龙头企业，荣获“中国企业最佳形象 AAA 级单位”。华丰家具不断拓展国内外市场，加大对新产品的研发投入，丰富产品的系列化和功能化，保证华丰高档实木系列家具的市场销售平稳运行，从而满足了国内外用户对不同层次家具的需求，将继续以“现代技术、科学管理、一流产品、优质服务”为经营方针，致力于公司的发展。

（二）辽宁家具业的跨国公司——大连华夏家具集团有限公司

华夏家具集团主要从事中、高档实木家具及办公家具等木制产品生产经营，荣获：“中国驰名商标”、“辽宁省名牌产品”。发展及扩张方向主要是依托东北，面向俄罗斯远东地区、西伯利亚地区。并购了俄罗斯滨海边疆区“新百达木业有限责任公司”，建立了两条木材加工生产线，并在俄罗斯海山崴建立了销售专卖店。目前公司发展到资金规模 6 亿元，2014 年工业总产值 21000 万元、销售收入 20815 万元、利润利税 1845 万元、出口额 600 万美元、投资额 9097 万元。以辽宁省庄河市、黑龙江省穆棱市经济开发区、俄罗斯滨海边疆区阿尔

辽宁省重点实木家具品牌展示

谢尼耶夫市为“三点一线”的产业定位，以“原料生产”、“配套加工”、“品牌销售”为一体的集团管理模式，产品面向国内外市场，远销日本、爱尔兰、荷兰、俄罗斯等地。

（三）辽宁家具行业知名企业——沈阳宏发企业集团家具有限公司

宏发集团主导产品为民用家具和办公家具。现有员工 700 人，占地 29 万平方米，建筑面积 19 万平方米，2014 年工业总产值 10200 万元，实现税利 2100 万，产品销售网络遍布全国 20 几个省、市地区，部分产品远销日本、美国、韩国、俄罗斯、澳大利亚、加拿大等国。

企业率先通过了国家质量和环境管理体系及中国环境标志产品认证，坚持产品设计创新，斥资百万研发的“盛京优品”系列家具，在第三届中国沈阳国际家具展会上赢得好评。宏发家具荣获“中国驰名商标”“辽宁省名牌”“中国实木家具产业基地十大品牌”“辽宁省办公家具十大品牌”“质量信得过产品”等荣誉。拥有 30 多年历史的宏发家具，未来将努力打造百年宏发。

（四）辽宁办公家具领军企业——沈阳隆兆家具有限公司

隆兆家具公司是一家集高品质办公家具的研发、设计、制造、销售及办公空间设计于一体的专业家具企业。在 2014 年工业总产值达到 6481.6 万元；缴税额达到 254.9 万元；总投资额 5218 万元。曾获得“辽宁省政府协议供货单位证书”“市政府协议供应商资格证书”“重合同守信用企业”“用户满意企业”“辽宁省办公家具十大品牌”等荣誉称号。

（五）辽宁家具业的创新型企业——沈阳艺新家具制造有限公司

艺新家具公司立足于社会发展和商务时代的前沿，依托先进的工艺、生产制造能力，研发出新品“新空间变形家具 NEW·S”，填补了家具市场空白。获得国家自主知识产权保护。其创意科学、新颖、独到，为家具设计和应用，提供了新思路、拓展了新空间，投放市场后深受用户青睐，具有可观的市场前景。2014 年新产品销售额 2200 万元 . 利润是 240 万元，总投资额 6000 万元。

四、存在问题

一是辽宁家具知名品牌较少，缺乏市场竞争力；二是劳动力、原材料、销售等成本上升，企业经营困难；三是家居卖场过剩，重复建设，浪费资源。

五、发展趋势

（一）新常态下家具行业将进行区域性资源整合

东北实施的新一轮老工业基地振兴发展战略，将给辽宁家具行业带来重要的发展空间，形成以沈阳为中心、沈阳国际家具展为平台的新市场格局。

（二）定制家具发展潜力大

随着家具市场的发展和生活观念的转变，定制家具带着自己鲜明的特点日益走进消费者的生活。因符合现代个性化需求，定制家具将迎来高速增长，成为行业发展主流趋势。

（三）家具行业进入电商时代的步伐将加快

电子商务的快速发展影响和改变了消费者的购物习惯，使越来越多的家具企业关注电商平台的发展，尽管家具行业尝试电商还存在诸多问题，但家具电商化已是大势所趋，并具有较为广阔的市场空间。

沈阳市

沈阳家具协会 赵娟

一、行业概况

2014年，据行业初步调查统计，沈阳家具工业总产值达170亿元人民币，与2013年相比略有持平，家具生产企业近900多家，呈现减少的趋势。全行业职工人数近17万人，家具市场的经营面积达200多万平方米，基本稳定在去年水平。

二、品牌运行、企业发展

（一）各类家具制造与重点企业运行状况

根据调研数据显示，2014年，沈阳市家具制造业与2013年同期相比，实木家具、软体家具、办公家具均基本持平。

实木家具　宏发家具、舒丽雅家私在做好产品板块调整及品牌运作的基础上，销量同2013年相比均持平，宏发家具研发的以胡桃木为原料的实木家具产品，适合80后年轻人的品位需求，具有广泛的市场销售空间，销量上升20%。

软体家具　梦宝床垫在传统销售模式的基础上，继续借助网络销售平台，实现市场拓展，顺应新的销售发展趋势，保持销量稳中有升。随着各大行业将“私人定制”看作高端、专业的消费模式，梦宝在产品研发设计上，致力于根据客户自身习惯与需求，将“量体裁衣”式定制床垫提上工作日程。研发设计了“欧思梦”高端私人定制品牌和“咪哟卡”专业儿童品牌。

美式家具　东兴木业旗下的由美国设计师研发的欧林斯品牌，已打入中国市场十年。十年来，欧林斯家具打造品牌，传播美式家居文化，以原汁原味的美式设计、精良的手工制作工艺成为行业的一枝独秀，欧林斯家具引领服务，将品牌服务向深度

欧林斯沈阳旗舰店

和广度延伸，成为家具市场的“责任品牌”。欧林斯在近百个全国一线及省会城市、经济较发达城市开设专卖店，与红星美凯龙、居然之家等几十家全国大型专业家居卖场，与西安仟佰贝、郑州涵美世家、长春VOVO，昆明显成、大连集优上美、石家庄创典居、太原三桂美神等一大批家居运营企业建立完美合作。2014年欧林斯家具实现了渠道下沉、开发“蓝海”的新发展，从专卖店向独立店模式转变的跨越，进入了家居体验、高端定制新阶段。在市场低迷的大环境下，每年保持了20%以上的稳健增长。

（二）流通领域的运行情况

2014年，虽然家居卖场不被看好，但沈阳市中国家具城旗下五大卖场还是稳中有升。

中国家具城一、二期　面积8万平方米，是全国唯一家以“中国”冠名的家具建材、装料批发、零售市场。市场历史悠久、有较高的知名度和信誉度。对行业发展具有较强的影响力。销量与同期比上升20%

领秀家居　面积6万平方米，是中国家具城旗下主营中高档家具及家居用品。全年共策划、执行了“3.15领秀家居 爱行动”等多项活动，并且在3.15促

销活动期间，首次尝试利用微信集赞送礼，将领秀家居的促销平台与数字化接轨，上升一个新的高度。

油漆涂料城　面积 2 万平方米，是辽宁首家专业经营油漆涂料产品的市场。多乐士、华润、联邦、大宝等多家国内一线油漆涂料品牌厂商进入市场设立品牌旗舰店，销量与同期比上升 20%。

陶林居家装、建材市场　面积 8 万平方米，主营高中档陶瓷、卫浴、地板专业商场。2014 年，开展多项大型促销活动促销活动，内容丰富，客流及销售额较好。销量与同期比上升 25%。

橱柜门业精品城　面积 2 万平方米，主营橱柜、门业及定制业务。4 月成功举办“2014 橱柜衣柜门业博览会”，率先打造出“辽沈地区首家橱柜、门业工厂直营商城”，9 月成功举办了“商城九周年店庆”活动，继续在商品让利方面大做文章，销量与同期比上升 10%。

亿丰家居建材村　亿丰家居建材村占地 1137 亩，总建筑面积 200 万平，共分为 6 期开发，项目以沈抚新城为中心，60 分钟快速连通本溪、辽阳、鞍山、铁岭、阜新等八大城市，利用区位优势，建立专业仓储物流，为家居建材厂商搭建市场拓展平台，目前，30 万平仓储基地已经投入使用。亿丰家居建材村整合产业上下游资源，深耕渠道，实现家居建材行业规模和资本的良性循环。

（三）新技术、现代化管理模式的运用

艺新家具是集综合设计研发、生产销售为一体的办公家具专业制造企业。2013 年研制出组合式多功能翻转家具，集办公休闲为一体，适用于家庭、办公室、写字间、高铁火车、游艇等环境。系列产品的研制填补了国内翻转家具的空白，获得了国家专利。经过一年市场营销推广宣传，签约了桃仙机场 T3 航站楼、地铁工程等项目 260 万。

三、行业活动

（一）构建诚信，促进发展

由行业协会组织的“3.15”国际消费者权益日纪念活动在沈阳红星美凯龙家居商场举办。家具装饰行业近 300 家企业参加活动，辽沈地区 10 余家新闻媒体到会采访及现场报道。会上共展出了 80 种绿色示范品牌，舒丽雅家私等 30 家荣获诚信环保品牌，艺新家具等 12 家企业荣获诚信示范企业，中国家具城等 17 家荣获诚信示范商场。活动期间，众品牌共同签署行业诚信宣言，同时发布了 2014 年家具装饰行业消费警示 14000 份。

（二）注重质量、打造品牌

2014 年，行业协会共组织有关专家 19 次深入企业开展 ISO9001 质量体系认证、ISO14000 环境体系认证等咨询工作，并积极宣贯“中国驰名商标管理办法”，帮助企业查找存在的问题，针对问题予以解决。帮助有一定规模企业通过“十环”认证。全年共咨询指导企业 18 家，帮助企业节约资金据估算达 200 多万元，这些资金大部分用于企业的节能减排、新产品研发和设备改造等方面。帮助办公家具企业积极参与政府采购，及地铁等项目采购，每一年政府采购的计划实施。

四、存在问题及发展趋势

家具企业的转型升级，应从粗放式、劳动密集型向集约式、技术型方向转变，行业转型升级是以建立现代企业管理模式为纽带。家具行业大部分的生产企业，因基础较差缺乏高水平的管理人员，无法将先进的管理模式融入到企业的生产、销售、营销管理中，企业转型的过程，人的因素、观念至关重要，提升企业管理层人员素质是企业发展的重要环节。

走品牌之路是企业发展的方向，产品营销是企业的一个重要环节。赢在终端已成为业内人士的共识。在家具市场激烈竞争下，团队营销模式越来越多，多以促销特价作为杀手锏。共同特点是产品价格超优惠，这样的结果势必搅乱了市场的正常秩序，以损失大多数厂家利益为代价。当今电商平台的发展，对家具产品来讲仅适合于小件家具产品，仅仅在价格层面上做文章。未来的销售模式应是引领大众消费、提升品牌、质量、服务的营销。

在激烈的家具市场竞争环境下，企业管理决策层的压力越来越大，对企业的发展投入越来越多。家具生产企业无论从厂房、流水线设备，产品展示及独立专卖店等硬件设施，还是企业集团形象、营销服务团队、人员素质等软件设施方面均需要在不断提升，达到企业的综合竞争能力在不断提升，这样才能在激烈竞争的环境下企业稳步发展。

吉林省

吉林省家具协会　田登平

一、行业概况

2014 年，吉林省家具行业受诸多因素影响，在消费市场低迷、竞争激烈的情况下，仍然保持了较高速度的发展，规模以上企业完成工业总产值 136.47 亿元，比上年增长 16%；出口值 6220 万美元，比上年略有下降；内销 117.36 亿元，比上年增长 18.08%；家具产量略有增加。

吉林省工业和信息化厅副厅长张毅和吉林省家具协会会长周柱山参观家具展

二、主要特点

目前，吉林省家具行业也面临着和全国同行业相同的问题：传统产业劳动力密集、劳动力紧张、工薪增长幅度较快、产品同质化严重、市场竞争激烈、原材料涨价、进入门槛低等。对此，迫使大多数企业都在努力寻求解决的办法，转型升级、技术创新已经提上了日程：一是加快技术改造，扩大规模，同时，积极引进国内外先进设备，大多数家具制造业的先进设备已落户吉林，基本不落后家具发达省份；二是通过引进和加大培训力度，提高企业科技水平和人员素质，把企业从劳动密集型转为技术密集型，提高劳动生产率；三是注重设计研发，扩大定制化，减少产品同质化，注重环保，提高材料综合利用率，增加产品科技含量，提高企业核心

2010 ～ 2014 年吉林省家具行业发展情况汇总表

主要指标	2014 年	2013 年	2012 年	2011 年	2010 年
企业数量	1500	1600	1200	1100	1000
规模以上企业数量	62	60	60	58	74
工业总产值（万元）	1400000	1300000	1200000	900000	700000
规模以上企业工业总产值（万元）	1364661	1176432	907323	686672	516676
出口（万美元）	6220	6319	7667.4	5807.7	6214
内销（万元）	1173608	993937	799352	/	/
家具产量（万件）	310	292	327.8	192.8	220.8

数据来源：吉林省家具协会。

竞争力；四是改变传统营销模式，拓展国内、国外销售渠道，逐渐进入网购平台。

三、品牌发展及重点企业情况

近几年来，吉林省家具企业逐渐认识到品牌的作用，多数企业已经在品牌建设工作上加大了力度。2014年，通过吉林省家具协会申报吉林省著名商标的企业较上年增加了6户，达到15个产品。企业认识到品牌培育是一个漫长、不断积累的过程，有相当一部分企业把培育品牌工作提到日程上来，注重产品推介，把重点放在了产品质量、环保和售后服务。目前，消费者对吉林产家具已经比较认可。随着家具销量的增长，消费者因质量、售后服务问题的投诉也相应增长，但本地家具由于质量问题投诉量的增长幅度却明显低于外地家具，这说明本地家具已经开始重视产品品牌建设工作。2015年，吉林省家具协会将在2014年的基础上积极推荐吉林优秀品牌，同时，建立吉林家具网站，积极宣传吉林优秀产品。

2014年，在前几年转型升级、不断引进先进生产设备、提高设计水平、加强管理的基础上，吉林省家具重点企业仍然保持了较快的发展速度。

实木家具形势喜人，吉林森工华英家具，较2013年增长了30%以上，产品供不应求；长春环艺家具、吉林新元、吉林兄弟木业集团、通化安康等企业都保持了15%以上的增速。

板式家具形势强劲，长春雅缘家具、长春宇峰家具等板式家具企业都保持了20%以上的增速；相比较，吉林软体家具增长缓慢，吉林省蜂巢家具有限公司、长春捷亚家居科技有限公司、长春皇家马车家具有限公司等企业普遍增速都在5%左右；

出口企业形势不乐观，吉林荣升、安图亚鑫、长春众业，出口下降，幅度在10%以上。

四、存在问题

吉林省家具行业近十年虽然有了快速的发展，但与发达省份相比还有很大差距，老问题依旧存在，有些方面还很突出，表现在：一是总量不大，2014年，吉林省家具制造业规模以上企业62户，实现工业总产值136.47亿元，仅占全国的1.5%；二是缺少品牌效应，在吉林省家具制造业中，很少有吉林名牌，全国名牌没有一个，出口8年徘徊不前，出口产品全部是贴牌生产，利润空间极小；三是创新能力不强，家具制造业设计开发人员严重匮乏，致使产品样式、外观陈旧，一味仿制，产品没有竞争力，在国内有影响的广州、上海家具展上，很少能见到吉林产品；四是吉林省关于家具制造业发展的扶持政策不多，力度不大，生产企业融资困难，资金不足的情况普遍存在，业内竞争无序，粗制滥造、以次充好、三无产品仍然存在，家具商场过剩，加大了企业销售成本；五是市场机制不健全，吉林省尚未形成一处有一定规模的家具批发集散地，缺少市场引导作用；六是产业集群化程度低，家具制造企业分散，产业链不完整，没有形成较好的协作、配套体系。

五、发展趋势

吉林省家具制造业的发展还有一定空间，较易形成5年平均递增20%以上的平稳发展速度。

（一）较为便利的原材料供给

吉林省2014年人造板产量已达近千万立方米，占全国产量近4%；大量的俄罗斯木材进口主要集散地满洲里、绥芬河口岸，不久以后的吉林珲春口岸，极大地方便了吉林家具企业的木材采购。

（二）积极进行技术改造，努力扩大生产规模

吉林省有相当一批小型企业近几年发展迅猛，生产、管理、经营基本已走上正常发展轨道，先进生产设备和制造技术的引进已不落后于家具生产发达地区，研发、创新正在奋起直追。

（三）实木家具基础牢固，板式家具掘起

虽然吉林没有实木家具名牌，但吉林产实木家具传统、质朴、厚重，在全国具有一定影响和市场。实木家具产品具有高附加值和利润率，有利于提高企业和社会综合经济效益。近几年，吉林板式家具发展强势，仅以长春市为例，每年都会增加3～4个板式家具生产企业，吉林产板式家具在东北已逐渐占领三、四线城市市场。

（四）步入良性发展轨道，竞争力逐渐提高

从吉林家具制造业的多项经济指标来看，大多数已达到全国家具制造业平均水平，有的指标在

省内已远远高于其他制造业。如：1、利润总额递增率：吉林近5年平均达36.6%；2、主营业务收入：近5年平均递增27.41%；3、总资产贡献率：2014年达到33.9%，在全省41个产业中排名第三。

（五）家具市场日渐成熟

随着家具制造业的发展，各地相继培育出一批信誉较高、管理规范的家具市场，维护了吉林省家具的整体形象，提高了销售量。据长春欧亚卖场家具广场统计，地产家具市场占有率已从几年前的15%上升到2014年的18%。这些都会进一步促进吉林省家具制造业的发展。

黑龙江省

黑龙江省家具协会　赵国奇

一、行业概况

2014 年，黑龙江省家具行业发展处境艰难：省内环境复杂、严峻，GDP 始终徘徊于全国的末尾、小兴安岭木材禁伐、市场较为疲软、经济复苏艰难曲折。全省家具行业生产经营下行压力持续加大，多重困难和挑战相互交织，为史上从未有过的严峻局面。

在全省经济下行压力加大，经济增长速度换档期、结构调整阵痛期、前期刺激政策消化期三期叠加以及全国经济发展步入“新常态”的大背景下，受小兴安岭木材禁伐、进口木材价格上扬、行业的内生动力严重不足等因素的影响，家具产量连续 4 年萎缩。在全行业艰辛努力下，克难攻坚，有效地抑制了产量持续下降的势头，为全省家具行业“十二五”发展规划的收官之年赢得了生存空间。

2014 年，全省家具规模型以上企业 65 户，完成家具产量 2496214 件，同比增长 –21.6%。其中：木制家具完成 2108937 件，同比增长 –22.8%；金属家具 165294 件，同比增长 –19%；软体家具 65512 件，同比增长 17.1%。完成工业总产值 78.02 亿元，同比增长 2.75%。实现销售收入 74.6 亿元，增长 2.1%。家具出口 5.8 亿美元，同比下降 19.3%。

二、主要特点

（一）转型升级步伐加快

当下，企业面临着劳动力成本上升、原辅材料价格和物流成本上升、山寨产品过剩、市场竞争惨烈等诸多挑战。

1、着力加强企业管理，烘托品牌形象　全省现有中国名牌 3 户、中国驰名商标 4 户、省名牌产品 24 户、省著名商标 12 个，品牌建设逐渐加强；

2、提升生产经营者的技能　黑龙江林业职业技术学院在大庆时代华信家具有限公司设立教学研

2010 ～ 2014 年黑龙江省家具行业发展情况汇总表

主要指标	2014 年	2013 年	2012 年	2011 年	2010 年
企业数量	980	1080	1110	1170	1210
规模以上企业数量	65	61	51	47	70
工业总产值（万元）	1014000	878200	794300	620100	654000
规模以上企业工业总产值（万元）	780200	675620.7	611046.4	477254	503483.7
出口值（万美元）	58100	20504	20604	13029	14129
内销（万元）	670000	753000	669000	537000	564400
规企家具产量（万件）	249.6	307.8	279.5	307.1	452.6

数据来源：黑龙江省家具协会。

黑龙江林业职业技术学院教学研发基地揭牌仪式

发基地，为大庆地区家具企业培训短缺家具人才，促进了该地区家具产业的持续发展；

3、加大技术改造力度　郭氏家具有限公司、黑龙江省松杉木业有限公司加大技术改造的力度，扩大生产厂房面积、更新加工设备，扩大了产能；

4、主要家具生产企业在产品结构创新、营销　模式调整、产品质量提升等方面均采取了不同的有效措施，促进企业良性发展。

（二）定制家具快速发展

随着市场对定制家具需求的不断增多，一些设计能力强、从业人员技能高超、加工机械齐备、诚信服务完善的中小型家具生产企业，开启家具定制的新模式。有的深入社区、有的步入门户，量体设计、按需定制。当下，吉林省家具产业呈现的家具定制情况，充分体现了工业 4.0 模式在家具产业上的率先启用，且已成为新常态，发展势头良好。

（三）家居卖场继续发展

受房地产过剩、消费需求不足等因素的影响，将新房产改作家居卖场的做法在行业内屡见不鲜；加之大型家居卖场不断扩充新连锁店，招商引资建设家居卖场，促使家居卖场与营业面积无序扩张。虽然便利就近选购家居商品，但也呈现店面管理无序、商品参差不齐、营业面积销售额下降、利润收窄的情况发生，家居卖场已开始步入加快速调整期。

（四）"互联网 +"得到广泛运用

当下，家具的市场营销已步入电子网络销售时期，给家具的生产、营销模式等带来了巨大改变，"互联网 +"营销家具不再是一种概念，而已成为现实，并推动着众多家具卖场逐步向电子家具卖场转变，这种有利于双方的营销模式必将赢得消费者的青睐。美乐乐的家具网络营销模式所产生的正能量影响力，推动着家具营销观念方式的转变及模式的推广及应用。

（五）家具展会规模不断扩大

2012 年由黑龙江省家具协会主办、哈尔滨市长城展览公司承办的哈尔滨国际家具展会继续在会展中心展出，展会在干扰中启幕、在制约中展示、在发展中起航。展览规模由 2012 年的 3 万平方米发展到 2014 年的 6 万多平方米，其参与企业之多、展品之全、展览规模之大创哈尔滨家具展史上之最，有力地推动了家具产业的不断发展。

三、发展趋势

2015 年，是稳增长、调结构的紧要之年。全行业要面对当前形势的严峻性和紧迫性，着力优化存量资产，充分发挥现有固定资产的作用和效能，提高资金的周转率和利用率；着力做好开发创新，要做到多投入、聘能人；着力有序推进战略措施，量实力、量人才、看市场变化、务必使企业能够处在正常运行状态中。

哈尔滨市

哈尔滨市家具行业协会　张萍

一、行业概况

2014年哈尔滨市一季度家具产量累计完成8.6万件，同比下降23.8%，家具业消费零售总额累计完成3.4亿元，同比增长20.9%；二季度家具产量累计完成18.9万件，同比下降31.7%，家具业消费零售总额累计完成7亿元，同比增长20.8%；三季度家具产量累计完成27.4万件，同比下降40.9%，家具业消费零售总额累计完成11亿元，同比增长20.2%；四季度家具产量累计完成37.5万件，同比下降37.4%；家具业消费零售总额累计完成15.7亿元，同比增长18.0%。

2014年底，协会工作人员深入市区营业面积2000平方米以上的26家家具、家居卖场，通过实地走访和现场填写调查问卷，形成了《2014年哈尔滨市家具市场调查浅析》报告。被调查的26家大小家具商场，总经营面积82.7万平方米，商户数量4127家，品牌数量4756个，就业人数19599人。

二、行业的发展和转型升级情况

2014年，哈尔滨市家具产量与同期相比持续逐季下降，家具制造企业生存比较艰难，然而零售总额的上涨凸显了本地品牌市场占有率下滑、品牌影响力差等问题。现在消费者越来越注重大品牌的影响力，过硬的品牌在质量、舒适度、售后服务等方面可以给消费者安全感，因此以品牌为集群的家具企业发展道路将更加明朗。为此，加快哈尔滨家具品牌建设、家具产业园区的建设将成为哈尔滨市2015年家具行业发展的重点。

移动互联网时代的来临，让信息无孔不入，它的方便、快捷深受大众喜爱，它以准确、高效的方式将商业信息、娱乐信息、生活信息完美融合，成为新时代的“掌中宝”。随着电商潮流的风起云涌，哈尔滨市不少家具企业开始探索电商模式的运营发展，企业正在不断完善电商平台，把用户体验和服务纳入到核心电商运营中，即线上商城＋直接服务＋线下体验，突出服务的纽带关系和重要性。2015年，哈尔滨市家具行业要大力发展数字化互联网技术人才，要具有利用互联网渠道开展商务活动的能力，能够利用计算机信息技术、市场营销手段、管理技术、现代物流方法，拓展企业运营渠道，提高企业管理水平和盈利能力，培养复合型电子商务高级专门人才。

2015年，哈尔滨市家具行业的转型升级要进一步提高“软装设计”能力及水平。其中展厅的空

2010～2014年哈尔滨市家具行业发展情况汇总表

主要指标	2014年	2013年	2012年	2011年	2010年
企业数量	938	950	959	968	990
内销（万元）	15.7	13.3	10.1	9.1	8.4
家具产量（万件）	37.5	64.4	54.9	79.9	96.3

数据来源：哈尔滨市家具行业协会。

间营造，可以让家具迅速融入家居，通过家具、装饰画、陶瓷、花艺绿植、窗帘布艺、灯饰、其他装饰摆件的颜色搭配、呼应与错落、质感与品味，烘托出家具本身的气质。今天的哈尔滨家具制造企业，在产品上精益求精、在销售上不断创新、在转变营销模式上大做文章，却忽略了家具本身的存在意义。随着时代的不断发展，软装饰走入了人们的生活，家具不再只是具备储物功能，人们开始通过家具表达风格与个性，它成为人们装点生活、欣赏生活的一部分。哈尔滨市家具品牌在卖场的设计中由于缺乏现场的空间营造，让消费者缺少归属感，弱化了家的氛围，也降低了家具的全面价值。

2015 年，哈尔滨市家具行业协会将软装设计引入哈尔滨家居、家具行业，以更专业的视角、精准的品牌定位服务于企业。家具设计也将从产品设计走向空间设计。

三、品牌发展及重点企业情况

（一）注重品牌 诚信建设

哈尔滨市家具行业一直将竖立品牌、诚信建设作为行业的重点工作。办公家具企业开展了“企业综合实力信用等级的评定，各企业对省、市诚信示范企业、中国环境产品（十环）认证、驰名商标、省、市名牌等品牌建设工作更为重视。截止 2014 年底，哈尔滨市拥有中国驰名商标、中国名牌各 1 个：哈尔滨飞云实业有限公司。黑龙江省名牌有卧虎、柏朗、星美、华信、北方威特、驼峰、荣世艺峰、金凯莱、华林、云鹤等。2014 年哈尔滨市名牌复评和通过的家具企业分别是：鲍氏、永久铁柜、好门面、利盛达、雪兰宝、柏朗、华信、驼峰、鑫宝、荣世艺峰、飞云等。

哈尔滨市家具行业获“黑龙江省诚信示范企业”称号的企业有 3 家：哈尔滨飞云实业有限公司、哈尔滨市星美木业制造有限公司、哈尔滨市永久铁柜制造有限公司。

（二）注重研发 提升实力

设计是产品发展的核心竞争力。几年来，行业协会一直通过举办家具设计大赛，引导企业对设计的重视和投入。因此，近年来一些企业对产品研发非常注重。如七品家具，对功能家具、皮感饰面板等专利产品的研发。哈尔滨利鑫达木业股份有限公司大投入建立产品研发设计中心，设计中心建成后不仅为本企业服务，同时也为行业服务。2014 年，设计中心主要帮助企业申报专利、新产品、新技术项目，解决企业发展后劲的问题。哈尔滨市家具行业协会成立的产品研发设计中心将与该中心及大专院校、研究部门全力合作，定向研发新产品，打造全新的“企业定制”，帮助企业培养核心竞争力。

（三）借助展会 促进发展

2014 哈尔滨国际家具暨木工机械展览会，共有 420 多家来自全国各地的家具厂商参展，同比增长 20%。主、分会场总面积 11 万平方米，同比

2014 哈尔滨国际家具展现场

增长22%。展会3天现场成交额1.05亿元，比上届增长11%；订货额7.7亿元，比上届增长15%。

11年的哈尔滨国际家具展为哈尔滨市家具制造企业搭建了高效的贸易平台，成为全市家具企业推广品牌的重要窗口。卧虎床垫和软床，借助展会平台已经推出卧虎、玉蝶、娇娇、普诺斯旗下四大品牌，成为全市中高端软垫品牌的佼佼者。宝利沙发在提升“软装设计”能力的基础上，把自身对居家生活及客厅生活文化的深厚理解融入产品的设计研发中，打造极富人性化的沙发产品。东源正业家具有限公司作为哈尔滨新中式家具企业的代表，经过多年展会提炼，拥有着自己独特的营销理念和销售战略。

哈尔滨家具展以打造家具品牌为主，同时也是三、四线品牌成长为一、二线品牌的跳板。展会将为更多的家具品牌提供自我展示和发展平台。

（四）重点企业致力于慈善事业

2014年，哈尔滨市家具行业协会组织24家企业，开展了2015送温暖、献爱心慈善助学活动，主要资助了哈尔滨市阿城区松峰山希望小学的贫困学生，为75个学生捐款3万余元。近年来，在不断发展品牌实力、拓展市场的同时，有越来越多的企业愿意投身到公益事业，这种责任感是企业步入文明、有爱发展的标志。

四、存在问题

一是企业资金流不畅通、品牌根基薄弱、服务配套体系不完整。二是没有领先的策划与销售理念、企业抗风险能力差。三是生产企业面临产量下降、供大于求、同品类产品竞争激烈、商场租金大幅上涨。四是家具流通业面临着市场饱和、促销竞争、销售趋缓等多重压力。

五、发展趋势

2015年，家具市场环境的改善及缓慢发展势态不会太快结束。家具制造企业要抓住增长速度放缓的机遇，调整产品结构。中小型企业要以联合、攀高的方式向品牌化、集群化发展；大型企业要利用调整期快速发展成龙头企业，争夺更大的市场和发展空间。未来家具行业，应该逐渐形成以品牌为中心的企业集团，依托工业化、信息化，加强和专业机构合作将成为行业发展的重要途径。

送温暖、献爱心活动合影留念

江苏省

江苏省家具行业协会　达式孝

一、行业概况

2014 年，全省有家具企业 7000 余家，规模以上企业 600 多家；从业人员达 60 多万人；全省家具商场达 10000 平方米以上的有 288 家，总面积达 1290 万平方米。

一年来，完成家具工业总产值 1275 亿元人民币，同比上升 3.7%；家具产品产量 14642.76 万件，同比增长 2.18 %；家具进口总额 4.5 亿美元，同比上升 21.2%；家具出口总额 98.1 亿美元，同比增长 1.8%。

二、品牌运行和重点企业发展情况

（一）各类家具制造与重点企业运行状况

调研数据显示：2014 年，江苏省规模以上的家具企业，特别是行业内重点骨干企业，由于注重产品结构调整、提高产品质量档次、增加研发投

2010 ~ 2014 年江苏省家具行业发展情况汇总表

主要指标	2014 年	2013 年	2012 年	2011 年	2010 年
企业数量	7000	8000	8000	8000	8000
规模以上企业数量	600	600	600	600	600
工业总产值（亿元）	1275	1229.51	1131.10	1043.44	953.62
出口值（亿美元）	98.1	37.3	43.5	26.4	23.7
家具产量（万件）	14642.76	14330.36	13159.19	12083.74	9806.64

数据来源：进出口数据由江苏省商务厅提供，其他数据来自江苏省家具行业协会。

2014 年江苏省各类重点家具企业销量变化表（部分）

企业分类	地区企业	2014 销量情况（%）
软体家具	江苏斯可馨	5 大基地、6 大中心、2000 余家专卖店，内外销并举，形成独特的竞争力。
	南京金榜麒麟	+ 12
	苏州摩维	+ 50
	苏州美思达	+ 30
	苏州柏兰	+ 20
	南京大红鹰	+ 25

（续表）

企业分类	地区企业	2014 销量情况（%）
软体家具	南京金贵典	＋40
	龙凤缘床具	＋20
	江苏泰隆祥	＋15
	江苏君梦美	＋50
	宿迁可来比	＋10
	江苏渔歌子	＋30
	宿迁御珍	＋20
	江苏富娃	＋15
办公家具	美耐家具	＋40
	泰州天河	＋20
	江苏麒强	上升
	昆山城南	上升
	南京宁仙	＋50
卧房家具	苏州新宏基	＋15
	苏州金螳螂	＋50
	南京强新	＋15
	亚振家具	呈直线上升
	苏州瑞利	＋15
	南京老贵	上升
	江苏柚尊	＋30
	盐城富豪	＋15
	江苏澳美森	＋10
松木家具（总体下降 20%）	南通元方缘	＋10，新增乌金木
	徐州贵人缘	＋15，新增海棠木
	香柏年	＋40，新增胡桃木
	徐州一棵树	＋15，新增核桃木
	徐州鑫旺	＋20，新增智利木和红胡桃木
钢木家具（部分小企业停产）	常州双爱	＋5
	新鸿联集团	＋10
红木家具（平稳过渡）	苏州光福苏福	生产、销售平稳
	常熟东方红木	生产、销售平稳
	常熟虞林世家	做精品，走高端，平稳发展
	江苏元鸿红木	＋20

（续表）

企业分类	地区企业	2014 销量情况（%）
红木家具（平稳过渡）	江苏紫翔龙	＋10
	南通华星木业	＋15
	江阴世盛老红木	生产、销售平稳
	宜兴喜龙红木	创新路，平稳发展
	江苏丰硕酒店	创新路，平稳发展
塑钢家具	江苏富通科技	销量下滑
厨房家具（平稳发展）	南京达盈新型材料	基本持平，平稳发展
	九龙家居	基本持平，平稳发展
门业家具（部分小企业停产）	无锡品森木门	＋30
出口企业	江苏恒康家居	生产软体家具，“非温感记忆绵技术”首创者，在部分发达国家，产品的人均使用率已达 8%。近三年在美国销售复合增长率达 89.71%
	江苏科派	＋30，生产办公家具，90% 出口美国，美国有 1200 多家经销商
	江苏祥盛倍得满	＋20，生产卧房家具，70% 以上的产品出口美国，连续 9 年获得平均税率 7.24%
	南通扬子	＋40，生产宾馆酒店家具，出口美国、加拿大，按需研发，配套生产

入、重视品牌建设和市场开拓、重视企业文化和员工团队素质的提高，生产销售额反而有不小的提升。内销市场进入二季度以来，由于国家对房地产市场调控政策逐步放开，生产销售逐步升温。

（二）家具流通企业运行情况

2014 年，由于购买力下降，市场比较冷清，加上电商冲击，上半年销售下降 15%，下半年有所提升，主要由于以下 3 点因素，一是购房政策调整，刚性需求增加；二是购物环境改变和服务水平提高；三是开展活动促销，平稳过渡。

2014 年以来，昆山港龙喜临门家居广场效益不好，8 月份开展品牌联盟，初见成效；月星集团有限公司、红星美凯龙家居集团股份有限公司、南京永隆家居集团有限公司、金盛置业投资集团有限公司、苏州市金利源家具博览中心、常州新时代家具广场、徐州八里国际建材家具博览中心、宿迁中青广场、宝应远东家私城等企业不断开展促销活动，改善营销和购物环境，销售总体情况看平稳过渡。

（三）新材料、新工艺、新技术推广运用

2014 年 5 月上旬，中国家具协会软垫家具专业委员会第 24 届年会暨床垫原辅材料及设备订货会在江苏省常熟市苏州摩维天然纤维材料有限公司召开，全国数百家软垫企业家及原辅材料供应商齐聚一堂，共谋行业发展大计。推介了摩维黄麻天然纤维产品，“三 D 摩维”黄麻椰棕床芯材料已被国内多家大品牌床垫生产企业使用，健康睡眠理念深入人心。

2014 年 7 月下旬，组织全省 100 多位红木家具企业家赴南通参观考察东部家具产业基地，参观了江苏元鸿家具（海安）有限公司，品鉴了永琪紫檀珍品馆。馆内家具件件堪称艺术精品，接近零摩

中国家具协会软垫家具专业委员会第 24 届年会在苏州召开

擦的抽屉，隐形的收缩缝处理，栩栩如生的丝翎檀雕，家具柜门巧妙地结合了物理气力原理。顾永琦大师细心为前来参观的企业家们讲解了一些特色精品家具的设计制作理念，呼吁红木家具企业家们要用心钻研，将传统的苏作红木家具工艺传承下去，发扬光大，为中国非物质文化遗产做出贡献。

2014 年 9 月下旬，举办了新一代环保装饰板国际技术交流会，组织 30 多家企业参观了南京赋贵奇木业科技有限公司运用新工艺、新技术和新材料生产的装饰板，并引导江苏省企业家在现场与外国专家深入探讨。

红木家具企业家赴南通参观考察东部家具产业基地

2014 年 10 月中旬，组织 30 多位软体家具企业家出席“首届江苏（盛泽）纺织品博览会暨第五届中国消费经济高层论坛”，参观首届江苏（盛泽）纺织品博览会，不仅促进了本地软体家具面料和填充材料消费市场多元化发展。也促进了上下游企业原辅材料供需双方沟通对接。

三、产业升级和集群发展情况

（一）中国东部家具产业基地——海安

中国东部家具产业基地是以市场为龙头的集原料采购，家具的研发、制造、销售、物流为一体的综合型产业基地。经过三年来的发展，高起点、高标准规划了产供贸一体化的全产业链基地，形成“一区四园”格局，整体规划面积 20 平方公里。截至目前基地已有掌上明珠、帝标等 300 多家知名生产型企业签约入驻，斯可馨、迪高乐等近百家企业开工建设，伟业木之家、元鸿等 50 多家企业投产。150 亩的物流中心已建成投入使用；占地 500 亩的木材市场由全国供销总社筹建；致力于产品研发、人才培训的东部家具智慧谷已完成规划设计，于近期开工建设。

（二）中国东部家具商贸之都——蠡口

在当地政府的重视下，调整思路，调整班子，加强领导，选派得力干部兼任管委会领导坐镇指挥，对家具城加强管理、提档升级，重新打造成闻名华东地区乃至全国的家具购物集散地。

（三）建立江苏家具品牌联盟，强化苏派家具整体形象和实力

由江苏省20家品牌代表企业发起，在江苏省家具行业协会领导下，江苏家具品牌联盟将以联合体的形式向消费者树立品牌形象，传输健康家具、品质家具的概念，整体入驻卖场或集中招商，塑造苏派联合整体品牌形象。

四、行业纪事

（一）普及消费知识，引导健康消费

2014年3月15日，江苏省消费者协会携手行业协会在南京城市规划展览馆广场门前宣传贯彻新消法，江苏省家具协会工作人员在现场热情回答前来咨询投诉的消费者。

（二）组织培训鉴定，造就行业领军人才

2014年6月中旬，在南京举办一期政府采购及招投标业务培训班，全省50多位企业家参加培训。进一步贯彻落实政府采购促进中小企业发展等有关文件精神，对江苏省家具企业定期开展招投标政策法规、操作流程、投标实务等业务培训，帮助企业了解政府采购、招投标扶持政策，鼓励企业在完善内部管理机制的 基础上积极参与竞争。

积极与高等院校洽谈合作为企业培养人才，解决企业人才短缺和招工难的问题。2014年初，江苏省家具行业协会同劳动人事部门对江苏农林职业技术学院2012级家具设计专业毕业的51名学员进行了考评鉴定，对成绩合格者颁发了设计师证书，毕业后向企业输送。此外，还到无锡、常熟等地与职业技术院校洽谈合作培训人才的问题。

（三）支持办好各类展会，拓展产品展示平台

2014年6月26日，第六届苏州家具展览会在苏州国际博览中心盛大开幕，展会历时四天，观展人数、成交额均创新高，众多亮点成就展会辉煌

2014年6月，江苏省家具行业协会与苏州市经

江苏省家具协会工作人员在现场接待前来咨询投诉的消费者

2014“美耐杯”采购和招标业务培训班

家具设计师职业资格认证考试现场

第六届苏州家具展览会开幕式现场

信委和苏州市家具协会共同举办了第四届“姑苏杯”红木家具作品展，展会评选出本届“姑苏杯”金、银、铜奖和最佳创意奖、最佳工艺奖及优秀奖作品，更好地推动了苏作红木家具的传承、创新与发展。

（四）召开理事会，良性互动，跨越发展

2014 年 10 月 25 日，江苏省家具行业协会五届二次、商会三届二次理事扩大会议在徐州开元明都大酒店顺利召开，300 多位家具企业家出席了会议。总结过去，展望未来，全体江苏家具人献计献策，共谋发展，为把江苏家具业的明天建设得更加美好而不懈努力。

五、存在问题

2014 年，国际货币急剧动荡，国内经济下行压力加大，市场对家具的需求量明显减弱，消费预期偏低，产能过剩矛盾逐步凸显。江苏省家具行业整体增长速度放缓，企业普遍感到市场压力大，许多家庭作坊式的小企业坚持不住，关停并转。红木家具、工程类如高端酒店宾馆类、会所类、办公类家具等与 2013 年同期相比，呈现下降趋势，整体下降约 15% 左右。外销略有增长，由于外销成本上升，利润空间缩小，许多企业转入内销或减少出口增加内销。全省家具企业从 8000 多家减少到 7000 多家。生产成本上升，用工的成本和原辅材料的价格持续上涨，流通环节所产生的费用逐年增加，家具产业面临新的机遇与挑战。

全省 2014 年建成开业的家居建材综合商场 6 家，其中家具馆的面积新增 30 万平方米，部分在建的商场将于 2015 年开业。家具电商和家具实体店将要展开一场激烈地争夺战。

六、发展趋势

（一）品牌竞争白热化

由于消费观念的升级，对于个性化家居的诉求，企业应不断提高品牌的内涵和外延，优势品牌家具将越来越受投资者青睐。丰富品牌含义，需加强品牌建设和品牌内涵建设，加强品牌维护和创新，将创意融入消费者关注点，从而传达出企业的经营理念和品牌文化。

（二）整合趋势将形成寡头

优秀企业的成长不是来源于新市场，而是既有版图的重新划分，品质保障永远是最终主题。将眼光聚集到创新上来，让消费者需求引领市场发展方向，深挖消费者需求，差异化的发展战略可以为企业带来溢价的可能。行业的寡头正在慢慢形成，占据市场的领导者开始出现。

（三）互联网思维构筑市场发展大格局

2014 年我国电子商务继续保持高速增长，据商务部日前对外公布，2013 年我国电子商务交易额（包括 B2B 和网络零售）达到约 13 万亿元，同比增长 25%，商务部监测的 5000 家重点零售企业中，网络零售增长 33.2%，比上年增加 1.3 个百分点。

网络销售时机日渐成熟，探索家具企业网络营销的策略具有重要的现实意义。但是家具产品的特点决定了家具企业不能完全共享生活便利品，企业在网络营销方面应有具体做法，在分析家具产品特点的基础上准确定位实体店销售和网络分销的策略。

江苏省家具行业协会五届二次、商会三届二次理事扩大会议现场

浙江省

浙江省家具行业协会　蒋鸿源

一、行业概况

据浙江省经信委和浙江省统计局对全省规上企业统计，2014 年 1 ～ 12 月浙江省家具行业经济运行情况如下：

（一）家具产量、工业销售产值增长

据浙江省经信委和统计局对全省 514 家规上企业统计，完成家具产量 2.12 亿件，同比增长 2.33 百分点。其中，木质家具 3224.07 万件，同比增 7.61 个百分点；金属家具 1.40 亿件，同比增长 0.32 百分点；软体家具 1698.12 万件，同比增长 7.37 个百分点；完成工业总产值 824.31 亿元，同比增长 8.25%；实现工业销售产值 789.75 亿元，同比增长 7.36%。

（二）出口交货值小幅增长

全省规上企业实现出口交货值 431.33 亿元人民币，折合 68.90 亿美元，同比增长 3.74%。出口占销售产值的比重为 54.62%。

（三）新产品开发情况乐观

全省规上企业实现新产品销售 265.77 亿元，同比增长 32.23%，新产品占工业销售产值的 33.65%。另外，产品销售率为 95.81%，同比下降 0.80 个百分点。

（四）利润增长，亏损企业数量下降

全省 679 家规模以上企业实现利税 66.80 亿元人民币，同比增长 14.22%。其中，实现利润 39.09 亿元，同比增长 21.53%；税金 27.71 亿元，同比增长 5.29%。其中，主营业务收入 766.64 亿元，同比增长 6.25%。主营业务成本 630.89 亿元，同比增长 5.31%。亏损企业 99 家，同比下降 10.00%，亏损企业亏损 4.65 亿元，同比增长 10.42 个百分点。

（五）各项费用情况

全省 679 家规模以上企业统计，销售费用 36.09 亿元，同比增长 11.23%；管理费用 44.08 亿元，同比增长 14.15%；财务费用 15.60 亿元，同比下降 9.14%。科技活动经费支出总额为 8.18 亿元，同比下降 6.71%；购置技术成果费用 7866.0 万元，同比增长 145.77%。全部从业人员平均数 17.15 万人，同比增长 0.13%；应付职工薪酬 76.15 亿元，同比增长 18.04%。

（六）数据分析

根据统计报表测算，全省家具行业经济效益并不乐观，全省规上企业净利润率仅 5.10%；资产负债率为 65.11%，流动资产周转率为 1.49 次，亏损

2010 ～ 2014 年浙江省家具行业发展情况汇总表

主要指标	2014 年	2013 年	2012 年	2011 年	2010 年
企业数量	4500	3100	3000	3000	2600
规模以上企业数量	679	639	597	538	609
工业总产值（亿元）	1600	1493	1350	1210	1100
规模以上企业工业总产值（亿元）	824.31	729.26	630.66	572.33	548.70

（续表）

主要指标	2014年	2013年	2012年	2011年	2010年
出口值（亿美元）	100.12	91.17	84.26	79.90	70.19
内销（亿元）	1036.6	919.54	819.16	681.06	620.60
规模以上企业家具产量（亿件）	2.12	1.88	1.84	1.80	1.87

数据来源：北京市家具协会。

企业占比14.58%，人均创利22929.38/（人·年），全员劳动生产率为48.07万元/（人·年），每度电创造产值108.09元，从业人员平均劳动报酬为3700.19元/（人·月），同比增长近20%。工资占成本12.07%，提高2个百分点。

据浙江省家具行业协会测算，全行业4500家企业全年完成工业总产值1600亿元，家具出口100.12亿美元，同比增长9.85%。全行业实现利税近90亿元人民币。

二、主要特点

（一）转型升级、技术创新及突出点

浙江家具行业经历了20多年的黄金时期的高速发展，逐步进入调整期，进入新常态。2014年，浙江家具行业呈现出新常态下的4个特点：

1、告别飞速增长，保持平稳发展　随着家具行业的日渐庞大，年增长率在30%以上的飞速增长期很难再出现，行业正趋于平稳发展。行业进入新常态之后，就意味着发展的条件和环境已经或即将发生诸多重大转变。经济增长与传统的不平衡、不协调、不可持续的粗放增长模式基本告别。经济发展将向着高效率、低成本、优结构、中高速、可持续的发展阶段进军。

2、调整结构，扩大内需　近年来，中央公布了“八项规定”“六项禁令”，办公家具需求萎缩，企业依靠政府采购的传统营销模式遭到逆转。从市场、渠道到买家，家具行业开始了新一轮的洗牌。“调整结构，扩大内需”已成为企业的重要战略。

3、从要素驱动转向创新驱动　现在家具行业已进入新一轮调整期，行业将重新洗牌。企业发展的模式将从简单粗放的规模扩张向更有质量和深度的方向发展，从要素驱动转向创新驱动，更加注重设计、技术、管理、人才、品牌等综合素质的整体提升。

4、科技创新成绩显著　浙江省知识产权局发布了2014年省专利示范企业名单，顾家、中艺实业、大丰实业、星威等企业榜上有名。圣奥已被评为市级信息化应用示范试点企业。2014年，丽博橱柜现代化全自动数控生产线已投入生产。圣奥、金鹭、帝龙、春光名美、中源、博泰、嘉瑞福、美生、升华云峰、川洋、喜临门、欧意等企业被新认定为2014年高新技术企业。安吉恒林等企业掀起了“机器换人”的热潮，车间投入700多万元研发配置的自动化设备提高了20%的劳动生产率，每分钟可以出厂5把椅子，产品合格率提升2%；并且率先将3D技术应用于转椅设计。安吉永艺提前完成了永艺健康坐具研究院的建设任务，成立了院士、博士后工作站。

5、设计创新突出　在设计创新方面，不少企业做出了巨大的努力和勇敢的尝试。柏厨先后发布柏厨iPad APP、360°实景展厅两款软件。杭州惠尔邦家居“创意家居设计大赛”在中国美术学院举行，宁波大森与南京林业大学等3所高校全面开启校企战略合作，帮助学校培养出更多适合家具企业的全能型人才。

顾家、城市之窗、圣奥、喜临门、莫霞、德昌五金等数十家浙江家具企业分别荣获上海展、广州展、东莞展等主要家具展览会的多项设计大奖，展现了浙江家具企业强大的设计能力。

6、营销创新方兴未艾　在2014年的“双11”电商狂欢中，顾家排名家具类第三，仅在预售结束前2个小时，就公布预售已破5000万，远超2013年“双11”顾家5679万的销售额。顾家、利豪、富邦、巨桑等企业携手美乐乐、齐家网、日日顺等平台或自建O2O平台，正在尝试完善线上线下一体化发展的利益分配机制，一条从线上到线

下畅通的 O2O 业务流程正在试运行中。

7、加大培训力度，提升企业竞争力　为提高家具企业职工就业技能，提升企业的竞争力，浙江省家具行业协会建立了浙江家具行业职业技能鉴定专家库。4 月 24 日，由中国轻工业职业技能鉴定指导中心主办，中国家具协会和浙江省家具行业协会共同承办的“轻工行业职业技能鉴定考评员（家具行业 . 浙江）培训班”开班。来自浙江家具行业及贵州、四川省等 70 余名学员参加了本次培训，并获得了国家人力资源和社会保障部颁发的国家级考评员证书。此外，浙江省家具行业协会和浙江农林大学在成功举办了第一届“浙江省家具企业接班人高级进修课程”之后，又开办了第二期的培训。10 月，第二期“浙江省家具企业接班人高级进修课程”顺利结业，已有 39 位学员圆满完成接班人高级进修课程。

8、由“经济人”向“社会人”转变　在浙江家具行业发展的 30 多年的时间里，企业家从生产经营的“经济人”向有责任和道德的“社会人”逐渐转变，生产优质产品，关心职工利益，参与慈善事业，承担社会责任。喜临门连续两年坚持发布《喜临门中国睡眠指数报告》，并借势向毒床垫宣战。由年年红集团开创的“中国红木家居文化园”已通过考评验收，将规划建设国学文化博览园、游客集散中心、楼塔江景、传统文化体验区、演绎中心、智慧游戏场、童心乐园、水上演出等工程，将成为带动龙游旅游产业转型的引擎之一。三年来，圣奥慈善基金会实施项目 67 个，受益人数达 30000 人（户），累计捐款近 5000 万元。圣奥集团荣获浙江省公益慈善领域的政府最高奖“浙江慈善奖”，倪良正董事长荣获“浙江省光彩事业特殊贡献奖”和全国“优秀中国特色社会主义事业建设者”等多项荣誉。

（二）品牌发展及重点企业情况

2014 年，全省新认定“源升”、“艾美达”等 9 个产品为浙江名牌，“年年红”、“利豪”等 9 个产品通过省名牌复评；新认定“川洋”、“大清翰林”等 6 个商标为浙江省著名商标；认定“圣奥”、“大康”等 9 个商号为 2013 年度浙江省知名商号。

除了积极申报省名牌、省著名商标等荣誉外，浙江家具企业专注于多维度、立体式地营造品牌形象。顾家家居隆重推出“顾家家居 2014 沙发修养节”、“顾家暖男节”、“百辆加长悍马迎新娘”等活动。第六空间打造的 8090 家居生活馆将焦点集聚在崇尚自由、喜欢情调的“80 后”与“90 后”，同时为 80 ～ 90 平方米的户型提供时尚的家居产品。顾家旗下新青年品牌“米檬”沙发投放市场，一炮打响。

除了在品牌发展上的不断创新外，浙江家具企业积极实行“两条腿走路，内外销并举”方针。2014 年，安吉椅类办公家具出口喜人，1 ～ 10 月份出口 15.2 亿美元，同比增长 14.07%，远高于全国平均水平；其中恒林已完成出口 1.4 亿美元，同比增长 21.9%；永艺、嘉瑞福上半年出口增幅分别达到了 35.37%、38.7%。2015 年 1 月 23 日，永艺股份在上海证券交易所成功上市。

民用家具通过调整结构，狠抓内销通路建设，2014 年增幅达 20% ～ 30% 的企业不在少数。其

轻工行业职业技能鉴定考评员（家具行业 . 浙江）培训班顺利结业

圣奥集团荣获“浙江慈善奖”，倪良正董事长作为获奖机构代表上台

2014年度浙江省家具行业名牌名单

新增工业产品			
序号	类别	企业名称	商标
1	办公椅	浙江博泰家具有限公司	
2	沙发	嘉兴维特拉电气科技有限公司	维特拉
3	沙发	浙江川洋家私有限公司	
4	红木家具	绍兴昌丽家私有限公司	满堂红
5	美式实木套房家具	浙江花为媒集团有限公司	艾美达
7	木雕红木家具	浙江中信红木家具有限公司	宗兴
8	木家具	浙江易和家居制造有限公司	木の新风
9	欧式套房家具	浙江天源家具有限公司	

复评工业产品			
序号	类别	企业名称	商标
1	户外休闲家具	宁波格莱特休闲用品有限公司	Haohand
2	桌子、椅子	宁波市梦莹家具制造有限公司	梦莹
3	木制家具	浙江莫霞实业有限公司	MOXIA
4	办公椅	浙江利豪家具有限公司	LEHOO 利豪
5	实木家具	浙江花为媒集团有限公司	花为媒
6	红木家具	浙江年年红实业有限公司	
7	木雕红木家具	东阳市明堂红木家俱有限公司	明堂
8	木雕红木家具	东阳市东艺工艺品有限公司	东艺
9	欧式套房家具	台州港源家具有限公司	G

来源：浙江名牌战略推荐委员会。

2014 年度浙江省家具行业著名商标名单

序号	类别	企业名称	商标
1	家具	安吉中源工艺品有限公司	LEOVOL
2	沙发	浙江川洋家私有限公司	川洋
3	家具、椅子（座椅）、长沙发	浙江兰福家俱有限公司	兰福
4	家具	浙江大清翰林古典艺术家具有限公司	大清翰林
5	家具、竹木工艺品、软木工艺品	浙江万家宜家具有限公司	万家宜
6	家具	浙江正特集团有限公司	晴天

来源：浙江省工商行政管理局。

永艺股份在上海证券交易所成功上市

浙商名家居品牌联盟与各大连锁卖场建立友好关系，积极助推浙江家具品牌开拓内销市场

中包括顾家、喜临门、莫霞、欧宜风、德昌五金、杭州恒丰、温州城市之窗、奥利尔、顶丰、罗奈琪。丽博橱柜业绩增幅达 50%，已进入全国橱柜行业前 10 名。玉环家具积极开拓内销市场，取得了不俗的内销成绩。浙江省家具行业协会成立的浙商名家居品牌联盟积极助推浙江家具品牌开拓内销市场，与红星、居然、欧亚达、月星等多家优秀的连锁卖场签订合作协议，拓宽内销渠道，为调整浙江家具产业结构，实现国内市场全面开花，奠定了良好的基础条件。

三、存在问题

现今，家具制造业的生存现状不容乐观——产能过剩严重，劳动力、土地等成本上涨压力增大，创新能力不足，同质化现象严重，资金投入短缺，资源环境紧张等诸多不利因素都在削减着家具企业的利润。除了以上受到上述因素的继续影响之外，行业在新的一年还将面临新的挑战：

（一）房地产行业已经到达阶段性的顶峰

2014 年，浙江省商品房销售面积同比下降 20% 左右，销售额下降 25% 以上。家具业作为房地产的下游，受其影响肯定首当其冲，这是对家具业最大的挑战之一。

（二）外国品牌家居在国内迅速扩张

随着国际家具市场的饱和，越来越多的外国资本加大了进军中国市场的力度。宜家（IKEA）现已在上海、北京、广州、重庆等 13 个大中城市开店，并计划每年在中国开设 3 家店。杭州宜家家居也将竣工开张，5 万平方米的卖场超过了上海宜家。2015 年意大利将取代德国成为欧洲向中国出口家具第一大国，出口额较 2013 年翻番。ASHLEY 等国际家居品牌也在上海、宁波等地开设门店，同时还将开拓电商业务。越南、孟加拉、柬埔寨、印尼、墨西哥等国家正在凭借廉价劳动力抢占家具出口市场。广东、山东等地区家具行业发展势头良好，四川、辽宁等地也在持续发力增长中。这都将成为浙江家具有力的竞争对手。

（三）成本压力增加

2014年以来，家具企业面临的市场、成本和资金压力进一步加大。到2014年年底，规上企业应收账款达到118.02亿元人民币，同比增加11.47%。同时，企业每年至少提高20%的人工成本。

规范管理也将使成本不断增加。现已有百余家家具企业在大气污染专项执法中被罚。被罚的家具企业主要有两大主要原因：其一为无废气治理设施或者设施不正常运行，其二未安装净化设施，未正常使用或者擅自拆除和闲置大气污染防治设施。少数企业被处罚的原因为废气直排或者无环保手续。随着规范化管理的进一步深入，在财务税收、消防设施、财产保险、安全生产、养老保险、职业病防治、专利保护、违章建筑、三废排放等方面都需整改达标，都需投入大量资金，加大工厂成本支出，按照现有管理水平，行业将出现全面亏损。

四、发展趋势

2015年将是全面深度改革的一年，家具工业必将在“二次改革”中开始转型升级的征程。家具行业要着力从一个传统的手工行业转变为一个经营新的生活方式的行业。家具企业将在开创服务型的业态中获得广阔的发展空间。

新常态·新挑战·新机遇——浙江省家具行业协会2014年会暨五届四次会员代表大会

（一）抓住内销机遇

随着人民生活水平的提高以及城镇化脚步的不断加快，家具内销市场潜力巨大。据国务院发展研究中心课题组的研究，2014～2023期间，城镇住宅存量预计净增108亿平方米，住宅套数净增1亿套，再加上综合折旧以及城镇扩围所导致的住宅存量增加，今后10年期间总共还要建设1.25亿套住房。我国每年有一千万对新婚夫妇步入新婚的殿堂，有12亿平方米的商品房交付使用，有700万大学生走上工作岗位，每年新增校用家具数量不下于2000万套，办公家具销量不少于2000亿元，家具行业是一个长青行业。这样一个潜力巨大的市场必将为家具行业带来新的机遇。

（二）大胆创新、小心求证、规范管理、稳中求进

尽管内销市场巨大，但消费群体及其需求已发生了根本性变化。我国目前消费群体以80后的年轻一代为主体，他们具有较高的文化水准和审美品位，并具有相当的消费能力，更重要的是他们的生活方式和消费方式与老一代大相径庭，他们需要适应现代生活方式的个性化产品，要求更便捷的供货方式和良好的售后服务。

面对新形势新课题，协会在“新常态·新挑战·新机遇——浙江省家具行业协会2014年会暨五届四次会员代表大会”上提出十六字方针——“大胆创新，小心求证，规范管理，稳中求进”；务必小心谨慎，注重调查研究，行业内部多交流，增加保险系数。规范管理是企业发展的必经之路。稳中求进是新常态的主要特征之一，每年平均10%增幅就足够让家具行业稳中有升。面对新常态，要坚持“三个不”，即不乱担保，不乱投资，不乱借款，进一步增强风险意识。以“错不得”的责任感，“亏不起”的危机感，“坐不住”的紧迫感，不断总结经验，吸取教训，扎实做好各项工作，为家具行业的蓬勃发展而不懈努力！

安徽省

安徽省家具协会　高杰

一、行业概况

2014 年，在产业转型升级以及全国经济下行压力加大的背景下，伴随行业环保要求提高、房地产市场不景气等重大考验，安徽省家具行业也进入结构优化调整的变革时期，整个行业增长趋势放缓，部分企业甚至出现资金链断裂、企业倒闭的现象。据安徽省轻工协会统计，截止 2014 年底，安徽省家具企业共 1852 家，其中规模以上家具企业 325 家。规模以上企业在行业中的领军作用增强，完成主营业务收入 138.26 亿元，产量 393.64 万件，同比增长 10.64%。

中国家具行业，在改革开放发展的 30 多年来发展迅速。中国已成为全球第一大家具生产国和第一大家具出口国。家具行业也成为国民经济业态的主体之一。安徽作为长三角地区，中部省份发展的重要阵地，对经济发展，特别是对工业项目的发展尤为重视。伴随国家中部崛起战略的逐步实施，安徽省走上了飞速发展的“主干道”，家具产业也迎来了飞速发展的好时机。

二、产业园发展情况

（一）中国宿州·深圳家居产业园

中国宿州·深圳家居产业园由安徽省人民政府、深圳市人民政府、宿州市人民政府三地共建，占地 15 平方公里，总投资 580 亿，集生产、商贸、园区物流和园区社会四位一体，加上宿州区位优越，交通便捷，消费市场辐射广、劳动力资源、原材料丰富，以及以深圳家具协会公共技术平台做支撑，项目前景被广为看好。目前，中国宿州·深圳家居产业园已与深圳市左右家私、深圳市仁豪家具、深圳德胜家具等 11 家企业签订入园投资建设协议，协议总引资 32.2 亿，完成签约土地 1331 亩，完成所有入驻企业在宿州项目公司的工商、税务登记及银行开户等基础性工作。

（二）叶集·家居产业园

近年来，叶集试验区根据全国家具产业的发展趋势、分布状况，结合自身的资源、区位交通等优势，抓住家具这一朝阳产业发展的好时机，把家具制造确立为首位产业，并建设了叶集·家居产业

2011 ~ 2014 年安徽省家具行业发展情况汇总表

主要指标	2014 年	2013 年	2012 年	2011 年
规模以上企业数量	232	192	151	108
规模以上企业主营业务收入（亿元）	272.47	190.59	155.66	/
出口值（亿美元）	4.30	7.43	7.72	2.84
规模以上企业家具产量（万件）	1072.45	692.76	579.61	276.66

数据来源：中国轻工业信息中心。

叶集·家居产业园鸟瞰图

园，进行产业优势升级，引领这一产业向中部地区及全国辐射。叶集家居产业园充分发挥产业园区在区域经济和产业经济之间产业联动的桥梁作用，其功能定位又直接决定着园区的主导产业与配套设施的科学连接，决定着发展方向。叶集家居产业园在吸引优质企业入驻的同时，形成一批立足叶集、面向安徽、河南等中部地区的产业群和产品群，形成皖西面积大、产业特色鲜明、自主创新能力强、高效益、高质量、低污染、生态化的综合产业园。随着产品链和产业链的延伸及资源的综合利用，叶集将把家居产业园打造为新型工业化的全国生态环保型家居产业示范基地，成为六安发展循环经济的核心带动区，是安徽省重要的家居文化产业园。

（三）铜陵环球集散中心

环球家居集散中心作为皖江城市产业转移示范园区，不仅是中国最大的家居集散中心，而且承担着承接沿海地区产业转移的任务。环球家居集散中心作为皖江城市产业转移示范园区，不仅拥有5000亩的家居生产寄基地，建成之后将全面辐数万亿的中部大市场。整个项目计划分三期建成，其中商业建设占地1800亩，并有5000亩的家居生产基地。项目一阶段建设占地约600亩，总建筑面积约60万平方米，包括20万方仓储物流。二阶段与三阶段规划建设占地约1200亩，共计1800亩。一期划分为：分品类家居展馆、物流仓储中心、建材家居市场、环球白金五星酒店及配套商业街。二期规划为：环球家居二期、单栋家居品牌营销馆、网购家居中心、人才培训与就业中心，配套生活社区等。三期规划为：研发中心、家居生活体验中心、其他商业配套等。环球家居周边规划20000亩家居生产基地，主动承接沿海家居工业产业转移，形成国内最重的家居生产基地。

铜陵环球集散中心鸟瞰图

三、品牌发展及重点企业情况

（一）生产企业

安徽省家具制造业涌现出一大批销售额突出、规模较大、品牌知名度较高的优秀生产企业，如合肥皖宝床垫有限公司、合肥菱湖家具有限公司、合肥蓝天家具制造有限公司等，并且目前已有3家家具企业先后荣获中国驰名商标荣誉称号。安徽家具生产企业的迅猛发展，成绩卓然，彰显出企业家们的自身综合实力，除加强自身硬件建设外，始终把以质量为根本，紧紧围绕这个核心竞争力，规范管理，做好环保、材料以及安全认证的工作；另一方面加强品牌建设和提升服务质量，通过清晰的思路、独特的设计，以及其他一些市场宣传手段比如广告、会展以及各种市场活动来加强品牌建设，逐步提高企业、产品的市场知名度和客户认知度；而细致入微的售前、销售、售后服务也是企业实现跨越式增长的重要方面。

但是整体来讲，安徽省家具行业同其他家具生产大省（如广东、浙江等）相比还有很大差距，主要体现在两个方面：一是规模，这些地区通过政策以及区域优势，率先崛起，形成规模，在其他地区企业尚未起步时完成资本的原始积累和市场占领；二是品牌优势，上述地区的主要支柱企业在占领市场后品牌宣传紧跟其上，在家具低附加值的产业上加上一个品牌的高附加值，一方面保证了市场的稳定占有率，另一方面提高了利润率，创造了有力的竞争环境，也使得其他企业开拓市场的压力增大。

（二）家居卖场

随着国内各大影响力卖场如红星美凯龙、第六空间、居然之家、月星家居、东莞家具城等进驻安徽省，实现了省内家具市场国际化外，作为以国内品牌营销为主流的瑶海家居国际博览中心、中州家具市场、环湖家居等也基本实现覆盖全省。家具卖场综合体的爆发式增长对省内家具制造行业来说既是一个很大的机遇，也带来了极大竞争：一方面各大家居卖场综合体的进驻，增加了本土产品向消费者展示的机会，有利于品牌建设和产品的销售，对生产企业近期和长远利益的增长都带来了极大好处；另一方面，随着各大卖场综合体的出现，外来成熟品牌也随之进入，也给本省家具市场带来了极大的竞争压力。

在国家经济体制改革的总方针指导下，由于行业的萎靡形势、经营成本的上涨等因素，如何搞好家具行业转型升级，直接影响安徽省家具行业的未来发展，并有待进一步探讨。

福建省

福建省家具协会　沈洁梅

一、行业概况

2014 年，福建省家具市场进入新的发展阶段。从生产制造环节看，由于总体经济增长进入换档期，经济增速放缓。2014 年以来，国内外经济形势风起云涌，错综复杂，国际贸易摩擦不断，出口不确定因素增加，国内新商业模式发展如火如荼，机遇与挑战并存。全省家具行业总体发展形势较为平稳，出口略有增长，但由于劳动力、原辅材料、应对国际技术壁垒成本居高不下，造成效益增幅逐步收窄。

2014 年福建省家具行业实现总产值约 810 亿元，同比增长 8%；出口额 37.43 亿美元，同比增长 5.7%；完成产量约 11000 万件，同比增长 1.2%。企业数约 5500 家，从业人员近 35 万人。

生产布局上看，仍然保持福州、厦门以生产板式（办公、民用、校用）为主，莆田以生产中式古典工艺家具为主；漳州、泉州以生产出口美式实木家具、钢管家具、酒店家具、软体家具为主；闽侯、安溪等地以生产竹、藤、铁工艺家具为主；三明、南平、龙岩以生产竹木制品为主的格局。

二、主要特点

（一）政府重视，产业集群效益凸显

1、仙游　莆田市仙游县红木雕刻工艺精湛，自 2013 年被中国家具协会授予“仙作红木家具产业基地”、被中国收藏家协会授予“中国古典家具收藏文化名城”之后，2014 年“仙游古典家具制作技艺”又被国务院列入“国家级非物质文化遗产”保护名录，仙游“中国古典工艺博览城”获评国家 4A 级旅游景区、被国际木文化学会授予“国际木文化研究与实践基地”。

2014 年 3 月，举办木文化节，共吸引来自美国、英国、意大利、瑞士、喀麦隆等 70 多个国家和地区的 300 多名中外嘉宾，参展的木文化艺术作品超过 5000 件，有力地推动了世界木文化的繁荣与发展。12 月，举办仙作·红木文化周，作为

2010 ～ 2014 年福建省家具行业发展情况汇总表

主要指标	2014 年	2013 年	2012 年	2011 年	2010 年
企业数量	5500	5500	4500	3500	3000
规模以上企业数量	300	290	250	180	160
工业总产值（亿元）	810	750	670	570	480
规模以上企业工业总产值（亿元）	440	410	370	310	260
出口值（亿美元）	37. 43	35. 6	41. 25	27. 71	23. 46
家具产量（万件）	11000	10876.5	11210	10573	10200

数据来源：福建省家具协会。

一次全国性的红木文化沟通与交流活动，共吸引来自全国各地超过600名媒体记者、经销商、消费者等红木爱好者参加。2014年古典工艺家具产值突破300亿元，企业数达4000家，与2013年基本持平，从业人员15万人。

2、漳州　2014年，漳州市家具行业规模以上企业总产值87.4亿元，同比增长11.98%；销售85.95亿元，同比增长11.15%；出口交货值36.56亿元，同比增长3.94%。据福建省家具协会调查了解，2014年漳州市木制家具产量达646.1万件，同比增长3.63%；金属家具产量达556.96万件，同比增长3.3%。

3、闽侯　闽侯、安溪县政府均很重视藤、铁工艺产业，大力扶持该产业，先后打造出“中国藤铁工艺之乡”，藤、铁工艺家具产值逐年上升，2014年产值分别达81亿元和72亿元，比增分别为11%和20%，均为该县的支柱产业之一。

4、三明　三明市是福建省重点林区，生产商品木材以及人造板产量均居全省之首。同时三明又是中国笋竹之乡、中国竹子之乡和全国林业改革与发展示范区，竹之源十分丰富，全市拥有竹林面积102万亩，2014年，永安市竹产业产值达36.3亿元，拥有各类竹加工企业200多家，竹加工产品200多个品种，涵盖家具家居、建材、工艺文化等十多个行业。

（二）加强设计创新，提升产品竞争力

2014年6月，由福建省家具协会和好事达（福建）股份有限公司、福建农林大学艺术学院共同策划的“2014年福建省首届‘好事达’杯家具设计创新大赛”作品征集工作对全国如期展开，活动从6月启动至截稿，共收到参赛作品403幅，共评出金、银、铜奖作品9件，优秀奖、入围奖作品32件，获奖作品在中国（福州）家具建材展上展出。

2014年，福建省家具协会与国际竹藤中心、福建省林业厅、中国竹产业协会、永安市政府等相关部门在永安市共同主办了“第三届国际（永安）竹具设计大赛”，本届大赛参赛作品达1366件，共评出金、银、铜奖作品24件。目前，两次设计大赛中部分获奖作品已产生产业化效益，通过此次契机，引导企业开展设计创新活动，提高企业创新

2014年福建省首届“好事达”杯家具设计创新大赛评审现场

第三届国际（永安）竹具设计大赛评选现场

意识，以提升福建家具行业综合设计水平，扩大品牌影响力。

三、重点企业介绍

（一）漳平木村——以上市为契机 助推企业效益提升

福建省漳平木村林产有限公司，是一家主要以生产休闲家居和木屋及构件的企业。近两年先后评上高新技术企业，首批国家林业重点龙头企业，福建省农业产业化省级龙头企业，先后参与起草、制订国标和行标14项。自2012年7月在香港上市后（也是国内同类首家上市的企业），效益逐年提升，2013年营业额达5亿多元，2014年则增长至7亿多元，同比增长40%以上。究其原因，除练好内功外，还重点做了以下几项工作：

一是继续扩大生产规模，引进境外先进生产设

备，增加产能，提升质量。二是创新营销手段，线上开设网店，效益喜人，同时，线下适时择地增加自营店。三是利用上市平台，不断拓展国外客户，选择机会参与相关展会。四是设立年产3万吨生物质能源子公司，利用公司加工剩余物生产“木颗粒”，提高资源综合利用率。

（二）安溪聚丰——强强联合 扩大南北销售

安溪聚丰工艺品有限公司创建于1988年，先后荣获“中国家具行业优秀企业”“福建省著名商标”“福建省名牌产品”等荣誉称号，成为安溪县唯一荣获“福建省文化出口重点企业”的工艺企业，公司集家具与家居产品研发、制造、销售为一体，网点遍布长江南北。为了克服天然实木原材料受南北气候差异的影响，减少实木家具在物流运输上的成本费用。聚丰从2014年开始与天津家具企业强强联合，原材料从马来西亚直接到天津港入关，依托聚丰管理团队和原材料优势，结合当地成熟的加工制造和物流配套，直接辐射东北、华北、西北各连锁门店，从而大大降低了物流成本和物流搬运损耗，制造出适合于北方的原生态纯实木家具。

（三）喜梦宝——创新是企业发展的不竭动力

优客居旗下品牌——喜梦宝领跑家具行业27年，在产品工艺、卖场形象、服务、经营模式等方面都有独特创新：

1、工艺技术创新　面对不断创新和发展的儿童家具行业，喜梦宝研发新技术，满足当前消费者对环保、安全、健康的理念要求，如喜梦宝儿童家具严把木材原材料审核关，并采用无毒、无味、可用于食品包装级别的健康环保漆，将木料的特性及健康环保发挥至极致。

2、营销模式创新　既拥有线下直营、加盟连锁店操作经验，又有线上电子商务营运经验。应时而生的O2O模式、独立B2C网络商城模式，销售渠道覆盖线下传统渠道和线上电子商务平台，真正实现24小时，全天候营业。

（四）好事达——夯实基础 扩大产能

2014年，好事达（福建）股份有限公司投资新建的占地300多亩的连江工厂顺利完成一期建设并投入使用。公司先后从德国和意大利进口大型先进设备，并增加研发投入，推行技术改造，逐步实现了产品更新换代和产业升级。连江工厂将建设成为现代标准化全自动生产车间，树立全国一流家具企业新标杆。

同年，好事达携手全球信息业巨头IBM公司，

2014世界木材日暨首届国际木文化节于3月21～25日在福建仙游举办

引入世界先进的ERP（企业资源计划）管理软件—SAP。SAP系统将物料、生产、物流、销售、财务等关键环节进行系统集成，实现了物流、资金流和信息流的一致性。SAP的正式上线，规范了企业内部业务处理流程，缩短了各环节响应周期，加速应对外部市场变化。现代化生产车间与先进管理系统的结合，奠定了好事达公司高效运营的基础，使得企业产能进一步扩大，企业盈利水平也加速提升。

（五）华名华居——注重企业文化 提升企业竞争力

福建省华名华居家居实业有限公司系全国出口百强企业、原省属国有大型企业"华闽"公司投资创建，专业从事红木家具和木雕工艺品的研发、设计、生产和销售。公司自2006年成立以来，在行业内率先建立现代企业运行机制，引进MBA管理团队，严格推进质量管理体系，打造具有中华文化内涵的中式古典家具。公司投入近2亿元建设生产基地——华名华居工业园，占地面积近百亩。华名华居一心打造有文化的红木家具，以文化成就品牌。自2012年起，连续举办四届"企业文化节"，有效丰富了企业文化、增强了企业凝聚力，提升了竞争能力，使得产值逐年提升,2014年已达1.7亿。

四、产业发展趋势及展望

一是环保家具及定制家具成为市场主流。二是品质铸就品牌，品牌战略建设将成为企业发展重点。三是企业自主创新能力增强。四是拓宽销售渠道，开发新兴市场。五是产业集群和专业化园区日渐成熟。

随着福建自贸区的筹备成立，很多关税、制度的障碍影响将减少，一站式服务提升了办事效率，助推福建省家具产业发展。

江西省

江西省家具协会　胡翠萍

一、行业概况

据江西省家具协会统计，2014年，江西省家具制造业规模以上工业企业累计完成工业增加值117.3亿元，同比增长24.98%。其他数据请见表格。

二、主要特点

（一）展会情况

1、中国（赣州）第一届家具产业博览会　2014年5月28～30日，中国（赣州）第一届家具产业博览会在南康举行，本届家博会是由国家林业局、江西省民政府主办。本届展会正式升格为国家级家具产业博览会，观展人数13万人次，累计成交额达10亿元。

2、中国（樟树）金属家具新产品、新工艺、新技术展示会　2014年9月25～26日，中国(樟树）金属家具新产品、新工艺、新技术展示会在樟树市举办。展示会期间还举办了中国金属家具产业发展论坛，此次会议由中国家具协会、宜春市人民政府、江西省工信委、江西省商务厅、江西省科技厅、江西省民政厅主办。展示会展示了金属家具最新科技成果和尖端技术，新一代保险柜、密集架、智能枪柜、城市户外智能系统、医疗器械、文体器材、无人售货机、二维码自动识别机、人工降雨发射架等，新产品、新工艺、新技术150多项，观场购展示品260件，参会人员2182人，参观展厅2万余人次。

3、第一届中国中部（九江）红木家具博览会　2014年10月10～12日，由江西省家具协会、江西立信集团主办的第一届中国中部（九江）红木家具博览会在江西省瑞昌市举办。本次展会旨在宣传江西红木家具产业的生产与发展，共有96家生产企业参展，展会签约销售额达5.3亿元。

（二）转型升级、技术创新情况

2014年，江西省家具企业在实现产品和产业结构的转型升级有新进展，调整结构的步伐加快。家具制造业是典型的传统产业，企业积极响应国家号召，生产由粗放型向集约型转变。一批生产企业通过了国家规定的各类管理体系认证工作，使企业的管理水平上了新台阶。

全行业十分注重技术创新和技术改造工作，不

2010～2014年江西省家具行业发展情况汇总表

主要指标	2014年	2013年	2012年	2011年	2010年
规模以上企业数量	117	103	79	56	75
主营业务收入（亿元）	/	139.5	112.3	/	/
规模以上企业主营业务收入（万元）	1772999.2	1303860.4	1173840.7	823455.3	733393.3
出口值（万美元）	80782.1	116501.6	99190.3	46814.1	64209.2
家具产量（万件）	1456.1	1194.2	1436.6	945.91	1085

数据来源：江西省家具协会和中国轻工业信息中心。

中国（赣州）第一届家具产业博览会开幕式

第一届中国中部（九江）红木家具博览会

断的技术进步和科技创新、技术引进、人才引进、设备引进，以及不断地学习新技术、培养新型人才。瞄准国际先进的技术和生产技术装备为我所用。如樟树市金虎集团、卓尔金属保险有限公司、光正集团等企业先后引进了德国、美国、日本等国的金属加工设备，使这些企业生产智能化产品所占比例大幅增长，其产品的自动化、人性化、保密性、可靠性更进一步提高，产品深受用户好评。

樟树市金属家具产业基地有3家生产企业获得国家高新技术生产企业的称号。南康中国中部家具产业基地的江西维平创业家具实业有限公司、赣州市南康区昭玺家具有限公司等企业在进园后，完善配套和引进先进的生产设备，改善工作环境，使产品质量进一步提高。江西李氏王朝家具有限公司，不惜重金聘请专业管理咨询公司，为企业实施流程再造工程，导入精细化管理模式，提高了员工的技能素质和公司管理人员素质，使企业迸发出新的生机和活力，助推了企业的转型升级。

（三）产业集群比较优势有新发展

作为家具产业集群的后起之秀，江西省产业集群建设效果明显。樟树市、南康区、南城县株良镇政府积极引导和做好产业集群建设及升级转型工作。各级政府积极鼓励企业抱团发展，做大规模提升实力，全省产业集群生产链日臻形成，逐步完整，大大降低了企业的生产销售成本，提高了企业综合竞争力。

在经济运行向下、压力增加的情况下，樟树市中国金属产业基地实现主营业务收入90亿，同比增加32.35%；南康中国中部家具产业基地实现主营收入701.8亿元，同比增长55.95%；南城县株良镇省级校具产业基地实现主营收入27.5亿，同比增长45%。由此可见，三个产业集群仍然保持着较高的发展速度，为产业的规模化可持续健康发展打下了较为坚实的基础。

三、企业品牌发展情况

（一）品牌建设情况

各家具企业在激烈的市场竞争中，加强了对产品质量管理和品牌建设的工作；注重品牌的宣传和推广，学习先进的管理理念；加强全员培训、运用新技术、新工艺、提升产品质量和售后服务。

广大消费者对全省的品牌产品的认同度进一步提高，市场的竞争力进一步提升。2014年，除各市知名商标外，全行业新增国家驰名商标1个，江西省著名商标26个，品牌建设有新成效。

（二）重点企业发展情况

1、江西卓尔金属设备集团有限公司　2014年，卓尔在连续8年快速递增的基础上，又实现新的跨越，生产总产值、销售收入、上缴国家税金均增长30%以上。公司在全国各省市区建立营销办事处68个，产品销往全国31个省市（区），旗下飞狐牌产品荣获“国家驰名商标”称号，公司获国家“守全同重信用AAAA级企业”荣誉、荣誉“国家高新技术企业”称号，技术中心获批“省级技术中心”

2、江西李氏王朝家具有限公司　李氏王朝现已发展成为一家集研发、设计、生产、销售于一体的现代化实木家具企业。专注于生产高档进口橡胶木、白蜡木、餐厅、客厅等系列产品；以质量为核心竞争力，以传播现代家居文化、绿色环保为己任，以先进的设计理念、营销和管理模式，打造现代实木家具品牌。李氏王朝商标被认定为江西省著名商标、江西省名牌产品、江西省守合同重信用AAA企业。

四、存在问题

（一）家具产业用地不足，阻碍做大做强

家具企业用地指标紧张仍然是制约全省家具产业发展的主要矛盾。目前大多数家具企业以租赁的形式办厂，只有少部分家具企业进入了工业园区。导致家具企业分面散乱、规模较小、安全隐患多、难以进行投资技术改造和设备更新。致使企业难以规模化发展，阻碍企业做大做强。

（二）人才队伍建设与家具产业发展不相匹配

虽然不少家具生产企业的领导者努力学习，参加各种培训和进修，自身的综合素质得到很大提升。但很大一部分企业未建立现代企业制度，企业管理水平较低。缺乏专业人才，包括企业管理人才、设计研发人才、营销人才。

山东省

山东省家具协会　韩庆生

一、行业概况

2014年国家经济发展仍处于下行期，面对宏观经济发展“新常态”，处于经济增长换挡期、结构调整阵痛期、前期刺激政策消化期“三期叠加”的大环境下，受房地产政策调控影响，对家具行业的影响仍然在持续，行业增速继续放缓，市场竞争依然激烈，行业利润率越来越低，企业压力继续加大。

（一）原辅材料价格持续上涨，人工费、税费、设备投入成本等继续增加

2014年，木材、板材、油漆等家具原辅材料均有不同程度的上涨，人工费在逐年增长，税费中较为突出的是土地使用税的缴纳，根据企业所在区域的不同，税费标准由前几年的3～5元/m^2上涨到目前的6～8元/m^2，给企业增加了较大的费用支出，同时工厂的水电费等辅助费用也在增加。在当前国家对企业环保要求日益严格的背景下，企业在处理粉尘污染、油漆环节污染等环节上，通过购进专业集尘设备，改进工人的作业环境；通过购买新型喷涂设备（如：UV辊涂线、水性漆生产线）等改造，有效降低VOC排放指标，达到国家环保的相关要求。

（二）销售市场

1、内销方面　在流通市场供过于求的状况下，2014年受房地产市场调控政策的影响，流通环节的费用、企业的促销成本在继续加大，流通卖场单位面积的销售额呈下降趋势，企业的利润率继续降低。

2、外销方面　受后金融危机及欧债危机的持续影响，传统出口市场订单量呈下降趋势，近年企业通过广州展、上海展、国外专业展会等贸易平台，启动了更多的新兴市场，如：中东、澳洲及中亚五国等，出口渠道更加便捷，出口区域更加广阔，山东出口产品仍以木质家具、弯曲木家具为主。宜家公司在山东的配套工厂，因价格因素，代工企业的数量在不断减少。

（三）企业转型升级势在必行

面对产业链的多重压力，形成倒逼机制，督促企业实现全面升级。一方面企业扩大市场份额，在传统店面营销的同时，逐步重视互联网营销，借助“好品山东”、主流电商平台逐步推进网上销售，实现总体销售额的平稳递增；另一方面企业加强内部

2011～2014年山东省家具行业发展情况汇总表

主要指标	2014年	2013年	2012年	2011年
企业数量	4500+	4200	4200	4150
主营业务收入（亿元）	1332.00	1210.00	1085.00	945.00
出口额（亿美元）	24.45	23.53	19.45	17.43
规模以上企业主营业务收入（亿元）	858.45	770.81	/	/

数据来源：山东省家具协会。

管理，包括从原材料采购、车间生产管理、物料损耗、全员劳动生产率、生产环节的成本控制、设备利用率、废料处理等各环节，多方面进行深度调整，力求达到“内外兼修”，提升企业的综合竞争实力。

二、展会及行业活动开展情况

2014 年，3.15“国际消费者权益日”，山东家具行业共有 28 家企业荣获“环保”家具知名品牌；13 家企业获得“诚信”企业及“示范”商城。

2014 年 4 月 18 ~ 21 日，第 11 届青岛国际家具及木工机械展览会在青岛国际会展中心成功举办。展会总规模 12 万 m^2，参展企业 638 家，涵盖了实木、软体家具、红木、办公、板式家具，木工机械、原辅材料、家居饰品等家具产业链上下游各环节产品。期间举办“设计与家居应用论坛”，香港著名室内设计师、PAL 设计事务所创始人梁景华和德监设计创办人陈德坚，U+ 设计机构董事长、家具及空间设计师沈宝宏，山东尚林家居有限公司董事长任强分别在会上发表演讲，家具企业与室内设计师共聚一堂，畅想家具行业从家具到家居的未来发展之路。

山东省家具协会组织山东部分家具企业参加 3 月份、9 月份东莞展、广州展、深圳展及上海国际家具展。山东富通、红宝轩、写意森林、U+ 家具等家具企业参展产品分别在深圳展、东莞展、上海展获得金奖。

由中国林产工业协会主办、山东省家具协会承办的 2014 中国（临沂）国际木制品及配套产品展览会于 2014 年 10 月 18 ~ 20 日在临沂鲁南国际会展中心举办。展会共有参展企业 163 家，展位数量 1033 个，展会以“探寻木制品产业一体化发展之路”为主题，集聚了以全国板材、机械设备、原辅材料、民用家具、红木家具等为主的展示门类，分为板材展区、机械辅料展区、家具展区三大功能展区。

2014 年 6 ~ 11 月份，山东省家具协会在广泛调研行业、走访企业基础上，起草编制了《山东家具产业转型升级实施方案》，就山东家具行业发展情况与广东、浙江、四川等区域进行了详细沟通，找出山东家具业存在的问题及差距，筹划山东家具业的未来发展思路。《实施方案》分为发展现状、存在问题、发展趋势、发展目标、重点任务及实施路径、保障措施等 6 个方面，11 月 18 日，由山东省长专题会议听取汇报并进行了专题研究。

2014 临沂木制品及配套产品展览会现场

第 11 届青岛国际家具及木工机械展览会现场

山东省家具协会一行先后赴宁津、周村、西河、高密、胶州等家具产业集群

山东省家具协会 2014 家具终端销售经理培训

山东省政府召开山东家具产业转型升级专题会议

三、品牌发展及重点企业情况

2014 年山东荣获“山东名牌”产品（床垫、橱柜）10 个，新增“山东省著名商标”12 件。部分重点企业 2014 年发展情况如下。

（一）山东凤阳集团股份有限公司

2014 年，集团公司实现销售收入 28 亿元，利税 4548 万元，其中家具销售收入 1.1 亿元，利税 980 万元，公司在技术创新、内部管理及成本控制等均有较大突破。公司加强了人才引入机制，打破传统家具的局限性，着重创新功能化与便捷化。设计款式将中、欧、简等各种元素融合，添加金属器件、木雕件、皮草小拼等各式元素，使家具更具整体美感。公司进一步进行成本控制，实施集体采购决策，增加采购的透明度，建立稳定的供应合作关系。

（二）烟台吉斯家具集团有限公司

2014 年是吉斯集团公司发展的关键之年，各项经济指标均有不同程度的提高。集团公司应变市场需求，完善营销策略。公司以经营责任制为总抓手，高标准夯实管理。部门内部制定了责任制实施实则，明确目标，落实责任。狠抓内部管理，加强售后服务，以服务赢取消费者。2015 年公司将重点抓好以下方面工作：加大招商力度，做好山东市场，；完善网络营销，坚持以革新商业模式为核心竞争力，依托“吉斯商城”，采取 OTO 经营模式，满足用户对智能、便捷的生活方式的需求。

（三）青岛一木集团公司

2014 年青岛一木销售额较 2013 年同比增长 15%，公司制订了库存废料、下脚料的相关制度，成立了 QC 小组，对积压库存 TER 材料、产生的边角木料 / 指接材（下脚料）提出解决方案，提高木材的利用率，降低了生产成本。2015 年公司新推出国祺、E&K 系列。2015 年生产管理方面将重点进行生产结构内部调整，建设并完成三期配套工程，用现代化设备组装新的油漆生产车间，提高效率；营销建设方面将电子商务作为公司的重点发展战略，改建现有官网，开发电商平台，网上独立电商与各平台联动实现全民营销。

（四）青岛良木集团公司

2014 年青岛良木集团导入卓越绩效模式，推出了新款——“FA”系列。2014 年公司引进了三条意大利全自动生产喷涂线，生产效率提高近十倍，油漆成本下降 30%；引进 2 条台湾全自动指接线，与原有配套设备创新优化，成为行业内公认、国内生产效率最高的集成材流水线；引进 10 台日本数控加工中心，实现了多工序合一，提高了柔性生产水平；获得 10 余项专利。完成了“废旧木材综合利用”“PLC 制材法”等重要课题的研究及应用，将木材利用率提高 6%，极大地推动了企业整体技术进步，并起到培养优秀人才的作用。创新营销模式，搭建电商平台，打造全新的高端家具体验平台。

（五）山东大唐宅配家居有限公司

山东大唐宅配家居有限公司专业从事“唐”牌整体厨房、橱柜、板式家具的研发、生产及销售，占地 160 亩，厂房 12 万平方米。公司拥有多条德国豪迈自动化生产线，生产的橱柜、板式家具被评为“山东名牌”产品，2012年获得“山东省著名商标”，是中国橱柜知名品牌企业十强。公司引进家居敏捷制造系统为生产自动化发挥着越来越大的作用，基于物联网的智能厨房产品即将推向市场，连锁加盟店新增近百家。公司2014年申报和获批实用新型、外观设计专利达65件，超过历年总和。饰面板家具通过了中国环境标志认证产品认证。

（六）山东巧夺天工家具有限公司

山东巧夺天工家具有限公司以生产销售高端红木家具为主，2014年公司年产值达到2.6亿元，实现销售额1.8亿元，利税2100万元。2014年7月，公司建成了江北规模最大的红木文化产业园和红木博物馆，并已上报山东省省重点建设项目。生产方面坚持技术创新与成本控制相结合，采用国内最先进的木工机械设备，提高原木出材率；重视员工培养，减少人员流失等原则。公司荣获了“2014年度中国红木行业最具影响力品牌、新中式创新品牌”“中国十八省市家具行业诚信企业”等荣誉。2015年，公司将与国内知名设计公司合作，重点打造“新中式家具与新古典家具”系列，倾力推出“老百姓买得起的红木家具”。

四、存在问题

（一）研发投入不足，自主创新能力弱

山东家具产业自主创新设计能力不强，产品更新换代慢，普遍缺乏引领消费时尚的潮流产品。企业模仿现象较为普遍，新工艺、新材料、新技术研发及推广应用不足，研发投入总体不足，同质化现象突出。

（二）经营方式粗放，劳动生产率偏低

由于家具产品的多品种、小批量等特点，与其他工业产品相比，家具产业机械化、自动化水平总体较低，特别是规模较小的企业，目前仍以半机械化和手工生产为主要方式，在当前劳动力资源紧张、成本上升环境下，大大削弱了企业的竞争力。

（三）市场体系不完善，产品销售渠道单一

内销方面：山东家具产品的销售市场现仍以省内中档商城为主，省内销售额约占70%，省外销售额约占30%；高档家居商城中，外省家居品牌约占80%。外销方面：山东家具出口额排全国第六位，大多为贴牌加工企业，主要出口美国、欧盟、日本等国家，近年受金融危机及欧债危机的持续影响，出口订单逐年减少，因无自主品牌，出口附加值在继续降低。

五、发展趋势

（一）设计创造价值

家具产业将越来越重视产品原创设计，企业从单纯卖产品到与设计机构合作，打造新款产品，创造更高附加值。通过开展多种形式的设计创新，品牌的影响力逐渐提高。越来越多的国际合作与交流为家居设计提供了更为广阔的空间，产品研发和设计能力在不断提升，传承与创新相结合，设计出多种风格的家具产品。

（二）信息技术应用将更加深入和广泛

随着人们生活品质提升和两化深度融合，智能家具产品将打破传统家具的组合模式，根据消费者的居住空间，将家具进行自由组合和搭配，并将电子智能、机械智能、物联智能融入家具产品当中，使家具更具人性化。在“互联网+”时代，电商平台的发展已成为重要的销售渠道。

（三）个性化定制和整体家居的需求将呈逐年上升趋势

随着消费群体的年轻化，个性化消费需求已渐成主流，定制家具因具备了张扬个性、展现魅力的特点而备受热捧，成为家具产业的“时尚标签”。整体家居从居室结构、功能、线条、色彩、空间的整体规划，集设计、装修、地板、家具、木门、楼梯、橱柜、配饰等为一体，充分协调家居产品之间的关系，达到风格的一致和工艺的完美结合，真正实现“一站式”置家新理念。

河南省

河南省家具协会　刘艳明

一、行业概况

2014年是河南省家具行业非常困难的一年，在行业同仁共同努力下，河南家具行业顶住了压力，取得良好成绩。据有关数据统计显示，2014年规模以上家具制造业实现主营业务收入494.89亿元、同比增长17.7%；木材加工和木、竹、藤、棕、草制品业实现主营业务收入784.27亿元，同比增长16.2 %；利润72.9亿元，同比增长5.4%。

二、主要特点

（一）家具产业集聚区建设

1、外地家具制造企业入驻河南　近几年是外地制造企业入驻河南省家具产区的高峰期，有一定经济实力的企业向园区集聚。一是郑州制造集中入住原阳、尉氏家居产业园区；二是成都制造特大型企业入住清丰；三是广东企业入住信阳；四是洛阳伊滨新区重新规划和扩大产业集群规模；五是漯河临颍杜曲镇，近200余家小微企业从事木材加工和烘干，自发形成北方规模最大的白杨、椿木等原木加工烘干集散地。

2、本地家居产业园的快速发展得到河南省委、政府的高度重视　2013年，河南省政府把以家具产业为核心的“泛家居”产业列入全省重要产业，在承接产业转移等方面给予政策支持。

3、河南省家具产业集群申报工作取得新进展　原阳家具产业集群申报被授予“中原家居产业园区”称号。2013年5月8日郑州国际家具展览会期间，中国家具协会理事长朱长岭前往原阳家具产业集聚区考察，听取了县主要领导汇报；2014年3月4日，通过专家组考评；2014年5月9日，在郑州国际家具展览会开幕式上授予原阳“中国中原家具产业园”。

洛阳伊滨区庞村积极申报钢制办公家具产业集聚区，2014年5月8日在郑州国际家具展览会期间，中国家具协会领导赴洛阳伊滨新区庞村传统办公家具集群考察，2014年下半年通过专家组评审；2014年12月初，在中国家具产业集群工作会议上授予洛阳伊滨新区“中国钢制办公家具产业园”荣誉称号。

（二）配合完成课题研究，提供翔实资料

2014年10月，配合国务院发展研究中心市场经济研究所和中国家具协会，共同开展“中国家

2010～2014年河南省家具行业发展情况汇总表

主要指标	2014年	2013年	2012年	2011年	2010年
规模以上企业数量	279	294	290	282	284
规模以上企业主营业务收入（亿元）	494.89	473.38	/	/	/
出口值（亿美元）	3.19	6.46	4.98	4.31	4.13
家具产量（万件）	4921.47	4633.89	3982.98	3409.77	2669.57

数据来源：中国轻工业信息中心。

具市场发展研究"课题在河南区的工作，召集红星、居然、欧凯龙和福蒙特等家具商场高管围绕存在问题进行座谈，并在全省家具卖场发放问卷，进行整理、汇总为课题研究提供翔实资料。

（三）成功举办郑州国际家具展览会

自2010年5月以来，郑州国际家具展览已经连续举办四届，第四届展会参展企业300余家、展览面积接近7万平方米，专业观众和专业买家突破3.5万人，为河南省内外家具制造企业开拓河南及周边省市三四级家具市场提供展览服务。展会活跃行业气氛，激发产业创新和研发新产品的积极性，拉动郑州二千余家专卖店同时开展商务对接活动。在我国GDB增幅下行、传统产能相对过剩的大环境下，客观评价展会整体效果是好的，起到了推动河南制造持续稳定发展的作用。

三、重点企业发展情况

2014年，河南省重点家具企业销量变化如下表所示。

四、存在问题

2014年，河南省家具产业主要存在以下五方面问题：一是产能相对过剩、市场需求不足；二是房地产市场深度调整，房地产增量持续下行；三是企业融资难、融资成本高；四是库存增加、资金周转率下降；五是环保等方面投资明显增加。另外，园区新开工企业面临税收加重的压力。产品质量不高、仍然采取低层次盈利方式、缺乏研发新产品和调整产品结构力度不够。

尽管行业遇到前所未有的困难，但是企业不畏困难、勇于创新，优化产品结构，不惜重金引进先进数控机械设备、自动化生产线，在提高产品质量、转变低层次盈利方式、研发新产品等方面发狠下工夫。

五、发展规划

（一）抓好产业园区建设工作

1、做好行业和产业园调研工作，掌握行业、产业园区以及重点企业基本情况，了解产业发展动

2014年河南省重点家具企业销量变化表（部分）

单位名称	2014销售量（%）	单位名称	2014销售量（%）
河南省雅宝家俱有限公司	+5%	意利宝（河南）实业有限公司	+15%
香港大班家具集团有限公司	+25%	河南新南方家居有限公司	+18%
富魄力家俱工程有限公司	+16%	河南木之秀家具有限公司	+20%
河南省大信整体厨房科贸有限公司	41%	浙江邦瑞家具有限公司	+16%
兰考三环华兰实业集团有限公司	+20%（出口） +11%（内销）	河南省花城办公家具有限公司	+18%
河南省神宝家具有限公司	+30%	郑州瀚宝德家具有限公司	+15%
河南省艾迪嘉家具有限公司	+20%（出口） +13%（内销）	河南省顶好家具有限公司	+10%
洛阳市森傲家具有限公司	+11%		

河南省家具协会第四次会员代表大会现场

向、趋势以及当前存在主要问题和应对措施。

2、组织园区观摩学习，一是省内园区相互之间观摩学习，二是走出去赴中部承接家具产业转移较好的湖北、江苏等地进行考察学习和经验交流。

3、发挥协会资源优势，重视园区建设，积极为园区牵线搭桥和提供招商服务。

（二）购买政府服务

为全面了解国内外及河南省家具产业的发展现状和动态，分析研判产业发展趋势，积极承接集群式产业转移，河南省家具协会以政府购买服务的形式组织省内行业专家、学者，整理收集国内外权威机构及知名专家最新的行业发展趋势，为政府有关决策部门提供信息服务，指导行业健康发展。

（三）办好《河南家具》杂志

2015 年，《河南家具》着重研究和开发郑州市场，长期以来，“河南制造”企业只重视三、四级市场批发，而忽视开发郑州零售市场，低估中心城市零售对全省消费市场影响力。《河南家具》杂志开发郑州零售市场，旨在推广“河南制造”的顶尖品牌和国内一线品牌在郑州中高端群体的影响力，提高郑州市场零售额，计划五年全省发行量超过 25 万册，其中郑州直投 10 万册。

（四）办好郑州国际家具展览会

将郑州国际家具展览会打造成中部和周边省市最具有影响力的区域性家具展览盛会。当下亟待解决的主要问题有几点：一是郑州展会档次不够高，不能全面反映“河南制造”的整体水平和企业形象，动员“河南制造”中高端品牌家具抱团参展，尤其是郑州实木品牌企业参展，对于提高展会档次、看点、效果以及展会健康发展具有重要战略意义。二是主办方、承办方扩大宣传推广力度，改变运作模式，吸引更多专业观众和专业买家。三是争取省政府关注和支持郑州国际家具展览会公共服务平台建设，着力解决河南家具参展企业政策性补贴，提高企业参展积极性。

湖北省

湖北省家具协会　秦志江

一、行业概况

2014 年，湖北家具行业规模以上企业 107 家，主营业收入 138.16 亿，比同期增长 22.23%，据不完全统计，全省 3000 余家企业，主营业务收入 260 亿，同期增长 18%，行业从业人员超过 25 万。

二、主要特点

（一）产业集群蓬勃建设 打造中国家具第五级

湖北作为家具行业开发投入力度最大的省份之一，家具产业得到了湖北省委、省政府和各级领导的重视和支持。目前，已经形成了环武汉家具产业圈。汉口北中国家具 CBD 市场面积已达近百万方，成为中部地区最大的家具工厂直销、批发基地。目前已经初具规模的有潜江华中家具产业园、红安融园家具产业园、汉川金鼓城家具产业园和监利香港家居产业基地，其中监利“香港家居产业基地”通过一年的积极努力，建设企业已达到 34 家，意向入园企业增至 68 家。湖北独特的地理优势为企业发展提供得天独厚的发展环境，未来将有大批家具来源湖北制造，并走向全国各地。

（二）搭建新平台，促进行业发展

近几年来，湖北省家具行业已经步入发展快车道，进入跨越式发展的新时期，搭建新的平台，培植企业上规模、产品上档次、质量上水平，打造湖北家具新品牌。近几年来行业区域性展会在全国各地均已形成规模，为企业产品与消费者搭建了沟通、展示的平台。湖北省家具协会 10 月份组织部分企业参加在武汉举办的首届中国武汉绿色产品交易会，参展企业反映良好，组委会授予山东省家具协会“优秀组织奖”。

三、品牌发展及重点企业情况

（一）生产型企业发展情况

湖北家具企业生产由原来的生产条件简陋的厂房租赁，到园区标准化厂房生产，规模、环境都得到了极大的改善。企业整体升级后，面临转型升

2010 ～ 2014 年湖北省家具行业发展情况汇总表

主要指标	2014 年	2013 年	2012 年	2011 年	2010 年
企业数量	3100	3100	3000	3000	3000
规模以上企业数量	107	93	60	46	98
主营业务收入（亿元）	260	220	160	130	105
规模以上企业主营业务收入（万元）	1381647	1102452.4	820302	536124.3	361818.5
出口值（万美元）	14273.97	14501.32	13084.32	9595.3	6291.79
家具产量（万件）	58477.54	412.46	315.19	166.37	180.35

数据来源：湖北省家具协会及中国轻工业信息中心。

首届中国武汉绿色产品交易会开幕式现场

级问题。随着市场消费需求的调整，定制家具和实木家具已经成为未来的发展趋势。市场决定行业的走向，原有的板式套房家具，软体家具继续平稳发展，而板木结合和定制家具以及实木家具逐步成为本省家具产业发展的新亮点。湖北帝逸家具有限公司作为转型的代表性企业，板式套房家具系列在原厂区生产，板木家具和实木家具系列在新厂房投产，田园风格和欧式系列深受市场喜爱；湖北红旗家具有限公司由原来的办公家具系列转为全实木系列，并在 2015 年 3 月深圳家具展上亮相，成功签约十几家经销商；湖北艺巢家具有限公司由原来的木门生产转为实木家具生产，2014 年底正式投产；湖北福汉木业有限公司在原有的板材生产上新增全屋定制系列；产品结构调整，款式新颖，整体档次提升，企业在经历一定的调整周期后，将迎来新的起点。

（二）流通市场发展情况

全省家具市场日益繁荣，市场面积约 560 万方，家具流通企业红星美凯龙、月星家居纷纷入驻武汉，已入驻武汉多年的有居然之家、金盛国际家居、香江家居等卖场在内，流通企业齐聚一堂，原有的家具消费市场转化成大家居一站式消费模式，为广大消费者提供更加便利的服务。市场的集聚井喷也呈现出饱和趋势，须形成一定的特色消费市场，形成资源整合的新趋势。而二、三级市场乃至

红星美凯龙·武汉正达家居建材仓储展览中心动工建设

四、五级乡镇市场的消费模式也悄然发生着变化，大型的家具建材消费场所在县级市开始出现，潜江兴建 20 万方的润基建设大市场和 10 万方的华中家具大市场，公安县兴建 16 万方的明珠家居建材市场，天门兴建 22 万方的景天家居建材大市场。

电商作为 2014 年最为火爆的消费方式，家具企业尝试触网，联乐、梦湖等企业建立天猫消费平台，线上线下齐发力。定制家具行业更是依靠电子商务消费与线下体验相结合，全新的消费方式正改变着广大消费群体，2014 年省家具协会邀请家具电商巨头美乐乐家具网营销专家与行业企业交流家具电商的消费服务模式，探索企业电商发展。

"楚天杯"工业设计大赛调研合影

武汉国际家具展览会组委会成立大会合影

（三）重点品牌发展情况

湖北家具企业虽然有名牌产品，著名商标和中国驰名商标，但品牌知名度还比较欠缺，要培植一批重点企业走出去引领行业健康发展。

软体家具行业：联乐、龙翔、爱蒂思保持较大的市场占有率；板式套房家具行业：金都、宏欧、石磊、亿度、帝逸、品上等企业主营业收入已超亿元，逐步形成板式家具的骨干企业；实木家具行业：超凡、荣星是业内的龙头企业代表，近两年又涌现出金海、琪发、星球、中林等优秀实木企业；儿童家具行业：金天拓和东南绿源已成为湖北省儿童家具领头企业；定制家具行业：木德木作、怡萧行等引进全自动化生产设备，提高了产品质量生产效率，在行业内起到了示范作用。品牌的形成需要长期的积淀，加强管理严把质量关，加大宣传，做好市场推广，湖北将会出现更多的品牌家具企业。

省内家具企业积极参加由经信委、发改委、教育厅和科技厅联合举办的第二届"楚天杯"工业设计大赛，武汉联乐床具、湖北金天拓家具和武汉超凡家具荣获三等奖，湖北荣星家具荣获二等奖。更多的企业开始重视产品的设计创新，优秀设计研发公司与家具企业建立良好的战略合作关系，产品研发设计为企业的换挡升级提供了基本保障。

四、发展趋势

我国经济已经进入新常态，湖北家具行业面临新的发展机遇。潜江、红安、汉川、监利四大家具产业园区入驻企业将进入批量投产期，要探索行业发展新模式，引导企业创新发展，形成集群生产、抱团发展的产业新格局。随着武汉国际家具展的举办，湖北家具将进一步提升在行业的知名度，鄂产家具产品将进一步扩大市场占有率，品牌企业将在知识产权、产品研发设计、人才培养等方面加大投入，打造出更多的名优产品。

武汉市

武汉家具行业协会　谢文桥

一、行业概况

武汉市家具企业 1200 家，从业人员 5 万余人，产品主要涉及办公家具、民用家具、软体家具、儿童家具、钢木家具等生产门类，培训一线职工万余人。

二、主要特点

（一）家具生产企业发展情况

1、以生产席梦思和真皮沙发为主的湖北联乐集团、爱蒂思家私有限公司、台湾龙翔家具有限公司、武汉家华实业有限公司已占领湖北省内市场，并远销全国。

2、以生产办公家具、宾馆客房家具、教学家具为主的欧亚达家具有限公司、武汉新台板家具有限公司、红旗家具有限公司、锦天木业有限公司、海宇家具有限公司、美高家具有限公司，通过技术改造和产品升级，生产工艺和产品质量已接近国内中档产品的水平

3、超凡家具公司生产的高档实木民用套装家具，文华集团生产的高档布衣沙发在国内市场上知名度较高，产品远销国内市场，这些企业拥有较为稳定的消费群体，在同类产品市场竞争中，具有较强优势。

4、金都、品茗、品上、石磊等一批板式家具企业发展迅猛，现已成为湖北武汉家具产业的主力军。

（二）家具流通企业发展情况

武汉家具卖场形成三大市场群：第一是从徐东到和平大世界，主要卖场有欧亚达、金马、金鑫；第二是从汉口火车站到青年路，主要卖场有家华、欧亚达、居然之家；第三是从武珞路到光谷，主要卖场有红旗、康家、金鑫。除此之外，和平大世界、鸿达家具城、友谊家居广场此类专业市场的扩张改造，极大促进了产品的市场流通。

1、家具卖场向多元化方向迅速扩张　如今的武汉家具卖场是一种复合式业态。居然之家、金鑫家具城、红旗家具城等家具卖场形成了集家装、装饰材料、家具、休闲为一体的主题购物中心。武汉和平大世界，全面启动和平家居钢谷摩尔城项目，打造中部最大的家具奥特莱斯。

2010 ～ 2014 年武汉市家具行业发展情况汇总表

主要指标	2014 年	2013 年	2012 年	2011 年	2010 年
企业数量	1200	1150	1090	1020	990
规模以上企业量	35	20	15	10	5
工业总产值（亿元）	90	80	70	60	55
规模以上企业工业总产值（亿元）	25	20	15	12	10
内销（万元）	100	85	75	65	61

数据来源：武汉家具行业协会。

中国家具 CBD 模式，是市政府规划的集中十个大型专业市场群之一。以欧亚达家居集团有限公司为代表的高端家居卖场迅速扩张，店面遍布全国，实现 28 店连锁经营的格局。金鑫国际家具城、金马凯旋家居、红旗家居、居然之家等一批高端卖场迅速抢占武汉卖场。

2、开展多种营销活动争夺市场　金盛家居在卖场整体定位、引进产品结构上做出调整，以形成差异化竞争，以品牌塑造为主线，开展大型促销活动，完善售后服务。居然之家率先提出“先行赔付”、“绿色环保”、“一个月内无理由退换货”、“同一商品同一价格”的服务承诺。欧亚达家居首创“越夜越疯狂”夜宴，四店 5 小时吸金 3000 万元。

（三）家具产业集群发展情况

凭借国家《关于中西部地区承接产业转移的指导意见》的顺势，以武汉为中心的“1+8”城市圈，逐步形成环武汉家具产业圈。

1、黄陂中国家具 CBD 模式，承接东部家具产业向汉口北梯度转移，总建筑面积 300 万平方米，为武汉乃至整个华中区家具消费市场带来诸多实惠。

2、汉川中国金鼓城中部家具产业发展区，总规划面积 10 平方公里，园区按照“工业区、商贸区、物流区、服务区、生活区、景观区”的“六区一体”设计要求进行建设，体现出低碳、和谐园区等先进理念。

3、湖北（红安）融园家具产业城，总规划面积 13.3 平方公里，由香港融园控股集团打造，规划分为家具制造基地区、家具原辅材料交易区、家具配套产品加工区、仓储物流集中管理区以及生活配套区共 5 大功能版块和 1 个汉产家具品牌孵化基地。

4、潜江华中家具产业园，园区总规划面积 3 万余亩，分三期建设，形成家具及原辅材料研发、生产、销售、物流、工业旅游、配套服务为一体的综合性新型家具产业园区，成为中国家具协会、潜江市人民政府十二五期间重点共建的产业基地。

三、重点企业发展情况

（一）欧亚达家居集团

公司创建于 1992 年，迅速成长为一家以商品流通业为主体，多元化、跨行业的大型企业集团。固定资产 85 亿元，其家居连锁商场经过 20 余年的发展，已成为家喻户晓的知名连锁商场，遍布武汉三镇，2014 年又投 6 亿，在汉口城心创造全新商业模式的国际广场。该企业荣获了慈善突出贡献奖、省十佳雇主奖、绝对有影响力家居卖场等一系列荣誉称号。

（二）金马凯旋集团

金马凯旋家居 CBD2007 年成立至今，国际批发城、国际家具名店街及商业街运营良好，运营面积超 200 万平方米，经营户 1600 余家，解决就业 2.2 万余人。

（三）超凡家具制造公司

截止 2013 年底，公司实现销售收入 1 亿 5298 万元，利税 355 万元，超凡商标获武汉名牌、著名商标，企业获环保先进单位。

（四）湖北联乐集团

联乐床具公司打造品牌创名牌，通过二次创业，成为中南地区专业生产高级软体系列家具的龙头企业，是行业内率先获得中国名牌、中国驰名商标的企业，其产品为消费者满意商品，畅销全国和西欧、东南亚等地区。

（五）荣星家具有限公司

湖北荣星家具公司成立于 2000 年，其新中式“红荣居”牌原木系列产品，本着做精、做工艺、做文化理念，在名家具（东莞）展会上多次获奖，获湖北省著名品牌，2011 年在庙山开发区设立总部，建了现代化的工业厂房，一期 2.7 万平方厂房建成，公司未来六年分三步走，计划年销售额 10 亿元。

（六）龙翔家私有限公司

龙翔牌系列床垫具有完全自主知识产权，获 8 项专利技术，在消除疲劳，营造舒适健康睡眠空间上卓有成效。全国拥有 500 多家专卖店场，“龙翔”“DR ∧ GON 龙翔”产品获中国绿色环保产品、湖北名牌、知名企业等 49 项之多荣誉。

湖南省

湖南省家具行业协会　刘发刚

一、行业概况

2014年，湖南家具生产企业在1200家的水平上大致持平，流通企业在原近3300家的基础上，略有递减，两者合计为4500多家，未有明显变化。大型家居专业卖场扩建、新建势头依然未减，但规模型企业依然比重偏低，规模以上制造企业仅占10%左右，规模以上流通企业包括本土和全国连锁型企业占15%左右。与此同时，通过个别湖南家具企业的反映情况了解到，出口贸易锐减。

二、主要特点

（一）家具制造业"低调"追赶发达地区

湖南虽然不是制造强省，但家具制造业还是在不断追赶家具产业较为发达的地区，具有强劲势头的广东省家具产业，一直潜移默化的影响着本土企业的发展方向。2014年，本省规模企业年产值保持了8%的年增长率。总产值超过了2013年，增幅在6%。其中30%的企业年产值达到甚至超过了13%的增长势头，尤其是规模以上企业，比如梦洁、星港、晚安家居等。

（二）消费零售总额持续递增

据不完全评估，消费零售总额在2013年450亿的基础上，达到了2014年的480亿，年增长速度6%左右。这一势头得益于湖南6800万人口的消费红利。尤其省会城市长沙，长株潭城市群以及高速铁路的构建，快速拉伸了客流和物流在市场领域的递增因素，一定程度上促进家具行业消费零售总额的增长。

（三）专业市场建设快速扩张

2014年开建的家具（含家居）专业大型商业综合体超过100万m^2，比如益阳顺德城、高岭国际商贸城、金桥国际、浏阳家居产业园等。如今的湖南家居卖场，包括全省各地州市县级的专业卖场，正快速接近360万m^2的市场规模。

（四）行业整体服务水平不断提升

家具行业在人才梯队的建设上不断呈现出年轻化、专业化趋势，据官方和民间数据反馈，湖南籍在全国各地从事家具的产业工人有15万之众，其中不乏老板和高级管理者、设计和营销人才，他们的共同点是善于学习和创新。

2010～2014年湖南省家具行业发展情况汇总表

主要指标	2014年	2013年	2012年	2011年	2010年
规模以上企业数量	130	126	126	112	113
规模以上企业主营业务收入（亿元）	252.50	227.33	/	/	/
出口值（万美元）	21902.47	29161.25	18225.54	26421.78	30021.88
规模以上企业家具产量（万件）	740.53	695.72	580.23	484.92	266.81

数据来源：中国轻工业信息中心。

2014 年中国（湖南）家居产业暨时尚家具博览会招待会暨湖南省家具行业协会周年庆

湖南省委副书记、省长杜家毫为晚安家居颁发“省长质量奖”奖金

湖南省家具行业协会第一届第十次常务理事会

（五）湖南家具博览会市场化运行

基于湖南本土企业的实际状况，2014 年，湖南省家具行业协会与湖南国际会展中心联手打造了首届市场化运行的 2014 中国（湖南）家居产业暨时尚家具博览会。旨在为湖南家具行业开辟一个对外展示品牌产品的平台，使展会逐步成为引导行业持续健康发展、传播家居消费新理念的展示平台。

（六）定制家具消费方兴未艾

2014 年，部分企业迅速走上定制家具的转型之路。整体看，湖南家具制造业呈现“小、散、乱”的特点，低产能是湖南家具产业不可回避的现状，本土企业在品牌意识上需要更新观念，应当向先进企业看齐，比如晚安家居，2014 年获得首家家具企业“省长质量奖”，本土企业在产品质量上还需要跨越式发展。市场消费逐步呈现由低端向高端快速演变趋势，比如湖南森艺家居，在 2014 年 9 月首届湖南家博会上独树一帜，定制订单几乎占据了工厂下半年的生产任务。

（七）组织行业活动促进行业发展

1、2014 年，湖南省家具行业协会协会召开理事（扩大）会议达 12 次。

2、2014 年底，中国家具协会向湖南省家具行业协会协会授予“中国家具行业职业技能培训站”牌匾，为持续培养提升湖南家具人整体素质奠定了基础。

广东省

广东省家具协会　王克

一、行业概况

2014年，广东省家具行业面对我国家具出口持平、房地产市场分化调整、实体经济下滑的形势，坚持设计创新、内外销并举的发展策略，出口、内销继续稳居全国龙头地位。

据不完全估计，2014年全省家具销售总值3630亿元人民币（下同），比上年同期3390亿元增加7.1%。其中，出口方面，据海关统计数据，2014年广东家具出口196.49亿美元，同比增长12.6%，占全国家具出口520.22亿美元的33.8%，比同期全国家具出口增长0.4%高出12.2个百分点；内销方面，估算2014年内销2350亿元，比上年同期2220亿元增加6%。

据统计部门数据，2014年全省家具行业规模以上企业（约1170家，下同）总产值1707.39亿元，总产量17259.68万件，分类数据参见表格。

二、行业活动

（一）创新驱动，加快转型升级

1、广东省家具行业经济工作会议　针对我国外贸进出口总值下降、房地产市场分化调整、国家新型城镇化规划出台、政府加大家具行业环境治理力度的严峻形势，会议提出“创新驱动·技术改造·环境治理·优化升级”的行业发展策略，应对措施：一要深化改革，激发市场活力；二要积极拓宽内外市场，掀起新一轮家具行业技术改造、环

表1　2014年广东省家具行业主要经济指标一览表

主要指标	2014年	2013年	同比增减	净增减
总值（亿元）	3630	3390	+7.1%	+240
出口（亿美元）	196.49	174.5	+12.6%	+21.99
内销（亿元）	2350	2220	+6.0%	+130

表2　2013～2014年广东省家具出口分类情况一览表

主要指标	2014年	2013年	同比增减	净增减	2014年比重
出口总值（亿美元）	196.49	174.51	+12.6%	+21.98	100%
其中：木质家具	106.61	96.27	+10.7%	+10.34	54.3%
金属家具	54.96	45.40	+21.1%	+9.56	28.0%
其他家具	34.92	32.84	+6.3%	+2.08	17.7%

数据来源：海关统计数据。

表 3　2013 ~ 2014 年广东省家具规上企业工业总产值分类情况一览表

主要指标	2014 年	2013 年	同比增减	净增减	2014 年比重
工业总产值（亿元）	1707.39	1531.20	+11.51%	+176.19	100%
其中：木质家具	1002.38	900.21	+11.35%	+102.17	54.3%
金属家具	295.23	254.31	+16.09%	+40.92	17.3%
软体家具	55.72	/	/	/	7.7%
其他家具	354.06	324.86	+8.99%	+29.2	20.7%

表 4　2013 ~ 2014 年广东省家具规上企业总产量分类情况一览表

主要指标	2014 年	2013 年	同比增减	净增减	2014 年比重
总产量（万件）	17259.68	16449.45	+810.23	+4.9%	100%
其中：木质家具	5650.08	6029.97	-6.3%	-379.89	32.7%
金属家具	6993.13	6283.14	11.3%	710.00	40.5%
软体家具	1591.92	/	/	/	9.3%
其他家具	3024.55	2572.26	17.7%	452.29	17.5%

境治理的浪潮；三要保持广东家具行业的整体增长 11.5%，实现健康稳步发展，从追求规模速度向追求规模效益转变，保证本省家具行业转型升级工作的顺利进行。

2、广东省家具人造板行业环保产品工作会议　会议强调环保是社会进步的要求、是行业转型的责任、是企业品牌的核心。会议由广东省家具协会、广东省林产协会联合召开，得到省林业厅、省商务厅公平贸易局、省 WTO/TBT 通报咨询研究中心的指导。一方面探讨有效应对美国复合木制品技术性贸易措施，从制度和顶层促进林产品又好又快发展；另一方面还可以加强企业间的联系合作，互相学习借鉴发展经验，实现共赢，有效推动广东木材加工产业健康发展。

3、广东省家具协会与多方建立战略合作关系　广东省家具协会与省涂料协会、省林产协会、伦教木工机械商会、省服装设计师协会建立战略合作关系，通过品牌家具企业应用品牌原辅材料、设备，提高产品的质量、环保指标，提高品牌的核心竞争力，形成家具、服装跨界设计，创新、融合、营销的良好氛围。东莞市元宗家具公司等 19 家企业成为“广东省家具行业转型升级重点培育企业（第四批）”。

（二）设计创新，提高产品附加值

1、广东省第七届“省长杯”工业设计大赛家具专项赛　大赛由广东省家具协会承办，以“新中式·新生活”为主题，大赛吸引了创豪家具、尚品宅配、前进家具、红古轩、品域家居、居典红木、拓璞设计、广州美术学院等众多家具与用品骨干企业、家具设计机构、相关设计类教育院校师生和广大设计爱好者共 366 名企业 / 个人的踊跃参与，参赛作品共计 459 件。经过对入围专项赛决赛的实物作品评审，最终评出概念组一等、二等、三等、优胜奖分别 2、6、10、12 名，产品组一等、二等、三等、优胜奖分别 2、4、6、18 名，产业组优胜奖 1 名。

广东省第七届“省长杯”工业设计大赛家具专项赛作品展，以“发展新中式家具·倡导新生活方式”为主题，受到省政府领导高度重视和业界专家的关注，广东省省长朱小丹一行参观了作品展。本次展览有四大特点：① 完整展出本届家具专项赛的全部获奖作品；② 首次设立了家具与服装融合

2014 年 12 月 5 日，在广东工业设计周上，省长朱小丹等省领导听取广东省家具协会会长王克关于“省长杯”家具专项赛的介绍。

体验区，家具设计与服装设计交相辉映；③ 以国风聆听为主题、以牡丹为图案，配套出版了《家具专项赛作品集》《家具专项赛纪念邮册》《首日封》和《获奖作品海报》；④ 启动、颁奖、首发、论坛、模特、茶道、古琴，共同演绎传统与现代结合，全面展示新生活方式。

2、其他设计大赛　澳门荷花杯酒店家具、红古轩杯新中式家具、中泰龙杯办公家具、健威杯板式家具、丽江杯公共座椅、百利杯·全国大学生办公家具以及广东省家具行业摄影大赛继续举办，吸引来自全国各地的企业设计人员、设计专业人员和相关设计类院校的师生参加，参赛作品水平不断提高，受到了专家评委的一致好评。

3、第六届广州家居设计展　为期 5 天的展览规模进一步扩大，参展单位涵盖国内外知名企业、设计机构、设计类院校、企业、独立设计师合计 44 家。展品涵盖特色创意家具（民用、办公、户外等）、家居饰品、工艺品、系列设计大赛获奖作品等。系列活动：主题论坛、设计年会、流行趋势发布、摄影大赛启动、设计大赛颁奖典礼、华笔·全国家居创意设计大赛等，集合设计交易、潮流发布、展赛互动的三大功能，吸引了大批国内外专业观众、采购商、经销商和众多企业知名人士慕名而来。

（三）会展经济，助力拓展市场

中国广州国际家具博览会、国际名家具东莞家具展览会、深圳国际家具展览会、龙家具展览会等四大展会，不断强化市场拓展、新品发布、品牌展示、设计创新、交流学习等作用，提供更多开拓国内外市场的商机。其中，第 33 届中国广州国际家具博览会分两期举，3500 家参展商，19 万名全球采购商云集广州。第一期分民用家具、户外家具及休闲用品、家居饰品及用品、家纺布艺及辅料等 4 大专业展区；第二期以办公家具、商用家具、酒店家具、家具生产设备及辅料为主。四大亮点：国际品牌馆规模进一步扩大，展会首次设立新锐设计馆，特色展区蓬勃发展，经典品牌引爆全场。

海南国际酒店家具、酒店用品及培训服务展览会（简称海南 M3 展），让广东酒店家具、酒店用品企业在海南旅游建设中捕抓商机。中国（乐从）红木家具艺术博览会，展销海南黄花梨、小叶紫檀、越南黄花梨、大红酸枝等红木家具精品、民间收藏品、新中式家具。澳门国际酒店展，推动广东省家具企业进一步开拓澳门及葡语国家市场。中国（福州）家具建材装饰品博览会，为广东家具、建材、住房、装饰等企业开拓海西市场服务。

三、品牌发展及重点企业情况

被省名牌评价中心认定为“广东名牌产品”19 件，分别为：中山鸿发家具公司、中山红古轩家具公司、中山美盈家具公司、广东优派家私集团、东莞华辉家具公司、东莞华伟家具公司、广东大公馆家具公司、中山太兴家具公司、中山华盛家具公司、中山东成家具公司、中山东港家具公司、中山福溢家具公司、广东红运家具公司、东莞汇雅实业公司、东莞达艺家私公司、佛山源田床具机械公司、佛山鑫诺家具公司、佛山瑞信无纺布公司、广东雅柏家具实业公司。

被广东省著名商标评审委员会新认定、延续认定“广东著名商标”28 件，分别为：广东罗浮宫、东莞元宗、中山红古轩、江门健威、广东东泰、东莞华辉、东莞慕思、中山四海、中山中泰龙、中山美盈、汕头华莎驰、广州丽江、深圳美之高、深圳中意、东莞华立、东莞万恒通、东莞盛雅、中山东港、中山东成、嘉宝莉化工、佛山大明、佛山豪强、佛山澳舒健、佛山鑫诺、顺德新马木工、江门中新、珠海意多、四会家惠。

广东省家具协会被广东省经济和信息化委员会授予“广东省第七届‘省长杯’工业设计大赛先进集体”，被广东省民政厅授予“广东省社会组织模范单位”。

四、政府助推行业发展

（一）技术改造，出台指导目录

为加快广东省家具企业技术改造步伐，配合省政府制定重点技术改造发展方向和扶持政策，按照广东省经济和信息化委员会工作部署，广东省家具协会召开了征求家具行业技改指导意见及技改意向座谈会，就编制《广东省工业企业技术改造指导目录意见》中家具行业重点方向进行了认真研究，形成修改建议，及时上报。

广东省经济和信息化委员会颁布的《广东省工业企业技术改造指导目录》（试行），对省家具行业今后开展技术改造重点指明了方向：

1、发展环保节材型家具、新中式家具、全屋定制板式家具、智能化家具、多功能家具、环保儿童家具、保健养老家具、竹材家具、竹藤家具、竹藤精深加工产品、竹副产品以及优质家具五金配件、构件。

2、升级改造家具涂装工艺及环保设施、金属家具静电粉末喷涂工艺及设备，推广应用水性涂料涂装工艺及设备、木家具静电喷涂工艺及设备，支持水性涂料公共喷漆房平台建设。

3、推广应用数控设备、加工中心、柔性自动化生产线、喷涂机器人、焊接机器人等先进制造设备，中央除尘等大型环保设施，支持应用国产优质家具生产设备、家具五金自动化生产线、先进家具生产软件等。

4、支持企业大规模定制家具生产系统、企业内部质量检测中心和设计创新等公共服务平台的建设。

5、运用其他先进适用技术实行技术改造。

（二）公平贸易，做好基础工作

广东省商务厅在广东省家具协会设立“广东省公平贸易工作站”。工作站积极做好贸易政策审议和对外交涉磋商工作，配合国家、省有关部门领导开展调查研究，掌握行业经济情况，开展家具行业贸易摩擦预警监测。对我国及出口国家具行业的市场状况、法律、政策、规则和指令等变化进行长期监测、分析和预警，关注家具行业贸易摩擦案件情况，及时提醒相关企业予以高度重视。及时收集相关政策和行业出口信息，分析行业出口情况和影响原因，提出相关建议，制定行业出口规划。在“广东家具网”www.chinagdf.com.cn 上建立有关公平贸易的专题网页，及时发布政策、行业数据、资讯、工作动态等信息。举办环保产品工作会议，积极应对美国复合木制品技术性贸易措施，不断完善行业自律机制，坚持实施《广东省家具市场诚信自律公约》，协调和规范行业经营秩序。

广州市

广州市家具协会　杨家辉

一、行业概况

2014年，广州市有家具企业5341余家，从业人员达10万人以上；全市家具商场总面积达300万平方米。一年来，完成家具工业总产值978亿元人民币，同比下降1.3%；家具内销总额708亿元，同比上升6.26%；家具出口总额49亿美元，同比下降3.16%。

二、主要特点

2014年，对于家具行业而言，有机遇也有挑战，传统家具企业不能继续闭门造车，应着眼广阔的市场环境，选择适合自己的设计理念和经营方式，在越来越激烈的竞争下，保证自己的权益，在业界脱颖而出，取得更好的业绩。对广州市家具行业来说，2014年规模以上大型企业继续抓住发展机遇做大做强。

（一）中国（广州）国际家具博览会保持持续增长

中国（广州）国际家具博览会被誉为“品牌第一阵营”，是中国乃至全球家具界每年一度的盛事。2014年春季第33届广州家具博览会展会，两期总规模达68万平方米，共有32个国家和地区的3659家企业参展，比往年有所增长；其中广州市家具协会组织参展企业将近400家，占国内参展商总数10%以上，会员参展企业硕果累累，共获得了12个奖项，占展会全部奖项的10%。来自全球190多个国家和地区的148110位具有商业价值的专业观众到会参观、采购，同比分别增长18.75%和4.99%。多个海外采购团、国内多家大型家居卖场以及行业专业采购团到会，万商云集。

（二）家居卖场转战郊区

随着城市的发展，占地面积大、单位产出值低

2012～2014年广州市家具行业发展情况汇总表

主要指标	2014年	2013年	2012年
企业数量	5788	5921	5379
规模以上企业数量	67	64	60
工业总产值（亿元）	978	991	900
规模以上企业工业总产值（亿元）	20.9	19.6	18
出口值（亿美元）	49	50.6	45
内销（亿元）	708	666.3	603

数据来源：广州统计局、广州市工商局、广州红盾工商网。

的家居商场已经不受物业方重视，传统的选址思路不再适应当下家居零售业的形势。从当年珠江新城的美居中心、黄埔大道的金海马，到2014年有十年历史的红树湾海印桥店撤出，广州市中心区的大型家居商场越来越少，如今仅有马会家居、维家思广场、红星美凯龙天河店、红树湾陈家祠店、高德美居珠江新城店等不到10家。

目前，广州拿地成本远远高于10年前。因此，依托自有物业建设商场无疑是最好的选择。而没有自有物业的家居商场，则瞄准一些楼市发展迅速的区域选址。

（三）红木家具产业集群化渐趋明显

在当地政府部门和企业推动下，广州番禺区石碁古典红木家具行业协会于2014年6月成立，目前有32家会员，会员遍布番禺石碁、石楼、化龙、南村、沙湾等镇。协会积极取得政府的大力支持，组织会员会同相关部门开展了一系列红木文化街调研活动，提出了“关于打造番禺区石碁红木文化一条街”的初步设想。设想提出，将由政府主导、企业与协会参与的形式，致力打造红木文化产业一条街，拟建立红木主题公园、首家红木工业博物馆、红木文化体验馆，提供企业与消费者直接交流平台，打造红木工业旅游点，延伸红木产业链条，为消费者提供一个经营规模大，品牌品种多的集生产、展销、鉴赏、售后服务于一体的红木家具品牌街，将红木文化街打造成集购物、旅游、文化、悠闲于一体的多元化综合配套街，进一步推动石碁镇红木文化产业的发展，推动市场监管及诚信市场，打造特色的番禺旅游产业链。

（四）定制家具发展迅猛

2014年，广州市定制家具行业继续呈现蓬勃发展的状态，涌现出尚品宅配、欧派、索菲亚、好莱客、维意定制等一批全国知名的定制家具品牌。

定制行业会向全屋定制和整体家居方向发展，源于客户和企业的双向需求。全屋定制趋势的出现，主要是因为当下消费需求和模式发生了变化。随着房价的不断上涨和居住空间的缩小，越来越多的客户希望能更充分合理地利用空间；而伴随着人们生活品位的提高，对家居空间的整体效果、风格匹配也提出了更高的要求。此外，售后服务和环保等方面的需求也在不断提升。全屋定制能够真正做到一站式采购，能解决空间利用率和整体美观度等问题，对于消费者来说既省时又方便，最终效果令人满意，售后也有保障。

三、重点代表企业情况

（一）穗宝集团

穗宝引进的美国诗贝艾尔床垫品牌为全球奢华床垫品牌领导者，诗贝艾尔建立于1926年，遍布全球各大洲。作为拥有43年历史的本土睡眠品牌，穗宝集团一直以专注睡眠研究，思考如何提升消费者的睡眠感受为主要目标，积极走向世界，例如：与世界家具材料行业领导者礼恩派集团结成战略伙伴关系，提供更完善的健康睡眠设计和各类相关产品；2014年，在原有的五大系列床垫基础上，专为已婚人士及儿童推出“倾慕”以及“瞌豆”两大系列床垫，结合2010年研发的iFEEL深睡感知系统，为消费者带来8小时深度睡眠。

2014年穗宝还展开了多元的营销推广，让科学睡眠的理念深入人心。例如：世界杯期间紧贴热潮的“没睡饱，怎么世界波”创意营销、8月8日深度睡眠日发布的《中国网民睡眠质量白皮书》。同时，积极开拓线上市场，努力让经典老牌更加年轻化，并通过大范围全覆盖的宣传投放，让品牌形象更加深入人心。据世界品牌实验室2014年的数据显示，穗宝集团的品牌价值高达48.35亿元。

（二）广州市马可波罗有限公司

广州市马可波罗有限公司创建于1994年，是集产品设计、生产、销售、安装工程的售后服务于一体的橱柜、浴室柜、组合衣柜等专营企业。公司配有现代化厂房以及由意大利和德国引进的现代化生产设备，自成立之日起，就以打造国际优质品牌为目标，产品符合国际防潮防火标准，并引导现代消费与时尚潮流，营造家居“厨房似天堂”的时尚环保橱柜设置，产品直销富力地产、恒大地产、合景泰富、振兴集团、时代地产等全国各大楼盘配套工程，远销欧美、澳洲等地。

公司通过了ISO9001：2000质量管理体系认证，并连续多年通过了复审确认。产品商标和安装服务商标都先后被评为广州市著名商标，产品被正式列入《中国建材市场采购指导目录》。多次获得"广州市守合同、重信用企业""中国建筑装饰业十佳品牌""中国质量供货合格放心、安全无毒害环保建材产品""中国质量信用企业""2005 广州.首届世界厨房博览会金橱奖"等 20 多项殊荣。

(三)广州尚品宅配家居用品有限公司

新居网是中国定制家具领导品牌——尚品宅配的官方网络商城，以全新的 C2B 结合 O2O 模式引领家居电子商务行业发展，是全国最领先的家居电子商务平台之一，业务覆盖全国各个地区。

新居网以家居"试衣间"作为核心理念，并引入"网络 + 实体"的运营模式解决客户的本地化服务体验问题。应用业内时下最前沿的三维虚拟现实技术，为消费者提供免费上门量房、免费方案设计服务，并按照消费者的个性化需求打造最真实的家具"试穿"效果。除此之外，新居网拥有一个由全国 700 多个地下店面构筑的地面服务系统，占地 11 万平方米、超过 20 亿元产能的现代化定制家具生产基地，堪称同行业之最，为消费者的线上线下购买体验以及售后服务提供了最省心、放心的保障。

四、存在问题

2014 年，国际家具市场的竞争越来越激烈。越南、泰国、马来西亚、印尼、墨西哥、波兰等拥有低廉劳动力和良好森林资源的国家，通过引入外资和自我发展积累，竞争优势越来越强，已成为广州市家具出口企业的有力竞争对手。

近年来，家具企业生产成本不断上升。一是用工成本方面，不少技术工人工资上涨幅度达到 20% 左右；二是原材料价格大幅上涨，皮革和海绵、木材等作为家具制造必不可少的主要原材料，价格已经多次上调，特别是出于环保考虑，木材价格不断攀升。三是人民币升值预期短期难以消退。随着各种生产成本的上升，企业利润进一步下降，不少企业生产和出口面临较多困难。

五、发展趋势

城镇化被视为"扩大内需的最大潜力所在"和"中国经济增长的巨大引擎"。党的十八大报告提出"推进新型城镇化建设"，这无疑为二三线城市的发展注入了活力，为萧条的房地产业打了一剂强心针，并为其下游的家具产业增添了新动力，有可能为家具行业带来新机遇。

2014 年，"双十一"给家具行业带来了巨大震动，家具电商化已是大势所趋。为了开拓渠道，许多家具企业纷纷试水电商平台。当前，家具行业试水电商还存在经销商、物流、标准化、前期投入等诸多问题，如果在未解决这些问题之前盲目投入电商，则不是企业的明智之举。然而，电商的发展已经势不可挡，在 2015 年，家具行业电商时代的步伐也将越迈越大。传统家具企业在埋头苦干的同时，应更多地关注电商平台的发展，从而走得更快、更稳。

未来的家具市场需求空间更加广阔，家具企业在利润空间不断压缩的环境下势必寻求更多的差异化发展路线。除现有的传统卖场销售和实体连锁渠道外，将会有越来越多的企业开始涉足定制家具、家具电商等新兴产业，各级家具行业协会将要承担起更多的责任。

深圳市

深圳市家具行业协会　侯克鹏

一、行业概况

深圳家具企业1500家，其中龙岗534家，坪山646家，宝安及周边区域近400家，从业人数15万人，2014年总产值2000亿，外销110亿美元。国内一二线城市的家具大卖场家具品牌50%来自深圳及广东地区。

二、品牌发展及重点企业情况

近几年，深圳的许多优秀企业及时抓住了市场机遇，调整自身发展方向，布局全国，得到了较快发展。在这轮行业洗牌当中，许多企业已经迎头赶上，一跃成为各大家具门类中的领先者与佼佼者，例如软体类有左右沙发、芝华仕等，软床类有圆方园、CBD、路福寝具等，现代实木类有柏森、童话森林、恒信华典等，古典实木类有亚力山卓、金凤凰等，板木家具有仁豪迪诺雅、兴利等，儿童家具有松堡王国、七彩人生，板式类家具有红苹果等。这些在各自家具品类的领导者，都成为了深圳家具这面旗帜的代表，也撑起了中国家具品牌的未来。

三、行业发展举措

（一）规划深圳时尚创意产业总部，凝聚中国家具企业一线品牌

把深圳作为核心总部基地，建立五大中心即品牌运营中心、高端产品及现代生活方式展示中心、研发设计中心、文化创意中心、供应链管理中心。品牌的核心是品质，因此打造品牌运营中心的核心是通过深圳质量和深圳标准带动中国家具品质总体提升。“绿色家具优品”代表着权威组织机构对社会的承诺和责任。

深圳国际家具展和深圳国际饰品展以高端产品及现代生活方式展示中心为发展方向，以设计为导向、不断进行商业模式变革、可持续创新。研发设计中心以深圳家具研究开发院为龙头，带动深圳附属设计机构，实施纵向一体化战略，打通家具产业链上下游，向房地产、室内服务方向延伸。文化创意中心是借助深圳“设计之都”品牌形象，以传统优势行业创新和转型升级为己任，带领深圳家具企业整体提升，从而成为中国家具一线品牌的运营中心，提升整个深圳家具行业的未来发展。

（二）安徽宿州、山西运城等家具工业园建立，宣告深圳家具布局全国

安徽宿州、山西运城等家具工业园区的全国布局，全方位的实现“全国制造”、“全国分销”，真正的让深圳家具品牌逐步扩张全国，增强方圆500公里以内的配送、售后服务的竞争实力，同时将一直困扰深圳家具企业的生产制作、物流配送成本较高的问题逐一解决。

其中，中国宿州·深圳家居产业园，2014年在深圳左右家私的带领下，迪诺雅、兴利、森堡、德胜、美亚、好的板、云之尚、国奥、优的、新群力、卡地亚、锐图等众多一线深圳家具品牌，率先进驻，正式奏响深圳家具征服中原的序曲。

（三）提升产品品质，强化深圳家具品牌核心竞争力

为了提升深圳家具品牌核心竞争力，打造精品品质，由中国家具行业协会发起，深圳市家具行业协会承办，深圳市赛德检测技术有限公司技术支持的“中国家具绿色优品”项目，是旨在打造一种高度负责、安全可靠和高透明度的家具产品评定标

签，让高于国家标准的“深圳制造”，树立深圳质量和深圳标准的精品形象，成为中国家具行业内对优质产品的最高等级认定。

深圳家具行业经过近三十年的发展，始终在整个中国家具市场迷茫或头脑发热之际，没有随波逐流，而是在冷静和清醒中拂去浮躁，寻找理性，从而带动整个深圳家具企业的提升，在这十几年深圳发展的历程中，依然可以看到一条痕迹清晰的深圳家具轨迹，看到从区域品牌向全国品牌逐步成长的发展之路。未来的十年，深圳家具产业将会迎来下一个高峰。

四川省

四川省家具行业商会　王学茂

一、行业概况

2014年，是站在新起点上全面深化改革的开局之年，是实施“十二五”规划的关键之年。面对世界经济缓慢复苏、国内经济由高速增长转向中高速增长“新常态”的宏观环境，四川家具行业呈现出总体“稳中有升”，局部“跌宕起伏”的态势。由于房地产行业的持续不景气，导致2014年四川家具行业也在逆境中谋生，但通过采取一系列“稳增长、促发展”的措施，行业整体依然保持了一个相对平稳的发展趋势。2014年，四川家具工业总产值904.87亿元，同比增幅7.9%，位居全国家具业增长率前列。其中规模以上企业产值620.4亿元，全省家具生产企业4320家，出口值2.28亿美元。

二、行业活动

2014年，四川省家具行业继续积极践行“抱团拓展，销量倍增”计划，进一步加快转型升级的步伐。在这一计划的推动下，四川家具企业从发展实际出发，以“面向刚需，整合营销”为方向，卓有成效地开展了一系列有利于促进四川家具区域品牌竞争力的活动，努力搭建与市场和经销商充分交流的广阔平台，在一定程度上促进了四川家具在全国市场占有率的提升。

（一）深耕细作“抱团拓展，销量倍增”计划

1月，部分四川家具企业代表考察了四川泸州、四川沐川、陕西西安、山西运城、山东临沂五地家具市场，拉开了四川家具“三个1000”战略工程的实施序幕；

3月29日，近百家四川家具品牌与陕西数百家经销商在原点新城举办“四川品牌家具采购文化节”；

7月2日，“2015四川家具全国巡展”活动与云南、重庆、陕西等7省市的家具协会举行了签约仪式，并于10月16～24日，相继考察了西安、郑州、武汉三地。

（二）建立产业大平台，促进行业大发展

7月2～6日，“中国西部家具商贸之都第八届国际家居文化节”及“第二届中国家具产业发展成都国际论坛”在成都成功举办；

2011～2014年四川省家具行业发展情况汇总表

主要指标	2014年	2013年	2012年	2011年
工业总产值（亿元）	904.87	838.38	762.16	620
规模以上企业产值（亿元）	620.4	544.85	457.29	/
企业数量	4320	4550	4600	4600
出口值（亿美元）	2.28	2.46	2.52	3.67

数据来源：四川省家具行业商会。

5 月 10 日起，“首届四川家具全国优秀经销商评选”活动正式启动，产生了首批 100 名四川家具优秀经销商。

（三）加强业内交流，促进转型升级

3 月 16 日和 9 月 3 日，百名四川家具企业代表包机赴广东参展；

4 月 8 ~ 13 日，数十家企业组成的四川家具代表团参加第 53 届米兰国际家具展；

4 月 28 日，部分四川家具企业代表参加香河第三届家居文化艺术节；

8 月 23 ~ 24 日，部分四川家具企业参加“2014 中国（淄博）家居市场与物流高峰论坛”；

10 月 9 日，部分四川软体家具企业参观“首届中国国际家私面料及辅料博览会”；

10 月 17 日，部分四川家具企业参加“第十三届西安国际家具博览会”，并走访了西安部分四川家具经销商；

11 月中旬，贵州当地部分经销商组团来成都采购四川品牌家具产品，取得良好成效。

三、品牌发展及重点企业情况

随着家具行业在经济环境和市场环境大背景下不断得到历练，“调整、转变、转型、提升、整合”成为 2014 四川家具的关键词。作为全国的家具产业重地，四川家具企业和品牌的转型升级走出了一条探索与创新的道路，产业融合趋势逐渐显现。

（一）成都八益家具集团

八益家具集团精准地把握突围之道，提出首创的“整合家居上下游产业链、提供整体居家全套解决方案”模式。2014 年，八益国际家居博览城项目一期正在加紧建设中，中国唯一的“千家博览馆”也正在规划打造，将为消费者提供整体居家全套解决方案，免除消费者在采购过程中四处奔波、分散、零碎采购所造成的繁杂和脱节。激活终端需求、聚合消费资源，这既是符合家具企业特征的转型战略，也会是未来行业的发展方向。

（二）全友家私有限公司

公司创建于 1986 年，经过 20 余年的发展，已成为国内集研发、生产、销售为一体化的大型民用家具龙头企业。2014 年，全友家居正式拉开了“质量服务升华年”的序幕，通过“量化标准、严控过程、提升服务、争创一流”等质量管理措施，稳步提升质量服务水平。2014 年，全友家居连续三届荣获“中国最佳售后服务奖”。同时，全友将创新力作为驱动跨越发展的强大引擎，建立有效的创新机制，从产品创新到管理创新，从人才创新到文化创新，创新贯穿了全友发展的每一个时期，对企业发展起到了核心作用。

中国西部家具商贸之都第八届国际家居文化节开幕式

（三）成都市明珠家具（集团）有限公司

公司始创于1989年，目前已发展成集研发、生产、销售、服务于一体的大型现代家具企业，旗下业务涵盖成品家具制造与销售、定制家具制造与销售、网购家具制造与销售、家居用品零售、家居专业物流和家具专业售后服务六大业务模块。2014年，掌上明珠家具迎来25周年庆典，提出“以消费者为核心”的公司战略转型目标，将“满意竞争力”列为争夺消费者的关键点，关注消费者关注的重点，以满意消费者的需求作为团队的奋斗目标。

（四）双虎实业有限公司

公司建于1989年，1993年正式注册为成都市双虎实业有限公司，现已发展成为集家具设计、研发、制造、销售、服务于一体的现代化大型家具企业，建立了成都总部、江苏宿迁、河南濮阳三大生产基地，总面积3000余亩。2014年，是双虎家私名品营销转型升级的一年，公司在产品、渠道、组织、品牌等核心要素上持续发力。同时，由双虎家私名品独家冠名的CCTV-7黄金栏目——大型户外相亲节目《乡约》也于2014年1月4日首播，成为首家冠名央视栏目的家具企业。

四、存在的问题

（一）市场疲软、产能过剩

一方面，家具企业为稳固品牌形象、夯实市场份额，不断引进生产线、研发新产品；另一方面，国内房地产市场持续疲软造成家具产品的销量低迷，而外销屡屡受阻，供大于求、产能严重过剩的矛盾日趋严重。四川家具行业迫切需要改变过去各自为政及盲目扩张的局面，转型升级调整模式，主抓营销确保增长。

（二）生产管理水平亟待提升

目前，粗放经营模式在一些当地企业中依然存在，部分能耗高、缺乏技术含量和营销手段的企业最终会在行业优胜劣汰的过程中被迫转产或者倒闭，这些企业亟须新技术、新设备、新研发的推进落实。

（三）对电商模式适应不足

2014年“双11”，电商再次创下天量销售额，给家具行业带来巨大震动，家具电商化已是大势所趋，但绝大多数四川家具企业并没有做好相关心理与市场准备，如果在未解决物流、售后等诸多实际问题之前就盲目地投入电商并不是明智之举。

五、发展趋势及展望

四川家具行业发展初期，走出了一条特色鲜明的“农村包围城市”的市场布局之路，为四川家具完成数量和规模的扩张，实现第一次腾飞奠定了基础。目前，四川家具企业已在全国2000多个县市设立了2万多家专卖店，销售网点延伸到了市县及乡镇市场，成为现代营销理念下“决胜终端”的优势资源。2014年，新型城镇化建设列入国家规划，“天府新区”正式获批成为国家级新区等等一系列利好政策的出台，使四川家具产业迎来新的重要战略机遇，“转型升级、渠道拓展”的发展之路得以延续，四川家具产业未来发展的间仍然巨大。

（一）模式的创新与拓展

面对互联网经济的冲击，四川家具行业在经

双虎家具独家冠名的CCTV-7黄金栏目《乡约》

“四川家具全国巡展”活动

历了产品为王、渠道为王、营销为王、品牌为王之后，正在积极探索转变管理思路和拓展渠道创新。四川省家具行业将结合各种营销新模式，举办“四川家具全国巡展”活动，吸引全国各地优质经销商，实现全国四川家具厂商的良性互动。

（二）渠道的下潜与渗透

有关数据显示，全国有近3000个县，其中有辐射能力的县级城市达到了200多个，在一线城市和省会城市消费市场日趋饱和的情况下，稳固占据这些具有辐射能力的县域城市，将是四川家具行业拓展区域市场、挖掘渠道潜力的有力抓手。同时，互联网经济的大势所趋也将倒逼四川家具行业跨界融合的产业链资源整合。

（三）集群的构建与升级

珠三角、长三角、环渤海湾等家具产业集群，对产业链的高效整合，提升集群整体竞争力以及提高资本流、人力流、信息流的传送效率都具有重要意义。目前，四川家具行业已有新都区、崇州市、彭州市、双流县等多个核心生产基地，在此基础之上，将日益形成以家具研发及生产、家具仓储及物流、家具零售及批发等构建的一体化格局，升级四川家具流通基地的总体战略布局。

贵州省

贵州省家具协会　田洪

一、行业概况

经过多年发展，贵州家具行业同全国家具行业的发展状况一样，也处于结构转型和发展模式变化的关键时期。由于生产、营销、渠道、卖场等相关因素的体制性问题，行业整体价值的体现明显低于其他行业，家具业的管理模式相对落后。2014 年在国内首次出现了大型家具企业强强联合、紧密联合、整合多方资源、优势互补，提高三方品牌知名度及产品市场占有率的典型性事件，贵州家具行业将认真借鉴，在 2015 年或者未来很长一段时间内，要抓住机遇、努力发展。

随着市场形势逐步严峻，目前整合资源已成为各大家具企业突破行业瓶颈的首要任务。家具行业的竞争已由家具企业综合实力的竞争演变为产业链的竞争，家具企业抱团作战或是新出路。

2014 年年底，贵州省家具协会对全省家具生产企业进行调查统计，目前全省家具生产企业约为 1160 家左右，规模以上生产企业会员单位 2014 年产值统计结果显示为 62.68 亿元（规模下会员不计），这个数据创下贵州家具行业产值的新高。流通企业市场营业额为 250 亿左右（街边店及独立店不计）。由此数据看到，近年来贵州家具行业得到了飞速发展，行业逐渐摆脱小零散的发展状况，走上一条向集中化、集约化、品牌化、产业化的发展道路。

二、主要特点

（一）搭建平台

2014 年，贵州家具产业孵化园加快了园区生产厂房以及一期商业设施的建设步伐，目前，园区在建厂房面积 700 多亩，2015 年入驻企业将达到 43 余家。同时，项目制定了以“引进来，走出去”的经营战略，并率先导入“工业 4.0”运营模式，紧跟时代潮流，创新运营模式，并将在产业配套、物流服务、家具文化、人才培养、产品研发、品牌孵化等各方面帮助入驻企业。同时，贵州省家具协会与中国民生银行贵阳分行合作成立“贵州省家具行业城市商业合作社”以来，共计帮助融资贷款企业 56 家、经核实已发放贷款企业 27 家，金额达 4700 万元，解决了企业在运营过程中的资金困难问题。

2010 ~ 2014 年贵州省家具行业发展情况汇总表

主要指标	2014 年	2013 年	2012 年	2011 年	2010 年
企业数量	1160	1100	1060	1020	980
规模以上企业数量	243	238	210	197	176
工业总产值（万元）	62.68	56.47	46.87	36.09	27.06
规模以上企业工业总产值（万元）	45.03	39.85	33.48	26.45	20.37
家具产量（万件）	245.51	220.05	191.78	165.33	135.52

数据来源：贵州省家具协会。

以搭建资金平台和生产园区平台，推进行业发展。

（二）人才队伍建设

2014 年 7 月 1 日，在中国轻工业职业技能鉴定指导中心和中国家具协会的关心和支持下，贵州西南国际家居装饰博览城建立了贵州省首个中国家具行业职业技能培训基地，并完成了培训的准备工作，将于 2015 年正式开班培训专业人才，服务于贵州家具行业。通过对贵州省家具生产企业进行调查，2015 年将连同贵州省轻工职业技术学院一起，开设“家具设计与制造、家具制作与板式家具制造技术、家具制造生产管理、家具制造与市场营销、家具涂料与涂装饰工艺”等专业，为贵州家具企业提供源源不断的专业人才队伍。

三、品牌发展及重点企业情况

（一）重点企业获表彰

2014 年，中国家具行业年会对全国先进生产企业、先进流通企业及先进协会进行表彰。长田、子洋、大自然、合众、嘉和家、云岩卡罗兰六家企业获得先进生产企业表彰，西南国际家居装饰博览城、南明青禾国际家具城获得家具先进流通企业表彰，为贵州省家具行业发展树立的先进的榜样。

（二）贵州大自然科技有限公司

2015 年 2 月，由大自然床垫牵头、贵州大学与南方棕榈公司协助研究的“贵州省棕榈种植及深加工关键技术研究示范与产业化”重大科技专项项目启动，将用 4 年时间完成这一重大课题。该项目终期成果是在贵州省建立棕榈集约化育苗与种植示范基地，建设棕榈深加工产业化示范生产线。项目的顺利开展，不仅能够有效遏止贵州石漠化，还能带动农民致富奔小康，促进山区农村经济发展，贵州省棕榈人工林培育技术体系的初步形成、深加工工艺及装备整体技术水平的提高，对栽培集约化、设备自动化、制品系列化，原材料成本的进一步降低，深加工附加值与资源综合利用率的提高产生推力，极大提升经济效益，在环境建设中产生不可估量的社会效益。

此外，大自然公司还在全国首创“工业旅游的先河”。同时，公司《床垫对人体睡眠质量的影响》研究项目获国际成果奖，这一研究成果已被国际最具权威的生物学杂志《PLOS one》收录发表，代表了该公司的研究在国际范围内的领先性。作为贵州省家具行业的领头羊，大自然在研究方面做了很好的带头作用。

（三）贵州长田家具产业园

公司旨在打造贵州首个集产品研发、设计、生产、批发、定制、物流、商业、旅游、展览为一体的“工业 4.0”家具产业综合体，并率先在行业引用数据库系统和互联网思维，来实现家具订单式、个性化、流水线的智能化生产模式。产业园自 2011 年年底开工建设以来，已入驻生产厂家 43 家，签约企业 190 余家，名副其实地承担起了打造贵州省家具行业及企业腾飞动力平台的责任。

（四）新兴企业众多

在贵州省家具行业中，奥尔登家居、嘉和家家具、大臣家具、卡罗兰家居、长春藤家具等数十家新兴企业，以朝气蓬勃的生命力出现在贵州家具行业的舞台上，并打造出每年逾亿元的年生产总值。大臣家具还被中央电视台评选为中国中小企业《奋斗》榜样，这些企业都逐步成为贵州家具行业的中坚力量。

四、存在问题

受资源紧缺及国家政策影响，产品价格还将上涨，竞争是市场经济发展的必然现象，未来是竞争与合作共存的时代。竞争与合作从不同方面来体现，对于贵州家具企业自身而言，必须要找准市场定位、客户定位、品牌定位，建立独有的品牌个性，增强自身的竞争力，占据和拓展市场。

五、发展趋势

未来的市场还需企业之间达成合作共存，以集团化形式出击。贵州省家具行业企业必将利用资源整合的杠杆原理，借助家具产业园平台、家具城市商业合作社、职业教育培养人才等社会资源，开展同业及异业联盟，优势互补，发挥集团作战威力，创新赢利模式，使贵州家具企业、省外企业彼此发挥最大价值，整合资源，合作共赢。

陕西省

陕西省家具协会　虢凌舍

一、行业概况

2014年，在经济形势“新常态”的大环境下，陕西家具企业和家居卖场都经历了各种困难的考验，采取了积极的应对措施，2014年，规模以上企业完成产值20.96亿元，同比增长22.4%，实现利润1.9亿元，同比增长27.52 %。

二、主要特点

2014年是不平凡的一年，由于宏观经济增长放缓，家具行业与其他众多制造业一样经历了发展的瓶颈。陕西家具业认清形势，在困难中寻找突破，在创新中谋求发展，在逆境中奋力前行。

（一）骨干企业发展较好

2014年，陕西省家具行业的骨干企业，依靠先进生产技术，引领行业加快升级发展，多元化拓展国内外市场，使行业保持了平稳的发展态势。在行业稳步发展的同时，2014年里，全省规模以上家具企业数量也在不断上升，1～11月实现工业总产值18.39亿元，同比增长20.6%，高于全省轻工行业增长速度1.6个百分点。南洋迪克、福乐、金金博士等骨干企业在行业中的领军作用增强；中型企业呈现增长趋势，在优化企业结构、提高产业集中度中发挥了重要作用。

（二）定制家具快速发展

目前，定制家具发展满足消费者个性化要求，近年来大型定制家具生产企业发展迅速。全屋家具定制，发展到厨房、衣柜、木门等多品类家具定制，家居配套服务等定制业务发展迅速。南洋迪克、博尼卡、源木、富丽等企业纷纷开展了定制业务。企业将信息技术应用于生产制造，缩短了产品生产周期，将现代科技与传统制造业充分结合，成为家具企业转型升级的样板，越来越多的企业在尝试定制家具服务。

（三）家具卖场竞争激烈

家居卖场发展速度加快，现有的连锁卖场持续开店，各地招商引资建设卖场加快。月星家居、宜家等国内外知名家居连锁企业进入西安，富平、旬阳等二、三线城市也有卖场相继开业，家具卖场数量和营业面积快速增长。卖场的扩张，为品牌企业走向市场提供了条件，但是，企业反映家具卖场单

2011～2014年陕西省家具行业发展情况汇总表

主要指标	2014年	2013年	2012年	2011年
规模以上企业数量	20	18	16	12
规模以上企业主营业务收入（亿元）	19.4	15.8	11.8	/
出口值（万美元）	7560.2	12163.0	16014.0	1662.6
规模以上企业家具产量（万件）	77.5	76.0	68.6	108.9

数据来源：中国轻工业信息中心。

位面积销售额在下降，卖场顾客流量下降，市场竞争更加激烈。

（四）新法促进技术改进

当前，国家日益重视环境保护工作，新的环境保护法即将实施，家具企业为了适应新的环保要求，对生产设备进行改造升级，改进生产工艺和技术，研究开发使用新材料。陕西南洋迪克家具制造有限公司和陕西富丽家具有限公司在家具制造过程中，不断使用新设备，改进生产工艺，通过使用低污染、低能耗的材料，减少对大气的污染。如今已形成多种解决方案，通过机械喷涂代替人工生产，降低工人在制造过程中对健康带来的影响。

（五）展会促进行业发展

第十三届西安国际家具博览会展出面积逾50000 平方米，参展商超过 600 家，作为中西部家具行业发展的风向标，本届展会无论是从展出规模还是专业买家数量均创历届新高。据统计，本届展会现场达成交易意向额突破 3 亿元，为历届交易新高；86% 的参展企业均在展会现场与代理商达成合作意向，参展商对展会的满意度达 91%，同时有近 79% 的参展企业表示明年继续参展。此外，展会期间共接待专业买家 86571 人次，较往届参观人数净增长 28%。专业买家大多来自：陕西、甘肃、青海、宁夏、新疆、四川、河南、河北、山西、山东、广东、浙江、上海、北京、内蒙古等西北五省和全国省市的家具制造商、代理商、经销商；共赴同一个目标“市场”，在新一轮市场经济发展机遇下，力争第一时间抢占自己在中西部家具行业市场的新蓝图和树立品牌影响力。

三、重点企业发展情况

（一）福乐家具有限公司

福乐公司成立于 1992 年，是西北地区家具行业规模最大的集科研、生产、经营于一体的综合性企业。2014 年，公司启动了陕西首届家具企业惠民“以旧换新”工程，福乐工业园新厂开始动工建设，新厂投产后福乐公司生产规模、品种及产品质量将进一步得到提升。

（二）陕西南洋迪克家具有限公司

2014 年 10 月 6 日上午，南洋迪克国际家居全境体验中心全球首映盛典在西安大明宫建材家居钻石店外广场举行。南洋迪克国际家居全境体验中心是南洋迪克在行业调整产业结构和转型升级过程中，倾力打造的一种全新情景式体验的创新模式，营业面积 4000 余平方米，自 2014 年初筹划以来，携手香港著名设计大师陈飞杰，投资数千万元，在大明宫集团的鼎力支持下，历时 10 个月完成。它以全新的 E-TCE 模式，创新了中国家具行业的体验式营销，创造和引导着一种全新的生活方式。南洋迪克国际家居全境体验中心全球首映典礼现场

（三）西安盛百世木艺有限公司

2014 年是盛百世红木跨越发展的重要一年，7 月，公司完成了历经半年艰辛的新厂搬迁工作。建立了现代化的生产车间及办公大楼，引进了先进的

2014 第十三届西安国际家具博览会开幕式

福乐新厂区效果图

南洋迪克国际家居全境体验中心全球首映典礼现场

“木雕－盛世中堂”产品

新港西北家具工业园整体规划鸟瞰图

现代管理制度，扩大了盛百世红木企业的生产规模。9 月，公司以“文化红木”为主题开发出一系列引领行业先锋的文化精品，其中，“木雕－盛世中堂”获得 2014“中国原创·百花杯”中国工艺美术精品奖优秀奖，11 月，“木雕－搏”及“盛世中堂”荣获陕西省第六届礼品工艺品展览会工艺美术金奖。公司总经理楼增良荣获第三届陕西省工艺美术大师称号。

（四）西安博柅卡家具有限公司

博柅卡创建于 2002 年，是国内较早进军整体厨房行业、专业设计力量强大、产品线最丰富的橱柜 / 衣柜品牌之一，致力于艺术厨房、时尚衣柜和高端厨电的设计和研发。2012 年，博柅卡成立了中国第一家厨文化体验馆，并推出家庭烹饪培训系统、家庭营养培训系统、家用电器培训系统、厨房美学培训系统，启动了“健康生活博柅卡艺术厨房——中国行”活动。十余年来，博柅卡荣获“中国著名品牌”“中国绿色环保产品”“中国橱柜百强经销店”等荣誉。

（五）西北家具工业园

西北家具工业园位于蓝田县华胥镇，毗邻西安纺织工业园，距离西安东三环仅 6 公里，距离沪陕高速蓝田出口仅 2 公里，交通便利，区位优势明显。园区总体规划面积 7 平方公里，总投资 160 亿元人民币，是由蓝田县人民政府、陕西省家具协会、新港西北家具工业园建设开发有限公司联合打造的一个集家具设计、制造、销售为一体的家具产业基地，是目前西北地区规模最大、配套最全的专业家具工业集中区。园区一期、二期开发 2500 亩土地，仓储物流区已建成标准化仓储库 11900m^2，2014 年入园企业累计达 141 家，涵盖实木家具、红木家具、软体家具、厨具等各类家具的品牌企业。其中，投产企业 58 家，在建企业 46 家，规模以上企业 7 家。2014 年度园区累计完成投资 5.5 亿元，上缴利税 930 万元，工业总产值 8.56 亿元，带动就业 5000 人。

四、未来规划

（一）行业推荐

“3.15 消费者权益日”，继续联合北京、天津、河北、辽宁等十省市家具协会推荐“中国十省市环保家具知名品牌”，联合十八省市推荐“诚信企业”“示范商场”等推荐活动。

（二）行业培训

增强企业终端营销能力，组织终端销售人员（销售经理、店长、营销师、导购员等）的培训，提高企业的产品市场占有率。

（三）品牌建设

积极培育行业品牌，加大宣传力度，实施名牌战略，构筑企业核心竞争力，协助企业申报“陕西名牌”“省著名商标”“中国驰名商标”等工作，提升陕西家具业整体品牌宣传。

（四）项目建设

支持西北家具工业园和空港红木博览城项目的招商、建设，支持福乐、金金博士的工业园建设项目。做好本省家具产业集群建设工作。

西安市

西安市家具协会　张革新

一、行业概况

西安家具行业是市场经济转型较早的行业，经过改革开放三十余年的发展，如雨后春笋林立而起。近年来产销趋于饱和，目前全市家具企业七百余家，规模以上企业六十家，大中型家具卖场十余家，年销售额约30亿元。2014年，西安家具行业挑战大于机遇，外埠家具大量涌入，给本地企业造成较大压力，行业的转型调整势在必行。

流通型的家具卖场依然保持了持续多年的增长态势，仍有新卖场开业，但增速有所减缓，招商难度加大。市场总营业面积已超过160万平方米。本地有西安明珠家居城、原点新城、中联国际家居博览中心、大明宫建材家居城、三森国际家居汇展中心等一批规模较大的流通企业，在西安形成了全方位布局，成为西部地区重要的家具集散地和商业中心。生产型企业受市场因素和成本上涨的影响，面临困难较大，大多企业局限于在省内销售，仅有南洋迪克、中瑞、福乐等少数企业具有开拓国内市场和出口外销的能力。西北家具工业园发展势态良好，是省市重点建设项目，现进驻企业已有近百家。

二、品牌发展及重点企业情况

经过十余年快速发展后，西安家具行业门类基本齐全，行业整体规模有了明显提高，但面对日益严峻的市场竞争环境，企业转型升级势在必行。本土有实力的家具企业，越来越注重品牌的塑造，用原创设计产品去占领市场，突破地域性，走向更广阔的国内国际市场，南洋迪克、中瑞、金金博士、福乐、秦地华美等已成为省内外知名品牌。

（一）西安秦地华美家具有限公司

公司成立于1992年，自创立以来，一直致力于软体家具的设计、研发、生产和销售，先后在省内外设立了专卖店。公司进驻和平工业园后，进行了现代化产业升级，规划建立了布局合理的厂房，

2010～2014年西安市家具行业发展情况汇总表

主要指标	2014年	2013年	2012年	2011年	2010年
企业数量	710	705	708	730	715
规模以上企业数量	58	58	58	57	57
工业总产值或主营业务收入（万元）	181180	177632	170800	182000	180000
规模以上企业工业总产值（或主营业务收入）（万元）	117760	115460	110200	118300	117000
出口值（万美元）	2130	2070	1800	2000	2000
内销（万元）	168300	165000	160000	170000	178000
家具产量（万件）	50	50	49	54	53

数据来源：西安市家具协会。

西安秦地华美家具有限公司厂区

原点国际家居博览中心

引进了新设备，产品设计开发能力有大幅提升，专业化程度更高，通过了 ISO9001:2008 国际质量体系认证，荣获“陕西省著名商标”“西安市著名商标”“陕西省消费者信赖的沙发家具品牌”等荣誉，受到广大消费者的一致好评。

（二）中国原点新城

西安明珠国际集团公司在成功运营明珠家居后，又前瞻性、高起点独家投资了中国原点新城，形成产业集聚效应，新增门店陆续开业，构成了八大品类、十大商场的营销产业链，实现了大家居市场和大家居业态的全面互动与有机互补，对西安乃至全国的家具制造和流通业发展都具有典范意义。2014 年整体迁入钢木家具市场，进一步提升中国原点家具批发交易中心，形成了全国最大、最全的西北城镇家具采购中心。在金秋九月下旬成功召开了中国原点新城秋季家具订货会，为厂商、经销商和广大消费者建立起互利共赢的三方合作家居展示交易平台，给来自全国的经销商提供了更加优惠政策，为其营造品类齐全、条件优厚、共赢财富未来的商业环境。

三、存在问题

流通企业高速增长和生产企业相对滞后形成较大反差，外埠家具大量涌入，让本地家具企业的竞争更加激烈。企业产品研发和品牌包装能力弱，市场目标定位过于集中，未形成较好的差异化经营，同质化竞争激烈。重生产和销售，服务意识和体系不完善。生产成本增长过快，原辅材料不断上涨，劳动力成本提高，好技工匮乏，产品更新换代慢，外向型拓展乏力，诸多因素都制约了企业的发展。

四、发展趋势

西安市加快新型城镇化建设、打造渭北新城和提速西咸一体化项目，必将带动家具产业的发展。企业加快转型升级、推动技术进步、拓宽营销渠道、构建先进运营机制才能赢得机遇。企业将逐渐趋向于专业化，服务于不同的消费群体，注重品牌的塑造，用原创设计产品去占领市场，突破地域性，走向更广阔的国内国际市场；家具营销将呈现多元化发展，由以经销商为主体、以卖场为流通平台的传统模式，转变为新型的多元立体化发展，更多的家具企业尝试网络电子商务；生产企业逐渐迁到离城区较远的郊区，进入专业化工业园，形成供应、生产、销售、物流的集约化互惠互利发展模式。

甘肃省

甘肃省家具行业协会　徐彦英

一、行业概况

2014 年，甘肃省家具行业在克服经济下行压力加大、要素成本上升、资源环境约束增强等各种困难的情况下，保持全行业的平稳发展。2014 年甘肃轻工业保持平稳增长，主营业务收入同比增长 8.09%，工业增加值同比增长 9.7%，实现利税同比增长 7.35%。甘肃省家具行业作为轻工业的重要组成部分，企业规模和效益得到稳步提高。

二、重点企业发展情况

（一）生产企业不断发展壮大

酒泉富康家具有限公司积极挖掘潜力，利用管理优势，不断创新发展。武威市宁海商贸有限公司，是甘肃省产值有望过亿的企业之一。2014 年一期建设和二期准备为行业发展增添动力。

兰州江艺家具有限公司在兰州生产环境受制约的情况下，在广东成立办公家具生产企业，注册商标为“华礼龙”的办公家具，无论设计和质量都遥遥领先。

甘肃龙润德商贸有限公司迎来成立八周年纪念，实木套房家具店在居然之家开业，是多元化经营又一硕果。21 亩教学家具新厂区已初具规模，行业领先的流水线作业使产品质量和劳动生产率有了很大提高。在皋兰县忠和镇投资成立了“兰州龙润德农业综合开发有限公司”，进行高科技农业研究开发项目，为企业再次腾飞储蓄能量。

家具企业电子商务小试牛刀，兰州佳航家具有限公司等企业与淘宝、天猫等平台合作，开始了线上与线下相结合的销售模式，为家具销售提供了新的渠道，积累“触电”经验。

（二）流通企业快速发展

甘肃平凉华亭县是甘肃省的煤炭资源大县，中驰·华亭国际商贸城应运而生，成熟的卖场经验和统一规划，将打造完美的城市家居经销综合体，目前项目招商进行中。北龙口装饰建材城、居然之家万佳店开业和红星美凯龙建设，使兰州的家具卖场数量和营业面积快速增长。

（三）园区建设紧锣密鼓

北龙口甘肃家具园区项目已破土动工，园区将贯彻执行国家产业政策及相关法律法规，按照布局合理、用地集约、产业聚集、持续发展的总体要求，以市场需求为导向，以技术创新为动力，整合

2011～2014 年甘肃省家具行业发展情况汇总表

主要指标	2014 年	2013 年	2012 年	2011 年
规模以上企业数量	4	3	1	1
规模以上企业主营业务收入（万元）	7612.1	6447.5	5840.1	/
出口值（万美元）	1838.35	1541.79	8601.37	7.96
规模以上企业家具产量（万件）	12.00	6.16	6.19	5.72

数据来源：中国轻工业信息中心。

现有资源，发展规模经济，发展特色产品，调整优化家具产品结构，提升家具园区的生存发展能力和竞争能力，把甘肃家具工业园区努力打造成为具有区域特色的家具产业群，环境污染小和规模经济效益好的“循环经济型”生态园区，成为兰州乃至我国西部地区有较强竞争力的家具园区。

三、存在问题

2014 年，伴随全国经济增速趋缓，家具行业也面临新的挑战，甘肃省家具行业存在一些问题，影响了行业的发展步伐。

（一）行业规模偏小

甘肃省家具行业经过多年的发展，已经具有一定的规模，但是跟发达省市比较，差距还很大，在本省家喻户晓的品牌寥寥无几，除了地域和自身因素外，由于冶金、有色金属等行业为甘肃省经济支撑行业，是经济关注的重点，因此，省内家具行业的投资环境、生产环境得不到政府部门的关注和重视，家具行业没有话语权。由于家具行业准入门槛低，行业准入机制和标准缺乏，导致盲目投资、产能过剩，无序竞争也进一步制约了行业的发展。

（二）卖场竞争激烈

连锁家居卖场持续开店，建成和在建设的卖场数量增多，造成家具卖场数量和营业面积快速增长。家居卖场的提升和扩张，为品牌企业走向全国市场提供了条件，一定意义上规范了家居卖场，另一方面，家居卖场单位面积销售额在下降，卖场顾客流量下降，家居卖场面临更残酷的竞争，优胜劣汰的洗牌也会悄然开始。

（三）生产管理落后

由于甘肃省发展环境受限，家具生产企业管理普遍落后，从原材料、产成品到成品的管理仍然是粗放式模式。多数家具企业环保意识薄弱，设备工艺落后，生产环境改造滞后，生产过程中的粉尘和油漆喷涂的直接排放，对工人健康造成影响，对大气造成污染，使生产企业的发展受到制约。

（四）家族企业制约

家族式家具企业经过多年的发展，为甘肃省经济和社会发展做出了重要贡献。但由于家族式管理对企业发展的制约，在企业发展的鼎盛时期没有进行现代企业制度改革，随着社会的发展和行业的不断进步，企业的发展出现瓶颈。

四、应对措施

（一）加强行业管理，提升行业地位

进一步加强地方行业协会的自身建设，努力发挥协会的作用，当好政府和企业的参谋助手。加强行业自律，规范市场行为，培育提升自主品牌影响力，依靠企业、政府、协会，借助新闻媒体宣传行业和企业，通过各种活动邀请相关部门参与，引起相关部门对行业的关注和重视。随着行业影响力的提高和行业的不断发展壮大，协会和行业逐步得到政府和社会的认可。甘肃省家具行业虽然面临诸多挑战，但未来是光明的，甘肃省家具企业将奋发自强，只有改变自己，改变传统发展模式，才能从根本上改善行业的发展环境。

（二）卖场转型调整，找寻发展出路

优胜劣汰是市场永远的法则，行业既阻止不了卖场开业，也阻止不了企业倒闭。目前，卖场持续增多，不断对流通业行业进行冲击，也对卖场的服务、售后、环境、管理提出更高的要求。适者生存的环境下，就会有一些卖场转行，另一些越做越好。本省流通企业在家具卖场单位面积销售额不断下降的情况下，要有清醒的认识和果断的抉择，既不能孤注一掷，也不能遍地开花，要根据自己的实力及时调整，不能坐以待毙，要积极应对，找到出路。

（三）强化企业管理，增强安全意识

深刻认识安全管理对一个企业生存和发展的重要性。家具企业原材料到成品都是易燃物品，尤其冬季气候干燥，容易引起火灾，每年全省乃至全国都有家具厂因各种原因失火的相关报道。原因是多种的，教训是惨痛的。本省家具生产企业普遍存在管理不规范，安全管理不到位等问题。因此企业应引以为戒，加强企业生产、安全管理，自查自纠安全隐患，消除不安全因素，时刻做到安全为了生产，生产必须安全。

随着国家日益重视环境保护工作，新的环境保护法即将实施。家具企业为了适应新的环保要求，要对生产设备进行改造升级，改进生产工艺和

2014 甘肃省家具行业年会

技术，使用新材料。在制造过程中，要不断使用新设备，不断改进生产工艺，通过使用低污染、低能耗的材料，减少对大气的污染。通过机械喷涂代替人工生产，降低工人在制造过程中对健康带来的影响，使用水性涂料、粉末涂料替代高污染涂料，降低有害物质的排放，保护环境和人身健康，同时促进行业的技术进步。

(四) 改变经营理念，推进整合升级

企业要解放思想，创建现代企业管理制度，同时规范生产、经营自律行为，加强品牌培育。随着国家经济调控政策的深入和加强，家具行业已经进入低增长阶段，市场竞争日趋激烈。在行业产能过剩的情况下，甘肃省家具企业急需转型升级、重新整合，不断开拓新的市场，放弃盲目扩张方式和恶性竞争的做法，在企业自身发展遇到瓶颈时，要及时学习和借鉴知名企业的发展经验，学习他们的技术、管理和创新能力，要积极参与市场竞争，从省内逐步向省外迈进。

07/产业集群

INDUSTRIAL CLUSTERS

2014年，中国家具产业集群的发展继续呈现良好势态。中国家具协会组织专家对新申报的产区进行考评，新增河南原阳、河北涞水、河南洛阳、浙江龙游4个产业集群并完成共建。除了新增的产区，广东大江“中国传统家具专业镇”正式由共建转为命名，更多的产业集群共建申报工作正进行中。从新增产区的区域位置可以看出，中部地区行业发展势头越发强劲，“中部崛起”战略得到了有效实施，促使整体产业发展格局趋于平衡。本篇收录了32个产业集群2014年的发展情况，并将其分为传统家具产区、实木家具产区、金属家具产区、新兴产业园、商贸之都、出口基地、综合产区七大类进行对比介绍，并对每个类别进行特点归纳，突出发展重点。

2014年中国家具产业集群概况

一、产业集群概述

国家在制定十二五规划中，肯定了着力培育发展轻工业特色区域和产业集群的重要作用，提出了建设先进制造业基地和现代产业集群的部署和要求。

中国轻工业联合会与中国家具协会根据我国家具行业自身特点，对共同建设家具产业集群提出了几点基本要求：具有传统优势，在同行业中处于龙头地位或具有明显特色区域优势；以某一产品为龙头，形成相关配套产业互相协调发展，具有知名的品牌群体和突出的龙头企业；已形成稳定的专业化生产及销售中心，国内外市场营销网络比较健全，市场成熟度高、辐射面广，在国内外市场占有较大份额；有较强创新能力，拥有自主知识产权和有一定数量的产品专利；注重节能减排、环境保护。

二、产业集群分布

截至2014年12月，我国家具产业集群共计37个，其中，特色区域31个，新兴产业园区6个。这37个产业集群分别分布在我国12个省份中。其中，广东省占6个，浙江省7个，江苏省4个，是产业集群分布比较集中的地区，四川、山东、河北各3个，江西、云南、湖北、河南、辽宁各2个，福建省1个。

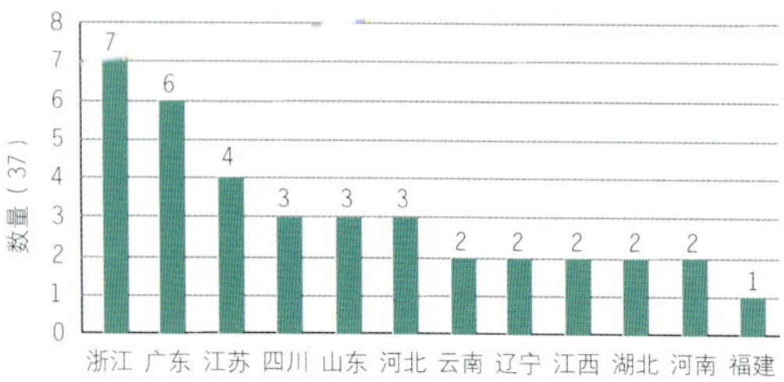

中国家具产业集群分布状况

可以看出，我国家具产业集群覆盖了珠江三角洲、长江三角洲、环渤海、东北、中部、西部六大板块，涵盖了东、西、南、北、中所有区域，对我国家具产业地图新格局的形成，产生重要影响。具体表现如下：

（一）东部地区总量优势仍然显著

东部家具产业集群建立时间早，数量多，产业基础力量雄厚，是我国家具产业集群主要集聚区。如江苏省、浙江省、广东省等地家具产业集群数量在全国领先。

（二）中部发展加快趋势明显

响应国家中西部开发政策，近几年，中部地区发展势头迅猛，江西、湖北、河南等省份随着新兴产业园区的逐步建成投产，集群效应更加明显，带动家具及相关产业协调发展，为区域经济增长和人民生活水平的提升提供动力。除已建成的产区外，中部地区还有两个待建产区，分别是江西南城校用家具产业集群和湖北监利香港国际家具产业基地。江西南城现有校用家具加工企业134家，主营业务收入亿元以上企业9家，拥有自主品牌企业28家，其中上规模企业16家，拥有相关从业人员23600人。2014年实现出口800万美元。实现主营业务收入27.5亿元，同比增长44.8%，利税2.65亿元，同比增长43.2%。湖北监利香港家居产业基地规划面积3万亩，家具规划6000亩，目前已有35家企业入园，13家企业开工建设。

（三）西部地区崛起

西部地区以四川省家具产业为首，目前已建成3个家具产业集群，并成功打造一批川军领军企业，如全友家私、掌上明珠、双虎家私等。云南省则充分发掘当地家具产业特点，打造了 2 个特色传统家具产区，近几年也有不俗的发展。

三、产业集群规模

（一）集群数量逐年增加

自 2003 年 3 月起，中国家具协会在中山大涌建立第一个家具产业集群——中国红木家具生产专业镇以来，至 2014 年底，命名和共建的产业集群共计 37 个，其中 2014 年发展的产业集群 4 个，分别是中国中原家具产业园河南省新乡市原阳县、中国京作古典家具产业基地河北省涞水县、中国钢制家具基地河南省洛阳市庞村镇和中国红木家居文化园浙江省龙游县。

（二）集群类型涵盖广泛

从家具产业集群的功能类型来看，37 个产业集群涵盖传统家具产区、金属家具产区、实木家具产区、出口家具产区、家具流通市场、新兴家具产业园等多种类型。总体来看，我国已有生产制造类集群的 27 个；市场流通类集群 4 个，分别是乐从、武侯、香河和蠡口；也有生产和市场兼备型集群，如龙江、南康、新都等；新兴产业园 6 个，分别是潜江、彰武、红安、海安、原阳、龙游。

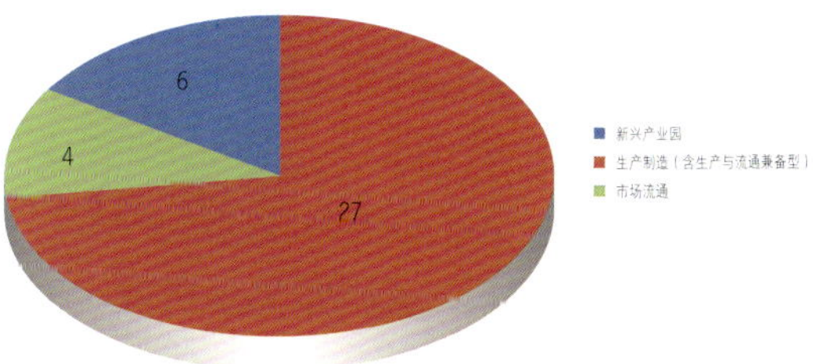

我国家具产业集群类型

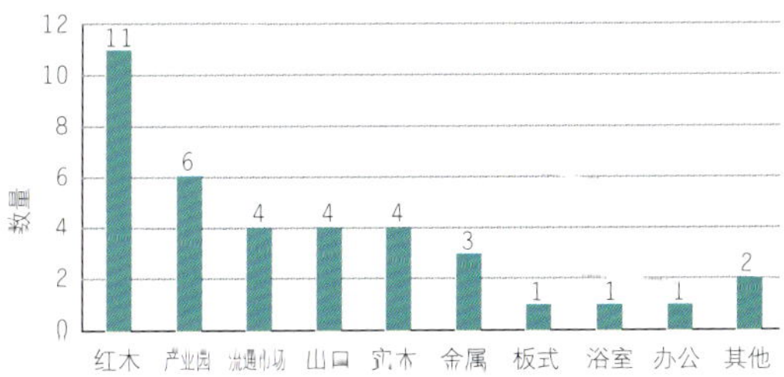

中国家具产业集群分类

（三）产业规模总量突出

家具产业集群的建立，促进了区域经济的繁荣发展，是当地的支柱产业。随着政府加大支持力度、完善产业链、建设公共平台等一系列措施的开展，产业集群内企业发展态势良好、产业规模不断扩大。

四、集群特点及其优势

我国家具产业集群主要分为两种：一是特色区域，是由于自身的各种因素，在改革开放以来的不同阶段，自发形成的产业集聚。如中国红木家具生产专业镇广东大涌、中国椅业之乡浙江安吉。另一种是新兴产业园区，是近几年在当地政府政策支持下，突然发展起来的，相对集中的工业园区，是在政府主导下，由开发商兴建的。

（一）特色区域特点

地理上，特色区域比较集中在沿海省份里相对偏远的一些地区。这个特点与我国改革开放由沿海向内地扩散的趋势一致，反映出家具的加工制造更加倾向于成本低的地方。人才上，特色区域出现在历史上能工巧匠，建筑人才或者手工技艺人才比较集中的地方。如中国红木（雕刻）家具之都浙江省东阳市是“百工之乡”，用了近 6 年的时间，由原来的不足百家企业发展到现在 3000 多家，并兴建超 110 万平方米建筑面积的红木家具专卖市场。

（二）新兴产业园区特点

地理上，基本处于发展稍微落后的一些地区，如中部过去并不是产业发达地区，近年以来发展却很迅速。在高速公路和高铁网络的布局下，这些地区土地及综合成本较有优势。目前已经正式命名的产业园有 50% 位于中部，由此可见，中部发展产业园具有得天独厚的优势。政策上，新兴产业园基本在政府主导下建立，家具行业原有的从业人员作为投资主体，各方积极性都比较高。

（三）产业集群优势

一是区位优势，自发形成在沿海地区或布局在低成本和交通便利地区；二是人才优势，集群所在地多为专业技工的发源地，能够积极响应回乡建设的号召；三是政策支持优势，一些产业集群是响应政府政策的号召下成立的，大部分集群都是当地的支柱产业，能够得到政策支持和资源供给。一些成立时间比较长的产区表现突出，以大涌、安吉等地区为代表，政府给予了大力支持，并在2014年完成或制定了相应的发展规划和扶持政策；四是成本优势，大部分产业集群经过多年发展，企业间形成互补，合作逐渐加强，逐步实现专业化生产、市场配套的新格局。健全的产业链形成良性循环，降低了物流成本、仓储成本；五是规模优势，集群集中了我国家具生产的主要力量，产品品类齐全，全面供应全国。如中国金属玻璃家具产业基地河北胜芳，专业生产金属玻璃家具，生产金属玻璃产品占全国同类产品的70%。

除上述五点外，产业集群还具有创新意识和创新能力。如：中国红木家具生产专业镇广东省大涌镇目前拥有红木家具产品专利800多件；中国家具出口第一镇广东省大岭山镇家具企业获得的外观设计专利、实用新型专利累计已超过3500项。

五、集群对家具行业以及当地经济发展的作用

（一）家具产品的主要产地

目前，家具产业集群集中了国内家具生产的主要力量，约有60%～70%的产品在产业集群产出，成为国内家具及相关产品加工的主要基地，是中国特色的当代加工业代表。产业集群的发展壮大促进了上下游产业的协调发展，竞争优势从制造优势向产业链优势发展，企业间的包容性加强，区域综合竞争优势和市场地位更加突出。家具产业集群以中小企业为主，产业链条比较完整，配套设施相对合理，各类人才循环流动，形成了一个综合化工业生态圈。如中国出口沙发产业基地浙江海宁的出口优势十分明显，沙发出口量占浙江省的50%，产品远销北美、澳洲、欧洲等地区。

（二）公共平台的孵化地

产业集群重视公共服务平台的建设，积极建立如研发中心、检测中心、信息中心等服务机构，为集群内甚至全行业的企业提供技术推广、质量检测、信息咨询等服务，促进家具企业健康有序发展。如：中山市大涌镇十分重视公共服务平台建设，至今，累计投入2000多万元建设产业服务平台，引入红木家具监测站、金融服务中心、电子商务服务中心等。

（三）传统文化的主要载体

我国的古典家具，如京作、苏作、仙作、民族家具等集艺术价值、观赏价值、珍藏价值和实用价值于一体，是传统文化的载体，是当地文明自然积淀的成果，在世界家具行列中，独树一帜。如：云南省剑川县的民族木雕家具具有文化、工艺、鉴赏和收藏价值，随着我国民族木雕家具产业基地的建立，该地区家具在市场上的影响力逐渐扩大。

（四）地方经济的主要支柱

家具产业集群的发展，促进了地方经济的繁荣，带动了旅游、物流、服务等相关产业的发展，成为反映地方经济、文化特色、历史传承、旅游购物的名片。各地政府统筹产业集群与区域经济的发展，带动了区域社会经济协调发展。如：中国家具出口第一镇广东省大岭山镇拥有企业数量549个，工业总产值125.8亿元，家具产量1580万件，家具行业的生产总值占到全镇经济收入的50%。

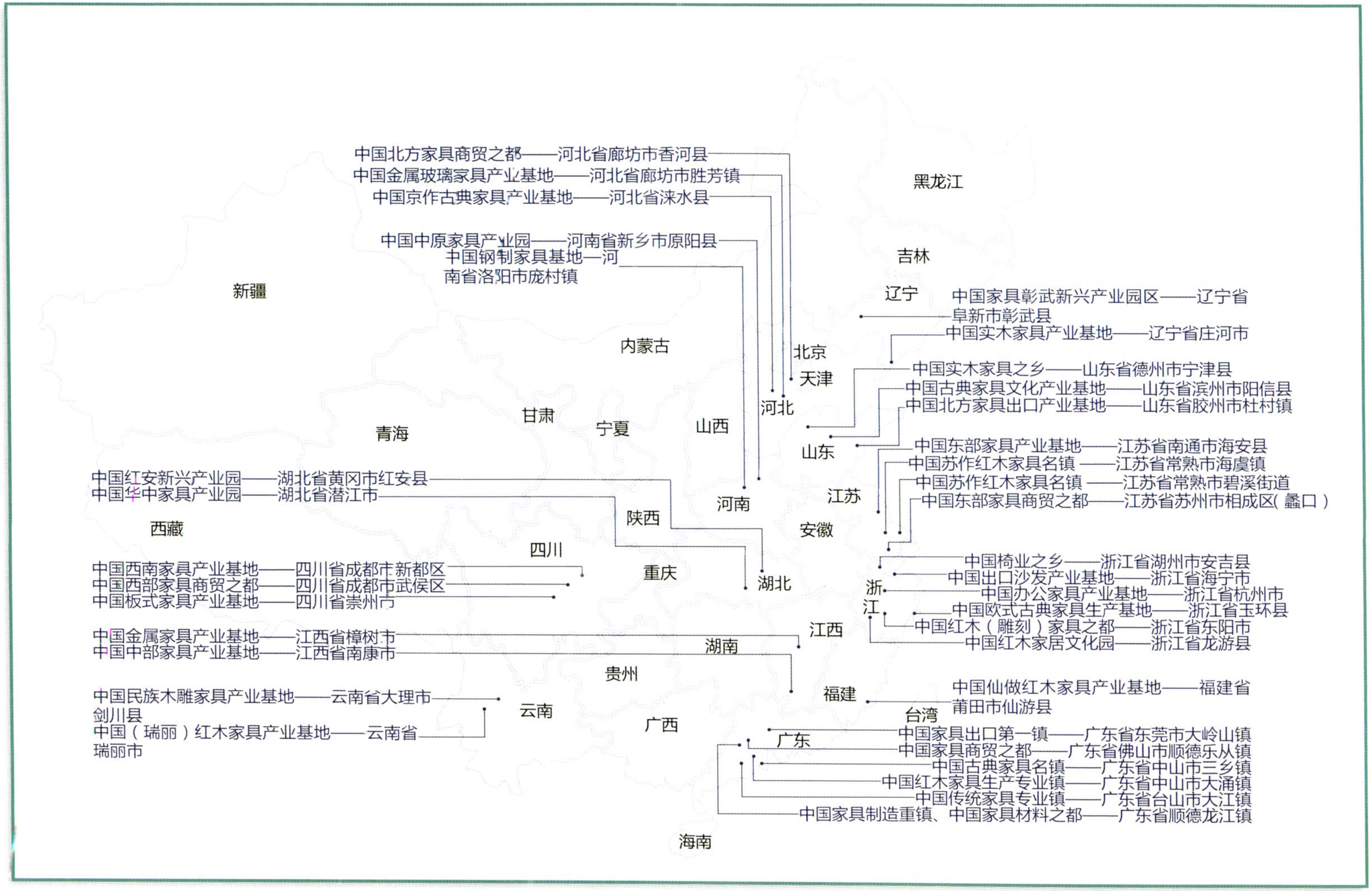
中国北方家具商贸之都——河北省廊坊市香河县
中国金属玻璃家具产业基地——河北省廊坊市胜芳镇
中国京作古典家具产业基地——河北省涞水县
中国中原家具产业园——河南省新乡市原阳县
中国钢制家具基地—河南省洛阳市庞村镇
黑龙江
吉林
辽宁
中国家具彰武新兴产业园区——辽宁省阜新市彰武县
中国实木家具产业基地——辽宁省庄河市
新疆
内蒙古
北京
天津
中国实木家具之乡——山东省德州市宁津县
中国古典家具文化产业基地——山东省滨州市阳信县
中国北方家具出口产业基地——山东省胶州市杜村镇
河北
甘肃
宁夏
山西
青海
山东
中国东部家具产业基地——江苏省南通市海安县
中国苏作红木家具名镇——江苏省常熟市海虞镇
中国苏作红木家具名镇——江苏省常熟市碧溪街道
中国东部家具商贸之都——江苏省苏州市相成区(蠡口)
中国红安新兴产业园——湖北省黄冈市红安县
中国华中家具产业园——湖北省潜江市
江苏
河南
陕西
西藏
安徽
四川
中国椅业之乡——浙江省湖州市安吉县
中国出口沙发产业基地——浙江省海宁市
中国西南家具产业基地——四川省成都市新都区
中国西部家具商贸之都——四川省成都市武侯区
中国板式家具产业基地——四川省崇州市
重庆
湖北
浙
中国办公家具产业基地——浙江省杭州市
江
中国欧式古典家具生产基地——浙江省玉环县
中国红木（雕刻）家具之都——浙江省东阳市
中国红木家居文化园——浙江省龙游县
中国金属家具产业基地——江西省樟树市
中国中部家具产业基地——江西省南康市
江西
湖南
贵州
中国仙做红木家具产业基地——福建省莆田市仙游县
福建
中国民族木雕家具产业基地——云南省大理市剑川县
中国（瑞丽）红木家具产业基地——云南省瑞丽市
云南
台湾
广西
广东
中国家具出口第一镇——广东省东莞市大岭山镇
中国家具商贸之都——广东省佛山市顺德乐从镇
中国古典家具名镇——广东省中山市三乡镇
中国红木家具生产专业镇——广东省中山市大涌镇
中国传统家具专业镇——广东省台山市大江镇
中国家具制造重镇、中国家具材料之都——广东省顺德龙江镇
海南

产业集群分布图

中国家具协会产业集群一览表

序号	时间	名称	所在地
1	2003 年 3 月	中国红木家具生产专业镇	广东省中山市大涌镇
2	2003 年 8 月	中国椅业之乡	浙江省湖州市安吉县
3	2004 年 3 月	中国家具商贸之都	广东省佛山市顺德乐从镇
4	2004 年 8 月	中国实木家具之乡	山东省德州市宁津县
5	2004 年 9 月	中国家具出口第一镇	广东省东莞市大岭山镇
6	2005 年 7 月	中国西部家具商贸之都	四川省成都市武侯区
7	2005 年 8 月	中国家具制造重镇 中国家具材料之都	广东省顺德龙江镇
8	2005 年 9 月	中国金属玻璃家具产业基地	河北省廊坊市胜芳镇
9	2006 年 12 月	中国实木家具产业基地	辽宁省庄河市
10	2007 年 3 月	中国北方家具商贸之都	河北省廊坊市香河县
11	2007 年 5 月	中国欧式古典家具生产基地	浙江省玉环县
12	2008 年 1 月	中国传统家具专业镇	广东省台山市大江镇
13	2008 年 5 月	中国古典家具名镇	广东省中山市三乡镇
14	2009 年 6 月	中国东部家具商贸之都	江苏省苏州相成区（蠡口）
15	2009 年 12 月	中国民族木雕家具产业基地	云南省大理市剑川县
16	2010 年 4 月	中国板式家具产业基地	四川省崇州市
17	2011 年 4 月	中国出口沙发产业基地	浙江省海宁市
18	2011 年 6 月	中国中部家具产业基地	江西省南康市
19	2011 年 7 月	中国古典家具文化产业基地	山东省滨州市阳信县
20	2011 年 7 月	中国北方家具出口产业基地	山东省胶州市胶西镇
21	2011 年 7 月	中国华中家具产业园	湖北省潜江市
22	2011 年 7 月	中国家具彰武新兴产业园区	辽宁省阜新市彰武县
23	2012 年 4 月	中国办公家具产业基地	浙江省杭州市
24	2012 年 4 月	中国金属家具产业基地	江西省樟树市
25	2012 年 10 月	中国浴柜之乡	浙江省杭州市党山镇
26	2012 年 11 月	中国苏作红木家具名镇 – 海虞	江苏省常熟市海虞镇

（续表）

序号	时间	名称	所在地
27	2012 年 11 月	中国苏作红木家具名镇－碧溪	江苏省常熟市碧溪街道
28	2012 年 12 月	中国家具红安新兴产业园	湖北省黄冈市红安县
29	2012 年 12 月	中国西南家具产业基地	四川省成都市新都区
30	2013 年 4 月	中国（瑞丽）红木家具产业基地	云南省瑞丽市
31	2013 年 4 月	中国仙作红木家具产业基地	福建省莆田市仙游县
32	2013 年 8 月	中国红木（雕刻）家具之都	浙江省东阳市
33	2013 年 8 月	中国东部家具产业基地	江苏省南通市海安县
34	2014 年 3 月	中国中原家具产业园	河南省新乡市原阳县
35	2014 年 9 月	中国京作古典家具产业基地 中国京作古典家具发祥地	河北省保定市涞水县
36	2014 年 11 月	中国钢制家具基地	河南省洛阳市庞村镇
37	2014 年 12 月	中国红木家居文化园	浙江省衢州市龙游县

传统家具产区

——传统产业兴旺发达 现代技术广泛应用

截至2014年底，我国正式命名的传统家具产区共有11个，分别为：广东大涌、广东大江、广东三乡、云南剑川、山东阳信、江苏海虞、江苏碧溪、云南瑞丽、福建仙游、浙江东阳、河北涞水，在整个中国家具产业集群中占比高达30%。这11个产区涵括了全国传统家具产业80%以上的生产企业，集群效应显著，每个地方都独具特点。

2014年，各产区发展情况如下：

- 大涌成为中国家具行业首个转型升级试点镇，行业总产值达120亿元；
- 大江镇被正式授予“中国传统家具专业镇”，行业总产值达43.82亿元；
- 三乡以明清古旧家具、欧美古典彩绘家具为支柱，行业主营业务收入达14.8亿元；
- 剑川木雕技艺精湛，3月在中央美术学院举办剑川木雕艺术展，木雕工业总产值达10.2亿元；
- 阳信是全国最大的古典家具加工、存储、销售、旅游集散地之一，行业规上企业主营业务收入达30亿元；
- 海虞行业总产值达15.74亿元，同比增长12.59%；
- 瑞丽具有口岸及资源优势，并有大量的缅籍务工人员，行业总产值约达60亿；
- 仙作被国务院列入第四批国家级非物质文化遗产保护名录，行业总产值突破300亿元；
- 东阳木雕源远流长，投资百亿建设的中国木雕文化博览城重点项目已建成并使用，行业总产值达142亿元；
- 涞水京作红木家具以手工雕刻为金字招牌，销售收入以30%增速增长，行业总产值达18.6亿元。

中国红木家具生产专业镇——大涌

一、基本概况

（一）地区基本情况

大涌镇地处广东省中山市西南部，全镇面积 40.5 平方公里，是中国最大的红木家具生产基地之一，也是中国家具行业第一个获得国家级荣誉称号的专业镇，先后获得了“中国红木家具生产专业镇”、“中国红木雕刻艺术之乡”、“中国红木产业之都”、“中国红木产业集群名镇”等国家级荣誉称号。

大涌红木家具产业在各级部门的大力支持下，牵头订“行规”《深色名贵硬木家具》、订“国标”《红木家具通用技术条件》，同时攻克了环保用漆、木材干燥等一批共性技术难题，举办全国性的红木家具文化博览会，连续三届代表中山参加中国（深圳）国家文化博览交易会。此外，建立了 4 家“标准化良好行为企业”（鸿发、太兴、红古轩、东成），建立了 5 家校外实习基地（鸿发、太兴、红古轩、东成、和业居）和 3 家博士后创新基地（太兴、红古轩、东成），不断推动大涌红木家具产业健康发展。

大涌红木家具集群经过三十多年的发展，已经成长为规模化、专业化、科技化和现代化的产业集群，产业配套能力日益增强，产业链日趋完善，不仅具备了明显的规模优势，企业的质量也有很大优化和提升。自 2009 年起，全国红木家具产区和市场迅猛发展，大涌红木家具产业正经历增速发展的阶段，部分社会资金流向了红木家具产业，形成了现在大涌红木家具产业蒸蒸日上的局面。截至目前，大涌镇拥有红木家具生产企业及销售门店 1000 多家，现有展厅面积 100 万平方米左右，在建及将建面积 150 多万平方米，拥有广东省名牌名标荣誉称号企业 8 个。

（二）转型升级、技术创新及突出点

大涌是中国家具行业转型升级试点和中山市唯一产业转型升级试点镇，在产业转型升级方面先试先行，通过实施技术创新、商业模式创新、组织创新、集群创新、要素资源集约创新、产城融合创新等六大创新工程，推动红木家具产业升级发展，在六个方面取得突出成果：

1、注重产业平台的打造，促进红木产业与文化的融合　中山市委、市政府将大涌镇内东北部 2.5 平方公里的地域规划为“红木家具文化产业集聚区”，重点扶持红木家具产业相关配套服务业，引导企业开展红木文化体验，深度发掘红木文化的内涵，企业结合自身风格，形成多家极具特色的红木文化体验馆。作为集聚区的龙头项目“中国（大涌）红木文化博览城”，在依托大涌红木产业的集群优势的基础上，总投资超过 50 亿元，其中一期投资 19.8 亿元，用地面积 110 亩，建筑面积 30 万平方米，在承接原红木特色街的商业氛围的基础上，构建起集红木展示、销售、会展、设计、鉴赏、收藏、拍卖、主题旅游、五星级希尔顿酒店、产业总部、休闲文化体验等于一体的新型红木产业综合体，是对文化、商业、旅游的多业态融合的重大创新，势必推动红木家具产业向更高层次发展。

2、注重行业难题的破解，促进产业可持续发展　为解决红木企业原材料供应的问题，先后引进中山市广信木材交易市场、广东鱼珠大涌木材产业园项目。其中广东鱼珠大涌木材产业园项目是广东省的重点建设项目，第一期占地 521.85 亩，总投资 55 亿元。预计可拉动投资 200 亿元，年产值 100 亿元，将打造成为大规模中高端木材交易市场，有效

增强本地红木家具产业的配套能力，完善产业链。

3、注重技术改造和技术创新，促进生产效率的提升　结合红木家具产业特点，出台专项奖励办法，鼓励辖区内企业运用高新技术和先进适用技术，提高技术装备和生产工艺的水平。目前，一批新技术已成功应用于红木家具行业，生产力得到极大提高，逐渐摆脱行业技术老旧效率低下的形象。例如：真空碳化干燥、太阳能干燥等先进技术的应用，使木材干燥周期进一步缩短，干燥成本降低75%；实木方材弯曲技术的应用，使红木家具弯曲构件摆脱手工劳作，实现机器批量化生产，提高了木材的出材率；超氧纳米微气泡技术在家具喷漆废气治理中的应用，低成本解决红木家具有机废气的治理难题。

4、注重人才的培养和引进，促进产业向高端发展　创新人才政策体系，实施培养和引进并重，进一步完善人才管理服务机制。在人才引进方面，对与镇企业签订正式劳动合同的工艺美术大师、员级职称人才等发放特殊生活津贴，并在入户、配偶就业，子女入学方面提供绿色通道。在人才培养方面，着力培养本土的红木雕刻艺术大师群体、红木家具设计大师群体，计划与中国家具协会合作，设立“中国家具行业职业技能培训基地”，向红木家具行业从业人员提供职业技能培训与评定；每年组织雕刻职业技能竞赛，评选市级工艺美术大师，为下一步评选省级、国家级工艺美术大师奠定基础。

5、注重服务平台的建设，促进生产性服务业发展　累计投入2000多万元建设生产力促进中心，引入红木家具检测站、金融服务中心、电子商务服务中心等服务平台，帮助企业开拓新型销售模式。下一步将以完善强化大涌镇生产力促进中心重要平台为目标，进一步加强引导、加大投入，引进更多的服务型企业为红木产业配套发展提供更大的动力。

6、注重城镇功能提升，促进产城融合　未来投入数亿元资金，将全镇道路和城镇立面进行改造和提升，使改造后的城镇氛围更具红木小镇的特色，全力推进全国首个红木文化旅游小镇建设。

二、经济运营情况

大涌红木家具产业规模不断增长，产品品质大幅度提升，形成了品种齐全，分工细化，产业平台健康发展，区域品牌享誉内外的良好势头。

三、存在问题

一是原材料进口材径越来越小，原材料紧张，供应周期长。二是企业技术装备水平低，智能化生产设备少，生产布局没有形成流水线作业。三是高水平人才少，企业技能人才通过国家认证人员不多，营销管理人员专业性不够。四是受国内经济影响，销售不足，生产产能过剩，品牌建设投入不多。

四、发展趋势及展望

大涌红木家具产业的配套能力不断增强，产业链日趋完善，通过坚持落实转型升级规划纲要中红木产业的相关措施，将逐步形成纵向包括红木木材交易市场、家具工艺品生产、终端销售展厅、大型专业市场、红木家具配套服务、检测、和知识产权保护；横向包括红木家具配套的文化产品销售、会展、鉴赏、拍卖等全方位的完善产业链，从单一展销属性的“商贸之都”向复合型、多业态的“产业之都”、“文化之都”转变，为推动红木家具产业的发展增添新动力，为“扛起中国红，再造新大涌”奋勇前进。

2011～2014年大涌镇红木家具行业发展情况汇总

主要指标	2014年	2013年	2012年	2011年
企业数量	2500	2470	2326	1943
规模以上企业数量	115	115	107	108
工业总产值（万元）	1200000	1145000	940397	892800
规模以上企业工业总产值（万元）	420000	369400	283284	235000
家具产量（万件）	250	246	236	195

中国传统家具专业镇——大江

一、基本概况

大江镇位于“中国第一侨乡”“中国电能源产业基地”——广东省台山市最北部，全镇总面积69.8平方公里，现辖21个村（居）委会，常住人口5万多人。自2008年1月8日，成为全国首个由中国家具协会等六家单位参与共建的“中国传统家具专业镇”以来，大江镇迅速出台了一系列政策，推动了传统家具产业的迅猛发展。现已形成了以集群发展为特点、坚持“型艺材韵”标准、坚持“高尖端”路线、家具制造与家具材料相配套、生产与研发相促进的产业格局。同时形成了集原材料供应、家具生产加工、产业配套、展销的完整产业链。截至目前，培育出了伍氏兴隆、国胜、金裕、孖指、永隆、会龙、华艺、恒升等一批传统家具精英企业，产品畅销国内外。

近年来，台山市与大江镇两级政府抓住市场发展的契机，努力推动传统家具生产企业的发展。原高铜线大江境内两旁，传统家具门市、工厂如雨后春笋般相继开张。为促进行业的健康发展，大江于2006年11月成立了大江古典家具商会。在商会的组织协调下，政、企双方长期保持着密切的沟通，并对传统家具行业的发展思路进行了广泛深入的交流，通过整合产业资源、加快产业配套建设、解决企业融资问题、强化自身销售网络，使大江古典家具业在市场竞争中脱颖而出。2008年1月8日，由中国家具协会、北京林业大学、广东省家具协会、台山市人民政府、大江镇人民政府和大江古典家具商会等六方共同主办的“共建中国传统家具专业镇签约揭牌仪式暨2008中国传统家具继承与发展论坛”新闻发布会在北京人民大会堂浙江厅隆重举行，标志着大江正式成为“中国传统家具专业镇”，将中国传统家具文化发扬光大。2014年9月，大江镇被正式授名为“中国传统家具专业镇”。经过多年的建设，现在大江镇已成为全国重要的传统家具精品设计生产中心、展销鉴赏中心、原材料集散中心和人才培训中心，大江传统家具被台山市委书记称为台山第四张名片。

二、经济运营情况

大江镇家具行业发展情况如下表所示。

2010～2014年大江镇家具行业发展情况汇总

主要指标	2014年	2013年	2012年	2011年	2010年
企业数量	129	134	126	121	106
规模以上企业数量	23	23	20	14	11
工业总产值（万元）	438156	452687	425617	394521	482351
规模以上企业工业总产值（万元）	342467	346987	305641	294562	354521
出口值（万元）	93412.98	101202.48	112852.64	108426.35	126415.54
内销（万元）	344743.02	351484.52	312764.36	286094.65	355935.46
家具产量（万件）	29	32	28	24	35

三、发展举措

六年来，台山市、大江镇两级党委、政府对大江传统家具业的发展倾力支持，经常与业界商讨行业发展对策和宣传推广方案，促进行业的健康快速发展。

（一）加强媒体宣传

2008 年 2 月，邀请中央电视台到大江镇拍摄《入木三分看红木》节目，并在该台经济频道播出；同年 10 月又邀请中央电视台在大江镇举办"仿古家具电视超人赛"，大江镇国胜木厂获得冠军，比赛实况于该台国际频道播放，闻名国内外，进一步宣传了台山、宣传了大江。

（二）加强推广推介

积极组织企业到北京、重庆、深圳、江门等地参加各类展销活动，进一步提高了大江镇传统家具的知名度。

（三）加强规划和包装

近年来，市、镇两级提出了打造"传统家具一条街，促进中国传统家具专业镇建设"的构想，通过统一规划门店建设，加强宣传包装，引导企业走品牌发展之路。期间，多次组织企业到浙江东阳、四川成都、福建仙游、中山大涌、江门新会等地区参观学习，提高企业的认识，调动其自觉参与整改的积极性。

（四）加强载体建设

为促进行业发展，大江镇积极争取江门市、台山市两级政府的支持，将新高铜线两旁的土地规划调整为传统家具产业集中区，为行业发展提供良好载体。经过不懈的努力，2014 年建设投资超 5 亿元的黄花梨博物馆和总投资超 60 亿元的红木艺术展览城，为行业发展注入了新的动力和活力。其中黄花梨博物馆占地面积 55 亩，将集中展示伍炳亮大师从业以来的 1000 多件黄花梨精品，形成北有"紫檀宫"、南有"黄花梨博物馆"的新格局。红木艺术展览城占地面积超 560 亩，定位为"亚洲最具价值鉴藏级传统家具展销中心"，还将配套有仓储物流城和木材交易市场、高标准酒店等项目，与"黄花梨博物馆"相得益彰，共同构成最具地域特色的传统家具产业中国高端展示及销售中心。这两个项目建成后，将进一步增强大江镇的吸引力，提高大江镇的知名度，让大江的传统家具享誉全国，让全国了解大江。大江镇将以此为契机，将知名度变为生产力，引来高端的人流、物流、大量的资金流和信息流，促进传统家具行业的发展。

四、发展趋势与展望

近年来，大江镇的传统家具制作者们将中国传统家具三大流派——广、苏、京作的风格融会贯通，并推陈出新，行业创作水平明显提升，产品屡获殊荣，并被国务院会议室、外交部大楼和国内各大博物馆争相收藏。主要体现：一是从业人员综合素质明显提升。各传统家具企业积极组织开展各种技艺培训、传统家具知识讲座和技能竞赛，培养了一批传统家具研究、设计、制作人才。如伍炳亮先生荣获由中国国际设计艺术博览会、清华大学美术学院与中国建筑装饰协会联合颁发的"2008—2009 年度设计艺术成就奖"；2008 年 10 月在中央电视台举办的"第三届仿古家具超人赛"上，大江镇国胜木厂的选手获得第一名，金裕明清家私店的选手获得第三名。二是出版著作，传承后世。如伍炳亮先生于 2008 年结集出版了中国首部明清古典家具作品集——《中国传统家具收藏经典伍炳亮作品珍赏》，进一步将明清古典家具的制作技法、文化底蕴、艺术内涵继承和发扬。三是制作技艺特色明显。2009 年，大江传统家具制作技艺被列入广东省非物质文化遗产名录，现正申报入国家级非物质文化遗产名录。

共建以来，六方紧密配合，积极作为，有力地促进了大江传统家具业的发展。如北京林业大学通过加强人才培养和学术研究，为行业迅速和长远发展提供技术和人才支撑；台山市与大江镇两级政府通过不断完善产业布局，整合行业资源，加大宣传力度，为行业发展营造良好环境；大江古典家具商会充分发挥桥梁纽带作用，进一步凝聚了行业发展的合力。经过多年的努力，现在的大江已成为全国重要的传统家具精品设计生产中心、展销鉴赏中心、原材料集散中心和人才培训中心。

下一步，大江将以建设"中国传统家具专业镇"和"广东省非物质文化遗产生产性保护示范基地"为目标，加强发展规划，延长产业链，形成价格、规模、售后、品牌、高端展示等市场优势，吸引全国优秀的传统家具产品汇聚大江，打造京作、苏作、广作文化交流的大平台。

中国古典家具名镇——三乡

一、基本概况

三乡北靠五桂山脉，南邻珠海澳门，105 国道、广珠公路贯穿镇内，珠三角城际轻轨、京珠、太澳、西部沿海等高速公路方便畅达，距离未来广珠澳大桥 20 余公里，周边机场、港口环绕，区位优势明显。三乡是中山市外商投资重镇，历年累计吸收外商投资 20 亿美元，累计投资额度位居全市第二。

二、经济运营情况

（一）中式、西式古典家具生产、销售重镇

三乡古旧家具市场的客源主要来自日本、美国、加拿大、澳大利亚等国，欧洲，中国台湾、香港、澳门、大陆珠三角等。近年来，随着国内经济的迅速发展，来自珠江三角洲的收藏爱好者逐渐增多。与此同时，当地一些企业家眼光独到，看中了海外的欧美古典家具市场，设立工厂，引进人才和技术，以贴牌和自创品牌方式，批量生产欧式风格的仿古家具，大量出口到欧美等地，三乡镇的古典家具品种因此而更加丰富。

（二）古典家具产业独具优势

在中国家具市场中，三乡以“中国最大的明清古旧家具集散地”而享誉世界，三乡的欧美古典彩绘家具企业群在全球业内知名度最高、整体实力最强。多年来，三乡镇政府对古典家具产业实行政策鼓励和支持，使国内外近千家古典家具商家和生产企业纷纷落户三乡。

（三）古典文化市场容量大

成规模的专业古文化市场有巨龙国际古玩博览城、华财古玩城和三联明清古典家具市场，年销售总额超过 15 亿元。据不完全统计，三乡镇古文化市场有 20 多万平方米的商铺、过千户商家、数万个品种的商品，还有 300 多家古典家具加工厂和作坊，包括仿古家具生产企业，全镇从业人员过万。

（四）欧美古典家具生产实力强劲

形成了年产值 23 亿元的欧美古典家具企业集群，以家具彩绘特色著称，全镇有几十家西式彩绘古典家具生产厂家，拥有 20 多个自有品牌以及自主知识产权、外观专利和技术专利 100 多项。以中山市齐家家具有限公司、中山恒富家具有限公司、中山华福工艺家具有限公司、中山市恒海家具有限公司、中山兴华家具木器有限公司等为代表，在国内形成了实力强劲的彩绘家具生产基地。产品远销日本、中东、美国、加拿大、澳大利亚、欧洲等国家和地区。目前，各生产厂商纷纷创立自己的

2010 ～ 2014 年三乡家具行业发展情况汇总

主要指标	2014 年	2013 年	2012 年	2011 年	2010 年
企业数量	394	380	377	362	350
规模以上企业数量	3	3	3	3	3
主营业务收入（万元）	148000	143000	138000	131000	128000
规模以上企业主营业务收入（万元）	15000	14000	12000	10000	9000

品牌，拓展国内市场。

三、发展前景与展望

（一）以“文化节”为平台，全力打造中国古典家具名镇

近几年，三乡镇因势利导，聚集优势，引导产业上台阶，促进产业跨越式发展。成立了中山市三乡古典家具行业协会，与中国家具协会等 11 个单位签署协议，共建“中国古典家具名镇”，2009 年～ 2011 年连续三年成功举办了中国（三乡）古典家具文化节暨招商洽谈会，吸引了数十万名国内外业界精英和游客，充分展示了三乡古典家具产业的实力和古典家具文化的魅力。逐步创建三乡古典家具产业的科研创新、人才培训、宣传推广、营销渠道、品牌建设等一系列产业发展的公共平台。

（二）中华古典家具网是信息服务中心的重要载体

2010 年，三乡镇成立了中山市三乡古典家具产业集群信息服务中心，该中心重点工作是推动古典家具行业发展，着力强化技术、培训、品牌、销售、流通、融资、市场调研、策划推广、价格走势以及供求信息等产业配套服务。主要由行业信息平台和企业、政府、协会网站两大层面构成，网站在未来将着重建设在线信息服务与在线交易，提供一套便捷易用的自助建站服务。

（三）重点打造古典家具科技平台

调动三乡镇中式古典家具和西式古典家具大型骨干企业力量，提升机构的综合实力，加强和高校、专业机构的合作，启动电子商务、3D 导购和展示等项目，使三乡古典家具公共平台更具专业性和实操性。未来，三乡镇古典家具产业的发展将继续走整合资源的道路，充分发挥巨龙国际古玩博览城、华财古玩城和三联明清古典家具市场三大市场的增长极作用，强化明清古旧家具集散地功能，壮大中式仿古家具及欧美古典彩绘家具企业群，促进古典家具产业与文化产业、旅游产业的协调互动发展，使三乡古典家具产业实现新的飞跃。

中国民族木雕家具产业基地——剑川

一、地区概况

剑川位于云南省西北部，大理白族自治州北部，国土面积2250平方千米，白族人口占全县总人口92%以上，是全国白族人口比例最高的县份。多彩的民族风情，使剑川有“白族文化聚宝盆”之称，剑川白族是少数民族中较早接受汉文化的民族，又有“文献名邦”的美誉，也是云贵高原“青铜文化”和“稻耕文化”的主要发源地。多彩多姿的文化孕育了有着浓郁地方民族特色的剑川木雕。

剑川木雕历史源远流长，产品做工精细、造型美观大方、高雅别致，极具白族艺术风格。历届县委、政府把木雕作为剑川经济增长农民增收的支柱产业来培植。2009年剑川政府携手中国家具协会共建“中国民族木雕家具产业基地”，2011年剑川木雕入选“国家级非物质文化遗产名录拓展项目名录”。目前，县内从事木器木雕产业人员21000余人，其中有3000余人长期在省内外从事古建筑建设和木器木雕工艺。剑川境内有1500多家个体经营户，80多家木雕私营企业，品牌商标34个，经国家、省、州确认颁发专业技术证书的技术人员有980人，其中有联合国教科卫组织授予的民间工艺美术师2人，国家级工艺美术大师1人，省级工艺美术大师2人，木材初级专业市场4个。

剑川木雕历史悠久，木雕技艺精湛，造型完美，具有鲜明的地方特色和很高的工艺水平。产品分为建筑木雕、实用木雕、陈设木雕、旅游工艺品等类型，1000多个品种。木雕产品大多选用优质的深色名贵硬木以及闻名于世的彩花大理石，具有很高的实用价值、工艺价值和收藏价值，远销欧、美等数十个国家和地区。

2014年3月，剑川县在中央美术学院举办“滇西奇葩——云南·剑川木雕艺术展”期间，新华社、人民日报、云南日报等46家中央和地方媒体进行大规模专题报道，2014世界工艺文化节暨第九届东阳木雕博览会上，剑川有6件作品荣获金奖，4件作品被中国木雕博物馆永久收藏。《DEEP中国科学探险》2014年5期对剑川木雕进行了专题报道，并对剑川木雕给出了高度评价。

二、经济运营情况

2014年全县实现木雕工业总产值10.2亿元(包括古建木雕)，同比增长7.3%，实现出口额24

2010～2014年剑川家具行业发展情况汇总

主要指标	2014年	2013年	2012年	2011年	2010年
企业数量	82	69	58	49	38
工业总产值（万元）	102485	95536	87262	63257	52243
出口值（万美元）	24	22	25	30	32
内销（万元）	92104	90627	86488	62255	51211
家具产量（万件）	10	9.6	8.7	6.9	5

万美元，同比增长9%，有1500多家个体经营户，80多家木雕私营企业，从业人员达21000多人。

为引导木雕产业集群化、规模化发展，剑川县依托剑川木雕的知名度和美誉度，在甸南镇狮河村建设一个规划面积2.35平方公里，以木材、木器、木雕、家具大理石加工生产为主，家具生产为辅，集商贸旅游、民族特色文化观光旅游为一体的综合型文化创意产业园。该产业园是剑川发展民族文化创意产业的重要特色片区，是剑川推行新型工业化道路的样板片区，目前正在招商引资中。项目自建设以来，投入资金250万元，按照工程建设程序相继完成了片区标准厂房建设项目详规、科研、勘界、环评、标准厂房初设等前期工作，投入1100多万元完成长800米、宽24米的1号路建设和道路、绿化工程编制预算及场地平整，投入3400万元按统规自建完成了6幢1.24万平方米标准厂房及6000多平方米展示厅，启动总投资2471万元的狮回公路项目建设，已完成项目征地。

三、重点企业情况

（一）云南大理剑川宏盛古建筑工程有限责任公司

公司成立于1994年，主要从事文物古建筑修缮保护和勘察设计、仿古建筑、园林绿化、装饰装修工程设计施工和木雕制品木材加工等。具有古建筑文物维修一级资质，古建筑勘察设计乙级资质，园林古建筑、装饰、装修专业承包叁级资质。

（二）剑川县兴艺古典木雕文化发展有限公司

公司创建于1995年，有高级工艺美术师3人，工艺美术师26人，初级工艺美术师28人。以仿古家具、寺庙建筑、旅游木雕小件、佛像、大型壁画、室内装饰木雕、西式装饰木雕等为主。是国家级非物质文化遗产生产性保护示范基地和云南省文化产业示范基地。

（三）剑川县根深艺圆木器木雕有限责任公司

公司由云南省木雕工艺美术大师曾岳辉创建，以生产高、中、低档深色硬木家具为主，产品分古建木雕雕饰构件、古典木雕家具、金丝楠木家具、旅游品小件、藏式家具、雕花格子门窗、实木精装木雕摆件等。曾获大理州工艺美术展金奖、“中国原创百花杯”中国工艺美术大师精品奖、世界手工艺文化节、艾琳国际工艺精品奖等多个奖项。

（四）剑川天趣园木雕工作室

前身为剑明木器木雕专业合作社，有100多位木雕古建技术人员，2014年实现总产值1900万元。该公司注重传统民族文化与现代元素相融合，大量生产中式、明清宫廷风格深色名贵硬木家具，产品用料讲究，工艺精湛。经营古典家具、名贵木雕工艺品销售、批发及来料加工，承接古建筑装修、修缮等工程。

四、存在问题

（一）产业化专业化程度低

目前剑川木器木雕行业与发达地区相比，大部分还处于注重手工制作的传统生产阶段，只有少数企业和家庭作坊户拥有少量的初模机械，劳动生产率偏低，生产成本大，价格偏高，未形成产业化、专业化、规模化发展格局，市场局限性较为严重。

（二）旅游木雕产业联动发展不足

虽然近年先后建成了木器一条街，剑阳大街，以及千狮山景区建设，但基础设施、服务配套设施不完善，缺乏高端特色木雕旅游市场，缺少多种类的文化旅游产品，市场狭窄，远远跟不上云南旅游产业快速发展的态势。

（三）木材资源紧缺

国家实施“天保工程”后，对木材资源控制，剑川及周边基本无法供应木材，加之剑川被列为全国生态园林建设县，木材可用资源越发紧缺，全县仅有4家木材经营公司，供给量不足，所需木材靠边贸材，企业运输成本加大，也是制约企业进一步发展的因素。

（四）园区建设资金缺口较大

剑川县工业园区为“一园两轴四片区”规划布局，其中的狮河片区重点发展木雕产业。狮河木雕文化产业园建设才刚刚起步，资金需求巨大，受县财政制约，工业园区水、电、路等基础设施建设相对还滞后。

五、发展趋势及展望

一是剑川木雕在未来的发展中将紧紧依托坚

实的旅游文化产业优势，以剑川工业园区中的狮河木雕片区为突破口，打造全国性的民族家具生产中心、展示交易中心、产品设计研发中心、仓储和原料供应中心、物流配送中心，打造中国西部最大的木制工艺品集散地和专业市场，建设一个富有地方特色、体现地方传统建筑风格，融生产研发加工、展示交流、销售服务和旅游观光为一体的木雕文化产业园，带动全县木雕产业快速发展。

二是通过对木雕的生产、博览、展示，打造富有剑川地方特色的木雕文化空间，形成游客的旅游目的地，从而带动木雕产业的高端化、品牌化、旅游商品化发展。紧紧依托狮河木雕村优越的生态环境和独特的白族传统民居聚落，积极推进木雕园区创建国家 AAAA 级旅游景区，进一步扩大市场的知名度，吸引更多的游客走进剑川、走进木雕园区。

三是深挖剑川历史资源，结合狮河木雕文化园区，建设旅游木雕工艺品开发基地和木雕旅游商品交易和服务中心，建设旅游特色购物商店，推进实现旅游商品开发及销售服务，产品与旅游业发展、现代消费需求相结合，使传统木雕工艺优势变为产业经济优势。同时，积极搭建电子商务平台，加快发展剑川木雕、民族工艺品、高原特色农产品等电子商务。依托电商进一步拓展市场，创新经营模式，转变经济发展方式，提升经济运行质量，推动剑川木雕产业长远发展。

中国古典家具文化产业基地——阳信

一、基本概况

（一）地区基本情况

阳信县位于黄河三角洲高效生态经济区及山东半岛蓝色经济区核心区，是闻名的中国鸭梨之乡。县域面积793平方公里，人口45万。“三高一铁”（长深高速、荣乌高速、济东高速、德龙烟铁路）多元化交通新格局逐步形成，区域位置优越。

阳信是一个集工、贸、旅游于一体的“古典家具黄金长廊”，吸引了大批国内外客商前来观光、购买、合作。随着各种配套设施的日趋完善，阳信古典家具产业进一步迈向可持续发展轨道。

（二）家具产业发展情况

阳信县收购、加工古家具萌发于20世纪60年代，古典家具产业规模化生产形成于2002年。截至目前，全县古典家具加工企业60余家，从业人员3万余人，拥有仿古家具营销加工专业村37个，年营销额达45亿元。

阳信县民俗文化产业园一期工程已完成，已形成集古玩收集、整理、观赏、展销，古典家具制作、民俗文化研究为一体的大型民俗文化综合性园区，从而将自发形成的古典家具市场迁移到园区内。民俗文化产业园已成功承办了五届黄河三角洲民俗文化节，极大地提高了阳信的知名度和美誉度。产业园以山东鼎龙民俗文化传播有限公司、盘古投资民俗文化创意园、山东滨州意象工贸有限公司、昊天原生态家居文化有限公司，桃源古典家具等企业为中心，已通过国家AAA级旅游景区的评审工作。另外在产业园外，有鼎龙民俗、鲁木匠等古典家具生产企业。

园区内的山东盘古投资有限公司投资5.2亿元建设了山东盘古民俗文化创意产业园，项目建设内容为古典家具的创意制作、研发设计、展示销售、鉴定检测、拍卖典当以及信息咨询、人才培训、电子交易平台等服务体系。展示交易中心包括产品展示中心、交易中心、交易服务平台，定期举办各种形式的产品交易活动。现入园业户200多家，从而引导古典家具向有序化、规范化和国际化方向发展。现民俗文化产业园已形成购买、修复、加工、销售联动模式，成为全国最大的古典家具加工、存储、销售集散地之一，产品销往北京、上海、广州等城市，并出口到美国、韩国、新加坡等国家。

二、经济运营情况

民俗文化产业园被评为全国3A级旅游景区，形成购买、修复、加工、销售联动模式，成为全国最大的古典家具加工、存储、销售、旅游集散地之一，产品销往北京、上海、广州等大城市，并出口到美国、韩国、新加坡等国家。

2014年，阳信县充分发挥民俗文化产业园市场优势，开展多次大规模的经贸洽谈活动，企业也加大了市场开拓的力度，国内和国际市场并重。古典家具产业表现出良好的发展态势。2014年该产业规模以上企业实现主营业务收入30亿元，利税4.8亿元，利润3亿元。

三、主要特点

（一）产业集群规模突出

目前，全县形成了以鼎龙民俗文化传播有限公司、鲁木匠古典家居有限公司为龙头，其他企业竞相发展的格局。拉长产业链，聚集产业群。产品由主要生产古典家具，发展为木雕、工艺品、石刻、古玩等，形成了较大的古典家具产业集群。

（二）支撑拉动作用明显

经过多年的发展，古典家具产业已成为阳信的支柱性产业。在拉动工业经济快速增长的同时，为社会提供大量的就业岗位，加快了农民向二产、三产转移，培养了一批新型产业工人，产生了良好的社会效益。

（三）龙头企业实力增强

山东鼎龙民俗文化传播有限公司由美国麦瑞公司与北京鲁艺文君古家具有限公司共同出资组建，总投资2亿元人民币，总体占地面积316亩，该公司集产品设计、研发、生产、收集、鉴赏、展销于一体，在香港建立了设计中心，与山东大学、南京林业大学签订了技术合作协议。业务推广至美国、法国、德国、英国、西班牙等30多个国家和地区，并在国外设有10多个办事处和销售网点。

四、发展举措

（一）培植壮大龙头企业

多渠道多方式加大资金筹措力度，引导企业加大投入，扩大生产能力，提高市场占有率和竞争力。重点推动鼎龙民俗文化、鲁木匠古典家居、盘古投资、意象工贸、昊天原生态古家具等企业规模扩大，促进其发展成为主业突出、核心竞争力强的企业。

（二）完善产业链条

发挥企业自身与客户交往多，联系广的优势，加强合作，纵向延伸，横向联合，嫁接改造，不断提升企业整体水平。充分发挥阳信古典家具产业的整体优势，积极开展依托产业链招商引资活动，吸引更多的投资商来阳信兴办家具企业。

（三）加强专业队伍建设

一是根据企业需要，同相关高等院校签订定向选择协议，提高用人的针对性；二是通过高薪聘请、技术入股等形式，广泛吸纳企业所需要的关键人才；三是加强产、学、研结合，充分利用高等院校和科研机构的智慧优势，引进和培养了一批理念超前、设计新颖、研发能力强的设计师和工艺师，为产品创新、品牌创建打下基础。

（四）创造良好的发展环境

县委、县政府十分关心和支持家具产业的发展，多次召开专题会议，研究解决企业发展中遇到的困难和问题，推动企业加快发展。在县委、县政府的大力支持下，规划建设了民俗文化产业园，引导成立了山东阳信古典家具协会，为阳信家具产业又好又快发展搭建了更为广阔的发展平台。

五、发展目标

中国古典家具文化产业基地（阳信）规划以建设成为以中国古典家具的生产、展览、交易为主体，具有国际影响力的古典家具产业生产基地。以此为目标开工建设了投资2000多万元的产业园综合服务中心。沿线开发共分五段建设，建筑风格依次凸显秦汉、唐宋、明清和现代新中式特色，演绎五千年中华文明。聘请知名规划设计机构对园区内的盘古大道沿路建筑进行规划。依次呈现以秦汉风格为主，凸显“秦砖汉瓦”的古中华民俗特色；建宋式钟楼、鼓楼；建筑风格以唐、宋为主，充分利用鼎龙古城墙逐步将鼎龙打造成仿清明上河图式的宋代古都；以明清古家具风格为主，建设明清建筑群，提高各展馆的品位和档次，计划打造成集旅游、影视、观光为一体的四A级景区。整个产业园力争到2015年全县家具产业目标产值50亿元，配套产业链30多亿元。2020年产值目标百亿元，配套产业链50多亿元。

阳信县古典家具产业具有良好的发展势头和发展前景，阳信县将抢抓“黄蓝”（黄河三角洲生态高效经济区、蓝色半岛经济开发区）两区发展的大好机遇，将民俗文化产业园建设成为具有国际影响力的古典家具产业基地。

中国苏作红木家具名镇——海虞

一、基本概况

（一）地区基本情况

海虞镇地处长江之滨，1999 年由原王市、福山、周行镇和福山农场合并而成，全镇总面积 109.97 平方公里，户籍人口 8.92 万，公安登记外来人口 5.68 万。2014 年，海虞镇完成地区生产总值 89.06 亿元，公共财政预算收入 7.15 亿元，实现工业总产值 220.29 亿元、销售收入 218.82 亿元，利税总额 16.06 亿元。

（二）家具产业概况

海虞镇早在 20 世纪 60 年代中期就建立了红木家具生产工厂，是上海工艺品进出口公司的出口红木家具生产基地。现有红木家具生产企业 86 家，占全镇工业企业的 12%，其中较具规模的有 22 家企业，从业人员 6000 多人。海虞镇的红木家具集工艺、质量于一体，观赏、实用、收藏于一身，充分体现了苏作之特色。常熟市金蝙蝠工艺家具有限公司、远东（常熟）家具有限公司、江苏汇生红木家具有限公司、常熟市明艺红木家具有限公司、常熟龙博红木家具有限公司等企业在江苏省内乃至全国均远负盛名。远东红木家具、金蝙蝠红木家具等企业还远销海外，业务遍及世界各地，远东家具为亚洲地区首屈一指的红木家具制造商和销售商。

海虞的红木生产，拥有先进的干燥设备和 CNC 生产设备，同时不断进行技术改造，添置新型加工设备，改进苏作红木家具生产工艺。海虞拥有一支设计精英队伍和一批擅于精雕细刻的能工巧匠，具有工艺美术名人和高级工艺师、工艺美术师等十多名。

海虞镇于 2010 年成立了江苏省首家苏作红木家具商会。2012 年 11 月，中国家具协会与海虞镇政府签订共建“中国苏作红木家具名镇”协议，双方在产品研发、文化挖掘、会展建设以及营销创新等方面加强合作。2013 年 11 月，由中国家具协会与海虞镇政府共建的中国红木家具文化研究院在海虞镇揭牌成立，海虞当代苏作红木家具展示馆也同时开馆。研究院挖掘红木文化内涵，深化“苏作”的木作、漆作等优秀传统手工技艺，开发红木现代加工、制造技术，带动海虞苏作红木家具产业的不断壮大发展。

（三）重点品牌企业情况

海虞红木家具生产企业制作的各类家具，品种繁多、门类齐全，注重产品工艺质量和档次，坚持“工艺质量求生存，争创名优求发展”的理念，走精品发展之路。常熟市金蝙蝠工艺家具有限公司生产的“金蝙蝠”家具荣获江苏省著名商标、江苏省名牌产品称号及江苏省工艺美术百花奖；“汇生红木”、“龙博红木”荣获苏州市优质产品称号。龙头企业“金蝙蝠”牌红木家具 1998 年进入北京中南海紫光阁，1999 年进入钓鱼台国宾馆。

二、经济运营情况

海虞苏作红木产业在 2014 年上半年延续 2013 年度红火的行情，产销两旺，各企业或扩大生产规模，或进行加班加点，以满负荷生产来应付充足的订单任务。2014 年下半年随着国内经济形势的变化、炒作红木原材料游资的撤离，市场形势急转直下，红木原材料价格不断下降，市场销售趋淡，各企业的订单大幅减少，但仍能保持正常的生产。虽然上下半年的情况有较大的差别，但从

2010～2014年海虞苏作红木家具行业发展情况汇总

主要指标	2014年	2013年	2012年	2011年	2010年
企业数量	86	81	78	72	65
规模以上企业数量	20	17	15	13	11
工业总产值（万元）	157400	139800	116500	104300	93580
规模以上企业工业总产值（万元）	74900	66500	57300	48200	42370
出口值（万美元）	1934	1789	1328	1437	1263
内销（万元）	126720	114350	97450	85670	78220
家具产量（万件）	32.69	28.33	24.79	21.91	18.32

2014年度全年角度来看还是较2013年度有较大的增幅。

2014年度海虞新增红木生产企业5家，同比增长6.17%；多家企业增加投资扩建厂房，全镇新增投资5700万元，同比增长26.66%；新增生产人员、设计人员、销售人员共计350人，同比增长25%。

2014年，海虞红木行业完成工业总产值157400万元，同比增长12.59%；规模以上企业完成工业总产值74900万元，同比增长12.63%；全镇红木企业完成利润利税11035万元，同比增长9.84%；完成出口额1934万美元，同比增长8.10%。

三、存在问题

1、虽然海虞红木产业发展历史较长，但大部分企业规模都不大，以小微企业为主，经济总量也不超16亿元，在全镇工业格局中占比较小，与国内其他红木专业镇存在一定差距。

2、红木企业大都从家庭作坊演变而来，企业经营者思想比较保守，发展理念滞后，缺乏积极的开拓精神，产品仍以中低档为主，产品“小而全”，企业“小而散”，作坊式管理还比较普遍。

3、专业人才匮乏，产品设计创意人才短缺，行业创新能力不足；从业人员年龄结构偏大，文化结构偏低，特别是中青年红木制作专业人才较少，整个行业人力资源队伍建设后继乏人。

4、海虞运用先进的木材处理和加工设备的红木企业较少，对生产工艺的改进和开发应用不多，企业生产管理模式落后，大多采用传统的市场营销手段，走出去的意愿不强，不适应当前形势发展的需要。在全国各大红木产区产能大发展、市场大覆盖的现状下，海虞红木产业相对滞后。

四、发展趋势及展望

（一）是优化产业发展规划

规划建设海虞苏作红木产业创意园区，逐步整合全镇家庭作坊式红木生产企业，聚拢产业集群，充分发挥整体实力，引导全镇红木产业集约化发展；加强木材及成品市场建设，完善产业链，努力为来自苏州地区以至全国的生产商、经销商和消费者提供一站式服务；不断挖掘红木深层次文化内涵，为全镇苏作红木家具产业发展战略提供中长期规划思路。

（二）是提升产品规模档次

利用苏作红木家具在中国明清家具中的重要地位，引导并支持企业树立品牌意识，调整产品结构，逐步提高高档红木家具和自主设计产品的生产比重，多出精品，培育自主品牌并大力宣传推广，把好木料与好工艺、好品牌、好产品相结合，通过提升技艺水平，参加全国性的红木家具产品展会等活动积极开拓全国乃至全球市场。

（三）提高人员技术素质

将以中国红木家具文化研究院正式落户为契机，提高企业工人红木技艺，开展销售人员营销技能培训，注重企业自我培养相关技术人才、引进国内品牌生产企业、企业家及优秀营销人才的同时，进一步制定优惠政策，做好嫁接与服务，全面带动苏作红木企业整体素质的提高。

（四）加大企业技改进度

淘汰陈旧的设备，引进一批先进的木材处理和加工设备，依托中国红木文化研究院不断进行技术改造和革新，深入研究“苏作”的木作、漆作等优秀传统手工技艺，努力开发红木现代加工制造技术，全面提高苏式红木家具企业的工艺生产水平。

通过以上多方面的措施，充分发挥海虞红木产业原有的优势，以传统文化产业为先导，依托苏作红木“尚用、尚雅、尚精”之内涵，全力打造“中国苏作红木家具名镇”。

中国（瑞丽）红木家具产业基地——瑞丽

一、基本概况

（一）地区基本情况

瑞丽位于云南西部中缅边境的瑞丽江畔，隶属德宏傣族景颇族自治州，东南、西南、西北三面与缅甸接壤，国境线长 169.8 公里，总面积 1010 平方公里，常住人口 11 万，暂住人口 5 万多。瑞丽具有口岸、热区和旅游三大优势。地理位置独特，三面与缅甸接壤，拥有国家级口岸 2 个，省级口岸 2 个，渡口 31 个。

改革开放以来，瑞丽市实施了“以贸易为先导，贸工旅农全面发展”的战略，充分发挥口岸、热区、旅游三大优势，国民经济和社会各项事业全面发展。

（二）转型升级、技术创新及突出点

1、瑞丽红木家具行业协会基本情况　2010 年 12 月 19 日，德宏州瑞丽红木家具行业协会成立，统一指导瑞丽红木家具企业的生产经营与管理。瑞丽现从事红木家具行业的有 100 多家，加入协会的有 60 家企业（含根雕），其中加工红木家具的企业有 48 家，整个瑞丽红木加工园区现占地 846501.63 平方米（会员单位），从事红木家具产业管理及务工人员有近 1 万人。从事红木加工企业的加工厂除规范的姐勒工业园区、弄岛工业园区外，瑞丽城郊还有部分零散的加工厂。整个瑞丽的红木产业经营规模在不断扩大，经营模式均为各厂商自行加工销售。

2、瑞丽红木产业的创新　自 2012 年以来在云南省、德宏州和瑞丽市三级政府的支持下，在中国古典红木家具理事会、云南省家具协会的帮助下，瑞丽已连续举办了三届中国•德宏瑞丽红木文化节。红木文化节的成功举办，既是瑞丽红木产业发展到较高阶段的成果，也使瑞丽红木在全国红木行业获得较高知名度。2013 年 4 月 10 日，中国家具协会授予瑞丽“中国（瑞丽）红木家具产业基地”称号，表明瑞丽红木产业初步形成了原料进口、设计创意、生产加工、展览销售为一体的完整产业链。

瑞丽红木家具产业发展历经几十年的历程，从无到有，从小到大，现已初具效益与规模。瑞丽已被列为西部开放开发大通道、国家重点开发开放实验区的建设，发展红木产业，开发高档红木家具前景广阔、市场空间极大。

3、规范管理机制　为规范瑞丽红木市场的管理，红木家具行业协会经常组织和协助相关部门开展自检自查和巡检巡查活动。要求红木企业坚持诚信经营，严格执行《云南省家具行业市场经营行为规范公约》和《云南省家具产品实施售后“三包”条例》。并签订了《诚信经营公开承诺书》和《诚信经营企业承诺书》。正因严把质量关、注重诚信经营，在历届的昆交会和泛亚家具展览会上，瑞丽的保真红木家具都深受消费者的信任和喜爱。

4、瑞丽红木产业的优势显著　第一是得天独厚的口岸优势，我国 80% 的奥氏黄檀、大果紫檀等高档红木的原材料都是从瑞丽口岸进口，有很明显的区域口岸优势。第二是资源优势，由于瑞丽紧靠缅甸等东南亚、南亚红木原材料出产国家，在资源上占有就近取材的优势；第三是劳动力优势资源，瑞丽劳动力资源丰富，再加上大量的缅籍务工人员，据有人力资源的优势。

二、经济营运情况

2013 年，由于缅甸政府决定从 2014 年 4 月之后禁止原木出口，导致缅甸花梨等中低档木材从 1 万多元一吨的价格涨到了 4 万多元。花枝的均价更是涨到了 5 万多元，有些甚至涨到 8 万多元一吨。据统计，瑞丽口岸 2014 年一年进口缅甸各类木材资源约 76 万立方米，其中红木木材 50 多万立方米，预计产值达 60 个亿。去年由于受市场环境的影响，其中有近 20 万立方米的红木还积压在市内，近 10 万立方米的红木销往内地，近 20 万立方米红木自行消耗。

三、品牌发展及重点企业情况

（一）瑞丽红木产业的发展

瑞丽红木家具产业是瑞丽产业集群中的一支新兴产业。从 1985 年边境贸易兴起到现在的 30 年中，红木家具产业经历了不同发展的阶段。经过市场竞争的大浪淘沙，一些企业已发展成为规模较大、档次较高、实力较为雄厚的企业。如今个别企业已成为了瑞丽的龙头企业，如瑞丽市德冠恒隆红木家具有限公司、瑞丽市涵森实业有限责任公司，瑞丽市明君红冠家具有限公司等企业产业发展快，产区建设规模不断扩大，人员不断增加，其中德冠恒隆、涵森已获得云南省名牌产品称号，另有部分企业荣获了云南省著名商标。

（二）政府给予优惠政策

瑞丽红木家具产业在发展战略与中长期规划、品牌建设、新技术应用、市场建设、公共技术平台和信息化建设中，市委、市政府已把红木家具产业作为瑞丽工业的特色产业和文化产业，为红木家具产业的发展提供了积极的政策支持。为把瑞丽的红木产业做大做强，政府决定将红木产业移居到第二期轻工业园区即瑞丽市进出口加工制造基地，占地共 20.87 平方公里，为企业的发展提供更广阔的天地，并给与一定的政策倾斜，为瑞丽红木产业的发展搭建了一个非常好的平台。

2013 年 4 月 10 日，瑞丽区域成为了“中国（瑞丽）红木家具产业基地”，使瑞丽红木产业初步形成了原料进口、设计创意、生产加工、展览销售为一体的完整产业链。

四、存在问题

据我国海关木材类进口数据显示，2014 年上半年我国累计进口红木 120.93 万立方米（以原木材积计），同比增长 341.25%；总金额达 102.19 亿元人民币。

2014 年，由于缅甸严格禁止原木出口，大部分原木则被加工成方木出口。瑞丽木材商开始到缅甸去开料，把原木加工成方木再进口。红木家具企业要尽快适应市场变化，转变经营思路。制约瑞丽红木发展的最大因素是交通运输，因为瑞丽境内没有火车，主要靠汽车将进口木材及家具运到昆明或其他地区，运输费非常高，比如瑞丽用汽车运一套沙发到昆明去要一千多块钱的运费，而东阳用火车发一套沙发到全国各地去都只要几百块钱。

五、发展趋势及展望

瑞丽红木以精工细雕、货真价实、人性化设计

2010 ~ 2014 年瑞丽红木家具行业协会会员企业发展情况汇总

主要指标	2014 年	2013 年	2012 年	2011 年	2010 年
企业数量	60	58	56	53	50
规模以上企业数量	23	10	/	/	/
工业总产值（亿元）	60	50	/	/	/
规模以上企业主营业务收入（亿元）	30	20	/	/	/
家具产量（万件）	20	16.7	/	/	/

等备受消费者的欢迎和好评，瑞丽保真红木的知名度也越来越好，许多优质木材的家具，既保持着传统家具的古朴典雅，又融入了现代简约的元素，“新中式、新古典”设计风格创新的款式远销全国，乃至东南亚。

随着中国面向西南开放试验区及桥头堡黄金口岸战略的推进，全国各地的企业蜂拥而至，瑞丽政府对瑞丽的“两头”文化更是着力精心打造，现已建成第一期红木家具产业工业园，有53家红木加工企业已入驻园区，预计今后的两年内将建设第二期红木家具产业工业园。瑞丽的“石头、木头”两头产业的发展，将有力的推动地方经济及社会效益的发展。

预计2015年将达到65～70亿元以上，2020年将达到100亿元。

中国仙作红木家具产业基地——仙游

一、基本概况

仙游县地处福建东南沿海中部，县域总面积1835平方公里，总人口112万人，置县至今1300多年。仙作红木家具产业是仙游县最具特色的传统产业，源于唐宋，兴于明清，盛于当代。仙作古典工艺家具用材考究、工艺精细、形态儒雅、气韵仙逸，实现了“形、材、艺、韵”的和谐统一，2014年12月仙游古典家具制作技艺（仙作）被国务院列入第四批国家非物质文化遗产保护名录。近年来，仙游县委、县政府把“仙作”红木家具产业作为县域经济的支柱产业重点培育，用短短几年的时间，实现了产业产值、税收、企业数目倍数增长。

二、经济运营情况

2014年，仙游产业产值突破300亿元，企业4000多家（其中规模以上企业114家，产值145亿元），从业人员16万人，年创税收3亿多元，现有中国驰名商标4个、省著名商标35个、省名牌产品48个。仙游县先后荣膺“中国古典工艺家具之都”“中国仙作红木家具产业基地”“中国古典家具收藏文化名城”“全国红木古典家具产业知名品牌示范区”称号，已成为全国最重要的红木家具集散地之一，古典工艺家具高档产品占国内市场份额七成以上，引领我国红木家具市场发展。

三、存在问题

尽管“仙作”红木家具产业取得了显著的发展，但由于受全球经济增长放缓，原木材料价格波动较大，国内消费观念转变等诸多因素影响，产业正处于新一轮的调整期，面临诸多问题：

（一）原材料方面

仙作古典工艺家具原材料大多选用名贵的木材，如黄花梨、小叶紫檀、大叶紫檀、大红酸枝等。随着新《濒危野生动植物种国际贸易公约》正式实施，原产国对红木树种的出口管控越来越严厉，导致名贵红木资源日益稀缺，海黄、越黄已是一木难求，小叶紫檀、大红酸枝的供应情况也不容乐观。红木原木交易散乱，随意性大，没有形成规范化的原木交易市场。替代树种开发缓慢，烘干、制作工艺等方面的研究、推广力度不够，目前虽然有一些新材料被尝试应用在家具上，但还没有获得更多消费者的认可。

（二）企业管理方面

企业总数太多，良莠不齐，有的依法纳税注册，诚信经营，明码标价，有的没有进行工商注册甚至是故意不注册，急功近利、偷税漏税、漫天要价、以次充好。目前仙游县大部分古典家具企业仍然是以家族经营的管理模式为主，企业规模普遍偏小，经营模式单一落后，多数是前店后厂、自产自销。尤其各企业主要以“单兵”作战为主，缺乏“仙作”的全局观念，整个市场差异化的营销体系尚未形成。

（三）产品质量方面

产品质量管理体系还没覆盖到全行业，“一证一书一卡”（即产品使用说明书、产品合格证、质量明示卡）等产品认定识别体系落实不到位、不规范。

（四）人才方面

高级技术人才占比低，优秀导购员、管理人

才、营销人才、研发设计人才等稀缺，一些雕刻工、木工技艺高超，但专业理论水平不高。人才教育培训体系不健全，与专业院校的合作不够深入，缺乏有效的教育培训体系，传统“师带徒”模式出现断层。

四、发展措施

今后一段时期，是“仙作”红木家具产业发展的转型升级、提质增量关键期。仙游县把2015年定为“产业转型升级年”，大力引导和鼓励企业实现转型升级。将着力“六个创新”，推动产业转型升级。

（一）原料创新

在巩固海黄、越黄、小叶紫檀、大叶紫檀、大红酸枝五种高端原料的基础上，大力开发利用大果紫檀（缅甸花梨）、微凹黄檀（南美酸枝）、白酸枝、花枝、鸡翅木、刺猬紫檀（草花梨）等中低端原料，开拓中低端市场。推广家更美木材交易中心经验，联合高资质、高权威的外贸进出口机构，通过合法有效的途径把更多稀缺的红木原材料引进“仙作”市场，确保“仙作”产业的原材料供应。进一步规范原材料交易市场，动工建设红木原材料交易中心。同时加大对替代木材的木性、制作工艺、烘干技术等方面的研发投入力度，为企业开发利用新的可替代木材提供技术支持。

（二）整合创新

在古典家具行业内推行产销分离，进行专业化生产，分工协作。改变自产自销的现状，鼓励中小企业走“专、精、特、新”的发展道路，推动中小企业与大企业形成配套。引导个体工商户转为线上商贸企业，推动小微企业上规模。支持优势企业以资产为纽带、以品牌为核心，组建跨地区、跨行业的集团公司、股份公司，推广诸如鲁艺公司既独立又协作模式、群仙抱团发展模式等，引领产业整体提升与发展。

（三）市场创新

引导定位高端的企业加大创新设计和工艺制作上的投入，以品质提升产品价值，巩固现有高端产品市场占有份额；引导定位中低端市场的企业转型开发中低端木材，生产面向大众、适销对路的新中式新古典家居产品，提高市场占有率；形成“高端市场独秀，中低端市场并进”的市场格局。改变以往“坐商”的经营模式，走出去拓展市场，培育大量的经销商，组建营销联盟、中介机构，到全国各地、东南亚各大城市开办直营店、专卖店，扩大产品营销，拓展销售渠道，提升软实力，提高“仙作”企业在行业中的核心竞争力。

（四）产品创新

引导企业牢固树立做古典工艺家具就是做文化、做艺术、做精品的观念，提升产品附加值。引导企业制定产品规划，形成相对完整的产品线，通过研发创新，进行产品结构的升级和转型。产品的款式应采用传统古典与现代流行相结合的模式，既要传承红木家具的精华部分，也要结合当代人的实际需要和审美需求，在品种款式、结构工艺、功能尺度上大胆创新，培育“仙游设计”、“仙游创意”、“仙游制造”的产品。

（五）营销创新

在全县工艺美术企业推广电子商务的应用，促进实体购销渠道和网络购销渠道互动发展。鼓励有条件的龙头企业电子商务平台向行业电子商务平台转化。鼓励红木产业应用第三方电子商务平台，开展线上销售、采购，线下沟通，提高生产经营和流通效率。引导企业积极融入龙头企业的电子商务购销体系，发挥福建省红木产业电子商务协会、5833、连天红电商在产业链中的配套作用，促进红木产业和电子商务的融合发展。

（六）监管创新

建立质量保证制度，建立以“一证一书一卡一芯”（一芯指RIFD芯片）为主要内容的质量保证制度，实现从原料进厂、生产加工、出厂销售到售后服务的全过程监管，以及产品质量的可追溯体系和责任追究体系，强化企业产品质量主体责任。加强知识产权保护，鼓励引导企业申报产品专利和维护知识产权，充分发挥知识产权服务工作站作用。

中国红木（雕刻）家具之都——东阳

一、基本概况

东阳地处浙江省中部，是省级历史文化名城、全国经济百强县市，集教育之乡、木雕之乡、建筑之乡、影视旅游名城等美誉于一身。发展至今，东阳已成为一个完整而独特的红木家具产区。东阳木雕传统技艺源远流长，家具技工从雕花到打磨、油漆等工种应有尽有，技术基础尤其扎实，人力资源储备充足。东阳“工艺美术之乡”称号也名不虚传，现有亚太手工艺大师2位、中国工艺美术大师9位、省级工艺美术大师36位。东阳人善于抓住机遇，将千年传统木雕工艺与现代红木家具完美结合，形成了“东作”红木家具独特工艺风格，集实用性、观赏性和收藏性于一体，在行业中独树一帜。

东阳市政府联手复星集团、阿里巴巴等一批优秀浙商团队，投资百亿建设的中国木雕文化博览城项目中的中国木雕博物馆、国际会展中心等重点项目已建成并投入使用。2014年东阳市委、市政府又相继颁发了《东阳市木雕·红木家具行业准入指导意见》和《关于促进木雕·红木家具行业转型升级的若干意见》等两个指导性文件，并开展了相关整改工作。东阳红木家具行业将在健康可持续发展中不断前进。

二、经济运营情况

随着东阳市委、市政府扶持力度的不断加大，近年来东阳红木家具产区迅猛发展，已形成“三个基地、两大市场”布局，东阳中国木雕城、东阳红木家具市场所在的东阳工艺创意集聚区已成为国内最大的木制工艺品和红木家具集散地。城北工业新区国际木雕产业园首期1100多亩产业基地已基本完成建设，南马、横店红木家具产业基地相继建成。东阳红木家具专卖市场建筑面积已逾110万平方米。全市现有木雕、红木家具规模以上企业123家，经工商注册登记的木雕、红木家具生产企业3000余家，销售经营单位1647家，从业人数9.5万余人，2014年，东阳木雕、红木家具行业完成产值142亿元。

2010～2014年东阳家具行业发展情况汇总

主要指标	2014年	2013年	2012年	2011年	2010年
企业数量	3267	2627	2072	1035	974
规模以上企业数量	123	95	/	/	/
工业总产值（万元）	1420000	1320000	1200000	1070000	/

中国京作古典家具产业基地、中国京作古典家具发祥地——涞水

一、基本概况

（一）地区基本情况

涞水古典红木家具已有300多年的历史。清康熙皇帝在故宫成立造办处后，从全国各地选拔能工巧匠，其中可追溯的就有涞水县东文山乡上车亭村的王继贵、石亭镇板城村的刘仲春等。

2014年8月12日，中国家具协会与涞水县人民政府共建涞水县“中国京作古典家具发祥地”。近年来，涞水红木行业年销售收入以30%的增速增长，产品在京津冀及蒙、晋、鲁等地市场份额不断增加。目前，涞水京作红木家具制销企业420余家，熟练技师近千人，销售收入达23亿元，被河北省工信厅确定为特色产业集群。

（二）转型升级、技术创新及突出点

进一步对涞水京作家具传统经验和工艺进行系统总结，在打好“手工雕刻”这一金字招牌的同时，加强现代技术和人才引进。通过与北京林业大学的合作、与中国家具协会的共建，全面提高涞水县古典家具行业整体技术档次，提升产业水平。

（三）品牌发展及重点企业情况

立足涞水深厚的京作文化积淀，大力弘扬“京作”文化及传统工艺，努力创建具有涞水特色的古典红木家具品牌。继续加强与知名宣传媒体平台的合作，从2015年起举办涞水红木文化节、研讨会、高峰论坛等大型活动，展现“京作”家具的文化魅力，增强区域辐射力，扩大品牌传播力。目前，涞水已先后推出隆德轩、易联升、古艺坊、森源宏、艺友、永蕊缘、万铭森、艺联、珍木堂等多个品牌。河北古艺坊家具制造股份有限公司成功挂牌石家庄股权交易中心，是河北省高新技术企业。

二、经济运营情况

2014年，涞水家具产业产值达18亿元，销售收入达23亿元。

2010～2014年涞水县家具行业发展情况汇总

主要指标	2014年	2013年	2012年	2011年	2010年
企业数量	420	320	295	226	200
规模以上企业数量	8	4	3	2	无
工业总产值（万元）	186000	151000	120612	101690	80150
规模以上企业工业总产值（万元）	16100	8100	6500	4300	无
内销（万元）	230000	200000	150000	120000	90100
家具产量（万件）	3.7	2.39	1.45	1.20	0.9

三、存在问题

一是品牌知名度不高。软实力与硬实力明显不对等，涞水不少企业的家具制作已经达到较高水平，但其品牌影响力并未提升到与之相匹配的高度；二是产业链条不完善。涞水人大多专注于家具制作，而缺少专业的营销队伍，使涞水很多厂家沦为别人的生产车间，自己只能赚取微薄的加工费，把丰厚的利润和品牌附加值拱手让人；三是集群规模需要扩大。涞水部分红木企业仍散落在上车亭村及县城周边几个村子里，未形成集群规模，各自为战。

四、发展趋势及展望

涞水与其他产区相比，虽然规模较小，但独有的区位优势、京作红木传统文化优势及享有的国家战略优势，使涞水红木产业发展潜力巨大，后发优势明显，正成为承接北京产业转移和外溢的首选地。2015 年，涞水将进一步加快推进“中国·涞水传统家具文化创意产业园”建设，为传承民族工艺、繁荣传统文化做出新贡献。

实木家具产区
——占据市场主流 健康平稳发展

我国家具产业中，实木家具占据一定的总量优势，是行业的中坚力量。截至2014年底，我国正式命名的实木家具产区有4个，分别为：山东宁津、辽宁庄河、浙江玉环、江西南康，从分布上可看出，实木产区主要集中在东北、山东、江西等地，京津冀、广东、浙江等地也很突出，无论是企业规模还是企业数量在行业内都有不可动摇的地位。

2014年，各产区发展情况如下：

- 宁津有家具企业3078家，从业人员达到4.7万人，行业销售收入134亿元；
- 庄河有华丰、华夏等龙头企业，家具企业1621家，从业人员近2万人，实现产值61.5亿元；
- 玉环以生产欧式古典家具为主，家具企业268家，从业人员近3万人，行业总产值49.56亿元；
- 南康家具企业6000多家，从业人员30多万，行业总产值701.8亿元，同比增长55.95%。

中国实木家具之乡——宁津

一、基本概况

宁津家具产业兴起于20世纪90年代，家具制造及营销业源远流长，家具文化底蕴深厚，起始由加工业户自发形成，后经政府引导，逐步由小到大、由弱及强发展成为全县的富民产业和支柱产业。宁津家具产业以实木为特色和优势，产品包括餐厅家具、厨房家具、酒店家具、卧房家具、套房家具、办公家具、软包家具、实木内门等民用和商用家具八大类上千个品种，其中餐桌餐椅占到长江以北市场份额的50%以上，家具产品还远销美国、韩国、德国等30余个国家和地区。

在家具产业不断发展的同时，宁津县还大力加强电子商务平台、高端展销平台、协会服务平台、网络服务平台、技术服务平台等市场配套服务设施建设，促进企业抱团发展。目前，宁津家具产业链已经形成了从木材经营、“白茬”加工、零部件配套、油漆购销、成品组合到产品销售的产、供、销一体化产业链。宁津家具产业已经实现了由单一产品向多花色、高质量、系列化转变，由传统木制品加工向具有地方特色方向转变，由零散式经营向集团式方式转变。

宁津县拥有“兴强”、“万赢”、“吉祥木”、“德克”等4个山东省名牌产品和“美瑞克”1个山东省著名商标。家具龙头企业优势逐步凸显，涌现出美善、三江、宏发、德克、鸿源、汇丰、大亨等20余家龙头骨干企业。其中，大亨木业、宏发木业、名岳家具、三江木业被授予“山东省实木家具产业基地骨干企业”称号。

二、经济运营情况

如今在宁津，家具产业已呈遍地开花之势，全县共有家具生产加工企业3078处（户），其中规模以上企业58家，从业人员达到4.7万人。2014年全县家具产业实现销售收入134亿元，出口创汇7890万元。新建投资过千万元的项目7个，总投资额超过1.1亿元。

2010～2014年宁津县家具行业发展情况汇总

主要指标	2014年	2013年	2012年	2011年	2010年
企业数量	3078	3061	3045	3029	3018
规模以上企业数量	58	56	50	48	46
主营业务收入（万元）	1680000	1580000	1486000	1407000	1400000
规模以上企业主营业务收入（万元）	1590000	1500000	1408000	1390000	1350000
出口值（万美元）	1300	1100	980	950	935
内销（万元）	1650000	1550000	1470000	1400000	1390000
家具产量（万件）	3360	3160	2970	2800	2760

三、存在问题

近年来，宁津家具产业在县委、县政府的大力培植下，取得了长足的发展，但与先进地区相比，还存在一些差距：

（一）产业链条存在短板

家具产业链条上下延伸不足，在木材板材、五金配件、油漆、胶等环节存在短板，本地配套率较低，没有形成完整的生产链和供应链，难以在激烈的市场竞争中形成整体的、可持续的竞争力。

（二）龙头企业带动力不足

缺乏大的品牌，且核心企业规模不大，主导产品优势不明显，辐射力和带动力有限，尚未形成较强的集聚效应和整体竞争力。大部分企业仍在单打独斗，很少与其他企业合作，缺少集群意识，企业竞争力相对薄弱。

（三）技术创新能力不强

技术创新问题是目前整个家具行业存在的突出问题，产品模仿现象突出，同质化严重，技术创新能力不强，新产品、新技术研发能力不足，造成产品开发周期长，新产品上市速度慢、产品同质化竞争激烈。

（四）土地成发展制约

宁津县工业用地供应远远满足不了工业经济发展的需要，很多家具企业因为拿不到土地指标而没有办法扩大生产规模，部分外资项目无法落地。

四、发展趋势与展望

宁津县将发挥“中国实木家具之乡”区域品牌优势，坚持配套和创牌两条腿走路，调整优化家具产业集群产品结构和区域布局，明确低碳环保、自主创新、个性定制、信息应用四个发展方向，加大企业培植、强化品牌意识、延伸拓展产业链，不断提高资源综合利用率，进一步提升宁津家具的整体实力。力争到2016年末，全县家具行业实现销售收入200亿元，实现出口创汇1亿美元。培植出销售收入过1亿元的企业3家，争创中国名牌产品1个，省级名牌产品达到7个以上。

（一）明确四大发展方向，促进行业转型升级

进一步增强低碳环保意识。引导企业更加重视安全生产和清洁生产，在油漆喷涂、粉尘处理以及废水、废料处理等方面运用先进技术，不断优化生产环境。广泛应用信息技术。将电子智能、机械智能、物联智能融入家具产品当中，利用电子商务引导企业加快融入新型销售模式。引导和鼓励企业走向设计崛起之路。通过开展多种形式的设计创新，逐渐提高自主品牌的影响力。扩大个性化定制家具生产规模。把扩大定制家具生产规模作为今后企业生产的重点来抓，不断满足消费者个性化需求。

（二）搭建完善五大平台，促进企业抱团发展

1、搭建电子商务平台　搭建宁津家具产业集群电子商务平台——“中国（宁津）实木家具城”行业平台，2015年上半年将邀请省局易商网站运营人员来宁津对有入驻意向的家具企业集中培训店铺搭建技巧，帮助企业完成入驻。2015年1月4日，邀请美乐乐家具网采购商及北京林业大学教授林作新来宁津开展对接，争取宁津家具产业集群能成为美乐乐家具网供销基地。

2、搭建高端展销平台　建设服务配套设施齐全的宁津精品家具展示厅，把宁津打造成北方重要的实木家具集散地。

3、完善协会服务平台　制定并实施行业规范，规范家具企业生产经营行为，建立良好竞争秩序。加强全县家具企业之间交流，促进企业之间合作，引导行业抱团发展。

4、完善网络服务平台　进一步完善并运作好中国中小企业宁津网、宁津家具产业集群窗口服务平台网站，为企业提供新闻动态、产业资讯、政策法规等信息，进行业务受理、展品展示等服务。

5、完善技术服务平台　强化行业技术中心服务功能，提升产品研发、电子商务、质量检测、民企培训等功能，切实发挥应有的行业推进作用。

（三）强化六项保障措施，推动行业健康有序发展

1、组织企业参加培训、行业论坛、展会　2014年3月组织10家以上家具企业赴深圳观展，9月带领50家以上企业赴上海参观上海国际家具展。通过观展帮助企业家了解行业前沿动态及发展趋势，拓宽发展思路。

2、铸造区域品牌　加强“中国实木家具之乡”区域品牌的宣传和推广力度，编订《宁津县家具产

业宣传画册》，提升宁津家具产业品牌影响力。

3、完善产业链条　在保持全县生产和加工优势的基础上，进一步完善产业链上的研发、设计环节，强化物流配送、展示销售环节，带动木材板材、五金配件、油漆等供应环节，辐射餐饮住宿、皮革布料等环节，打造宁津县配套完善、支撑有力的产业分工协作体系。

4、强化对接合作　加强与国内特色区域对接合作，特别是加强与胜芳的区域对接，借助双方“错位发展”的优势加强生产、物流、研发、市场等各个层面的合作。与山东财经大学计算机科学与技术学院在决策咨询与技术培训、信息交流、中小企业电商发展战略规划等领域展开深入合作。邀请北京胜天世纪等知名管理咨询公司来宁津与企业对接，帮助企业制定发展规划、建立现代化管理制度，提升企业管理水平。

5、培植龙头企业　在全县筛选大亨木业、三江木业、仁和木业等5家企业进行重点培植，在用地、参展、创牌、科技创新、新上项目等方面给予重点帮扶，促进企业做大做强。配合大亨木业打造欧帝森品牌家具“500公里范围一站式家装、家具购置——中国（宁津）实木家具体验馆现场参观”活动，整合全县家具、家装公司入驻展馆，形成参观、旅游、家装、购物一站式休闲购物方式。

6、破解融资难题　积极搭建银企对接平台进一步推进家具产业“互惠贷”项目，2015年上半年将进一步进行走访宣传，加深更多企业对“互惠贷”的了解，帮助有融资意向的企业达成融资协议，扩大融资规模，使更多企业受益。

中国实木家具产业基地——庄河

一、基本概况

（一）区域经济发展概况

2014 年，庄河市实现地区生产总值 690 亿元，公共财政收入 33.3 亿元，全社会固定资产投资 457 亿元，社会消费品零售总额 168 亿元，城镇居民人均可支配收入 23,970 元，农村居民人均可支配收入 13,169 元。2014 年，全市拥有规模以上工业企业 380 户。全市规模以上工业实现工业总产值 1,389 亿元；完成工业增加值 389 亿元；实现利税 103 亿元。农副产品加工业、家具制造业、机械制造业是全市工业的支柱产业，共实现总产值 1,112.7 亿元，占规模以上工业总产值的 72%。

（二）家具产业基本情况

庄河家具业起步于 20 世纪 50 年代，发展于 90 年代。特别是 2006 年庄河被中国轻工业联合会、中国家具协会授予“中国实木家具产业基地”以来，大连、庄河两级政府紧紧抓住这一有利契机，为打造庄河家具整体品牌出台了一系列政策，推动了家具产业的迅猛发展。家具产业已形成了以集群发展为特点、家具制造与家具材料相配套、生产和流通相衔接、生产与研发相促进的产业格局。形成了集原材料供应、家具生产加工、包装、产业配套、展销、物流配送的完整产业链，家具制造业已成为支撑庄河经济发展的一大支柱产业和特色产业。

二、经济运营情况

截至目前，全市拥有家具生产企业 1621 户，其中规模以上企业达 11 家，从业人员近 2 万人，有厂房约 230 万平方米，设备约 1.5 万台（套），资产总额约 40 亿元人民币。涌现出华丰、华夏、科冕、佰林达等一批家具精英企业，培育出“华丰”、“华夏”两个中国驰名商标。产品远销日本、美国、东南亚及欧洲等国家和地区；在全国 60 多个城市建立了销售分公司，销售网点达 650 多个，国际、国内销售体系日臻完善。2014 年，全市规模以上家具企业实现产值 61.5 亿元。

三、重点品牌及龙头企业发展情况

经过多年培育和发展，全市家具业拥有国家级著名商标 2 个，省级名牌和著名商标 10 个、大连市级名牌和著名商标 15 个。

（一）大连华丰家具集团有限公司

公司占地面积 6 平方公里，建筑面积 200 万平方米，下属 20 个工厂，职工 12000 多人，年产华丰牌家具 400 万套（件）。已形成客厅、餐厅、卧室、办公等系列产品上万个品种，产品畅销国内，远销日本、美国。大连华丰家具被评为全国家具行业百强之首和“效益十佳”第一名，华丰家具被评为“家具行业第一品牌”、“中国消费者协会推荐商品”、“中国首批环保产品质量信得过重点品牌”。大连华丰家具集团有限公司于 2002 年通过 ISO9001 管理体系认证，2004 年大连华丰家具被国家商标总局认定为全国驰名商标，2006 年被中国质检局评为中国名牌产品。

（二）大连华夏家具集团有限公司

公司成立于 1999 年，公司占地面积 33 万平方米，建筑面积 14 万平方米，拥有现代化家具生产流水线，从业职工 800 人，注册资本 5768 万元，主要生产中、高档实木家具及办公家具等木制产品，4 个子公司。华夏家具集团产品远销日本、爱尔兰、荷兰、俄罗斯等地。公司先后荣获“中国驰名商标”、“农业部全面质量管理达标合格单位”、“中国十八省家具行业诚信企业”、“中国家具协会和辽宁省家具协会副理事长单位”、“中国十省市环保家具知名品牌”等，2001 年通过 ISO9000 质量体系认证。

（三）大连佰林达木业有限公司

公司成立于 2010 年 9 月，与台湾艾伦研发有限公司共同研发设计，是专注于家具生产与销售的企业，现营销区域已覆盖广东、上海、北京、江苏、山东、河南、天津、河北、山西等地大中城市及周边地区。大连佰林达木业有限公司实木家具生产项目位于大连新兴产业经济区内，项目主要从事各类高档实木家具、欧式家具生产，产品在设计、款式、工艺等方面有较高水准。

三、发展措施

（一）大力培植龙头骨干企业

采取政策扶持、要素倾斜、优化服务等措施，重点扶持华丰、华夏、科冕、佰林达等一批带动能力强的骨干企业，加速企业扩张步伐，不断增强和提升骨干企业对产业集群发展的支撑力和贡献率。

（二）狠抓产业技术改造和创新

积极引导企加大技术改造力度，开发新产品，增强企业竞争力。大连华夏家具为了整合人力资源和原材料资源，降低企业生产成本，成功收购了俄罗斯吉利尔公司，为抢占俄罗斯及远东地区市场迈出了坚实的一步。庄河市加快企业自主创新体系建设，建立了较为完善的生产和销售服务的技术创新服务体系、技术研发中心、职工培训中心和产品博览中心，这些服务机构促使家具制造业从下游低端的简单加工装配向上游高端的核心技术研发延伸，拓展了以品牌开发、产品营销为核心的价值链。

（三）大力实施品牌战略

积极引导企业争创名优产品，实现家具品牌化。一是鼓励企业自创品牌。对其商标新评为国家、辽宁省和大连市著名商标和名牌产品的家具企业，由市财政给予一定的奖励。同时积极做好中小企业申报省、市名牌和著名商标工作。二是加大宣传力度，扩大“华丰家具”这一名牌的知名度，扩大“庄河实木家具”在省内外的影响。目前，全市拥有国家级著名商标 2 个、省级名牌和著名商标 10 个、大连市级名牌和著名商标 15 个。

（四）加大招商引资力度，不断增强家具业发展后劲

在发展本地企业的同时，不断加大招商引资工作力度，着力引进国内知名的家具企业，并促进其与当地家具企业的融合，做宽、拉长家居产业链条。已建成的北方家居城项目，对构建庄河家具产业销售平台，拉长家具产业链，带动家具产业快速发展，起着积极的推动作用。

（五）不断加大特色产业园区建设力度，提高产业集群发展承载力

为了推进家具产业集群加快发展，提高产业集群综合竞争力，庄河市在新兴产业经济区筹划建设了庄河家居产业园。目前，永大建材免漆室内门生产线项目、佰林达木业拼板及家具生产线项目、丰汇木业免漆复合门及家具项目、万鹏公司的家具项目、松江木业的建材项目已建成投产，集群化基础条件基本形成，发展态势良好。为了应对企业发展中遇到的困难和挑战，树立行业声誉，提升行业品牌，增强行业的市场竞争力，大连佰林达木业有限公司、大连万鹏家具制造有限公司、大连永达建材有限公司等 6 家家具企业组建联盟，试行资本联手，优势互补，共同解决企业融资、技术、市场、协作等问题，实现客户资源共享，达到合作共赢。项目完工投产后，6 家联合体年销售额可达 15 亿元，实现利税 2.6 亿元，安排就业 4000 余人。家居联合体的成立，使庄河家居产业形成了一个集家具生产加工、包装、产业配套、物流配送的完整家居产业链，促进了庄河家居行业的整体发展。2015 年，庄河家具业的发展迎来了新的契机，庄河已成为国家进口木材储备加工交易基地；规划建设的庄河港木材专用码头，设有 3 个泊位，分别是 1 万吨、3 万吨、5 万吨，2015 年即将投入使用。届时，庄河将以此为契机，通过木材贸易带动本国木材企业走出去，到澳洲、北美洲开发木材供应渠道，发挥有港口、检疫、配套产业的优势，整合国际木材资源及远洋航运保障，最终发展成为海外原木储备开

采、远洋运输、港口物流、加工储备为一体的产业化木业企业集群。

四、存在问题

一是受经济大环境以及国际（主要是欧美）、国内订单持续减少及房地产市场不景气影响，全市家具行业受到很大程度的影响，很多企业订单不足、开工不饱和。

二是企业生产成本上涨。随着各种原材料、运费、劳动力成本不断增加以及中小企业融资难等问题影响，导致企业经营越来越困难。

五、发展重点及方向

家具制造业在继续推进存量企业增量部分向家居产业园集聚的同时，着力引进国内大型森工企业落户庄河，吸引木材交易、家居交易平台在庄河落户，补齐木材循环利用、家具五金、木工机械等行业，完善产业链条。紧跟大连、东北乃至国家木材产业调整步伐，依托庄河港木材专用码头、国家进口木材储备加工交易基地以及木材熏蒸区设立的有利契机，加快建立贸易、储备、流通、加工为一体的产业格局，立足庄河、辐射东北，力争把庄河建成国家级家具用材集散市场，重塑庄河家具产业辉煌。

中国欧式古典家具生产基地——玉环

一、基本概况

家具业是玉环工业的特色产业，起步于20世纪90年代，在县委、县政府的引领和支持下，经过20多年玉环家具人的艰苦创业，家具产业得到了长足发展。全县现有家具企业268家（其中能生产成套家具的企业80家），拥有自营出口权企业60家，企业主要分布在楚门、清港两镇，从业人员近3万人。玉环欧式家具已形成品种繁多、配套齐全、生产工艺和产品质量全国领先的族群发展模式，2004年获得“中国新古典家具精品生产（采购）基地”，2007年获得“中国欧式古典家具生产基地”称号。产品远销俄罗斯、日本、澳大利亚、南非、中东等80多个国家和地区，成为华东地区重要的家具生产销售和出口基地，在国内各地建立销售网点1700多个。

二、经济运行情况

2014年玉环家具行业按照“整合资源建集群，内外并举促发展，三方联手育龙头，创新驱动拓市场”的总体思路，着眼转型，调整产业发展格局，扩大内需，致力升级，提升产业层次和产品的市场竞争力。2014年全县家具总产值49.56亿元，同比增长8.66%，其中出口2.10亿美元，同比下降19.00%。据统计局统计，规模以上企业35家，总产值20.86亿元，同比下降3.96%；规上企业实现利税1.0538亿元，同比下降7.80%；规上企业创利润0.3964亿元，同比下降10.80%。

三、发展举措

（一）致力转型升级，开拓内外市场

一是组团参展。精心组织73家次企业分别参加广州、东莞家具展览会，展位面积达30000平方米。参展企业借助展会平台，展示新品、精品，共同演绎玉环欧式家具的实力和魅力，吸引国内外经销商和代理商，经销、订购玉环家具。二是市场从国外为主向国内外同步开拓转变。玉环家具产

2010～2014年玉环家具行业发展情况汇总

主要指标	2014年	2013年	2012年	2011年	2010年
企业数量	268	273	265	263	256
规模以上企业数量	35	35	33	33	36
工业总产值（万元）	495600	456300	365500	324000	275500
规模以上企业工业总产值（万元）	208641	217251	204126	204178	219755
出口值（万美元）	20710	24950	27480	24970	25900
内销（万元）	367200	298800	189600	161700	104600
家具产量（万件）	520	480	385	340	290

业受全球经济形势和多重因素影响，出口连续下滑。为摆脱困境，组织企业考察国内市场，分析玉环家具的优势、劣势，引导企业在稳固国外市场的同时，致力开拓国内市场。引导有实力的企业创建国内品牌营销体系，实现市场结构优化，规避市场经济风险。三是开发多元产品。根据市场、消费者的需求，在做好、做精欧式家具的同时，开发新古典、简欧、小美式等不同档次、不同风格的新品，抢占市场份额。

（二）抓质量育名牌，打造品牌群体

一是帮助企业做好质量管理体系和环境管理体系认证，开发高质量、有特色、多层次的新产品，提高玉环家具产品的附加值。诺贝、天源、国森、欧宜风等 4 家企业获 2014 年度浙江省家具行业“质量重视奖”。二是鼓励企业申报各级名牌、商标，发挥品牌效应，不断提升玉环家具品牌的核心竞争力和市场占有率。天源公司欧式套房家具“源升”获 2014 年度浙江名牌。三是组织企业参加第八届中国家具行业年度总评榜活动。“宫廷壹号”、“歐宜風”、“千代”、“飞龙”、“千姿媛· 杰妮亚”、“典派”、“御廷壹号· 皇家爱菲”、“古地亚”、“皇家凯旋宫”、“圣维特· 帕佳妮”、“ 亚伯兰床垫”等品牌分别获 2014 年中国家具行业年度十大家具品牌（欧美）、最具竞争力品牌、十佳实木家具品牌、十佳欧美家具品牌、十佳健康品牌等奖项。

（三）搭建服务平台，助推产业发展

一是建院士专家工作站。经过多次的调研和协商，行业协会与南京林业大学签约共建院士专家工作站。10 月 9 日，玉环县家具行业协会· 南京林业大学院士专家工作站授牌仪式在玉环举行，省、市、县领导到场祝贺。这是全省首家院士专家工作站。工作站的成立标志着玉环家具行业在引进高层次人才、推进“产、学、研”合作方面迈出了新的一步。二是建玉环· 国际精品家具城。为推介产品和宣传企业形象，提升玉环家具的市场竞争力，由 21 家企业联合，在经济开发区建设玉环· 国际精品家具城，总建筑面积 10 万多平方米，打桩工程已全部完成，进入基础施工。三是举办专题培训，提高行业整体素质。举办国内市场开拓、税收风险防范、出口企业对外贸易技术性壁垒防范、反倾销应对等培训；鼓励企业老总参加进修。欧宜风的黄福青、澳利达的林银平参加中国人民大学 EMBA 进修班学习。

（四）加强行业自律，推进诚信建设

一是强化督查，做好行业维权工作。自律监督委员会加大督查力度，积极开展行业维权，对有举报仿样事件，组织成员到被举报企业督查，根据行规严厉打击外观设计抄袭行为。二是保护知识产权，鼓励企业申报专利产品。新产品认定评委会依据《玉环县家具行业家具新产品保护办法》对企业上报产品予以评审、认定，协会对认定的产品予以注册、保护。引导企业通过工艺、技术、设计创新开发新产品，加速产品更新换代，走差异化竞争之路。三是推进企业的诚信建设。组织召开座谈会，阐述压价营销直接影响玉环家具的质量、价格和利润，引导和推动企业遵规守法、恪守诚信，规范企业经营行为和公平竞争秩序。天源公司获 2014 年“中国质量诚信企业”荣誉称号。

（五）关注动态变化，防范贸易壁垒

关注家具行业发展的变化，关注欧盟对中国出口家具实施反倾销的动向，关注出口重点市场的动态变化，做好信息的收集、编制和企业出口值、出口市场的统计、分析，继续编制《玉环家具》，及时更新协会网站内容，利用短信和 QQ 群，将产业发展趋势、市场信息、政策法规、外贸预警信息、展会信息等及时传达给企业。举办税收风险防范、出口企业对外贸易技术性壁垒防范培训会，指导企业防范和应对国际贸易壁垒。

（六）加强对外交流，共谋产业发展

一是组织召开形势分析会、行业发展研讨会、验检疫监管及质量分析专题会等，分析出口和内销的形势，共谋产业发展。二是加强对外交流。加强与中国家具协会、浙江省家具协会、广州市家具协会、苏州家具商会、成都家具商会的交流，探讨如何把握商机、开拓市场，如何适应新常态、应对新挑战，如何运作行业，转型升级促发展。

四、存在问题

玉环家具产业在快速发展过程中，也隐藏了不少问题。当前，受全球经济形势的影响，全县家具

产业发展困难更为凸显。

（一）企业规模偏小，竞争后劲不足

全县260家企业中个体工商户比例占到近40%，龙头企业、规模以上企业比重过小，年总产值超亿元的企业仅为6家，规模以上企业只有37家，目前有影响力的品牌企业只有10家。由于大企业的匮乏，无法形成产业规模优势，无法对行业发展起龙头带动作用。

（二）要素制约突出，产业难以做大

全县65%的家具企业租赁厂房生产，严重制约家具企业的生产扩张，在一定程度上削弱了玉环县特色产业集群效应。另外，交通网络建设滞后、人力资源匮乏、融资成本高、富有竞争力的品牌缺乏等因素直接影响产业做大。

（三）国际市场疲软，出口严重下滑

受经济和局势的冲击、国际市场疲软、国际贸易风险增加以及市场价格波动影响，玉环家具出口的重点市场中东缩水较大。乌克兰的动荡，俄罗斯卢布的贬值，导致出口连续下滑，2014年玉环家具出口同比下降19.00%，直接影响企业出口的信心和动力。

（四）综合成本提高，利润降到极点

一是人工工资、产品研发、物流、展览会费用等生产经营成本不断上涨；二是社保基数一再放大，比例一再提高，企业用工成本加大；三是消防安全、环境保护、职业病防治等整改达标使成本增加。企业利润压缩到极低点，行业面临“洗牌”。

（五）研发设计滞后，恶性竞争严重

玉环县家具行业设计人才奇缺，企业自主创新设计能力不强，缺乏原创性的产品设计，缺乏引领消费时尚的潮流产品，新工艺、新材料、新技术研发缓慢，产品附加值低，产品更新换代慢，企业间相互抄袭模仿、压价营销等恶性竞争阻碍了产业健康发展。

五、发展趋势

新常态下存在着挑战，同时也孕育着新机遇，催生新的希望。在行业转型升级的过程中，玉环家具人将努力在资源配置、制造技术、产业配套、市场营销、品牌培育、信息服务及产业文化等方面形成更加成熟的产业体系。

（一）坚持“两条腿走路，内外销并举”

一是坚持出口不动摇。在稳固中东市场的同时，寻找和拓展新的目标市场，积极开发欧洲、南非等新市场，实现出口地区多元化，做好外贸预警工作。二是致力开拓国内市场。随着城镇化步伐的不断加快，家具内销市场潜力巨大，加大二、三线市场开拓力度，抢占国内市场份额。三是构建多元化的内销网络平台。采用自建渠道、加盟商店和家具商城相结合的内销网络发展模式，在传统销售网络的基础上，逐步建立玉环家具网络销售平台，联合国内著名网上商城推出玉环家具频道，同时整合现有企业网站资源，建设自主网络销售平台。对网络销售产品提供质量和服务保障，增强顾客对网络销售平台的认可度。

（二）推进品牌建设，提升产业影响

一是继续组团参展。借助广州展、东莞展、上海展平台进一步提升玉环家具的知名度。二是加大宣传力度。统一包装玉环家具产业形象，利用各种渠道和媒体宣传玉环家具的区域品牌，提升玉环家具的知名度和影响力，使更多的消费者了解玉环家具。三是积极推进品牌建设。鼓励企业实施品牌战略。引导企业找准自身优势，走差异化发展道路，在“专、精、特、新”的产品基础上，创建和培育自主品牌，提高产品附加值。

（三）整合现有资源，加快平台建设

一是发挥院士专家智力支撑作用。组织好南京林业大学专家与企业对接交流活动，为企业提供从战略设计、产品设计到终端形象设计的全方位设计研发服务；帮助企业采用先进制造技术，设计、研发符合环保要求的新工艺、新技术、新材料，提高企业及整个产业的设计研发水平。二是加强人才队伍建设。创造用人环境，引进高级设计和管理专业人才，壮大人才队伍。联合南京林业大学家具与工业设计学院及知名培训机构，建立玉环家具产业人才培训基地，加快行业专业设计人才的培养和储备。围绕行业已有的机械木工、油漆工、导购员、营销师等十余个职业工种，大力开展从生产、营销到售后服务各环节的全程职业技能培训，并建立职业技能培训考核机制，逐步提高行业从业人员整体

素质和业务能力。

（四）加大扶持力度，创造良好环境

一是扶持重点企业加快发展。二是推动产业融合发展。加强家具与玉环水暖阀门的融合，开发厨房和浴室使用的整体橱柜、整体浴室产品，作为传统套房家具产品的补充。尝试家具与电子信息技术的融合，争取在国内率先推出信息化家具概念产品，提高玉环家具产品的科技含量。三是推动产品设计简洁化和材料环保化。根据市场需求，加大对工艺型简洁板材家具产品的支持力度；重点支持环保木料、环保油漆的使用，大幅提高玉环家具产品的环保水平，满足国内外市场环保标准。四是做好扶工助企工作。

（五）加强协会建设，发挥桥梁纽带作用

一是创新服务。敏锐捕捉行业不同时期发展的拐点，及时召开行业重要会议，引导企业转型发展。二是说清行业。掌握会员企业生产经营情况，了解企业诉求，建立数据库，运用数据进行动态分析，说清行业发展趋势和方向。三是组织活动。举办行业的峰会、展览会、技能培训，组织召开研讨会、论坛、年会等活动，组织考察市场。四是修订行规。根据大环境和行业的实际，修订行规行约，加强企业知识产权保护。

中国中部家具产业基地——南康

一、基本概况

（一）地区基本情况

南康区位于江西省南部，紧邻赣州市中心城区，是原中央苏区县和罗霄山集中连片特困地区扶贫开发重点县（市），面积1722平方公里，人口83万。南康人多地少，资源贫乏，但民营企业发展活跃，素有“江西的温州”之称，是“中国中部家具产业基地”、“全国实木家具品牌创建示范区”，以南康为主体的赣州家具基地成功列入第三批国家外贸转型升级专业示范基地。

南康家具产业起步于上世纪90年代初，历经20多年发展，产业从无到有、规模从小到大、加工由粗到精、结构从单一到多元。初步形成了集加工制造、销售流通、专业配套、家具基地等为一体的产业集群，是南康最重要的支柱产业和富民产业。

（二）家具产业概况

南康家具产业园进展速度加快，企业入园工作较快推进，已有15家家具企业初步建成、龙回、镜坝、龙华等家具产业集聚区建设进展顺利，预计2015年可吸纳家具企业50家以上，家具集聚区的建设将从根本上解决家具企业的用地问题。

南康家具产业开始大量使用高档进口木材，使得南康家具产品质量和形象得到了极大的提高。目前，入驻红星美凯龙等高档市场的企业有20多家。企业的研发能力进一步增强，开展自主研发或聘请专业机构开发的企业有140多家，产品附加值不断提高。企业大量采用先进生产设备和管理方式，自发开展产品质量检测，标准化建设稳步推进，从业人员素质逐渐提升，企业品牌影响力开始凸显，已经形成了转型升级的良好局面。

2014年5月，由国家林业局、省人民政府主持主办，中国（赣州）第一届家具产业博览会在南康胜利召开，吸引4000多家家具企业参展，总展览面积120万平方米，累计参观人数12万余人次，签约金额逾10亿元，展会的展开在业内及周边各省市影响力巨大，南康家具区域品牌影响力进一步提升。

二、经济运营情况

截至2014年底，南康有家具企业6000多家，规模企业67家，从业人员30多万人。2014年实现工业总产值701.8亿元，同比增长55.95%。专业家具市场面积达到140万平方米，市场店铺8000多间，建成营业面积和年交易额在全国位居前列。配套物流企业263家，线路630多条，基

2007～2014年南康家具行业发展情况汇总

主要指标	2014年	2013年	2012年	2011年	2010年	2009年	2008年	2007年
家具产业产值（亿）	701.8	450	121.8	80.8	43	32.5	18.8	14.4
家具企业数量（家）	6229	5029	5029	5690	5670	4978	1505	1439
从业人数（万人）	31	30	20	20	13.2	11.4	5.96	5.4

本覆盖所有县级城市。在全国各地设有6000余家销售网点，在全国二、三线城市占有较大市场份额。

南康有家具电商企业近千家，从业人员达1.2万人，2014年销售额达30多亿元，其中年销售千万元以上的家具电商企业已达16家，被评为江西省“电子商务示范基地”。目前，南康有自主出口权的家具企业34家，产品主要出口到东南亚、中东、非洲等国家，2014年出口额超过1亿美元。通过监管区的建设，将有一大批企业开展自主出口，南康家具出口形势大好。

在经济下行压力增大情况下，通过持续的引导和多项有力措施，家具产业税收实现了快速增长，家具企业纳税意识增强，企业的社会责任感高提升，一般纳税人企业113家，规模企业67家。2014年家具产业纳税超亿元，同比增长超过60%。

三、家具发展特色

近年来，南康家具产业转型升级加快，产业链条更加完善，品质和形象不断提升，区域品牌影响力增强，主要有以下几个特色。

（一）产品质量更加优良

目前南康家具产业已基本摆脱了对本地域的原材料依赖，基本实现木材的进口和多样化。据统计，2014年全区木材放行达300多万方，其中80%以上为较高档的进口木材，进口国家20多个，近30个品种。南康使用进口橡胶木的企业由80%以上下降至近两年的40%左右。越来越多的企业开始使用来自非洲的乌金木和虎斑木，俄罗斯的榆木，北美的胡桃木、白蜡木、红橡以及欧洲的榉木等更高档的木材。如使用虎斑木的千多多家具、使用乌金木的宏巨家具在中国北方非常畅销，产品供不应求。企业开始采用新设备，不断用自动化、机械化设备替代传统的手工生产，改进和创新生产工艺，重视产品质量，从选材到喷涂，质量意识始终贯穿全过程。目前，已有90多家企业通过了ISO等质量、环保体系认证。进口高档木材的推广使用和生产工艺的提升，让南康家具产品有了质的飞跃，大大提升了南康家具产品的形象。

（二）投资环境更加优越

南康历届政府都高度重视家具产业的发展，从土地、税收、融资、行政审批等各个方面给予优惠，为家具企业发展创造了良好的投资环境。一是建立政府领导与企业一对一帮扶机制，切实为企业发展排忧解难。二是为培育龙头企业，鼓励企业转型发展而出台了加快家具企业转型发展奖励扶持办法。三是为解决企业融资难、融资贵的问题，设立了财园信贷通、小微信贷通和家具产业信贷通。同时，与全国著名的中小企业融资平台——深圳前海股权交易中心签订合作协议，通过设立总规模10亿元的家具产业发展基金为企业实现债权融资。2014年，国务院出台了《关于支持赣南等中央苏区振兴发展的若干意见》明确把家具产业作为重点扶持产业，更为南康家具产业的发展带来了前所未有的发展新机遇。在机遇面前，我们主动加强与国家有关部委对接，争取到国家质检总局、海关总署、国家林业局等支持，建设国家级家具产品质量监督检验中心、赣州进境木材监管区、国家级重点林产品展会等。

（三）产业平台更加完善

根据打造全国一流家具专业市场和中高端实木家具生产基地的定位，着力打造园区、口岸、金融、喷涂、烘干、检测、研发、展销、物流等九大公共服务平台。通过提供家具行业标准化公共服务，整合资源、树立品牌，从而引领南康家具产业转型发展。为提高家具产业环保、健康、高附加值的产品比重，投资1亿元建设了中部唯一一个国家级家具产品质量监督检验中心，对家具、人造板木材、家具用涂料、家具用胶合产品的质量进行监督检验、质量仲裁、新产品质量鉴定检验；投资2.2亿元建设自动化喷涂中心、投资5.2亿元建设自动化烘干中心；为突出产业发展的创新驱动，加强与深圳家具研发院的合作，建设了南康家具研发中心。

四、发展举措

南康家具朝着打造千亿产业集群的目标，推动南康家具产业转型升级。一是坚持龙头带动，着力在上下游产业中培育一批大型龙头企业，增强家具产业整体竞争力。二是坚持创新驱动，加大技术和工艺的创新研发力度。三是坚持品牌推动，进一步提高南康家具产业的品牌知名度和市场占有率。四是坚持服务联动，市、区两级和其他有关部门有的放矢地为企业解决实际困难和问题，在政策、项目和资金等方面加大支持力度，为南康家具产业发展创造更好条件、营造更优环境。

金属家具产区
——品类日趋多样 发展势头强劲

金属家具产业相比木家具产业来说，起步较晚，仅有不到100年的历史。产品品类繁多，主要应用于公共领域，销售前景广阔。2014年，规模以上企业主营业务收入达1369亿元。截至2014年底，我国正式命名的金属家具产区有3个，分别是：河北胜芳、江西樟树、河南庞村。

2014年，各产区发展情况如下：

- 胜芳主打金属玻璃家具，家具企业2253家，规上企业1895家，行业总产值达405亿元；
- 庞村主打钢制家具，组建钢制家具研究院，家具企业212家，行业总产值达180亿元。

中国金属玻璃家具产业基地——胜芳

一、基本概况

（一）地区基本情况介绍

胜芳镇隶属于河北省霸州市，地处环渤海经济圈，北距北京 120 公里，一个半小时内可直达北京机场，东距天津仅 35 公里，一小时内可直达天津港口。112 国道毗邻胜芳，省级廊大公路南北向贯穿全镇，保津高速公路在胜芳设有出口，北部 13 公里有连接天津的津霸铁路货站，交通便捷，区位优势明显。

（二）转型升级、企业概况

胜芳镇拥有各类工商企业 5600 余家，其中投资亿元以上的企业 30 余家，千万元以上企业 86 家，形成了完整的金属玻璃家具产业链条。胜芳家具行业目前正处于转型升级阶段，把结构调整作为主攻点 ，一、二、三产业协调发展，由外贸拉动转到内需拉动，由资源型的产业企业向能力型的产业企业转变，已初见成效。而品牌树立、产品信誉和环保问题也已经提上了日程，如胜芳国际家具博览城近年来一直在“把胜芳家具做成品牌”的方向努力，不仅筹建大型的家具卖场整合胜芳家具资源，更是连续举办了 13 届金属玻璃家具博览会，在带动胜芳家具发展的同时，也将胜芳家具带入了国际当中，把“胜芳”二字刻入了家具采购商的脑海当中，成功的树立了胜芳家具的品牌形象。

胜芳知名家具品类商家，日益看重产品信誉和环保问题，如“三强”“兴达”“富沃德”“永生”等，不仅产品出厂前要进行严格的审查，出厂后的售后服务也得到了业界的肯定。不仅如此，厂内投入环保设备近百万，坚决走环保产业路线，在创造财富树立品牌形象的同时誓将环保进行到底。

二、经济运营情况

胜芳家具行业发展情况如下表所示。

2010 ～ 2014 年胜芳家具行业发展情况汇总

主要指标	2014 年	2013 年	2012 年	2011 年	2010 年
企业数量	2253	2023	1560	1231	1176
规模以上企业数量	1895	1085	638	528	397
工业总产值（万元）	4050000	3270000	1940000	1610000	1030000
规模以上企业工业总产值（万元）	3406458	1750000	790000	690000	347712
出口值（万美元）	127000	85000	20000	13000	6000
内销（万元）	3262600	2743000	1816000	1529400	992800
家具产量（万件）	20250	16350	9700	8050	5150

三、存在问题

胜芳家具目前还是属于单打独斗的模式，缺少强强联合的思维和具体实施方案，但是随着经济形势和竞争环境的改变，单个家具产业集群很难独立持续发展，只有多个产业集群联盟才能推动中国家具产业的发展，这样也有利于资源共享、优势互补，通过合纵连横来实现胜芳家具行业的更广阔发展。

四、发展趋势及展望

近年来，胜芳家具行业发展显著，主要得力于坚持做金属玻璃家具和小件家具，胜芳现已成为全球金属玻璃家具和小件家具采购的总部基地，接下来，胜芳将坚持走专业化、特色化、品牌化的产品发展路线；继续扩大胜芳展会的规模，利用展会带动产业的转型升级，推动地方经济的发展；打造胜芳家具精品联盟，以精品联盟获取消费者的信任，最大化扩大市场份额；以产品为导向，推动产业的转型，吸引消费者，打造高端化、时尚化、专业化、品牌化的胜芳家具。相信只要胜芳家具坚持自己的路线不放松，开阔眼界紧跟市场变化，终将实现国际化。

中国钢制家具基地——庞村

一、基本概况

庞村镇位于洛阳市伊滨区东部，距洛阳市中心15公里，东临310国道，南临郑西高铁，西临二广高速，北临连霍高速，洛偃快速通道穿境而过，东距郑州飞机场100公里，北距洛阳飞机场30公里，西距郑西高铁龙门站20公里，得天独厚的区位优势和极其便利的交通条件为我镇经济发展提供了无与伦比的先决条件。

钢制家具产业是庞村镇的支柱产业，该产业集群被中国家协授予“中国钢制家具产业基地”，被中国社科院评为“中国百佳产业集群”，连续两年被河南省商务厅评为“省级最大的钢制家具出口基地”，被河南省家协评为“河南省优秀产业集聚区”。钢制家具产业起步于上世纪80年代，现有生产企业和原材料供应、锁具、包装等配套企业共318家，拥有1个中国名牌（花都公司）、4个中国驰名商标（花都公司、莱特公司、高星公司、九都公司）、3个河南省名牌和18个河南省著名商标，拥有100余项国家发明、外观设计和实用新型专利，从业人员5万人；全社会固定资产投资24.6亿元，同比增长30%；财政一般预算收入2175万元，农民人均纯收入13940元，销售份额占全国市场的50%以上，办公家具占全国同类产品市场的80%以上，产品出口中东、欧美、非洲、澳大利亚等50多个国家和地区。

二、经济运营情况

庞村镇经济运营情况如下表所示。

三、存在问题

洛阳市钢制家具产业发源于伊滨区庞村镇。历经30余年，产业发展自身暴露出诸多亟待解决的问题，在产品质量、创新意识、生产设备、管理能力、经营场地等方面，都有较大提升空间。

四、发展举措

作为当地的富民产业和优势产业，伊滨区高度重视家具产业提升和发展，积极采取切实有效的措

2010～2014年伊滨区庞村镇家具行业发展情况汇总

主要指标	2014年	2013年	2012年	2011年	2010年
企业数量	212	198	185	171	153
规模以上企业数量	67	67	72	72	72
工业总产值（万元）	1800000	1600000	1380000	1230000	1100000
规模以上企业工业总产值（万元）	1760000	1560000	1350000	1200000	1090000
出口值（万美元）	4500	3200	2600	2100	1600
内销（万元）	1773000	1580800	1364400	1217400	1090400
家具产量（万件）	3000	2670	2300	2050	1030

施，促进产业转型升级。

（一）举办高峰论坛，提升区域品牌影响力

经过多方调研、论证，伊滨区和庞村镇举办了一次全国性的钢制家具产业发展论坛，邀请专家学者和有实践经验的业内高端人士共计400余人参加全国首届钢制家具产业发展论坛。期间，与会人员实地考察了先导公司、高星公司、花城公司和莱特集团等，详细了解了产业发展现状、企业生产经营、产品设计研发等情况。活动吸引了《河南日报》、《大河报》、《东方今报》、《洛阳日报》、洛阳电视台、洛阳人民广播电台、洛阳中网等多家媒体的关注和报道，受到了政府和企业的一致称赞。

高峰论坛不但增强了伊滨区钢制家具产业的区域品牌影响力，理清了当地产业发展思路，坚定了企业做大做强、政府狠抓提升的信心和决心，更在全国同行业中掀起了"钢铁旋风"，江西樟树、河北霸州等其它钢制家具主产区紧跟其后，以多种形式探讨行业发展方向，大家互相学习沟通，交流观摩，有力推动了整个产业的转型升级。中国家具协会考察后表示，要在今年的上海国际家具展上，开辟钢制家具展馆，让绿色环保、可回收利用的钢制家具占领更大的市场，让更多的消费者了解和使用钢制家具。

（二）规划建设新的产业集聚区，树立产业发展的新标杆

30年来，伊滨区诸如莱特、花都、花城、龙立、九都、安顺等一批骨干企业的发展壮大，对整个产业提升发挥了积极的示范带动作用，成为中小企业发展的标杆。近年来，随着中原经济区建设的推进，伊滨区成为洛阳市的"明日新城"，拥有了更加有利的地理位置和更加便利的交通条件，为钢制家具产业发展提供了良好的发展机遇。伊滨区顺应产业发展需求，重新规划建设了新的产业聚集区，占地8000亩，包括生产制造区、科技研发区、市场商贸区、仓储物流区、配套服务区等五大功能区域。目前，650亩首期启动区水、电、路、气、通信等基础设施全部建设完成，进驻的6家企业已投产5家，成为当地产业发展的新标杆。作为第一批进驻集聚区的企业之一，莱特公司成为业界争相学习效仿的标兵：设备上，有全新的国际一流的数控喷塑生产线和完善的环保设备；规模上，有5万平方米的现代化标准车间；企业管理规范有序，企业文化丰富鲜明，产品更新速度加快，企业发展信心百倍。同样是第一批进驻集聚区的企业，美立公司已经成为全国中西部地区保险柜生产基地。

（三）成立行业协会，搭建企业互动大舞台

为进一步促进产业转型升级、持续增加企业收入，洛阳市钢制家具协会正式成立。协会成立后，在银企合作、企业交流、对外联络、上通下达等方面发挥了重要作用：帮助企业贷款融资3亿元；组织参加观摩活动2300人次，有效破解了企业发展难题，增强了企业间的互相交流。

据统计，半年时间，庞村镇用于更新生产设备的投资达8000余万元，大大缩减了生产成本，增加了企业效益。宇宝公司率先引进10台机器手，大大节约了空间和人力，过去80个工人完成的作业，现在只需要10个人就能完成；合丰公司投资1500万元购置数字化滚压成型生产线、全自动上料下料机等设备；莱特公司投资1000余万元引进国际一流的数控喷塑生产线；科飞亚公司投资800万元引进自动冲压成型流水线、自动上料、下料传送设备，完全实现了机器设备的数字化无人化操作；花都公司投资600余万元购置激光切割机、成型生产线等先进设备；先导公司引进印花彩印设备生产的真空转印家居产品，成为业内领先产品。创新成了当地企业发展的热词。科飞亚公司具有很强的创新意识，是第一个改变产品仓储式陈列，运用声光电的美感手段，把产品当做工艺品来陈列，还在展厅里建起了伊滨区第一个钢制家具体验馆的企业。

（四）引进家具研究院，提升产业核心竞争力

邀请顺德职业技术学院刘晓红教授牵头组建洛阳市钢制家具研究院。目前，该研究院已正式运营，并为伊滨区多家企业设计出了几十款新产品，在外观和实用性上均有较大突破。同时，有32家企业已经与研究院达成合作意向，将企业的产品研发和展厅设计交给研究院来完成。洛阳市钢制家具研究院的成立，为当地钢制家具产业的发展提供了强大的技术支撑，激发了产品的更新活力。

五、发展趋势及展望

一是集中人力、物力、财力，建设好产业聚集区，争取上级更多的政策支持，在近几年内将现有的产业园区扩大到5000亩，进驻骨干企业达到30家；二是要在科技、装备、管理、产品上创新，真正发挥核心竞争力的作用，将产业园区建成集生产、研发、物流、销售、产品展示于一体的多功能工业园区；三是在扶持龙头企业上创新，通过扶持壮大龙头企业，提高龙头企业新产品研发、开发能力，使其更大限度的发挥引领众多小企业的示范作用；四是发挥钢制家具研究院的作用，加快新产品开发步伐，在钢制家具功能创新上与国际先进的设计机构合作；五是在物流及电商经营上创新，真正做到与先进的物流模式和电商模式接轨。

新兴产业园
——当地政策倾斜 产业配套完善

新兴家具产业园基本位于家具产业起步晚的地区，有土地及综合成本比较低的优势，政府主导，开发商积极性高，近几年发展势头迅猛。截至2014年底，共有新兴家具产业园区6个，分别是：湖北潜江、辽宁彰武、湖北红安、江苏海安、河南原阳、浙江龙游。

2014年，各产区发展情况如下：

- 彰武是辽宁省中小微企业的创业基地，园区新签约30个项目，企业数量92个，行业总产值达72亿元；
- 海安新签入园企业60家，新开工项目42个，新建工业厂房52万m^2；
- 原阳金祥产业园地处河南，已有53家企业入驻，行业总产值达20亿元；
- 龙游以国家5A级旅游景区标准建设，项目预计总投资80亿元，计划用地350万m^2，规划建筑面积260万m^2。

中国家具彰武新兴产业园区——彰武

一、基本概况

（一）地区基本情况

彰武县位于辽宁省西北部，全县总人口 42 万，现有 20 镇 4 乡。彰武背靠蒙东、黑、吉和俄罗斯等远东地区，处于东北亚大经济圈和沈阳经济区腹地，是蒙东地区物流通道进入辽宁省的门户，是俄罗斯、东北亚通往北京、天津的交通要道。彰武是沈阳“一小时经济圈”的黄金节点，是沈阜经济合作的“桥头堡”，长深和沈通高速交叉通过，国道 101 线横跨东西、304 线贯通南北，大郑铁路跨境通过，新建成的沈彰开发大道将彰武县到沈阳的直线距离缩短到 60 公里，通辽至沈阳经彰武的通赤凌高铁即将开工建设。这里距桃仙机场 134 公里、距锦州港 220 公里、距营口港 270 公里、距大连港 400 公里，四通八达的交通网络，缩短了彰武与省城周边城市群的时空距离，成为沈阳经济区名副其实的卫星城。

基于彰武独特的区位、交通、资源优势，2011 年 10 月，中国家具协会授予基地“中国家具彰武新兴产业园区”称号。2014 年 5 月，经辽宁省政府批准，阜新市人民政府与辽宁省中小企业厅联合在阜新市林产品产业基地成立辽宁省中小微企业创业基地，两块牌子，一套班子，基地管委会享受市级经济管理权限。致力于将基地建设成为繁荣经济、孵化具有高新技术特点和高附加值的新兴特色基地，争创国家级创业基地。

（二）转型升级、技术创新及突出点

1、体制创新　园区享有市级经济管理权限，实行封闭运行。项目准入、立项、环保、消防等各项审批手续均在基地内一次办结完成。同时，对入驻企业在税费、用地等政策上给予政策支持，良好的对外开放环境，吸引了更多项目及企业入驻。

2、制度创新　建立企业激励约束机制，对入驻企业实行并举的提升机制和淘汰机制，对符合产业政策、具有发展潜力的中小企业，通过政策引导、资金扶持和重点服务，催生其快速成长壮大。

3、平台创新　一是在技术研发平台上，建成彰武美硕板材家具研发中心。依托南京林业、辽宁工大等科研院所，设立了专家服务站和研究生基地，推进企业技术创新、新产品开发改造和技术攻关。二是在金融服务平台上。与工行、建行、农行、农信联社等 10 余家银行建立服务业务，集中了担保公司、小额贷款公司等金融服务业务，与 30 余家企业对接，发放新贷及续贷资金 6 亿元。三是在职业培训平台上。依托辽宁林业职业技术学院等院校，定向为基地企业培养输送职业人才，正在建设基地培训中心，每年可为基地培训各类人才 2000 余人次。

（三）品牌发展及重点企业情况

园区内拥有东北板式家具第一品牌辽宁格美特家具，全国木门三十强辽宁赛斯木业，出口日本地板生产企业阜新华荣木业等 15 家家具企业，拥有辽西最大的密度板生产企业沈达板业，产品出口欧洲的阜新森化木业等 17 家板材企业；拥有胶漆系列产品生产的彰武金源化工、阜新市高新技术企业阜新市石油工具厂、国内 500 强阜矿集团辽宁金石科技等 20 余家配套企业。现已培育出龙头企业 19 户，打造出名牌产品 11 个。目前，基地企业产品涵盖板式家具、实木家具、木门、板材、地板、胶漆等 20 余类、千余品种，产品远销全国和日本、

韩国、美国等国家。

赛斯木业斥资亿元新上亚洲首台短周期贴面生产线，企业产品质量与生产效率已经达到国际领先水平，日产木门6000樘，2014年获得了“国家级林业龙头企业”称号；

华荣木业新上锻木胶合板、细木工板、消音板生产线，企业的产品市场占有率得到了提升；格美特家具企业战略定位已由城市转向农村，研发系列低端产品，已批量投放市场；沈达板业通过技术改造，产能比去年增长50%，日产密度板由6000张扩大到9000张；石油工具厂产销量稳中有升，“驰宇”牌水平井下工具通过了辽宁省名牌产品认定；金源化工新上了热水项目并与沈阳化工大学开展战略合作，建立研究生基地；森化木业建设基地内单体45000平方米的厂房，已经有国际订单；联旺装饰材料生产的PVC板已经批量生产，正在研发PVC地板；天雨木业生产的木门古香古色，已有多批订单；华煜制衣四条服装生产线完成了TP自动流水线改造，生产效率大大提高，产品质量得到了保证，订单量比去年增长20%。此外，华荣、恒福、美亚、奥腾、赛斯、兴宇、耐森、森化八家企业还获得“阜新市农业产业化龙头企业”称号。

二、经济运营情况

2014年，园区共计新签约项目30个，协议引资额达38.36亿元，新开工建设项目12个，新竣工投产项目12个。实现产值72.4亿元，同比增长15%，其中规模以上企业产值达到62.3亿元，同比增长4%。实现销售收入69亿元，同比增长15%，其中规上企业实现销售收入59亿元，同比增长3.5%。实现税收7203万元，比同比增长45%。全年用电量达到2436万度，同比增长114%。

三、存在问题

（一）产业园区发展面临的主要问题

一是土地储备不足。随着产业基地规模的不断壮大，工业用地储备严重不足，一些项目因不能及时取得相关土地批件难以及时落地，对招商引资也产生一定程度影响。此外，土地储备不足和土地利用集约、节约不够的现象同时存在，土地利用效率有待提高。二是投融资难度大。园区开发建设主要依靠政府投资和融资的运行模式进行的。由于政府财力有限，基地基础设施建设资金主要依靠融资解决，但目前基地融资渠道有限，融资创新缓慢，资金紧张问题十分突出。三是专业人才匮乏。当前园区在规划建设、资本经营、市场运作、专业技术、设备管理等方面的专业人才十分紧缺，成为基地加快发展的又一制约因素。

（二）园区企业存在的主要问题

大企业、大集团较少，缺少年产值10亿元以上的大企业。高新技术企业偏少，企业科研投入不足，缺乏核心竞争力。经济发展外向度还不够高，产业层次较低，核心竞争力不够突出。企业经营者普遍存在着小富即安的心理，创业意识不强，特别是高学历、引导型、领军型企业家少。

2010～2014年彰武家具行业发展情况汇总

主要指标	2014年	2013年	2012年	2011年	2010年
企业数量	92	69	50	40	20
规模以上企业数量	43	35	30	20	10
工业总产值（万元）	720000	630000	520000	220000	120000
规模以上企业工业总产值（万元）	623000	542000	447000	180000	100000
出口值（万美元）	1077	940	2133	2380	2000
内销（万元）	713000	623890	506137	204530	107000
家具产量（万件）	90	75	65	30	15

四、发展趋势及展望

中国家具彰武新兴产业园区将不断转变经济发展方式，吸纳高新技术产业和新兴产业入驻园区。把改革创新作为园区发展的原动力，进一步强化企业管理机制创新、融资担保体系创新、创业培训和社会服务等工作创新，突出林木产品产业、建材家居产业、电子信息产业、特种装备制造产业等，构筑完善的产业链条，力争将基地打造成为背靠东三省及蒙东，连接京津冀，面向全国的家居、泛家居、轻工产业园区。

预计到2020年，园区建成区面积达到8.07平方公里，入驻企业200户，实现年产值150亿元，增加固定资产投资60亿元，实现年税金3亿元，安置就业15000人。

CEFB
中国东部家具产业基地
全球家具聚集地
中国东部家具产业基地
江苏·海安
东部如此多娇
家具这边独好
东部基地官方微信
东部基地官方微博
+0513
88279999

中国东部家具产业基地——海安

一、基本概况

2013 年 8 月，中国家具协会正式授予江苏海安县“中国东部家具产业基地”称号。海安，滨江临海靠近上海，是华东地区重要的交通枢纽，是公铁水无缝对接的节点城市，三条铁路在海安交汇，日停靠列车将在 200 列以上，两条高速、三条国道，两条一级航道运河在海安交融，海安正按省委，省政府的需求打造“枢纽海安、物流天下”的城市品牌。2014 年海安是“全国中小城市综合实力百强县市”第 32 名，较上年上升一位，领跑南通上榜县市。同时海安在“全国最具投资潜力中小城市百强县”排名跃升至第 11 位。2014 年，海安实现地区生产总值 603 亿元，增长 11.3%，完成财政总收入 127.9 亿元，增长 11%，公共财政预算收入 54.1 亿元，增长 16%。固定资产投资 442 亿元，增长 20.5%。实现工业开票销售 895 亿元，增长 17.2%，完成服务业应税销售 627 亿元，增长 15.5%。服务业 GDP 比重 42%，工业开票销售超亿元企业 200 家，规模以上企业 854 家。

二、发展建设情况

2014 年，中国东部家具产业基地的发展，面对宏观经济趋势，困难挑战增多，发展压力加大的形势，处变不惊，统筹推进，奋力有为，取得了可喜的成绩。这一年新签入园企业 60 家，新开工项目 42 个，新建工业厂房 52 万平方米，新开工市场商业用房 13.5 万平方米，新开工工人村邻里中心 10 万平方米。这一年，在家具产业链的完善上做足文章，让产业从集聚走向集群，全球家具采购中心 15 万平方米的一号馆招商成功，已进入全面装修阶段，二号馆、三号馆、红木一条街已签订协议，完成了规划设计，即将破土开工，占地 200 亩的原辅材料市场，已有四幢在建，将在 2015 年 5 月 1 日开业；占地 150 亩的物流中心已建成投入使用运营；原木市场和木材成品市场已花开有主，正在规划落实中；在国家级开发区规划的工厂区的填平补齐基本结束，在曲塘镇“东部家具工业园区”落户的 20 家家具企业部分投产，其他在建；2014 年初开辟的东部家具滨海产业园新签入工业项目 48 个，总投资 60 亿元，建筑面积 60 万平方米，新开工项目 22 个。出现了经济新常态下难得的热火朝天的建设场景。

2014 年 10 月 14 日，在国务院总理李克强与意大利总理伦齐的共同见证下，中国商务部部长高虎城与意大利经济发展部部长桂迪在意大利罗马签署了《关于共同支持建立中意生态园的谅解备忘录》，双方支持在中国海安经济技术开发区合作共建“中意海安生态园”。目前全国仅有 7 个国际合作生态园，中意海安生态园是唯一一家落户县级城市的国际合作生态园。它将通过海安的家具和丝绸等与意大利产业关联度较强，交通、商务与劳动成本较低的比较优势，嫁接意大利产业技术、研发设计和低碳环保理念，推动中国东部家具产业基地提升平台、扩大空间、增强核心竞争力。

2014 年是海安县委县政府把家具产业打造成“全产业链”的开局之年，要求形成“研发有机构、生产有基地、物流有市场、消费有平台、服务有配套”的链式发展态势。建立了“家具全产业链”领导组，设立了培育办公室，不满足于简单的企业集中。要的是以专业化分工与社会化协作为基础的有效集聚，形成大中小企业并存，前后道共生互补的生态化企业群体，从原材料采购、加工、供应，到家具的研发、生产、创新，到成品销售、展示、物流等环节，突出补链，解决断链，这一年，成功引进了全国前十位大运物流集团、电商产业园、家具创意产业园、东部智慧谷等与家具产业关联的项目。

三、发展趋势及措施

东部家具产业基地十分年轻，还很稚嫩，其特色是起步晚但起点高，难度大但决心强，时间短但推进快，前景好但任务重。

（一）构建“全产业链”发展格局

要形成“研发有机构、生产有基地、物流有市场、消费有平台、服务有配套”的链式发展态势，做强做粗制造链、供应链、流通链、服务链，接通断链、完善缺链、拉长断链、健全副链，加速上下游配套企业的引进与集聚，带动生产、加工、贸易的同步繁荣，真正实现先进制造业与现代服务业的深度融合、互相促进。县里成立了“现代家具全产业链”培养发展工作领导组。由县负责人挂帅、组成工作班子，编制产业链发展规划，研究制定促进产业链发展的政策措施，协助解决发展过程中遇到的重大问题。

（二）政府与企业联手打造

政府的职责和作用主要是加强和优化公共服务。为产业和企业排忧解难。推动可持续发展，利用政策的干预性、导向性、激励性，支持资源要素的合理配置。使金融、人才、土地向家具产业倾斜。政府与企业同心同德，联手打造东部家具产业基地。

（三）商贸与生产双轮驱动

实现重点突破，坚持家具市场和家具工业双轮驱动，使“东部家具”成为海安辐射性强、美誉度高的一张亮丽的名片。一是坚持招好商、选好牌，打造家具业加快发展的优势增长极。政府和基地始终把招商放在首位，通过广告宣传、参会参展、区域推介，与商协会联手，招大商、招好商、招名品牌、招有影响的龙头企业。二是抓大项目、好项目，打造东部家具产业基地跨越发展的战略支点。在生产型企业、流通性市场、原辅材料供应、第三方物流、设计研发环节、电子商务平台、金领蓝领培训等家具产业链节点上，把重点项目作为工作重中之重，加快引进、加快推进。着力破解项目建设中的要素瓶颈制约，使海安成为家具业投资发展的宝地。三是培育有实力、有活力的企业，打造家具业转型发展的核心竞争力。努力打造一批“行业巨人”，推动企业转型升级、提档升级，使东部家具产业基地成为华东地区最具竞争力的家具产业集聚地。

中国中原家具产业园——原阳

一、基本概况

原阳县南临黄河，位于新乡市南端。全县辖6镇11个乡，人口71.4万，区域面积1329平方公里。区位优越，交通便利，地处中原城市群核心腹地，与郑州一河之隔、三桥相连，京广澳高速、107国道纵贯南北，郑焦晋高速、310、311省道横穿东西，自县城3分钟车程进入全国交通主干网，25分钟车程抵达郑东新区，40分钟车程抵达新郑国际机场。

近年来，原阳县委、县政府采取多种措施优化创新环境，激发创新活力，引领产业转型升级。在人才引进方面，制定高端人才引进办法，积极鼓励引进专业型高技术人才，为科技创新提供人力资源保障。在招商引资方面，优先引进市场发展空间大、适应市场能力强的成长型企业。在产业结构调整方面，利用已有企业把产业不断延伸、拓展、升级，吸引关联企业跟进。在增强企业活力方面，积极倡导和鼓励企业提高自主研发和创新能力，并在资金上提供支持，为企业更新生产设备和研发新的产品提供了必要的资金保障。在创新环境营造方面，积极拓展创新平台，主动为企业申报科技创新基金，为技术创新项目提供环境、政策上的支持。

截至目前，原阳县有320多家企业拥有专利，有150多家企业注册了产品商标，市场前景广泛。如今，大批创新意识强和发展潜力大的成长型企业正在逐步融入原阳县的产业链条中。

二、经济运营情况

（一）项目规划实施情况

中国中原家具产业园（原阳金祥）项目位于原阳县产业集聚区，该项目于2011年10月20日正式启动，项目规划总占地面积7000亩，总投资169亿元，计划入驻品牌家具企业150余家，项目全部建成后，年产值将达到450亿元、创税12亿元、安排8万人就业，打造成一个中原地区集家居产品研发、生产、检测、销售、现代物流于一体的

2012～2014年原阳家具行业发展汇总

主要指标	2014年	2013年	2012年
企业数量	53	35	21
规模以上企业数量	32	23	17
工业总产值（万元）	200000	178000	161000
规模以上企业工业总产值（万元）	140000	126000	113000
出口值（万美元）	150	120	98
内销（万元）	188000	165000	154000
家具产量（万件）	800	680	590

大型综合性基地。

截止目前，已有大信、大自然、顶好威派、良辰、北京御木风范、好人缘等 53 家知名企业正式签约入驻园区，开工建设 2300 余亩。已建成投产的企业有大自然、顶好威派、十月家居、千家万福、威仕德木业等 21 家，完成固定资产投资 36 亿元，提供就业岗位 11000 余个。

（二）项目运营情况

中国中原家具产业园（原阳金祥）项目由河南省川渝商会家具分会承办，汇聚众多家具制造企业联合成立了河南川渝金祥家具有限公司具体运营。按照“政府好助手、企业好帮手”的服务理念，实施中介招商、以商招商，推动集群引进、抱团发展。基于成功运作经验，2014 年 3 月中国家具协会授予园区“中国中原家具产业园”称号。

三、存在问题

一是规划层次尚需进一步提升。由于家居是消费类产品，家居产业园应当做到整体规划、景区化设计，做到可参观、可走访；二是主导产业链需要细化设计。如何推动家居企业在转移过程中打造高端品牌，加强设计环节和专业化分工；产业和未来建设的市场如何有效对接，市场建设如何有效吸引郑州客流，都需要进一步论证；三是公共服务体系相对滞后。鉴于园区土地制约和家居企业以中小企业居多的特点，应多建设高标准厂房和公共设施，公共技术平台、检验检测平台、消防安全体系、高管员工的社区服务等还很薄弱。

四、发展趋势及展望

（一）世界家居升级版，中国家居梦工厂

中国富、中原强、家具产业聚原阳，以打造家居业生态海洋为目标。中国中原家具产业园（原阳金祥）致力于打造一个专业化的服务平台。务实、高效的团队为企业提供保姆式、一站式、专业化服务。园区服务中心本着为入驻企业节省资金、提高工作效率、提供便捷服务的原则，摸索出一条良性发展之路。

（二）承接产业转移，打造家居生态海洋

中国中原家具产业园（原阳金祥）汇聚了政府和企业共赢的“人和”，为家具企业转移开拓了一条改造、升级之路，改变了河南省家居业不集中、不规范、“小、散、乱”的局面。项目建成投入运营后对相关产业的发展和就业人员的安置，对社会的稳定、经济的发展必将起到积极的推动作用，将为繁荣中原地区注入新的活力。中国中原家具产业园（原阳金祥）项目利国、利民，促进经济发展，提升社会效益，能够实现多赢的战略目标。它的建成将成为原阳县首座真正意义上的综合性工业、商业为一体的现代化城市。

中国红木家居文化园——龙游

一、基本概况

中国红木家居文化园是龙游精心打造的综合性大型文化旅游开发园区，项目预计总投资80亿元，总规划用地约3.5平方公里（含水域），规划建筑面积约260万平方米，按照国家级5A旅游景区标准建设。

文化园以红木制造为实体产业支撑，以传统国学文化建立人文精神线，以家居文化体验贯穿整个事业线，坚持以文化推动旅游，以旅游推动乐购，以乐购推动电商，以电商推动制造，以制造丰富文化为设计运营理念，构建“红木制造产业、文化旅游产业、休闲娱乐产业、家居体验产业、电子商务产业”五大产业平台，规划建设“8区-20景-80亿”项目，通过“文化生态旅游”和“实体家居体验”相结合，打造集传统文化旅游、生态游憩和红木家居体验、购物于一体的“中国红木家居文化园”。

中国红木家居文化园（龙天小镇），已经列入浙江省首批特色小镇建设目录，根据新型城镇化的要求，既注重保护自然的生态文明安居建设，也注重以红木产业生产和服务为基础的综合产业平台建设。通过家居文化体验区、创意文化实验区、紫檀宫、木都商贸城、红木制造基地的功能整合，打造集体验、设计、鉴赏、专业制造、贸易为一体的红木制造家居文化产业链。

二、“8区-20景”项目布局

文化园设置8个区域，分别是：传统文化体验区（轴心文化）；高端家具、艺术品、博览品品鉴区；家具文化传承区（木都）；整体家居网上实体平台；孝志书院——与中国美院联合创办造型艺术专修学校；生态、文化、产业、创意孵化区；清心、养生、香道文化体验区；160万平方米红木家具制造基地。

文化园集传统文化旅游、生态游憩和红木家居体验、购物于一体，设置20处景观，分别是：中国红木家具制造基地——红木匠韵，匠心独韵；风景优美的北侧文化园天际线——错落有致；天水山和游客中心旅游气氛景观——湖山一色，宛若天成；乘船感受曹垅村与文化体验区沿江风光带——绿洲村野；育龙岛楼塔江景与送子观音雕像——九龙汇宝；临江古建筑群景观——临江绝胜；太母殿、育恩堂等内观景——慈恩育德；万姓宗祠——万姓同源；趣味生动的志诚楼——志高成器；历史木器成果展示——天工开物；红木标本知识——南亚遗珍；创意园游览——奇思妙想；三圣殿——祈福安康；玲珑桥——廊桥梦园；合一智慧游戏场——性格游戏；童心乐园——心灵乐园；龙游情"九龙闹海"——九龙闹海；居住体验——梦想家园；二次文化互动——梦想家园；网上购物——网城乐购。文化园规划八大特色功能：；天人合一、生态文化家居体验平台；优秀传统文化传承体验平台；生态家居创意平台；金融投资、商业服务、旅游休闲等信息化平台；九龙汇宝演艺平台；合一文化影视创意平台；木都万象神宫国学研讨平台；特色村镇一体旅游服务平台

三、新型红木文化小镇展望

（一）打造旅游景区标准高等化的红木文化小镇

按照国家5A级旅游景区标准，努力丰富小镇旅游产品体系，打造“一园一岛一轴四区”（即童

心乐园、江心小筑、文化体验轴以及木都商贸片区、文化创意产业片区、生态家居体验片区和红木生产基地片区四大片区）。实现和完善“生态游憩、文化体验、商务会议、养生度假、紫檀展销”的文化旅游功能，建成融红木文化、家居文化和传统国学文化为一体的5A级旅游景区，力争3年内实现游客量500万人次。

（二）打造文化娱乐休闲平台化的红木文化小镇

充分利用小镇“江天淳境、湖岛共生、山清水秀、红木古建”的自然和人文景观，通过亲子互动游览、水上文艺表演（九龙闹海）、游船游艇运动休闲、江心洲养生休闲等游艺活动，搭建多样的文化娱乐休闲平台，丰富小镇的休闲娱乐内容和生活情趣。

（三）打造家居文化体验特色化的红木文化小镇

规划建100幢新概念生态居住楼，融合现代建筑设计、装修设计、家居设计、生态循环、生态景观设计等创新设计理念，实现节地、节能、生态可持续的新型居住目标，让特色家居建筑直观化呈现、实景化落地，将家居文化体验充分融入到红木文化小镇的整体功能中，打造富有特色的家居文化产业体验区。

（四）打造红木家具产销国际化的红木文化小镇

未来将把小镇打造成全国红木家具最大生产基地、华东地区林权交易中心、中国红木价格指数定价中心。打造国内最大的家居产业电子商务平台，并建成亚洲区域最大的红木生产制造基地，形成年生产能力10万套、实现产值近60亿元、红木原材料交易额3000亿元、年新增财政收入3亿元。

四、未来建设目标

红木家具文化园一期工程将于2015年10月开园试营业，整体项目预计两年之内 建设完工、走向运营轨道。三年之内，文化园规模成形，产生一定的社会影响力。五年之内，以“自由能量经济”模式，创建独具一格的浙江省特色小镇。

商贸之都
——规模与日俱增 品牌享誉全球

随着家具行业的发展，行业内形成许多家具销售集散地。这些流通市场具有营业面积规模大、企业入驻比率高、市场聚集效应和辐射能力强等特点，为家具大流通创造了条件，同时带动了生产型企业的发展。我国现有家具流通市场型家具产业集群4个，分别是：广东乐从、四川武侯、河北香河、江苏蠡口。

- 乐从是中国发展最好的家具流通集散地，有180多座家具商城，4000多家家具经销商；
- 武侯有八益和太平园家私两大家居卖场，总面积达到75万 m^2，入驻企业3000余家，销售额250亿元；
- 香河连续6年举办国际家居文化节，打响知名度，年卖场客流量近700万人次，交易额达280亿元；
- 蠡口连续6年举办苏州家具展，提高地区知名度，主营业务收入200亿元。

中国家具商贸之都——乐从

一、基本概况

（一）地区基本情况

广东乐从家具城是国内最早的家具专业市场，历经三十多年发展，逐渐壮大，有“中国家具商贸之都”、“广东家具（乐从）国际采购中心”“中国优秀产业集群”之称。

乐从家具城地处经济发达的珠江三角洲腹地，毗邻港澳，靠近广州、深圳等城市，信息灵活，经济活跃。整个市场沿乐从家具大道呈“非”字型结构排列，外观宏伟，配套设施完善，经营品种齐全。目前，已发展成为以广东罗浮宫家居、广东东恒家具集团、顺联家具城、顺德皇朝家私、团亿家具城、乐从红星美凯龙、大新家具城、联富家具城、乐从国际会展中心等为主的180多座现代化的家具商城，商铺总面积达400多万平方米。市场拥有家具销售、安装、运输等从业人员5万多人，容纳了海内外4000多家家具经销商和1300多家家具生产厂家，汇聚了国内外高、中档的家具品种4万多种，每天前来参观购物的顾客达2万人次以上，常驻乐从镇进行家具采购的外国客商接近1000人，每年国外来乐从采购商接近5万余人次。每天进出乐从运送家具的车辆超过3万台次，产品畅销世界100多个国家和地区，家具销售量居全国家具市场前列，是全国最大规模的家具专业市场。

2004年，乐从家具城获得中国轻工业联合会和中国家具协会共同授予的“中国家具商贸之都”荣誉称号；2011～2014年，荣获中国家具协会颁发的“中国优秀家具产业集群奖”；2014年2月被广东省经济和信息化委员会评为“广东家具（乐从）国际采购中心”。

（二）主要品牌状况

家具市场内各类家具产品展贸场馆不断提升软、硬环境，主要体现在展馆设施提升和管理水平上的提升。如罗浮宫集团于2010年起建设总部大厦项目，与罗浮宫家居博览中心无缝对接。项目建成之后，广东罗浮宫家居集团将家具研发、创意设计、商品展示、采购物流、私家收藏、家居体验酒店等家居各业态汇聚于旗下。罗浮宫国际家居总部大厦楼高43层236米，占地面积7000多平方米，建筑面积达16万平方米。罗浮宫集团不断提升内部管理水平，实现商户诚信建设、商场统一结算，为客户提供诚信物流联盟运输服务，解决客户后顾之忧。以文化引领家具产业转型升级，广东罗浮宫家居集团和乐从国际会展中心分别于2012年8月、2014年9月获评为“国家4A级旅游景区”。

二、经济运营情况

乐从家具城是国内最大的家具集散地。根据国家海关总署的统计数据，2014年中国家具产品出口贸易额达到520.22亿美元，其中广东省占33.8%，达到196.49亿美元。据行业内人士估算，广东省家具产品出口总额的50%通过乐从家具市场促成交易，乐从家具市场在行业内获得高度认同，已成为广东省家具走向世界的一个重要窗口，是中国重要的家具出口基地，吸引国内以及欧美、东南亚、韩、港澳台等国家和地区的高档家具品牌入驻乐从。

三、发展措施及展望

乐从政府和家具城商会重视乐从家具行业的未

来发展，采取多种措施推动发展。

（一）推动乐从市场采购出口商品集中监管中心项目，打造乐从国际采购贸易服务区

2014 年 12 月，顺德乐从市场采购出口商品集中监管中心正式启用。中心整合了外贸环节中的报关报检、货代、船代等多方资源，配套物流配送、展示、融资服务、电子商务、出口通关于一体的服务体系，引导家具市场采购商品出口，搭建专业的“市场采购平台”。监管中心的启用，为乐从家具市场所有的外贸环节链上的企业，带来更便捷的服务和更大的商机。下一阶段，将会推出更多的通关便利化措施，联合海关、税务、工商、外管、交通运输等职能部门共同打造外贸全程服务链，进一步促进家具市场的出口贸易。

（二）注重品牌设计，加强研发设计

利用乐从家具市场能及时把握国际市场供需变化趋势的优势，广东省华南家具设计研究院、罗浮宫家居国际创意联盟等研发机构为家具企业提供新产品设计开发、产品专卖展示设计、展览设计、企业形象设计，引领家具潮流；坚持开展产学研合作，致力于家具新材料研究、推广与运用；通过组建设计师俱乐部、设计沙龙、设计情报网站的设计师论坛等，构建一个开放性的家具设计创新综合服务平台，反向引导企业生产提高企业自主创新能力，推动家具产品附加值的提升。

（三）提高自主品牌美誉度

2008 年以来，乐从家具市场开始推动集体诚信品牌体系建设，启动了“诚信店”和“诚信单位”的评比，建立“先行赔付基金”，在维护消费者和采购商消费利益方面做了创新的尝试。截止 2015 年 3 月，共有 4320 家家具企业加入先行赔付承诺，家具市场先行赔付基金总额高达 1000 多万元，有效保障家具产品交易安全。营造诚信的商贸环境是推动乐从家具市场不断提升发展的长远战略基础，今后将会继续大力推动集体品牌诚信建设工作，打造更优质的市场经营环境。

（四）打造区域整体品牌

乐从家具市场近年来以“乐从家具”为整体品牌，建设成为集展示交易、电子商务、物流配送、研发设计、产品检测、国际贸易、营销推广、信息发布等综合服务为一体的，立足珠三角，引领广东、面向全国、服务全球的大规模、专业型的家具产品国际采购分销平台，促使乐从家具产业向规模化、品牌化、国际化方向发展，提高乐从家具的全球竞争力。

（五）制定规划方案，建立外国人管理服务中心

为改善家具市场购物环境，乐从推进了建设特色步行街区项目、家具城内部道路改造项目，并编制《佛山沿线景观概念规划设计》《佛山乐从家具大道发展策略与城市设计方案》，以微观以及宏观层面做好家具规划，改善市场环境，提升市场形象品位。乐从家具城商会参加国内外专业展览会、在多个国家和地区的知名家具专业杂志广告、高速公路广告牌投放等方式，拓展海外市场，与国际市场接轨。乐从外国人管理服务中心于 2010 年 3 月成为广东省创建“外国人融进社区”的示范试点之一，中心为生活和工作于乐从的外国商人切实解决了如用工、语言训练、子女入学等困难和问题，为他们搭建沟通联谊的平台，从而加强外国人管理服务工作。

中国西部家具商贸之都——武侯

一、基本概况

（一）地区基本情况

武侯区成立于1990年，经过二十余年的发展，现辖13个街道办事处，全区有59个社区、27个村，户籍人口60.91万人，常住人口124.4万人，辖区面积75.56平方公里，是国务院确立的高科技文化区。区内有四川大学、中国科学院成都分院为代表的50余所大中专院校和科研院所。据四川省统计局公布，成都市武侯区连续9年在全省民营经济发展综合实力测评中名列前茅。武侯区商贸服务业现已形成家具、汽车配件、电子信息产品、建材装饰、食品、皮革六大专业市场为主导的商贸经济格局，尤其是武侯区的家具市场已成为中国西部最大的家具集散地之一。2005年中国轻工业联合会和中国家具协会授予成都市武侯区“中国西部家具商贸之都”荣誉称号。

截止2012年底，全区共有家具建材市场9个，市场总面积达347.35万平方米，年销售额达到300多亿元。以八益家具城和太平园家私广场为中心的家具市场，市场面积已达80万平方米，聚集商家4000余户，年销售额达到近百亿元，已成为中国西部的家具重要集散地。

（二）转型升级、技术创新及突出点

武侯区鼓励支持家具生产厂商和经营企业树立品牌观念，提高经营档次，坚持品牌经营战略，开发创立自有品牌，以过硬的质量和良好的服务赢得消费者的青睐。同时，通过政府奖励的方式，鼓励和引导企业创建自身品牌。具体采取了以下措施：

1、品牌建设　加大品牌的市场塑造力度，建立起在骨干家具市场内各个商家在塑造、扩展、维护和利用品牌市场知名度，美誉度和形象上的发展机制和利益机制，形成打造品牌市场、整体包装宣传品牌市场的合力。同时抓好名牌商品的引进工作，鼓励和支持家具市场重点引进先进业态、品牌商家和名优商品入驻市场，发展大型卖场和品牌直销，形成由名牌专业市场和名优商品构成的家具市场品牌体系。

2、抓好产品结构调整和技术创新　引导家具生产企业搞好产品结构调整和技术创新，提高产品的技术含量和附加值，引导家具市场向专业化、品牌化、精品化的方向发展，不断壮大名牌产品，以品牌产品扩大市场知名度和辐射力。

3、强化推介宣传　进一步加大品牌市场的形象宣传力度，通过办节、办会加强与新闻媒体的联系，抓好专业市场形象宣传，扩大品牌市场对外知名度。

二、经济运营情况

（一）商场建设情况

武侯区商场总面积达到75万余平方米，现已入驻商家达到3000余家，从业人员50000余人，家具产品销售辐射全国各地及西部十一个省、市、自治区，场内年销售额超80亿元。

目前，家具专业市场是武侯区家具产业的主要构成，尤其以八益家具城和成都太平园家私广场为中心的家具市场已成为武侯区家具市场的主力军。成都八益家具城主要业务为商场经营和生产经营两大类，商场经营以“家具专业商场、沙发专业商场、金属家具专业商场、办公家具专业商场、精品家具专业商场、家具辅料专业商场、装饰材料专业

2010～2014年武侯地区家具行业发展情况汇总

主要指标	2014年	2013年	2012年	2011年	2010年
企业数量	1100	1000	900	800	750
规模以上企业数量	200	150	120	110	100

商场、灯饰专业商场、电动车专业商场”等九个品牌专业商场为主，面积32万多平方米，入驻厂商2000余家，产品行销十多个省、市、自治区。太平园家私广场是由五个专业商场组成的大型家具市场，总规模达到22万平方米。这两个品牌家具市场十四个专业商场沿川藏路4公里，是武侯区家具产业的重要支柱。目前，已有来自全国二十多个省、市、自治区的一千多家企业，其中包括我国香港、澳门、台湾地区的著名家私品牌入场经营。

随着武侯区家具市场的进一步发展壮大，在西部地区的影响力逐步增强。近年来，国内外一些知名家具商城、生产企业在武侯区设立了家具经销店。深圳好百年精品家具市场，经营面积4万余平方米，红星美凯龙家居集团有限公司也在武侯区投资修建了两个大型的家居广场。目前，在武侯区设立的具有一定规模的国内外知名经销店有阳光、青田旗舰店等10多家，产品涉及多个品牌和品牌，档次齐全，成为武侯区家具产业的重要组成部分。

（二）市场从业人员情况

目前，武侯区家具行业就业人员超过4万人，就业人员呈现年轻化、专业化特点：一是从业人员中，35岁以下的员工占工人总数的80%；二是从业人员基本素质相对较高，具备了家具产销相关专业技能；三是为建立现代企业的经营管理制度，家具生产和销售企业注重引进生产技术专业人才和销售管理人才；四是对就业的人员进行专业培训，员工培训率从2008年的90%提高到98%，明显提高了家具从业人员的专业技能和基本素质。

（三）企业销售情况

武侯区不仅是家具的集散地，同时又是家具的生产基地。区内现有各种经济性质的家具生产企业500余家，其中大型家具企业182家，一般家具企业320余家。生产方式由最初的小规模、手工劳动和半机械化生产升级为现在的机械化、精工化生产，产品质量和款式从根本上得到了提升，影响日益扩大，成为四川家具的重要生产基地之一。整个家具产业已成为武侯区经济发展的重要组成部分。

家具企业的发展，进一步推动了家具相关产业的快速发展。在市场周围产生了物流运输公司160余家，从事长、短途运输车辆1500多台，从事住宿、餐饮、广告制作等服务的经营户200多家。

三、发展趋势与展望

武侯着力引导市场细化功能区分，搞好销售区和仓储区的分离，建立精品区和专卖区，改造市场经营环境，提升市场外观形象。大力发展精品家具，积极引进品牌产品，提高中高档产品的比例，不断完善配套产品市场，提升市场整体档次。

武侯区家具产业确定的奋斗目标为：2015—2020年，家具年销售总额在2014年（250亿元）的基础上，每年按10%以上的增幅增长。到2016年，家具产业的总体年销售额达300亿元；新创建国家、省名牌产品、驰名商标10个。

中国北方家具商贸之都——香河

一、经济运营情况

2014 年，香河家具城市场发展总体来讲比较平稳，年客流量近 700 万人次，全年交易额达到 280 亿元，上缴财政税收 1.21 亿元。从近几年的客流量和市场交易额来看，呈稳步增长态势。

二、市场建设主要措施

香河家具城在 2014 年国内家具市场面临诸多发展难题的大环境下，市场建设和发展速度保持稳中有升。2014 年，香河家具城在市场建设方面主要完成了以下方面的工作。

（一）建立质量监管体系，质量层层把关

通过建立健全完善的家具质量监管体系，提升香河家具市场的产品质量，在市场规模、知名度和影响力不断增长的同时，打好家具"品质牌"，让更多的厂家和消费者了解香河家具城，认可香河家具的质量。香河家具城一方面建立了完善的质量检查监督体系，包括市场准入制度、日常监管制度、市场退出制度，通过提高入场门槛严格把好产品的入场关，通过产品质量的检查抽查，强化日常监督管理；另一方面建立质量诚信体系，就是通过建立商户诚信档案对商户经营中的质量安全问题进行综合评价考核。抽调专业人员在家具城设立了质检办公室，主要负责家具质量的检测和质量监管工作，实行城内商户产品免费抽检制度。2011 ~ 2013 年连续三年，在由省质监局组织的省级督导抽检中，产品合格率分别为 78%、82%、84%，在组织的软体家具专项抽查中，合格率为 85%，呈逐年上升趋势。

（二）加强从业人员培训，提高职业素养

注重加强从业人员服务意识、服务能力的培养，提高从业人员的服务质量水平。2014 年除了对全城导购人员的轮流培训外，还特邀各方面专家对城内物业经理、保安、售后负责人、组装工、装卸工等分别进行了 20 次专业培训，培训人数达 3000 余人次。培训内容包括销售技巧、服务礼仪、接待礼仪、消防安全知识、《合同法》、《公平交易和商标广告管理》、应急处理能力、销售合同填制及相关责任、《消费者权益保护法》等，使家具城的从业人员不仅要具备良好的服务能力和水平，还具有过硬的道德意识和行业规范意识。

（三）健全售后服务机制，提高顾客满意度

为更好解决消费者在购物中出现的各种矛盾和问题，针对消费者的投诉，香河家具城设有展厅售后处理部门、家具城管委会市场服务中心、工商部门等。其中，市场服务中心通过施行《市场管理实施细则》、《香河家具城厅内诚信经营奖惩条例》等制度，规范市场秩序。2014 年前 11 个月共计处理

2010 ~ 2014 年香河家具城发展情况汇总

主要指标	2010 年	2011 年	2012 年	2013 年	2014 年
客流量（万人）	530	585	600	650	700
交易额（亿元）	190	240	245	260	280

来自电话、网络、信件、展厅、来人、政府转件等纠纷3804件，无一例申诉情况，被中国保护消费者基金会授予“2014年3·15维护消费者权益诚信服务满意单位”。

（四）开展市场专项整治，构建和谐购物环境

针对香河家具城规模大、人员多、不易管理的现状，开展了多项针对市场的整治活动，为广大商户和消费者营造一个平安和谐的购物环境。2014年，针对厅内销售人员吃零食、打牌、未佩戴工作证等违规行为，共计处理409例，对态度恶劣且拒不接受处理的10个摊位进行停业整顿。对发现的在市场内违规吸烟的4000余名顾客进行了说服教育，查处市场内违规车辆和违规装卸36人次。同时，为营造良好的家具购物环境，还加强对厅外各小吃摊点的治理，为各展厅安放垃圾桶近300个，实施统一清运。在消防安全建设方面，多次开展消防实战演练，对家具城各展厅进行拉网式排查，共发现各类隐患293处，并按照《香河家具城消防安全监督检查管理规定》进行了相应处理。通过联合家具城派出所开展夜间巡查以及整夜查厅，主要检查厅内电气线路的切电情况，夜间装修商户是否有审批，有无私拉乱接现象。检查中控室人员、保安以及电工有无脱岗，睡岗现象。针对各展厅变压器负荷、开关柜母线及支线路负荷、厅内分路开关箱负荷进行了检测，并对各商户开关箱温度、电流进行了检测。累计共查出超温情况28起，均已下发《火灾隐患整改通知单》，并要求在限期内整改完毕。

（五）积极宣传推介，提升品牌影响力

在抓好家具城硬件建设的基础上，香河家具城注重做好品牌建设工作，积极利用各种渠道进行宣传推广，不断扩大香河家具城在家具行业的影响力。继续保持在中央电视台、北京电视台、天津电视台，北京交通台、天津交通台等媒体上宣传，同时加大了对周边500公里内家具需求量较大地区的广告投放力度，在河北省的唐山、张家口、保定、秦皇岛、邢台、沧州、承德等大中城市及辽宁、内蒙古等外省投放电视广告，实现了香河家具城广告覆盖环渤海经济圈的总体目标。通过一系列的应对措施，使营业额、人流量相比2013年同期均有了不同程度的增长。在做好电视、广播、网络、移动互联、户外广告等常规广告投放的同时，香河家具城还在努力打造自己的宣传平台——家具快报、官方网站（www.cnjiaju.com）、微信账号（zgxhjjc），三大平台主要提供班车信息、展厅介绍、家具百科、时事新闻、商家特惠、品牌推广等内容，为消费者了解香河家具城提供更多的渠道。

（六）搭建国际交流平台，提升影响力覆盖面

“中国香河国际家居文化节”已经成为家具行业的一个盛会，对提升香河家具城的知名度起到了极大的促进作用。香河家具城积极搭建宣传推介平台，每年都要举办“香河家具节”，2012起已经连续三年与中国家具协会、河北省家具协会共同举办“中国香河国际家居文化节”，这是国内家具行业中唯一一家县级单位与中国家具协会共同举办的活动，加速打造国际家居行业招商、推介、营销、交流的高端平台。第三届文化节期间，有来自美国、俄罗斯、德国、西班牙、瑞典、比利时、韩国、新加坡等多个国家和地区的使领馆官员、知名企业以及全国三十个省市家具协会及会员单位，还有来自欧美、东北亚、非洲等世界各国以及来自全国各地3000多家企业的万名经销商和采购商，同时汇聚

三届中国家居文化节统计数据

主要指标	第一届文化节	第二届文化节	第三届文化节
客流量（万人次）	7.5	18	21.6
交易额（亿元）	12.5	14.25	13.8
自驾车辆（万辆）	——	3.6	3
免费班车（辆）	100	204	178

了国内主流媒体、行业权威媒体 200 余家。

（七）拓宽服务领域，延伸服务触角

2011 年以来，香河家具城逐步扩大了外部地区服务功能，积极开展市场拓展工作，经过三年来的推广，拓展半径扩大到 500 公里。2014 年，周边拓展区域共计为家具城带来近 4286.5 万元的市场交易额。每周六、周日及法定节假日组织各家具城接车人员接送京津唐及拓展地顾客。2014 年，共计接车 3076 班次；共接免费班车乘客 109583 人次。

（八）规范整顿物流市场，完善配套产业链条

物流业作为香河家具城发展的配套产业之一，是香河家具城近年来快速发展的重要基础，家具城周边物流企业 249 家，运输路线涉及全国 109 个地区。香河家具城先后制定出台了《香河家具城物流管理暂行办法》、《物流行业协会章程》、《司机、组装工行为规范》等相关规章制度，在此基础上，还通过建立物流信息平台系统整合物流资源，打破物流条块分割，实现信息透明，整合现有销货信息、提高物流配送效率，减少重复性送货、装卸，节约物流成本。并据此建立物流企业的监督制度，通过平台系统对整个销售、物流配送及售后服务形成有效监督，并推行“满意卡”和“回访”制度，实施全程跟踪管理，提高物流运作流程的透明度，全年共计回访客户 6077 个，满意度达 95% 以上。目前已完成对鑫亿隆、金钥匙、顺隆、鹏大、明泰来 5 个展厅共计 1472 户摊位软硬件设备的铺设及对销售人员使用软件系统的培训工作，物流信息化平台设备安装工作将逐步在全城推广使用，此系统的使用很大程度上提高了香河物流行业的综合水平。

（九）发挥家具城家具协会引领带动作用

在家具市场建设中，家具城管委会负责对市场的引领和维护，为充分发挥市场自主发展的积极性，目前已经成立了香河县家具协会、红木协会，物流协会正在筹建当中，在市场建设中，充分发挥各类协会的组织管理和行业规范作用，香河家具城家具协会邀请展厅商户开展座谈会，了解需求、听取意见，对家具城管理工作中不完善的地方进行整改。同时还组织家具城部分老板参加了 3 月份广州东莞家具展会、6 月份江苏苏州家具展会，7 月份四川成都家具展会及 9 月份东莞家具展会，并在各展会期间设立香河家具城展位，大力宣传香河家具城并进行招商工作。

三、存在问题

1、房地产市场降温，家具行业刚性需求降低。

2、电子商务的兴起，改变了人们的消费方式，为家具业提供了更广阔的发展空间，但也对传统的家居卖场造成了冲击，电商正逐渐抢占传统家居市场的份额，成为香河家具城新的竞争对手。

3、香河家具城中的商家逢节必促、无节乱促的销售方式导致了市场疲软，对于促销活动消费者更加趋于理性化，香河家具城亟需新的经济增长点。

4、相对家具市场需求，香河家具城规模扩张过快。

5、香河家具城规模大、商户多，市场环境复杂，管理部门在落实各项规章制度时可能在一些地方鞭长莫及，整个管理体系存有漏洞，导致了商家与消费者之间出现矛盾纠纷，造成大量的消费者投诉，影响了香河家具城的整体形象。

四、发展规划

（一）重点整顿物流市场

全力开展物流梳理整合工作，推行物流信息化平台建设。通过平台系统可以完成交易结算，使物流公司不直接接触资金，避免因代收货款等造成对整个市场的影响。从而保证货物和资金安全，提高服务水平。

（二）做好第四届文化节筹备工作

“香河国际家居文化节”已经成为香河县对外展示形象、招商宣传的靓丽名片，成为促进香河经济社会与国际对接的有利平台。2015 年，国际家居文化节的筹备、开展仍是家具城各项工作的核心，目前第四届文化节筹备组已经建立，初期各项准备工作已经逐步开展。

（三）打造专业化红木综合市场

近期，通过对南方红木家具市场调研，分析中国红木家具市场行情，香河家具城准备打造专业化的红木家具市场，进一步完善产业结构。

中国东部家具商贸之都——蠡口

一、基本概况

（一）地区基本情况

蠡口家具市场于1998年初建立，通过十多年的发展，在华东地区乃至全国家具业有很大影响力，市场辐射区域、市场占有份额等方面在全国同行业处于领先地位。目前市场总投资超过30亿元，已经形成39栋家具大厅和金源路、广登路两条家具大道，总建筑面积150余万平方米，经营面积80余万平方米，仓储面积近60万平方米。市场内汇聚了全国大部分的家具知名品牌，有来自全国的近4000家经营户在市场内设摊经营，市场批零兼营，产品齐全，市场内各类从业人员5万余人。市场规模、经营业态等综合实力在全国位列前茅。2009年6月当地政府携手中国家具协会共建“中国东部家具商贸之都”；2011年被苏州市人民政府命名“苏州市特色商业街”称号。

（二）品牌发展及重点企业情况

通过创立名牌企业，提升蠡口市场整体形象。多年来积极引导企业在提高自身内涵上下工夫，生产上规模、管理上水平、产品上档次。每年组织企业申报“苏州名牌产品”，目前已有新宏基、斯可馨、依福园、瑞特、金顺龙、迪高乐、华强、鑫唐、柏蘭、名耀、蠡口兄弟等22个企业的产品被评为“苏州名牌产品”，亚博家艺被评为苏州服务业名牌，“新宏基”、“金顺龙”被评为苏州市知名商标。通过这项工作，对外展示了蠡口家具市场的良好形象，也对同行厂商起到了示范作用。

二、经济营运情况

2014年，在新成立的相城区家具管委会的强力领导下，以“外树形象，内抓品质”为切入点，全力推动蠡口家具市场提升发展，全年销售总额达200亿元，同比增幅为11%，规模以上企业数增加32%。积极筹办第六届苏州家具博览会，据统计，第六届苏州家博会参展企业超过600家，客流量超35万人次，总成交金额达11.8亿元，各项指标数据均超过了前5届。根据各地家具协会、参展企业、媒体单位等各方面的反馈，第六届家具博览会被誉为一届高水准的家具行业盛会，极大地提升了蠡口家具市场的口碑和形象。

2010～2014年蠡口家具城家具行业发展情况汇总

主要指标	2014年	2013年	2012年	2011年	2010年
企业数量	3800	3700	3800	3650	3800
规模以上企业数量	45	34	28	25	20
主营业务收入（万元）	2000000	1800000	1500000	1300000	1200000
规模以上企业主营业务收入（万元）	360000	250000	200000	170000	150000
内销（万元）	2000000	1800000	1500000	1300000	1200000

三、发展前景展望

（一）大力发展电子商务

蠡口将依托蠡口国际家具城的市场影响力，以现有市场资源为基础，不断完善配套功能和设施，大力发展以“线上购物、线下体验和第三方配送安装服务”的O2O模式为主的电子商务。一是加快筹建区级物流配载基地建设。引进顺丰、日日顺等一流的物流和配送企业，解决家具电商“最后一公里”的最大难题，也可破解当前蠡口家具城存在已久的仓储和配送难题。二是加快筹建家具电商产业基地。引导部分商场向电子商务转型，筹建专业化的家具电商产业基地，吸引电商入驻、推动电商集聚，逐步形成并发挥集聚化、规模化的虹吸效应，打造一个集电商、仓储、物流、配送为一体的互联网式新型市场。三是引导家具企业抱团抢占线上市场。鼓励和推动有实力、有品牌的企业组团打造线上蠡口家具馆，搭建垂直电商平台，配套建设有特色、差异化发展的线下体验馆，完善O2O销售模式，加快抢占前景巨大的线上市场。四是利用电子商务模式推动市场转型升级。充分利用产业基础雄厚、市场规模庞大、交通区位便捷等优势，以发展电子商务为契机和突破口，进一步调整和优化产业结构，通过去伪存真、流沙成金的“洗牌”，逐步提升一批、壮大一批、淘汰一批，让蠡口家具城的市场生态更加健康、形象口碑更加优化、持续发展更加有力。

（二）加快实施市场改造

加快家具市场改造升级步伐，充分发挥产业集聚发展的优势，实施科学合理的规划和规范有序的管理，大力提升蠡口家具城的“软实力”和竞争力。一是立足中心城区规划，加快对相城大道两侧区域（春申湖路—蠡塘河）改造步伐，进一步拓展实体市场容量，提升整体业态形象。特别是在实施B栋改造过程中，将健全文化创意、研发设计、培训中心、小型展览、电子商务等功能配套，力争使B栋成为家具城的大型旗舰商场和地标性商业建筑。同时，按照合理布局、总量控制的原则，鼓励部分商场按照相关政策、规划和标准实施自行改造。二是合理引导调整完善产业结构和功能布局，打造以上述改造区域为重点的实体销售主体市场，鼓励蠡塘河以北部分商场根据市场需求逐步向电子商务转型，建元路、广登路和齐门北大街则以发展配套泛家居产业和家具批发为主，进一步推动蠡口家具城加快向一个产业结构优化、功能定位清晰、配套产品齐全的综合性现代市场转型发展。三是对相城大道两侧商场立面空间进行统一规划设计和调整改造，同时兼顾商业广告效果和城市视觉效果，进一步优化市场中心区域的城市形象。

（三）助推企业健康发展

一方面，推动企业集聚。根据渭塘镇保留提升渭西村级家具集聚区，望亭镇保留提升迎湖、宅基村级家具集聚区，北桥街道优化提升灵峰、庄基家具产业园，阳澄湖镇规划新建一个家具产业园的规划布局，由相关镇（街道）严格制定标准，统一规划建设消防、安全等配套设施。对已入驻家具企业实施整改规范和提档升级，对不符合消防、安全、环保要求的企业限期整改，整改不到位的坚决淘汰。同时，合理设置家具企业准入条件，重点引进具有品牌和规模优势的家具生产企业，并建立规范的长效管理机制。对集聚区外的家具企业，按照只减不增、只出不进、逐步清理淘汰的原则，力争用三年时间全部清理淘汰或对外转移。另一方面，提升品牌意识。蠡口将进一步鼓励企业实施“品牌战略”，积极引导和帮助企业创建优势品牌，大力提高自主创新能力，着力优化产品结构，在设计、生产、销售、质量、服务等方面，不断提升品牌市场的知名度和美誉度。

（四）规范市场管理秩序

一是构建诚信体系。根据市场发展趋势和行业规范要求，深入开展诚信体系建设，整顿市场经营秩序，重点加强明码标价、产品质保、售后服务、投诉咨询等制度建设，严厉打击假冒伪劣、质次价高、虚假折扣、欺诈忽悠等不良不法行为，为经营者提供管理有序、服务规范的诚信交易环境，为消费者提供安全舒适、货真价实的放心消费环境。二是规范商场管理。结合市场改造升级，探索研究规范化的管理模式，推动市场向商场化提升、发展。三是加强联合执法。区家具管委会对进驻执法部门进行有效整合、统筹协调，进一步加大执法力度、提升执法效能，确保市场管理不留“死角”和“盲区”，特别是将消防安全生产和管理作为重中之重，进一步加大消防安全专题检查和整治的频率和力度。

出口基地
——出口贡献突出 带动区域发展

在37个产业集群中，有4个地区是以出口为主的，分别是浙江安吉、广东大岭山、浙江海宁、山东胶西。其中，安吉以出口椅类家具为主，海宁以出口沙发为主。在我国家具出口形势严峻的情况下，这几个出口类型的产业集群依然是全国出口家具规模最大的产区。

2014年，各产区发展情况如下：

- 安吉成为家具产业集群转型升级试点镇，年出口值18.5亿美元，同比增长12.8%；
- 大岭山连续三届举办金斧奖家具设计大赛，年出口值13.55亿美元，行业总产值125.8亿元；
- 海宁在积极开拓拉美、中东等新兴市场，家具出口6.66亿美元，工业总产值96亿；
- 胶西有青岛一木等龙头企业，行业主营业务收入268.49亿元，出口2.17亿美元。

中国椅业之乡——安吉

一、地区概况

（一）基本情况介绍

安吉是闻名中外的“中国椅业之乡”，是全国最大的办公椅生产基地。安吉椅业起步于20世纪80年代初，经过30多年的发展，产品由原来的单一型发展到系列化生产，椅业已成为安吉县第一大支柱产业。安吉无论从椅业生产规模、市场占有率还是品牌影响力，在全省、全国乃至全球，都具有领先地位。

2010年安吉荣获“浙江省块状经济向现代产业集群转型升级示范区”称号，2011年、2012年、2013年连续三年被中国家具协会授予“中国家具优秀产业集群奖”荣誉。2014年安吉县被中国家具协会授予“中国家具重点产区转型升级试点县”。

（二）转型升级、技术创新及突出点

1、推进“两化融合”，加快椅业转型升级 安吉县椅业产业运用信息化技术较前几年有了较快的发展。到2014年，全县累计有26家椅业企业成为县级“两化融合”示范单位，5家企业被列入市级“两化融合”示范企业。制定了《安吉县两化融合年度推进计划》，开始安吉椅业产业集群两化深度融合试验区建设；编撰完成《安吉县两化融合推进手册》。积极推动企业信息化建设与“机器换人”、“电商换市”工作相结合，打造工业化、自动化、智能化、信息化标杆企业。

2、加大自主创新，提升椅业企业科技水平 起草《“安吉椅业”技术创新综合试点工作方案》，大力推进椅业企业的科技创新工作。2014年，新培育市级工业企业设计中心5家（椅业）。推进椅业企业研究院建设，恒林、永艺、永裕三家企业研究院完成签约并实施建设。组织2014“安吉椅业杯”中国座椅设计大奖赛，大赛由中国家具协会和安吉县人民政府主办，是一次专业的全国性座椅产品工业设计大奖赛，以传播创新座椅、健康生活的理念，聚焦座椅创意设计。活动邀请了国内知名专家进行了初评和复评，在有关媒体进行了宣传推广，并于2015年3月广州展期间展示获奖作品。

3、发展绿色家居，促进家居产业融合 安吉椅业顺应当前家居产业发展趋势，以产业融合促进传统产业不断创新，推进产业结构优化和产业发展。充分利用安吉当地天然的生态优势，鼓励企业和浙江大学等院校合作，运用新材料、新科技、新产品、新工艺，促进椅业产业绿色、低碳、可持续发展。2014年，永裕竹业和大自然家居签约合作正是一个成功案例。

（三）品牌发展情况

1、推进品牌建设，提升产业影响力 椅业企业组团参加知名展会，提升“安吉椅业”知名度。2012年以来连续四年组织县内椅业企业组团参加广州家具展，展示面积近万平方米。同时，占地400平方米，以“品质、创新、健康”为主题的“安吉椅业馆”也多次亮相展会。

2、积极推进企业创建个性化品牌 鼓励企业申报中国驰名商标、省市著名商标、名牌产品、出口名牌产品。2014年创建“安吉椅业”微信服务平台并成功运行，宣传发布企业和产品信息，强化椅业企业品牌知名度和影响力。借助浙江省工业领导小组的产业发展转型规划，充分利用政策加大对“安吉椅业”区域品牌推广力度。

（四）重点企业情况

随着安吉椅业发展，一批优秀企业成长壮大。浙江恒林椅业股份有限公司是一家集研发、生产、销售办公椅、沙发、按摩椅等健康坐具产品于一体的国家高新技术企业，目前是中国最大的办公椅开发制造商，公司连续七年位居全国办公椅行业出口额第一。永艺股份自成立以来一直专注于办公椅和按摩椅椅身研发、设计、生产和销售，通过不断提升产品研发设计能力、品质管理能力和生产运营能力，永艺股份产品竞争力逐步提升，业务规模持续扩大。永艺股份于 2015 年 1 月成功上市，实现安吉县上市企业零的突破。

二、2014 年运营情况

2014 年 1 ~ 12 月，全县椅业企业完成出口 18.5 亿美元，同比增长 12.8%，占全县出口总额的 74.5%。全县共有出口实绩企业 546 家，其中，椅业类企业 288 家。出口超 1000 万美元企业 46 家，其中椅业企业 38 家。全县前 50 强出口企业中椅业企业有 39 家。从全国、全省家具出口情况来看，安吉椅业产品出口近年增速均超过 12%，远远高于全国家具出口增速。

2014 年椅业产业 137 家规上企业完成入库税金总额 7.81 亿元，占全部规模企业入库税金总额 40.8%；亩均入库税金为 16.08 万元，比全县平均值高 5.32 万元；其中永艺、恒林、嘉瑞福等 74 家企业的亩均入库税金高于全县平均值。万元工业增加值能耗最低（椅业 0.18 吨 / 标煤，全县平均 0.68 吨 / 标煤）。

三、存在问题

（一）物流建设有待加快

安吉大部分货运物流规模小，分布范围广，且经营管理落后。2011 年开始使用的安吉川达物流有限公司，以上海港为中转平台，加强与多家远洋干线船公司的合作，2013 年集装箱运输突破 10 万标箱，相比 2012 年 4.7 万箱量实现翻番，2014 年达 12 万标箱。尽管如此，仍无法满足安吉椅业的大部分货运需求。

（二）自主创新能力有待提升

尽管近年来椅业产业集群创新能力和制造水平得到较快提升，部分企业自主研发能力有很大提高，但是产业发展沿袭劳动密集、低附加值的发展路径没有根本改变，整体创新能力薄弱，这已经成为制约产业集群转型升级的关键。从品牌建设看，近年来，安吉椅业在著名商标、名牌产品、出口名牌创建等方面部分明显加快，但部分企业对品牌作用和创牌意识认识较浅，更没有投入足够的资源来制定和实施品牌战略。从自主设计看，一些企业不注重研发，自身没有自主设计、核心技术，只注重模仿抄袭。往往是原创企业投资巨大研发的新品刚上市，不出数日被别人抄袭，严重挫伤有自主创新能力企业的积极性和创造性。

（三）渠道建设有待创新

安吉县椅业企业主要产品市场集中于欧美等国际市场，出口企业大部分是 OEM 代工型企业。从国内市场看，椅业行业的龙头企业全力加大开拓力度，取得了一定的成绩，特别是部分沙发企业，国内市场正开始布局，也具备了一定的市场影响。但

2010 ~ 2014 年安吉县家具行业发展情况汇总

主要指标	2014 年	2013 年	2012 年	2011 年	2010 年
企业数量	695	755	758	761	755
规模以上企业数量	137	123	108	105	168
主营业务收入（万元）	3000000	2800000	2600000	2450000	2180000
规模以上企业工业总产值（万元）	1670000	1350000	1090000	1000000	970000
出口值（万美元）	185000	164000	147000	131000	110000
家具产量（万件）	6500	6000	5900	5400	5000

从整体看，大部分工业企业在销售渠道上有待创新。对于新兴的电商经济，许多企业尝试涉足，但由于没有找到适合行业特点的方式、方法，总体效果不佳。

四、发展趋势及展望

椅业产业将继续立足本地实际，推动安吉椅、竹两大优势产业融合，实现安吉家具产业更好地发展。

结合安吉家具产业发展实际，深入推进安吉椅业等产业转型升级工作。

一是要借势借力：改变安吉椅业长期以来缺乏个性、产品单一、同质化严重的局面，积极寻求外部合作，强化区域内外产业协作，形成融合互补，改变较为单一的销售模式，借力优势渠道开拓国内外市场，借力先进技术促进产业提档升级，借力外部资本提升核心竞争力。

二是要引导引路：通过奖励政策扶持和引导，以及典型企业的示范引路，改变企业发展模式和思路，提高产业品牌营销能力建设，调整产品方向、深化渠道建设，推动座椅、竹地板等家居行业开拓国内市场，真正实现传统产业提质、增效、升级。

三是要联合融合：寻找安吉座椅等家具行业、竹地板竹装饰材等家装行业、竹纤维和新型纺织等家纺行业的内部契合度和互补性，制定有效的产业规划和产业政策，坚持绿色、低碳、环保理念，把家具、家装、家纺“三家”融合为一个大家居整体理念，形成安吉产业发展突破的三个有效支点，从而推进在“新业态、新模式”下的产业结构优化升级和发展方式转变，努力建成横跨三大产业的复合型现代“绿色家居”产业集群。

中国家具出口第一镇——大岭山

一、基本概况

东莞市大岭山镇是享誉盛名的“中国家具出口第一镇”，位于广东省东莞市中南部，面积 95 平方公里，常住人口 35 万。靠近珠江口东岸，处于广州市和深圳市经济走廊中间，毗邻香港和澳门特别行政区。距广州 85 公里、距深圳市区 75 公里、距深圳机场 45 公里、距虎门港 25 公里、距常平火车站 28 公里。

大岭山镇作为新兴工业镇区，产业布局相对一体，巨大的发展优势吸引了众多的海内外投资者。目前全镇拥有各类型企业 1800 多家，世界 500 强企业 6 家，形成了以家具、电子、化工产业为龙头，造纸、纺织、玩具、食品等产业齐驱并进的工业集群，区域特色经济明显。

由于家具产业发展突出，生产总值几乎占到全镇的 1/2，因此大岭山镇先后荣获“亚太地区最大家具生产基地”、“中国家具出口重镇”、“中国家具出口第一镇”、“广东省技术创新（家具工业）专业镇”等荣誉称号。大岭山家具产业集群也多次被评为“中国家具优秀产业集群”、“广东省家具产业集群升级示范区”、“东莞市重点扶持发展产业集群”。

二、经济运营情况

大岭山镇目前拥有家具品牌 160 余个，其中获得中国驰名商标 3 个，中国名牌产品 3 个，广东省著名商标 5 个，广东省名牌产品 9 个。2014 年统计，大岭山镇家具企业 549 家，其中，规模以上企业 330 家，工业总产值 12.58 亿元。大岭山镇拥有家具龙头企业如富宝、富运、运时通、达艺、佳居乐、元宗、洋臣、崧葳等十余家。

三、转型升级突出点

现阶段，镇委、镇政府审时度势，拟定家具产业发展与转型升级的具体实施方案，推动家具产业集群快速、健康发展。具体的措施可以归纳为以下几点：

（一）组织家具企业参加国内外家具展会

由大岭山镇政府牵头，组织家具企业以统一形

2010 ～ 2014 年大岭山镇家具行业发展情况汇总

主要指标	2014 年	2013 年	2012 年	2011 年	2010 年
企业数量	549	540	522	489	492
规模以上企业数量	330	321	303	285	270
工业总产值（万元）	1258000	1185000	1118000	1087000	1015000
规模以上企业工业总产值（万元）	981240	924300	872040	847860	791700
出口值（万美元）	135500	131800	130000	130600	114500
内销（万元）	405000	367300	334900	302100	253500
家具产量（万件）	1580	1490	1420	1360	1270

象参加东莞厚街、广州、上海及新加坡、美国高点、意大利米兰等国际知名家具展览会，一方面扩大客商覆盖面，拓宽销售渠道；另一方面学习吸收国内外家具行业创新的设计理念，先进的管理方法，使大岭山家具行业与国际接轨，逐步推动大岭山家具产业向创新、高档、环保的现代化产业转变。

（二）加强品牌宣传力度

镇委、镇政府通过制作特色灯箱分发上海、广州、东莞厚街三大家具博览会上的大岭山镇参展企业；定期印制派发“大岭山家具”杂志；无偿提供部分道路天桥和T型广告牌用于家具企业品牌推广；以费用补贴的形式，鼓励企业利用公车车身制作宣传广告等方式，提高企业品牌与区域品牌知名度，扩大影响力，在经销商、顾客中塑造良好的品牌形象，提升品牌价值。

（三）启动金斧奖家具设计大赛

2014年3月16日，“大岭山杯”金斧奖中国家具设计大赛在东莞厚街国际家具博览会上举行新闻发布会，宣布正式启动。近年来，家具产品最新的设计思路、创意元素以及家具生产最新的技术通过“大岭山杯”金斧奖设计大赛体现出来，并由此达到一个新的高度。

（四）公共服务平台建设

1、注重产品知识产权保护　2014年，大岭山镇相关部门指导协调家具企业申报专利认证，数量再创新高。截至目前，大岭山镇家具企业获得的外观设计专利、实用新型专利累计已超过3500项，在全市乃至全省均处于领先位置。一方面表明企业尊重知识产权，通过法律途径维护正当权益；另一方面也表明发明专利有效转化为现实生产力，为企业提供切实的经济效益。

2、协助企业设立研发中心　建立起诸如“国际健康睡眠研发院”等自主研发中心。研发机构已逐渐成为各企业核心技术的孵化器，成为企业经济效益增长的重要突破口。

3、深入开展职业技能人才培训　大岭山职业技术学校正式升格为东莞市家具学校。家具人才是企业发展、产业集群转型升级的要素之一。2014年，随着中国家具行业职业技能培训基地以及东莞市家具学校的运作，不断吸收外来优秀务工人员，本地适龄青年入学培训，为大铃山镇家具企业输送大批实用型技术人才。全面推动大岭山“人才强企”“人才强镇”重要战略。举办家具职业技能培训班，是在目前企业用工不足的情况下，提升现有工人职业技能水平，提高企业生产效率的有效途径。

四、发展趋势及展望

展望2015年，大岭山镇将继续深化家具产业转型升级，充分发挥产业升级办、家具协会的扶持与服务作用，继续走“政府引导、协会带动、企业参与”的产业发展道路，争取早日实现大岭山镇由“中国家具出口第一镇”向“中国家具第一镇”的跨越！

中国出口沙发产业基地——海宁

一、基本概况

海宁市地处中国长江三角洲南翼，浙江省北部，东邻上海，西接杭州，南濒钱塘江，区位优势明显，交通便捷，近上海洋山深水港、宁波北仑港、嘉兴乍浦港，便于出口。

海宁沙发产业是皮革、家纺、经编三大支柱产业链的延伸和发展，与三大传统产业之间的关联度较高，产业之间的带动性较强。目前海宁三大传统产业的年产值均已超过百亿元，并且形成了较为完善的产业链，产业配套能力较强，市场化、专业化分工协作和产业集群程度较高，还建有全国有名的经编总部大楼和专业交易市场、家纺专业交易市场、皮革专业交易市场、高点沙发产业园等。这些产业优势也为海宁沙发产业发展打下了坚实的基础。

海宁是全国出口沙发最多的县级市，出口的沙发量占整个浙江省沙发出口量的二分之一。2011年4月8日，海宁市人民政府与中国家具协会签署共建“中国出口沙发产业基地”协议。

2014年海宁沙发行业呈现稳定增长态势，沙发出口取得了两位数增长，高于全国家具的出口水平。根据统计局数据显示，2014年是全行业近几年来利润最高的一年。目前，沙发产业已发展成为海宁市继皮革、经编、家纺“三大产业”后的又一大特色产业。海宁市沙发行业有生产企业170余家，从业人员约5万人，产品主要销往北美、澳洲、欧洲等地。

二、经济运营情况

根据海宁市统计局对31家行业内规上企业的统计资料：2014年海宁市家具行业累计实现工业产值57.27亿元，同比增长3.4%。因统计口径关系，加上未统计在家具行业的一些集团企业的产值，预计2014年全年家具行业累计实现工业总产值约96亿元，增长5%。截至11月份，全市家具行业规上企业实现利税4.3亿元，同比增长2.2%，全行业利润2.2亿元，同比增长30%，是继2013年后连续第二年取得增长。

出口方面，根据海关统计数据，2014年全市家具成品累计出口6.66亿美元，同比增长8.88%；虽然增幅较上半年有所回落，但也是近几年增长最好的年份，2012年为3.10%，2013年增长1.43%。全年成品沙发累计出口5.82亿美元，同比增10.7%，其中布沙发累计出口3.43亿美元，同比16.12%，是近几年布沙发增长的最好一年；皮沙发累计出口2.3亿美元，同比3.7%；布沙发套累计出口1.1亿美元，同比减2.24%；皮沙发套累计出口0.69亿美元，同比增长0.06%。全年家具行业累计出口额为8.45亿美元。具体分季度运营情况是：

截止到一季度末，家具成品出口累计1.4亿美元，同比增长11.62%；

截止到二季度末，家具成品出口累计3.29亿美元，同比增长13.53%；

截止到三季度末，家具成品出口累计4.76亿美元，同比增长7.82%；

截止四季度末，家具成品出口累计6.66亿美元，同比增长8.88%；

全年行业营运态势稳中有增，从统计局的数据来看，2014年是近年来家具企业利润最好的一年，

2014年海宁沙发产品出口主要数据

主要指标	家具成品	成品沙发	成品布沙发	成品皮沙发
累计出口额（亿美元）	6.66	5.82	3.43	2.3
同比增长	8.88%	10.7%	16.12%	3.7%

纵观全年，海宁市家具行业全年主要几个特点。

（一）主要出口市场复苏，带动本地家具出口

2014年11月26日，美国商务部公布数据显示，10月份美国新房销量按年率计算为45.8万套，创下5个月以来的最高水平，环比上涨0.7%，同比上涨1.8%。美国全国房地产经纪人协会近日公布的报告显示，10月份美国旧房销量连续两月环比上涨，并出现一年内的首次同比上涨，显示楼市回暖迹象明显。作为以美国市场为主要出口市场的海宁市家具企业来说，美国市场的好转推动了海宁市家具行业的出口。

（二）差异化竞争提升了出口价值

面对成本的上升和周边县市的低价竞争，企业依靠原先的接单和管理模式，很难提高效益。通过这几年的发展，业内企业所生产的产品越来越有自己的特点，大多数家具企业针对自己的客户做自己特长的产品。有的企业可以把一把餐椅做到极致，也有企业可以把摇椅的智能化做到行业前列。很多企业在把提高生产效率放在首位同时，都加快了产品自主设计研发脚步。现在无论在高点展还是拉斯维加斯展上，都可以看到海宁市家具企业自主研发的新品越来越多。企业自主设计能力越来越得到客户的认可，自主设计产品出口比例在增加。

（三）成本稳定，推动企业接单意愿

一方面，原材料价格保持稳中有降。受石油价格影响，2014年化工原料一直处于下降走势，而纺织面料市场也保持平稳，家具作为终端产品，受益颇多。另一方面，2014年大部分时间汇率相对稳定，也为企业接单创造稳定的环境。

（四）龙头企业仍是行业中坚，带动效应明显

2014年，有18家企业出口超1000万美元，比去年增加2家，出口前10位企业，总计产值超3.06亿美元，占全市家具成品出口额的一半以上，其份额是举足轻重的，特别是卡森集团增长接近30%，佳联沙发增长超过18%，欧诺雅集团增长接近15%，订单充足，这些大企业的产能得到释放，企业规模化优势明显，所以骨干企业仍是行业的中坚。

（五）中小企业迅速崛起，行业活跃度较高

海宁市家具出口额一部分被中小企业所消化，2011年累计出口400～1000万美元的企业只有7家，2013年为15家，2014年截至11月份是17家，几年时间全市家具出口额基本变化不大，而中小企业却增加不少，所以中小企业一直是最活跃的群体。特别是2014年，在出口数据中一些新企业逐步开始浮现在大家眼前，其中唐师傅等5家新企业产值首次超过100万美元，中小企业的产品特色鲜明。维龙、钰盛两家出口同比增长超过80%以上，舒友、恋尚家、腾大等企业同比增长也超过10%。这些企业近几年表现都不错，属成长型企业，值得关注，但是因为受场地和其他因素影响，这些企业把提高产品附加值为主要发展方向，并不是单一的通过扩大生产来增加产值。

三、发展举措

（一）优化产品结构，提高市场竞争力

在稳定传统优势产品出口的同时，更加注重从数量价格竞争向质量品牌竞争转变。"两条腿走路"，即稳定外销，拓展内销，内外销并重。

（二）改善内部管理，推进科技创新

鼓励企业加强研发、技改投入，积极推进科技进步与自主创新，加快培育和发展一批拥有自主知识产权、自主品牌、自主营销渠道和高技术含量、高附加值的出口产品，推动沙发产业结构的优化升级。

（三）完善政策环境，推动转型升级

加快完善"二方面政策"，形成有利于加快本市沙发产业发展方式转变的政策环境。一是在财税

政策上，稳定财政对海宁沙发出口的支持力度，重点支持沙发产业结构调整和转型升级；保持相关税收政策的连续性和稳定性。二是在金融政策上，完善金融政策，鼓励企业投保出口信用保险，不断提高出口信用保险覆盖率；积极帮助对资金需求大的沙发企业开展融资工作。三是在贸易政策上，不断提高贸易便利化水平。积极组织沙发出口企业有针对性地开展相关贸易政策、业务知识培训；建立反应迅速、应对有效、反制有力的贸易摩擦应对协调机制，帮助沙发出口企业提高贸易摩擦应对能力。

（四）发展公共平台，推动沙发产业

海宁市设立了多个公共检测、研发平台，在产品设计研发、质量和工艺水平、材料和新工艺应用、品牌建设、人才培养、行业咨询收集等方面得到有效提升。

2014 年，家具出口开始回稳，超过 2013 年同期值，很大程度上受益于美国市场的强势回归。所以对海宁市家具行业来说，出口依然是海宁家具发展的重要方向。

四、存在问题

（一）国际家具市场的竞争越来越激烈

周边县市以及东南亚国家，通过引入外资和自我发展积累，竞争优势越来越强，已经成为海宁市家具出口企业的有力竞争对手。

（二）家具出口面临多项技术检验程序

欧美发达国家的消费者更加关注资源环境问题，如 67% 荷兰人，77% 美国人，80% 德国人愿意多付出 10% 的代价去购买绿色环保家具产品。到目前为止，德国标准化主管机关 DIN 共制定了 138 个家具标准，法国标准化协会 AFNOR 共制定了 40 个家具标准，英国标准协会 BSI 共制定了 153 个家具标准。当前获得国际广泛承认的是 FSC 森林认证体系，在该体系下出口家具，就必须要经过检验检疫局的动植物、杂草、甲醛、重金属、微生物等近十项监测。名目繁多的检测项目增加了海宁市家具出口企业的检测成本。

（三）生产成本上升和人民币升值压缩出口企业利润空间

近年来，家具企业生产成本不断上升。首先，用工成本方面，不少技术工人工资上涨幅度甚至达到 20% 左右；其次，原材料价格大幅上涨，皮革和海绵、木材等作为家具制造必不可少的主要原材料，已经多次上调，特别是出于环保考虑，木材价格不断攀升。此外，人民币升值预期短期难以消退。随着各种生产成本的上升，企业利润下降。

五、发展趋势及建议

（一）保住原有国际市场，开拓新市场

目前的家具出口，供大于求，保住原有的市场非常重要。美国市场是海宁市出口的重要市场，现在美国市场出现回暖现象，海宁将抓住机遇，提升在美国市场的份额。开拓新市场，2014 年有些企业接单拉美、俄罗斯、中东、南非等新兴市场，虽出货量小，但是利润率相对较高，新兴市场的进入需要一段时间的熟悉和适应，企业可以根据自身发展战略去规划。

（二）提高保险意识，防范贸易风险

海宁家具企业的出口信用保险的覆盖率超过 90%，这几年的赔付大案件中，企业通过购买中国出口信用保险挽回了不少经济损失，为企业的发展保驾护航。海宁每隔 1 ~ 2 年就会有赔付的大案，中国信保嘉兴办事处通过数据分析得出，海宁收 1 美元的保费，就会付出 1.3 美元的赔付，因此海宁也是信保风险高发区，企业应该提高保险意识。

中国北方家具出口产业基地——胶西

一、基本概况

（一）地区基本情况

中国北方家具出口产业基地由原杜村镇于2011年10月申报，并成功共建。2012年12月，原胶州市杜村镇根据中共胶州市委、胶州市人民政府《关于做好镇（街道）行政区划调整工作的实施意见》（胶发〔2012〕22号文件），与胶西镇合并，合并后统称胶西镇。

合并后的新胶西镇毗邻胶州市西侧，与城区紧密相连，位于青岛半小时经济圈，是胶州市城市总体规划的组团镇之一，行政区域面积176.7平方公里，辖114个行政村庄，8.62万人口，是胶州市人口第一、面积第二，也是胶州市目前唯一一个城郊镇。先后获得了国家级环境优美城镇、青岛市一镇一业示范镇、连续两年跻身于青岛市郊区经济二十强镇行列。

（二）家具产业情况

胶西工业园区基本按照路域带状发展，北至原中云二园沿西外环，向南接朱诸路至原杜村镇赵家城献村，全长13公里，经过近十几年的打造提升，已形成钢结构生产、食品加工、木器家具、机械装备制造等四个产业，点状分布在以西外环、朱诸路为轴线的五个工业聚集区内。

截止到2014年底，胶西镇已落户实木、弯曲木家具和木材加工经营企业共有85家，木工机械、塑料、五金、海绵、包装等配套企业35家。龙头企业有青岛一木、润篷、绿可、鸿运星等，其中青岛一木集团有限公司是“中华老字号”品牌企业，旗下拥有金菱、青城木业、金羽、沙发、餐桌椅、实木门、一木居舍装饰、金之菱房地产等十余个全资和参股子公司，综合年生产能力7亿元。

二、经济运营情况

2014年，胶西镇规模以上企业全年完成工主营业务收入240亿元，同比增长22.4%；完成地方财政收入2.6亿元，同比增长20%；完成固定资产投资60亿元，同比增长20.6%。实际利用内资23亿元，同比增长18.6%；完成外资到账

2010～2014年胶西镇家具行业发展情况汇总

主要指标	2014年	2013年	2012年	2011年	2010年
企业数量	521	468	293	262	213
规模以上企业数量	80	76	28	27	25
主营业务收入（万元）	2684923	2184742	1098472	938384	798484
规模以上企业主营业务收入（万元）	2465743	1940172	1005663	759696	587973
出口值（万美元）	21658	20802	10382	9884	6736
内销（万元）	2554975	2059930	1036180	879080	758068

3680万美元，同比增长22.7%

三、发展举措

胶西镇与青岛商检局联合成立了“山东省家具出口安全监管示范区”，并设立了木制品检测中心（实验室），与东北林业大学联合设立全国第一家“家具职业培训学院”，并于2010年获得“青岛名牌家具产业园”、“山东家具（出口）产业基地”等称号。

随着产业园的进一步发展壮大及龙头带动作用的展现，在胶州市市委、市政府的扶持和指导下，胶西镇进一步加大产业支持力度，提高配套服务水平。一方面突出着力点，抓龙头带动发展、抓品牌创新发展、抓管理抱团发展，在壮大育强上出实效。另一方面把握关键点，始终把发展环境作为推进特色产业发展的关键来抓，在精细服务上下工夫，从而推动企业进一步转型升级和做大做强。

综合产区
——家具品类完善 行业全面发展

我国家具产业集群类型涵盖广泛，除前述几类产区外，还有板式家具、办公家具、浴室家具等产区，如，四川崇州、浙江杭州、浙江萧山。在37个产业集群中，有专一类型的产业集群，也有综合型的产业集群，这些集群不仅有自己的生产制造企业，并且配套一定规模的流通市场，产业链更加完善，如广东龙江、四川新都区。

2014年，各产区发展情况如下：

- 龙江家具电商发展迅猛，第四季度天猫前200名家具电商中龙江占19%，行业总产值达194.43亿元；
- 崇州有全友、明珠等一批品牌影响力大的龙头企业，主营业务收入达61.4亿元，同比增长19.32%；
- 杭州有以圣奥、顾家为龙头的1128家家具企业，规上企业258家，行业总产值达232亿元；
- 新都集制造与商贸于一体，产品类型全面，流通渠道完善，行业总产值162亿元，同比增长14.5%。

中国家具制造重镇、中国家具材料之都——龙江

一、基本概况

龙江家具业经过30多年的发展，荣获了“中国家具制造重镇”、“中国家具材料之都”、“中国塑料建材产业之都”等称号，现有家具制造企业2800多家，家具材料销售企业3000多家，拥有8大家具原辅材料专业市场，已经形成家具设计、制造、会展、物流配送等环节完备、配套完整的产业链。据统计，2014年，龙江镇完成工业产值590.1亿元，增长10.3%；税收收入（含调库收入）19.18亿元，增长3%；家具业总产值194.4亿元。同时，龙江的家具电子商务近年来也有长足发展、渐成规模，已经聚集1000多家家具成品类私人网站、商城及旗舰店，电子商务特色产业园逐渐成形。根据2014年第四季度天猫家具类目数据，全网前200名家具电商中，龙江家具电商占19%。

二、经济运营情况

龙江镇家具行业发展情况如下表所示。

三、存在问题

龙江家具业的发展在推动龙江经济和社会的发展上起着举足轻重的作用，决定了龙江的产业形态、城市形态、财富形态和人文环境。然而，龙江家具经过多年粗放型发展，也存在不少问题：

一是龙头企业数量少。由于早年发展管理规划的欠缺，家具企业数量多且分布零散，在全国有影响力的品牌和上规模的龙头企业不多；二是环保问题突出。大部分企业未经过环保验收，废水和废气的污染严重，且企业能源消耗大；三是企业普遍存在安全、消防隐患。职业卫生管理不完善，导致工伤意外、火灾偶有发生；四是少数企业间的无序竞争，扰乱了龙江家具市场，造成本土企业家离开本产业，租赁厂房多，衍生了工人欠薪、倒闭逃逸等不良现象；五是周边市场发展带来了挑战，面临全国家具产业新格局的围追堵截。深圳、东莞抢占了中高档家具的市场，四川、江西的家具业后来居上，龙江家具的仍然以中低档为主，品牌的作用未

2010～2014年龙江镇家具行业发展情况汇总

主要指标	2014年	2013年	2012年	2011年	2010年
企业数量	2806	2171	1535	1128	1131
规模以上企业数量	86	76	81	87	110
工业总产值（万元）	1944305	1832583	1692430	1665031	1592434
规模以上企业工业总产值（万元）	653697	582587	500865	693142	530718
出口值（万美元）	1620	1510	1420	1410	1350
内销（万元）	1924620	1815203	1672505	1645026	1572543
产量（万件）	386	353	320	302	295

能充分发挥，竞争力正逐步弱化，压力与日俱增。

四、整治提升相结合，着力扶大做强家具产业

龙江镇高度重视家具业的发展，未来五年将其作为主要工作来抓，根据本地区的方案要求，制定了《龙江镇家具行业整治提升工作实施方案》，计划用五年时间，在家具行业实施“全产业链、全方位”实施家具制造企业可持续发展战略，并以此作为龙江镇经济工作长期的重点。目标是通过整体规划、设计研发、原辅材料、生产制造、仓储物流、产品销售、售后服务、市场开拓、电子商务、区域品牌、质量标准、展览展示、人才吸纳、资本运营等环节的提升，打造完善的龙江镇家具行业全产业链，全面提升家具产业。

（一）以点带面，综合执法，多方监管，实现治理常态化

按照“严控增量，管好存量”的原则，重点开展环保、消防、安全生产、产品质量、职业卫生等领域的整治行动，规范企业生产行为，加强家具制造企业税收、社保等方面管理，严格进行新办家具制造企业的审核，进一步健全家具制造行业管理机制。

一是整治工作采取先试点后铺开的方式，分期分批进行。首先以三联集约工业区作为集中整治的试点示范区域。在取得成效后，分区域在镇内开展示范推广、整治改造。二是加强新办家具制造企业管理，必须依法办理环保、消防审批手续；同时，制订龙江镇建设项目环保准入负面清单，严控高污染、存在消防安全隐患的项目建设。三是通过建立企业登记信息交换和反馈机制、企业整治信息向社会公开机制以及问题企业预警通报制度，加强整治工作信息管理。四是完善行业税收管理。以家具材料专业市场为突破口，加强原辅材料进项和发票管理、销项真实性管理，逐步提高制造企业的纳税遵从度、社保购买比例，并逐步提高一般纳税人的比例，运用税收调节辅助手段，引导产业规范、健康发展。五是引入第三方参与家具行业整治检查验收工作，加强社会监督，使整治工作阳光化，坚决消除家具行业整治死角，让整治取得实效。

（二）实施六大战略，全产业链、全方位做强家具产业

提升工作贯穿于整个战略的运行过程，结合“三旧”改造、村级工业园改造、美城行动、产业提升等制定龙江镇产业发展规划。并且，龙江镇将对此设立1000万元的“龙江镇家具行业发展专项资金”，全产业链、全方位扶大做强龙江镇家具业。

1、实施区域集聚战略，打造龙江家具集群核心圈　借助城市升级、美城行动之机，将龙江二桥沿路至龙江太和庄区域打造为龙江家具集群核心圈以及龙江家居体验区，从城市规划、功能设置、宣传标识、市政管理、治安管理等方面完善核心商圈的各项配套设施，改善产业生态环境，为转型升级提供强有力的支撑。

2、实施服务升级战略，发挥公共服务平台作用　集聚政府、商会、协会、企业主体以及社会各方力量，整合和优化各种资源平台，通过重塑龙江生产力促进中心、顺德家具研究开发院，建设广东顺德家具专利快速调处中心、佛山市家居材料商会、龙江家居设计师协会、龙江家具电商协会、龙江物流协会等手段，打造知识产权、技术创新、工业设计、企业融资、产业信息、专家咨询、行业协会等服务平台，大力推动企业自主创新能力和产业竞争力“双提升”，使龙江逐步成为一个工业制造、产业服务、创意设计多元化发展的城镇。

3、实施扶优扶强战略，推动企业品牌化、规模化发展　按照“扶大做强”的原则，引导企业强化品牌意识，保护区域性家具品牌地位，发展总部经济，推动企业资本化运作的同时，走标准化道路，构建诚信体系，拓宽销售渠道，提升企业总体竞争力。

4、实施技术创新战略，增强企业整体实力　引导企业前瞻发展，鼓励企业生产环节专业化分工，并做实产品检测，依靠科技进步，以技术创新为动力，以优化生产环节为载体。例如，近期将建立家具集中涂装中心，以降低VOCs排放，减少生产污染，推动龙江镇产业经济又好又快发展。

5、实施电商促进战略，抢占终端竞争的制高点　按照“政府引导、企业主导、市场运作”的原

则，通过出台《龙江镇促进家具电子商务发展专项资金管理办法》，引导设立龙江家具电商协会、做强龙江电子商务基地、联手各大电商平台创立阿里巴巴－龙江产业带、京东广东龙江家居馆等，推动建设中国家具电子商务之都、国家级家具电子商务基地等，加快线上线下市场联动对接，促进家具企业与电子商务的联动发展。

6、实施配套支撑战略，多方面助推行业升级　通过人才资源支撑，文化内涵推动，城市环境引领、仓储物流承载等方式，着力解决制约企业发展的瓶颈问题，为产业发展营造良好的创业环境、营商环境。

中国板式家具产业基地——崇州

一、基本概况

家具产业是崇州的传统优势产业，也是崇州市高度重视和大力发展的重点产业之一。崇州作为成都市家具产业集群发展基地，目前拥有各类家具企业 300 多家，从业人员 6 万人以上，主要从事现代板式家具、藤编家具、艺雕仿古家具、实木、钢木家具的研发、生产及销售。

崇州已成为西部地区家具产业龙头形象最突出、产业配套建设最规范的生产基地，拥有国家级产品质量检测中心 2 个，国家级企业技术中心 1 个、省级企业技术中心 2 个、成都市级企业技术中心 3 个；是西部地区家具产业发展地区中获得国家级、省级荣誉称号及认证最密集的区域之一。

目前，园区家具企业中有中国名牌企业 3 个，中国驰名商标 3 个，四川名牌 14 个，四川省著名商标 8 个。以全友、明珠公司为代表的板式家具生产企业，拥有国内一流的生产规模、研发能力和市场营销体系。同时，园区吸引了东金、沃克、好风景、索菲亚等国内、省内知名企业，家具产业基本形成了集群发展态势，为整个崇州工业经济发展做出了巨大贡献。

二、经济运行状况

2014 年，成都崇州经开区家具产业规模以上企业 17 家，实现上报工业总产值 61.31 亿元，同比增长 17.80%，行业占比 39.24%；主营业务收入 61.40 亿元，同比增长 19.32%，行业占比 41.08%；利润总额 1.96 亿元，同比增长 10.76%，行业占比 20.43%；税收 2.61 亿元，同比增长 51.93%，行业占比 39.13%。目前崇州已成为国内最大的板式家具生产基地，企业规模已实现西部第一、全国知名。

三、存在问题

在国内经济下行压力加大、人力成本迅速上涨、原料价格持续攀升、市场竞争日益激烈的大背景下，崇州市家具行业正处于前所未有的艰难时期，行业存在的问题也日益显露，主要表现在：一

2011 ～ 2014 年崇州市（地区）家具行业发展情况汇总

主要指标	2014 年	2013 年	2012 年	2011 年
企业数量	341	330	321	309
规模以上企业数量	34	32	21	17
工业总产值（万元）	/	734600	673800	614000
规模以上企业工业总产值（万元）	613100	520500	422100	/
出口值（万美元）	/	103	/	71
家具产量（万件）	507.6	363.27	307.1	259.2

部分企业技术创新跟不上发展状况，产品设计升级无法满足市场需求；企业在电子商务方面的销售、服务能力不强，没有很好的发挥网络的品牌文化推介和对外宣传功能，也没有利用网络为企业自身提供有效信息支持和销售渠道拓广服务。

四、发展趋势及展望

崇州将进一步扩大园区整体规模，增强园区的整体品牌竞争力，充分发挥“中国板式家具产业基地”优势，在西部地区率先建立起具有全国性影响力的家具产业集群。

（一）深入实施品牌营销战略

继续保持全友、明珠公司等龙头企业的品牌优势，引导家具企业不断强化品牌意识，改进完善产品开发、设计、生产、销售、服务等环节，力争新培育一批拥有自主知识产权、具有市场影响力的知名品牌企业。

（二）增强企业竞争实力

坚持以市场为导向，采取企业投入资金、政府配套政策的方式，加强企业自主创新，进一步提升行业竞争力；大力开展各种形式的知识化、专业化培训，采取请进来和走出去的方式，提高家具产业从业人员现代化知识与技能水平。

（三）进一步完善配套服务

加快完善家具原辅材料交易市场、家具产品交替市场、研发中心、物流中心等产业配套体系规划布局，降低企业生产成本；完善家具产业链，推动配套供应和相关服务企业发展；强化技术检测中心运作，加快推进家具研发中心建设，鼓励重点企业建立国家级、省级企业技术中心，形成技术创新强势集聚区；充分发挥“崇州家具产业知识产权联盟”作用，加强家具企业知识产权保护，维护企业合法权益。

（四）着力打造宜居宜业宜商的产城一体工业新城

近年来，崇州市认真贯彻成都市关于加强产城一体建设的部署要求，着眼未来园区长远发展，取得了初步成效。

按照产城一体化理念，围绕主导产业发展规划，进一步完善要素保障规划、功能配套规划、控制性详细规划编制和区域规划环评，加快形成“五位一体”规划体系。按照城市空间经济化、建筑载体产业化的要求，规划建设了明湖新型商务区、崇州翰昆国际家具商贸城和产城一体示范区 3 个重大项目，占地面积共2700多亩。重点建设企业总部、职工公寓、商务会所、研发中心、物流配送中心、特色街区、学校、医院、商场等设施，建成后既能满足园区未来 10 万至 15 万人生产、生活、娱乐、就业创业、就医等需求，又能极大推动园区生产性服务业和非生产性服务业发展，拉动园区经济增长，形成“产业新城 + 商圈集群 + 特色街区 + 社区商业”的产业格局。

崇州家具产业力争到 2020 年，家具产业总产值达到 500 亿元，产品配套能力达到 90% 以上，形成功能合理、配套完善的家具产业集群。培育年产值过 200 亿元的企业 1 家、年产值过 100 亿元的企业 1 家、年产值过 50 亿元的企业 2 家。用优惠的政策和一流的软硬环境吸引家具产业的高端研发、设计、品牌家具制造企业和品牌产品展销企业入驻，同时完善整个家具产业链，真正把崇州家具园区建设成为优势企业云集，产品覆盖全面，配套产业完备的——国家级“产业集群示范基地”。

中国办公家具产业基地——杭州

一、基本概况

杭州市是浙江省省会城市、全国副省级城市、长三角南翼中心，是我国经济发展较快的城市之一。经过二十多年的发展，如今杭州市家具行业已初步形成了以办公家具、户外家具和软体家具等制造为主，家具辅料材料、五金和木工机械等相配套的各类产品，尤其是办公家具，其产品无论是研发设计、工艺制作和品牌建设，在国内外同类产品中均具有较高的行业知名度和市场占有率。

杭州市有家具企业和公司近1128家，杭州家具业年销售额超过2000万元规模以上的企业约258余家，同时相关的板材、涂料、五金配件、木工机械、胶料等家具配套企业近100余家，民营企业占到95%以上。全市有6家企业荣获中国驰名商标，3家企业荣获中国名牌荣誉称号，7家企业荣获浙江省名牌，3家企业荣获浙江省著名商标荣誉称号，20家企业荣获杭州市名牌或杭州市著名商标。主要企业有顾家工艺、圣奥、荣业、春光、金鹭、德昌、中泰、帝龙等。国家级技术中心1家、省级技术中心3家、市级技术中心5家。

二、经济运营情况

2014年，全市家具制造规模以上企业总产值：106.48亿元，同比增长5.2%。销售产值：112.26亿元，同比增长6.4%。杭州市家具行业总产值232亿元。税收近10亿元，从业人员近6万人。家具出口创历史新高，杭州家具行业2014年1～11月全市出口家具及其零件89.7亿元，同比增长18.4%。预计全年出口95亿元。

2010～2014年杭州市家具行业发展情况汇总

主要指标	2014年	2013年	2012年	2011年	2010年
企业数量	1128	1189	1289	1029	985
规模以上企业数量	258	255	265	209	180
工业总产值（万元）	2320000	2180000	2240000	1960000	1810000
规模以上企业工业总产值（万元）	1122600	1082800	1106000	1025000	968500
出口值（万美元）	153000	133900	135000	132000	122700
内销（万元）	1370000	1350000	1430000	1160000	1080000
家具产量（万件）	11680	10980	11500	9268	8188

中国西南家具产业基地——新都

一、基本概况

新都是成都市的新型卫星城和北部交通门户，是四川省现代制造业和现代商贸业的重要承载地，也是成都传统的木作之乡，有着悠久的家具制造历史。新都家具企业已达600余家，从业人员20余万，产品涵盖酒店办公、民用卧房、软体沙发和别墅定制等家具门类。

2006年，经成都市政府批准成立的占地6平方公里的成都家具产业园落户新都。经过多年的建设，园区规划的3000亩家具制造区已全面建成，形成了以好风景、好迪、帝标、浪度、阳光林森、喜洋洋、天骄等为代表的一批重点品牌优势家具企业带动产业提档升级发展的格局。规划的家居商贸区重在突出项目之间的错位竞争优势。现已有香江全球家居CBD、中润欧洲城家居小镇、家和家园国际家居商城、爱灯堡西部灯饰采购中心等四个项目、80余万平方米建成投运，大煌宫陶瓷卫浴商城和家百年家纺布艺商城也即将开业营运，区域家居产业集群效应已初步形成。

二、经济运营情况

2014年，成都家具产业园区紧紧围绕“七个升级”发展战略，突出抓好制造业转型升级、商贸业加快建设和区域品牌持续营销等重点工作，加快产业转型升级和区域联动发展，推动园区迈向产业发展新高端。

2014年，园区共完成工业总产值162亿元，同比增长14.5%，规上工业增加值完成56.2亿元，同比增长12.8%；完成商业销售额7.8亿元；完成固定资产投资26.9亿元。

三、主要举措

（一）规划布局调整优化

结合当前全国、全市家具产业发展趋势，针对园区的发展实际，对园区规划进行了调整优化。新的规划在空间布局、规模控制、产业业态、功能完善等方面进行了系统梳理提升。对符合规划的项目督促加快建设，对功能定位有所调整的项目，加紧对接协商，对新增功能部分进行策划包装，力争尽

2010～2014年成都家具产业园发展情况汇总

主要指标	2014年	2013年	2012年	2011年	2010年
企业数量	80	75	63	63	63
规模以上企业数量	53	53	49	44	25
工业总产值（万元）	1620000	1220000	1040000	800000	520000
规模以上企业工业总产值（万元）	1430000	1200000	1010000	790000	500000
内销（万元）	1500000	1220000	1800000	800000	520000
家具产量（万件）	300	240	180	160	100

快引进和启动一批配套服务项目。同时，园区以新繁镇被列为全国小城市建设试点镇为契机，结合龙桥镇、斑竹园镇的特点，积极配合区规划局完善片区产城一体规划。

（二）产业发展稳中求进

一是围绕产业升级和企业品牌建设，不断推动区域创新发展。重点支持成长型、市场占有率高的帝标、金虎等自主品牌优势企业率先走上转型升级和创新发展之路，树立园区制造企业标杆形象。二是对园区引进的 10 大重点商贸区项目逐一梳理，突出错位发展，避免同质化竞争，积极推进家百年布艺纺织城、大煌宫陶瓷卫浴商城建成投运。三是研究制定支持政策，落实好省、市、区关于促进经济平稳增长的各项措施，支持企业加快发展，不断增强产品核心竞争力和品牌影响力。为此，园区管委会结合园区实际，制订了《推动家具产业转型发展的若干政策》，从政策、资金以及服务等方面引导企业提档升级。

（三）区域营销持续加强

一是 3 月组织企业走出去，在广州、东莞、深圳三大全国知名家具展上参展；二是 7 月以“新整合·新征程”为主题，以区域品牌独立馆亮相第十五届成都国际家具展；三是成功举办第二届中国西南家居博览会、“新繁杯”金斧奖中国家具设计大赛启动仪式。2014 年，通过组织企业参加家具知名展会、策划举办重大活动和加大媒体宣传力度等途径强化了区域品牌，极大提升了区域品牌影响力。同时，与浙江大学合作进一步深入研究区域“三产一体”、品牌文化和展贸活动融合发展，为家具产业转型升级提供智力支持。

（四）政务服务优化升级

一是按照五星级政务服务标准，为企业办理各项手续提供“一站式”服务，积极支持企业发展和项目建设。二是为企业搭建用工平台、技能展示平台、业务培训平台促进企业加快发展，促进家具产业创新升级。三是强化融资协调服务，加强与银行、担保机构的沟通与联系，协助企业搞好融资工作，破解企业资金短缺难题，邀请驻区金融机构到园区为企业量身搭建“银政企”对接平台，有效促进园区发展。四是健全园区劳动争议纠纷三方协调机制，及时协调、帮助解决群众和企业反映的突出问题，为园区加快发展创造良好条件。

四、存在问题

制造业方面，一是园区企业创新不足、品牌优势不明显、竞争优势不突出。二是制造业企业规模整体偏小，知名品牌不多，缺乏龙头标杆企业，综合竞争力不强，规模、质量和研发设计与沿海企业还有很大差距。商贸业方面，一是家居商贸市场培育任务艰巨，特别是在当前经济下行压力增大，家具行业整体比较低迷，成都地区家居市场竞争激烈的情况下，已开业商场经营比较困难。二是在建项目资金回笼缓慢，商贸投资信心受到严峻考验。三是配套服务短板明显，规划的酒店餐饮、公建配套设施以及产业服务平台等都还未与市场建设同步启动。

五、发展趋势及展望

成都家具产业园将以“高水平加快发展”为主题，突出“中国新繁家居博览城”这一区域品牌，加快产业转型升级和区域联动发展，以区域的大发展来促进产业的大提升。

（一）结合编制新繁小城市建设规划，对园区的规划布局进行调整优化

突出园区对新繁小城市建设的产业支撑作用，主动对接承担新繁镇城市发展中涉及的商业配套、酒店娱乐、文博会展、休闲体验等方面的功能，将园区的产业规划、城市形态以及配套建设等放到区域整体规划建设上来，相互带动，共同发展。同时，在规划优化当中适应形势，拓展产业公建配套以及城市公共设施功能，以更有利于商贸市场的建成投运，努力把区域建设成为中国西南家居采购目的地和家居文化旅游目的地。

（二）突出高水平加快发展主题，不断推进制造企业转型升级步伐

一方面围绕产业提升、品牌建设以及家居公共服务平台建设等，制订了《成都家具产业园推进产业转型升级方案》，从政策、资金以及服务等方面来引导和促进企业提档升级，重点支持帝标、阳光林森、金虎等企业做大做强。另一方面落实“中国

西南家具产业基地”和“全国知名品牌创建示范区”两个国家级的建设任务，重点支持区域内品牌优、市场占有率高、对园区企业有带动作用的成长型企业加快发展；鼓励支持帝标家居等创业发展型企业在引进国际国内知名家居研发设计团队、建立家居总部基地和提升产品竞争力上加大投入，尽快培育家具制造龙头企业。

（三）加大区域推广和功能完善，提升商贸项目发展信心

品牌建设不仅是企业发展的首要战略，也是区域整体发展的重要战略。为此，政府联盟商贸项目单位共同推出“中国新繁家居博览城”区域品牌，并以建设“中国第二大家居商贸中心”为目标，以举办中国西南家居博览会为核心载体，通过一系列活动，全面开展区域品牌营销。同时，由政府牵头组织对园区配套的餐饮酒店、旅游休闲、文博会展、研发服务等配套短板项目进行梳理并加快投资建设步伐，保证商贸配套项目同步推进，以此来促进各商城项目加快建设投运，不断完善区域的综合服务功能。

08 展会篇

EXHIBITION

在现代经济体系中，展会活动已成为经济活动的重要方式之一。在全球贸易往来日益频繁的今天，展会活动已经成为一种产业，家具展会作为家具企业信息及技术跨区域交流的平台，其带动作用、联动效果和经济贡献远超展会本身的范围。从国内展会发展来看，近两年来，除了规模较大的中国国际家具展览会及广东三大家具展外，各省市地区也都积极开办展会，有按地区开办的展会，有按家具种类开办的专业展会，也有如设计、原辅材料、木工机械展这样的家具相关展会。家具展会如雨后春笋般遍地开花，展会经济效应仍在继续升温。本篇收录了40个国内重点家具展会和39个国际知名家具展会的基本介绍，对国内外行业展会进行了梳理归纳。

2014 国内外家具行业展会汇总

国内家具行业展会一览表

月份	2014 年	展览名称	地点	展会介绍
3月	3月 7～10日	2014 第七届中国（宁波）国际精品家具展览会	宁波国际会展中心	本届展会览面积共 19770m²，国际标准展位 1500 个，参展企业 230 多家，展出国际国内一线品牌 300 多个，与会的专业客商、观众达 5 万人次，首次引进了办公家具和木工机械两大板块。 官方网址：http://expo.ningbo.gov.cn/
	3月 15～19日	2014 中国（中山）红木家具文化博览会	中山博览中心	本届展会总面积 2 万㎡，特装展位占总展位的 85%，参展企业共计 179 家。其中大型特装展位 60 家，工艺品及木雕展位 119 家，吸引了来自全国各地约 5500 位红木家具专业经销商及高端消费者数万人次。 官方网址：http://www.ircff.com
	3月 16～20日	第 31 届国际名家具（东莞）展览会	广东现代国际展览中心	本届展会展会为期 5 天，规模达 91 万 m²，共设十个展览馆，展品涵盖了红木家具、家居饰品、软体家具等。吸引了来自中国近 20 个省市地区及美国、新加坡、意大利、加拿大、马来西亚等国家 1361 参展商参展。 官方网址：http://www.3f.net.cn/
	3月 17～20日	第十七届亚洲国际家具材料博览会(AIFME)	顺德龙江·亚洲国际家具材料交易中心	该展创办于 2006 年，每年两届。本届展会致力打造三个高端精品馆，在展区设置上，划设了家具包覆材料区、家具五金配饰区、办公家具配件区、家具基材区、自动化生产设备区、家具化工材料区、填充包装材料区、新材料和新产品展区八大专业展区。 官方网址：http://www.aifm.com.cn
	3月 17～20日	第 27 届龙家具精品展览会暨家具原辅材料展览会	佛山市前进汇展中心	本届展会共有参展企业 420 家，分设民用展区、办公展区、材料展区、电商对接专区、龙家具设计大赛作品展区。吸引来自全球 10 万多名专业买家到会参观采购，参观人数、内外销成交额均有 15% 以上的提升。 官方网址：http://www.qianjin.com/index1.aspx
	3月 18～22日	第 33 届中国（广州）国际家具博览会——民用家具展	广州琶洲展览中心	该展会始创于 1998 年，每年两届，以出口、内销为导向。本届展会规模达 68 万 m²，共有来自 32 个国家和地区的 3684 家品牌企业参展。吸引来自全球 190 多个国家和地区的 148110 位专业观众到会参观，同比分别增长 18.75% 和 4.99%。本届两期展会时间均从 4 天延长至 5 天。 官方网址：http://www.ciff-gz.com/
	3月 19～22日	第 29 届深圳国际家具展	深圳国际会展中心	该展创始于 1996 年，是以设计为导向的家具专业贸易平台，引领着国内家居流行趋势风向和生活方式。本届展会 9 馆全开，面积达 16 万 m²，数百家参展商汇集，吸引了逾 10 万名观众前来参观。 官方网址：http://www.sifechina.cn/
	3月 27～30日	第七届中国（杭州）国际花园户外家具及休闲用品展览会	杭州市和平国际会展中心	该展创始于 2006 年，本届展会展品包含户外家具、花园用品、户外露营运动系列，吸引了约 170 家企业参展，有 5000 多名专业观众到展会现场洽谈、采购。在展会规模、产品种类及观众人数上都比上届有所突破。 官方网址：http://www.outdoorhangzhou.com.cn/

（续表）

月份	2014 年	展览名称	地点	展会介绍
3 月	3 月 28 ~ 4 月 1 日	第 33 届中国（广州）国际家具博览会——办公环境展	广州琶洲展览中心	本届展会吸引来自中、英、澳、日、韩、印等海内外国家与地区的超过 900 家知名企业和品牌参与，规模超过 22 万 m^2。不仅推出办公家具、酒店家具及公共家具的设计新品，还集中展现整个办公生态的创新成果，呈现办公家具及办公环境的发展变化。 官方网址：www.ciff-gz.com
	3 月 31 ~ 4 月 3 日	2014 中国国际酒店家具展览会	上海新国际博览中心 W5 馆	本届展会吸引来自葡萄牙、新加坡、马来西亚、中国台湾和中国的 93 家优质企业参展。4 天展期，W5 馆共接待了 21253 人次观众，较去年增长 7%，创造了历史新高。 官方网址：http://www.hotelex-fur.com/zh-cn/
4 月	4 月 15 ~ 17 日	第十一届哈尔滨国际家具暨木工机械展览会	哈尔滨国际会展中心	本届展会展出面积 6 万 m^2，展位数达到 3000 个，来自东北三省以及北京、天津、广东、河北、四川、内蒙古等地区的知名家具企业将汇聚一堂，到会专业买家及专业商客达到 10 万人次。 官方网址：http://www.hrbjjz.com/
	4 月 15 ~ 18 日	2014 武汉国际家具展览会	武汉国际博览中心	本届展会是首届武汉国际家具展览会，展览规模达 6 万 m^2，参展商 450 余家，参观观众约 3 万人。 官方网址：http://www.wh-ife.com/
	4 月 17 ~ 20 日	2014 第三届中国南宁国际家博会	南宁国际会展中心	本届展会面积达 3 万 m^2，展示范围囊括红木家具、现代家居、智能家居、家装、厨卫、橱柜、家电、洁具、地板等多个领域，并同期举办精品红木消费嘉年华、智能家居体验活动、家装设计大赛、品牌家具体验等活动。 官方网址：http://www.zljbh.com
	4 月 18 ~ 21 日	2014 青岛国际家具及木工机械家具展览会	青岛国际会展中心	本届展会总规模达到 12 万 m^2，来自全国各地的 500 多家家具、木工机械、原辅材料企业参展。 官方网址：www.qiff.net/
5 月	5 月 9 ~ 11 日	2014 第四届中国郑州国际家具展览会	郑州国际会展中心	本届展会面积 10 万 m^2，展馆中心分上、下两层共 12 个展厅。 官方网址：http://www.ciff-zz.com
	5 月 15 ~ 18 日	2014 第二届中国（义乌）国际家具展览会	义乌国际博览中心	本届展会有 300 多家企业参加，展会面积达 10 万 m^2，共设 6 大展区，以家具产业集聚区为基础打造产业品牌区域特色馆。展会期间举行了多场外商采购洽谈会，来自 70 多个国家的 210 名国外采购商出席了采购会，现场成交 900 万美金，意向成交额为 1300 万美金。 官方网址：http://www.ywjjz.com
	5 月 22 ~ 25 日	2014 第三届中国石家庄国际家具博览会	石家庄国际博览中心	本届展会面积 10 万 m^2，200 余家企业参展，展览范围包括家具、整体家居和家居饰品。 官方网址：http://www.hebjj.com/

（续表）

月份	2014年	展览名称	地点	展会介绍
5月	5月29～6月1日	2014第一届中国（天津）国际家具展览会	天津市梅江会展中心	本届展览会面积达到8万 m^2，来自20个国家及地区的600家实力品牌参展，超过10万人次客商到会观展。参展内容涵盖实木、红木、软体、玻璃金属、板式、户外以及木工机械、原辅材料、家居家纺饰品、进口家具等，是中国北方规模较大的国际级家具专业展会。 官方网址：http://www.tianjinfa.com/
6月	6月6～9日	2014中国北京红木艺术家具展览会	北京国贸国际会展中心	又称北京香博会，展会面积10万 m^2，吸引了中国大陆及香港、台湾、新加坡、印尼、马来西亚等国家和地区的共100多家参展商参加。展会连续两天在展馆内的论坛区免费为香友们咨询鉴定沉香，加开VIP夜场，为高端客户提供交流平台。 官方网址：www.shxbh.com/2013 3sh/6YX.htm
	6月20～23日	第九届中国（北京）国际红木古典家具博览会	北京全国农业展览馆	本届展会面积2.2万 m^2，吸引参展商近百家。家具风格流派涵盖京作、苏作、广作、鲁作、仙作、东作等。 官方网址：http://www.circfe.com/
	6月26～29日	第二届中国红木家具博览会暨中式家居用品展	苏州园区博览中心	本届展会面积3.5万 m^2，展品范围涵盖红木家具及饰品、古典（古旧）家具、生活用品、家居饰品、材料及配件等。 官方网址：http://www.zghmblh.com/
	6月26～29日	第六届苏州家具展览会	苏州国际博览中心	展览面积从2009年的8万 m^2 发展至2014年的12万 m^2，增长50%。参展企业近600家，现场签单成交额从2009年的3.5亿元发展至2014年的11.5亿元，增长229%。 官方网址：www.szjjzlh.com
7月	7月3～6日	第十五届成都国际家具工业展览会	成都世纪城新国际会展中心	该展始创于2000年，2014年首次实现一展两期，本届展会展出面积12万 m^2，展位7500个，参展企业700多家，参展专业观众达18万。 官方网址：http://www.iffcd.com/
	7月12～15日	第十五届成都国际家具生产设备及原辅材料展览会	成都世纪城新国际会展中心	本届展会展出面积5万 m^2，参展企业400多家，展位2500个，专业参展观众达3万人，交易额达19亿元，拉动服务业收入约1.49亿元。 官方网址：http://www.iffcd.com/
8月	8月15～17日	第三届中国·沈阳国际家博会	沈阳国际展览中心	本届展会有来自国内17个省市自治区及美、日、韩、德、中东及非洲国家的507家企业参展。展出万余品种展品，新产品达到35%。展馆面积达10万 m^2，有10余万国内外专业人士和买家与会，成交额20.7亿元人民币。买家数量比去年增加近50%。 官方网址：http://www.jj999.com/
	8月22～24日	第十三届济南国际家具博览会	济南国际会展中心	本届展会展出面积5.1万 m^2，共计10个主体展示馆，参展企业800多家，展位突破2300多个，专业采购商近8万人次，展期参观突破10万人次，现场交易额达2.3亿元，协议成交金额3.2亿元。累计接待专业观众12万人次，其中专业买家6.5万人次。同期同地举办红木古典家具展、家居饰品用品展和家具生产设备及配件展。 官方网址：http://www.jn-ff.com/

（续表）

月份	2014 年	展览名称	地点	展会介绍
9月	9月 3～7日	第 32 届国际名家具（东莞）展览会	广东现代国际展览中心	名家具展内外销并重，本届展会共启用 10 个展馆，来自中国大陆、香港、台湾及海外的 1245 家参展商汇参展，展览规模达 78 万 m^2。展会共接待全球 150 多个国家和地区的专业观众 67450 人，其中海外买家 3655 人参观采购。本届展会上，40 万 m^2 的名家居世博园首期项目正式成为名家具展 9 号馆，实现展贸一体化。 官方网址：www.3f.net.cn
	9月 4～7日	第 18 届亚洲国际家具材料博览会（AIFME）	亚洲国际家具材料交易中心	本届该展览规模逾 40 万 m^2，同时形成 1300 多家商家同期展览展出的盛况，展览范围涉及家具包覆材料、五金及配饰、基材、办公家具及配件、家具填充及包装材料、家具生产设备、材料及配件、专用化工材料、家具新材料等，有 80000 多种家具原辅材料及生产设备同期展出。 官方网址：http://www.aifm.com.cn
	9月 4～9日	第 28 届龙家具精品展览会暨家具原辅材料展览会	广东佛山市顺德区龙江镇前进汇展中心	该展一年两届，本届展会突出“刚需家具消费产品风向标”的市场定位，具体为：简约家具风格化、睡眠产品健康化、家具配套整体化和文化产品兴起。展会对接 120 个国家和地区 90000 名专业买家。 官方网址：www.qianjin.com
	9月 5～8日	第三十四届中国（广州）国际家具博览会	广州·广交会展馆	该展从以“出口为导向”的办展方向逐渐调整为“内外兼销”，展会规模达 20 万 m^2，品牌企业云集，参展商数量达千家，超过 190 多个国家和地区的有商业价值的专业采购商和行业人士到会。 官方网址：www.ciff-gz.com/default.aspx
	9月 10～14日	第二十届中国国际家具展览会	上海新国际博览中心、上海世博展览馆	该展将出口、内销、高端、设计与时尚引领作为展览会的主题词。展会五天内共接待来自 158 个国家和地区的海内外观众 98,401 人次，与去年相比增长了 15.34%，其中海外买家 21,823 人次，比去年增长了 3.3%。 官方网址：http://www.furniture-china.cn/zh-cn/
		第二十届中国国际家具生产设备及原辅材料展览会		本届展会四天共接待来自 108 个国家和地区的海内外观众 35,524 人次，其中国内观众 30,252 人次，海外观众 5,273 人次，与去年相比增长近 5%。FMC PREMIUM 精品展区 4 天的流量高达 22,976 人次，海内外观众数量和国家数皆创下展会历届新记录。 官方网址：http://www.fmcchina.com.cn/zh-cn/
		2014 中国国际家居饰品展览会		本届展会共有 176 家优质饰品企业参展，分布在 N3、N2、N6B 三个展馆，整体展出面积达 16682m^2，比去年同期增长 7.4%。本次展会不但有可立特、维维贝拉、法诺等龙头企业发布最新产品，还吸纳了 71 家饰品新品牌亮相，比去年增长达一倍多。 官方网址：http://furnishing.furniture-china.cn/zh-cn/aboutus/showreport

（续表）

月份	2014年	展览名称	地点	展会介绍
9月		2014年中国国际设计师作品展示交易会	上海新国际博览中心、上海世博展览馆	该展是设计师作品展示交易会的艺术品。本届展会展出面积达0.6万 m^2，设计师包括潘杰、孙云、项文君、杨明洁、张雷、朱大象、朱小杰、杨继栋、吴作光、张飞等。本届首次推出的“为设计师买单——设计师早茶会”，贴身为设计师与企业对接打造的一对一交流平台，促成设计师与企业更多合作的可能性。 官方网址：http://dod.furniture-china.cn/zh-cn/
	9月18～21日	第七届中国上海红木艺术家具展览	上海展览中心	本届展会规模约为3万 m^2，约400家参展商和超过5万名行业收藏爱好者参加。近百家红木产地厂商纷纷抢滩入驻，本届展会中可以看到许多经典的老款红木家具，而其中最为重要的是纹样雕饰。 官方网址：http://www.hongmuexpo.com
	9月29～10月2日	2014中国（湖南）家居产业暨时尚家居博览会	湖南国际会展中心	本届展会总面积达2.2万 m^2，专业买家3000余名，参观观众4万余人，参展范围包括实木、红木、现代软体、定制家具及家饰家纺、家居饰品等。展会同期举办了中国·湖南家居产业高峰论坛、家具设计大赛、时尚家居体验馆、DIY家居秀等主题活动。 官方网址：http://www.hngejx.com/
10月	10月2～6日	第二届沈阳红木家具及根雕艺术博览会	辽宁工业展览馆	本届展会总面积1.5万 m^2，有7万余观众与会，展会成交额8300万元。以明清式仿古家具、现代精品家具、木根雕艺术品和红木小件工艺品为主。 官方网址：http://www.jj999.com
	10月17～19日	第四届石家庄国际木工机械及家具材料展览会	石家庄国际会展中心	本届展会参展品牌达到160多个，展览面积达1万多 m^2，来自北京的部分大型家具企业纷纷与河北省重点家具产业园区签订了入驻协议。展会首日吸引了上千家家具企业前来观展、采购。 官方网址：www.hebjj.com/showgg.asp?id=363
	10月17～20日	第十三届西安国际家具博览会	西安曲江国际会展中心	本届展会展出面积近4万平方，展位数达2680多个，参展商近500家，展出产品包括民用、办公、红木家具及家居饰品、家具原辅材料、木工机械，现场共接待观众8万余人次，专业买家1.5万多人次，据不完全统计，展会现场达成意向成交额近两亿人民币。 官方网址：http://www.xajjzh.com
11月	11月27～12月1日	2014第4届中国（昆明）泛亚家博会	昆明国际会展中心	本届展会突破前三届的格局，引入国际流行的大家居概念，进行产业链联动，展览面积首次接近5万 m^2，规模比上届多出2万多 m^2。参与品牌超过300个，分别来自欧美、东南亚、南亚、中国、港澳等国家及地区，总进场人数超过3.8万人次，展会成交额突破6200万元，意向成交额达到8600万元。 官方网址：http://www.kpfe.org

国际家具行业展会一览表

月份	2014 年	展览名称	地点	展会简介
1 月	1 月 8 ~ 11 日	法兰克福国际家纺展	德国法兰克福展览中心	每年一届，是该领域规模最大、国际性最强的展会之一，现已在东京、纽约、莫斯科、上海和广州相继举办了同品牌全球展。该展会对于流行趋势的权威预测使其站在全球家纺用品潮流的前沿。2014 年第 44 届 Heimtextil Frankfurt 展会面积 268100m²，参展商 2721 位，连续三年创下展商数量新高，专业观众 72000 位。 官方网址：http://heimtextil.messefrankfurt.com
	1 月 11 ~ 14 日	多伦多国际家具博览会	加拿大多伦多国际中心	TCHFM 是加拿大规模最大、影响力最高的家具专业展览会之一，每年一届。2013 年展会面积达到 7 万 m²，参展商 400 家，买家 12000 人，来自加拿大、美国和其他国家。参展企业 90% 都是家具制造工厂，而到访的买家则以大的批发商为主。 官方网址：http://www.chfaweb.ca/i-tsfs.html
	1 月 13 ~ 19 日	2014 德国科隆国际家具展	德国科隆国际展览中心	每年一届，始于 1949 年，自 2011 年起，与两年一届的科隆厨房展同期举行。2015 年德国科隆国际家具展于 1 月 19-25 日举办，来自 138 个国家 14.6 万名观众前来参观，其中专业观众 10.2 万名，约有 5.6 万来自德国本土，约 4.6 万来自海外，国外观众数量占比 45%，增加 13%。 官方网址：http://www.imm-cologne.cn/
	1 月 19 ~ 22 日	2014 英国伯明翰国际家具及室内装潢用品展	英国伯明翰	英国伯明翰家具展自 1992 年举办，每年一届，是英国历时最长的家具博览会，成为英国传统与现代家具最大型的贸易展。2014 年，展会面积 70000m²，共计 7 个展馆，参展公司来自欧洲及亚洲各国的 30 多个国家，800 多家企业，有来自 20 多个国家 28500 位观众前来参观。 官方网址：http://www.interiorsuk.com
	1 月 24 ~ 28 日	巴黎国际家居用品展（春季）	巴黎北郊维勒班展览中心	始于 1995 年，一年两届。通过该展会，能够度全方位了解家居装饰的影响（装饰、家具、设计、布局，桌上摆件艺术、家纺用品等）。MAISON & OBJET 不仅仅是一个高品质的商业博览，更是一个家居世界的魅力之极。2014 年展览面积 123000m²，参展商 3000 多个，其中国外参展商 45 个。 官方网址：http://www.maison-objet.com/en
	1 月 26 ~ 30 日	拉斯维加斯国际家具展（冬季）	拉斯维加斯市区的新世界市场中心	该展会是美国西部最著名的家具展览会，每年两届，美国境内有 15 个顶级卖场，该展直接辐射西部和西南部地区的 7 个顶级卖场，创造出比其他途径多出 50% 的销售机会。在前 100 名零售商中有 83% 会出席该展会。大部分当地展商以长期展厅展出，只有约 10% 的外地展商以短期展厅展出。总展出面积 65 万 m²。 官方网址：http://www.lasvegasmarket.com/

（续表）

月份	2014年	展览名称	地点	展会简介
2月	2月 6～8日	2014悉尼国际家具展AIFF	澳大利亚悉尼会展中心	该展是澳大利亚最具行业影响力、且唯一对全球参展商公平开放的家具和家居类产品贸易展览，每年一届。2014年，展会面积30000m²。 官方网址：www.aiff.net.au
	2月 11～14日	西班牙华伦西亚国际家具展	西班牙华伦西亚	该展始于1963年，每年一届。与灯具展（HABITAT）及装饰装修用品展（DECO）同时同地举行，买家主要来自欧盟，其次是俄罗斯，巴西，乌克兰，波兰，墨西哥及阿联酋。 官方网址：http://www.feriahabitatvalencia.com
	2月 19～22日	2014墨西哥瓜达拉哈拉国际家具展（冬季）	墨西哥瓜达拉哈拉展览中心	该展会是墨西哥及拉丁美洲最专业、规模最大的家具展览会之一，举办至今已有三十多年的历史。每年两届，分别于在2月及8月举行，春季展规模较大。买家除来自墨西哥本土外，还来自美国、巴西、意大利、西班牙等。展会展示的家具类别齐全，起居室家居风格、自然纺织纤维等材料及布艺产品等都比较受当地市场欢迎。 官方网址：http://www.expomuebleinvierno.com.mx
3月	3月 4～8日	马来西亚国际家具展MIFF	吉隆坡太子世界贸易中心（PWTC）、马来西亚外贸促进局会展中心（MECC）、吉隆坡会展中心（KLCC）	该展会创立于1995年，每年一届，2014年展出面积超过80000m²，展会中麻坡家具公会特设麻坡馆。展会吸引了来自世界各地140多个国家的30000名专业买家前来洽商订购，本届展会有110家中国企业成功参展（广东地区参展企业59家），其中多次参展的企业逾70%。 官方网址：http://www.miff.com
	3月 5～8日	2014年第十届马来西亚国际出口家具展EFE	马来西亚沙登农业博览馆	展会每年一届，参展商主要是家具制造公司。在展会上，采购商和生产商直接面对，在价格、花色品种制作改善、品质保证、维修服务等方面进行洽谈，十分快捷.2014年展会参展商超过400家，6类产品的大型展厅，超过80000m²的参展面积。 官方网址：http://www.efe.my
	3月 11～14日	2014年第七届越南国际家具及室内家居配件展VIFA	胡志明市西贡国际会展中心（SECC）	该展会每年一届，2014年VIFA展览投入共计18万美金的广告宣传费用，（在40多个国家及地区的专业媒体上做VIFA的宣传），总面积10000m²，参展商150家，其中国际展商45家，展位数量600个，参观人数10075位，其中5102位来自美国、加拿大、日本等70个国家和地区的海外观众。 官方网址：http://www.vifafair.com
	3月 12～15日	2014年乌克兰基辅家具展	乌克兰基辅会展中心	该展会一年两届，是乌克兰林业、木材和家具业最负盛名的国际贸易博览会。2014年展会面积20000m²，参观买家有来自德国、意大利、巴西、法国等，共计21140位，参展公司330家，来自罗马尼亚、俄罗斯、西班牙、土耳其等。 官方网址：http://www.mtkt.kiev.ua
	3月 13～16日	2014年第31届新加坡国际家具展览会IFFS	新加坡展览中心	新加坡国际家具展IFFS/AFS每年一届，是专门针对出口欧美市场和南亚市场的展会，2014年展会展馆面积7～8万m²，主要展出家具、材料、建材、五金等。 官方网址：http://www.iffs.com.sg/

（续表）

月份	2014 年	展览名称	地点	展会简介
3 月	3 月 13 ~ 16 日	2014 年泰国曼谷国际家具展览会（TIFF）	曼谷国际贸易展览中心	TIFF 一年一届，2014 年展会参展商 159 位，其中本国展商 144 位，国外展商 15 位，观众 18869 位，展出面积 30000 位。 官方网址：http://www.thailandfurniturefair.com
	3 月 14 ~ 17 日	2014 年印尼国际家具和手工艺品展 IFFINA	雅加达国际会展中心	该展是印尼最大的家具展览会，每年一届。2014 年第七届 IFFINA，参展企业有来自美国、澳洲、马来西亚、法国等，成交量达 3.8 亿美金。 官方网址：http://www.iffina-indonesia.com
	3 月 15 ~ 18 日	2014 年美国芝加哥国际家庭用品博览会	芝加哥麦考密克展览中心	该展每年一届，始办于 1928 年，是美国规模最大、效果最好的家庭用品展览会之一。2014 年该展展出面积超过 10 万 m^2，吸引了来自 44 个国家的 2100 多家参展企业，美国本土买家 15000 人，同时吸引了 100 多个国家的 6000 名国际买家，到会专业观众多达 6 万多人次，其中 90% 是以美国本土的进口商、大批发商为主。 官方网址：http://www.housewares.org
4 月	4 月 5 ~ 10 日	美国高点家具展览会 HIGH POINT	美国北卡罗来纳州海波因特高点镇 IHFC 展览中心	该展始办于 1913 年，是全球最有影响力的三大展之一，一年两届，每一届都会吸引来自世界各地 110 个国家和 50 个地区的超过 80000 人的家具及灯饰行业的进口商、代理商、批发商及设计师前来参观。2014 年，该展会面积 103.5 万平方英尺，观展人次 85000，860 家企业参展。观展人次中，42% 的买家为家具经销商，36% 为设计师和建筑师，10% 为礼品和家居装饰经销商。 官方网址：http://www.highpointmarket.org
	4 月 8 ~ 13 日	第 53 届意大利米兰国际家具展览会	意大利米兰新国际展览中心	该展始于 1961 年，每年一届。2014 年共有 2400 家参展商，吸引来自 160 个国家，至少 30 万观众。展会的主题分为三大类：行业经典家具（Classico），现代（现代装修效果图）感设计家具（Moderno e Design），包括国际家居配件展览、欧洲厨具、国际卫浴展以及将会在米兰大街小巷出现的室外家具展（Fuori Salone）。 官方网址：http://www.cosmit.it
5 月	5 月 12 ~ 15 日	2014 年俄罗斯国际家具配件展览会（ZOW）	莫斯科 EXPOCENTR 展览中心	该展是目前世界上家具生产设备及家具配件领域规模最大的专业展览会之一，始办于 1995 年，每年一届。该展会的特色有：展位面积以 15m^2 递增，主办方统一提供展架，一站式服务，报价包括展览配套服务；开放式展位布局。2014 年起，ZOW 将会在每年 5 月份联合一个新的国际家具展览会 FIDEXPO 同期开展，2014 年展会整体面积 6500m^2，参展商来自 8 个国家，参展企业超过 215 家，观众超过 19700 人次。 官方网址：http://en.zowmoscow.ru/
	5 月 13 ~ 16 日	俄罗斯莫斯科国际家具展 EEM	俄罗斯莫斯科国际展览中心	该展会创办于 1992 年，每年一届。2013 年，该展会总面积 25000m^2，专业观众 14661 人次，参展企业有来自全球 32 个国家 390 家公司。 官方网址：http://www.rooms-moscow.com

（续表）

月份	2014 年	展览名称	地点	展会简介
5月	5月 17～20日	第26届ICFF纽约国际当代家具展	纽约雅各布贾维茨会议中心	ICFF国际当代家具展是北美最主要的当代设计展会，每年一届，2014年是第26届，该届展会面积13500m²，吸引来自世界各地38个国家、逾600个品牌参展，包括家具、灯具、织品、地毯、户外家具等11类的当代设计，现场观众26000位。 官方网址：http://www.icff.com
	5月 19～22日	2014中东迪拜家具暨室内装饰博览会(INDEX)	迪拜展览馆	INDEX是中东地区最大、最负盛名的室内设计展，每年一届，已成功举办24年。2014年展会面积为40000m²，有来自45个国家的700多家参展商，共有来自105个国家的20922观众与会，其中包括15040名专业观众和4599名VIP采购商。与会观众中75%来自阿联酋本土，11%来自海湾地区其他国家，3%来自欧洲。 官方网址：http://www.indexexhibition.com
	5月 24～27日	2014年土耳其伊斯坦布尔全球家具展(Global Furniture Show Istanbul)	土耳其伊斯坦布尔会展中心	该展会每年一届，是亚洲及欧美家具贸易公司进入中东市场的桥梁。展览面积15万m²。2014年该展会开放8个展馆，总规模达150000m²，共吸引了400多家参展商和67832位专业参观者，其参观者分别来自于意大利、美国、德国、瑞士、英国、印度等20个国家。 官方网址：http://english.istanbul.com
6月	6月 4～6日	2014日本东京家居装饰用品展览会ILL	日本东京国际展览中心西大厅	该展每年一届，已有30多年历史，是日本本土最大和最具有国际性的家具贸易展览会。2014年为历届来规模最大的一届，展出净面积达到25,690m²，来自20多个国家的1074家企业参展。 官方网址：http://www.interior-lifestyle.com
7月	7月 10～13日	2014年澳大利亚墨尔本国际家具展Furnitex	墨尔本会展中心	该展一年一届，主要针对澳洲本土市场，对全球参展商公平开放。2014年展会面积30000m²，有400多家以设计为主导的企业参展，吸引了16000位观众。该展会主要针对国内市场，给所有国外家具有意出口澳大利亚市场的厂家提供了一个平台。 官方网址：http://www.furnitex.com.au
	7月 27～31日	2014美国拉斯维加斯国际家具展（夏季）	美国拉斯维加斯世界市场中心	一年两届，分夏季展和冬季展。美国境内有15个顶级卖场，该展直接辐射西部和西南部地区的7个顶级卖场，创造出比其他途径多出50%的销售机会。在前100名零售商中有83%会出席该展会．有10%的买家是来自全球95个国家。50%买家采购家具产品。 官方网址：http://www.showtime-market.com
8月	8月 6～10日	2014年南非约翰内斯堡家具家居及室内装饰展Decorex	加拉格尔会展中心	该展每年3次，分别在南非的三大城市：德班、开普敦和约翰内斯堡举办。其特点是高端的参展商、新颖的设计和产品。2013年该展会吸引了超过10个国家的650家企业参展，总面积逾22000m²，有来自美国、日本、印度、印尼、中国及南非发展共同体等地超过52000位专业买家参观。买家当中有55%是本地的贸易或采购商，25%是普通消费者，另外20%则来自当地专业设计学校、机构及团体。 官方网址：http://www.decorex.com

（续表）

月份	2014年	展览名称	地点	展会简介
8月	8月 13～16日	2014墨西哥瓜达拉哈拉国际家具展（夏季）	墨西哥瓜达拉哈拉展览中心	该展会一年两届，展会面积约52000m^2，超过1000个展位。2014年该展会有来自美国、巴西、意大利、西班牙等多个地区的6000多位专业卖家。 官方网址：http://www.expomuebleinvierno.com.mx
	8月 9～12日	2014年加拿大多伦多夏季家具展	多伦多国际会展中心	TCHFM是加拿大最大规模的家具专业展览会，是北美最具影响力的专业家具展会之一，每年一届，已成功举办十余年。2013年展会面积达到7万m^2，参展商400家，买家来自加拿大、美国和其他国家约12000人。 官方网址：http://www.chfaweb.ca/i-tsfs.html
9月	9月 4～5日	2014年全美家具博览会	宾夕法尼亚兰开斯特会议中心	该展会每年一届，展览面积达6700m^2。 官方网址：http://www.allamericanfurnitureexpo.com
	9月 5～9日	巴黎国际家居用品展（秋冬）	巴黎北郊维勒班展览中心	每年两期（1月春夏流行展示；9月秋冬流行展示）为公众展示最新家居设计，已成功举办20余年。主要针对专业人士开放，与家居设计展（Now!design avivre）和室内场景展（Scenesd' interieur）同期举办。巴黎国际家居用品展背负着传递家具与家饰下一季的主要流行趋势与设计动向的使命。2010年展区面积达7000m^2。吸引专业买家73638人次，他们主要来自意大利、比利时、英国、德国、美国、瑞士、日本、荷兰、西班牙与西腊等，有3558名新闻媒体与2232研究者前来参与。 官方网址：http://www.maison-objet.com
	9月 14～18日	2014年欧洲家具订货博览会（M.O.W.）	德国巴德萨尔楚夫伦展览中心	该展会是专门面向德国和欧洲家具采购商的年度订货会，每年一届，已有20多年的历史，分设在10个展览场馆。其独特优势在于产展销一条龙服务，仅对批发、零售、代理的采购专业人员开放，成交概率远远大于通常的国际家具博览会。2014年的展会面积达到10万m^2，有来自国内外的400多家知名参展企业参会展示他们的最新产品。 官方网址：http://www.mow.de
10月	10月 9～12日	第26届印度孟买国际家具展 INDEX MUMBAI	印度孟买MMRDA展览中心	该展每年一届，已成功举办26届，是南亚家居国际大展。2014年，展会吸引230多家展商，代表了400多种印度本土及海外的家具品牌，整个展出面积为40000平方英尺，4天的展览吸引了高达32589位观众。 官方网址：http://www.ubmindexfairs.com
	10月 18～23日	2014年美国高点国际家具展览会 HIGH POINT	美国北卡罗来纳州海波因特高点镇IHFC展览中心	展会介绍参见四月展。 官方网址：http://www.highpointmarket.org/

（续表）

<table>
<tr><th>月份</th><th>2014 年</th><th>展览名称</th><th>地点</th><th>展会简介</th></tr>
<tr><td>10 月</td><td>10 月
21 ~ 25 日</td><td>2014 年德国科隆国际办公家具展 ORGATEC</td><td>德国科隆国际展览中心</td><td>德国科隆国际办公家具展 ORGATEC 是世界办公家具领域的专业盛会，每年一届。2014 年，展会分为 ORGATEC 办公室、ORGATEC 定制、ORGATEC 空间和 ORGATEC 移动四个部分，吸引来自 41 个国家的 624 家企业，展览面积高达 105000m²，其中德国参展商 207 家，国外参展商 409 家，国外展团比例为 66%。本届展会共吸引了来自 120 个国家的约 5 万名专业观众。
官方网址：http://www.orgatec.com</td></tr>
<tr><td rowspan="2">11 月</td><td>11 月
24 ~ 25 日</td><td>第 26 届俄罗斯国际家具、配件及室内装潢展 MEBEL</td><td>莫斯科国际展览中心</td><td>该展已经成功举办 26 届，每年一届，是俄罗斯国模最大质量最高的家具展览盛会。2014 年共有来自 36 个国家的 1200 家参展企业出席了该盛会，展出面积高达 85000m²，迎来了世界各地共 60430 名的观展嘉宾，其中 39180 名是专业人士，有 12 个国家和地区开拓了集体展区，突出各自的产品特色。中国参展企业分别来自浙江、福建、佛山、中山、江门、深圳、广州等地共 25 家，参展面积共 498m²。
官方网址：http://www.meb-expo.com</td></tr>
<tr><td>11 月
26 ~ 28 日</td><td>2014 年日本东京国际家具展 IFFT</td><td>日本东京国际展览中心西大厅</td><td>该展会一年一届，至今已成功举办 35 届，是日本规模最大、最权威的家具行业贸易设计展。2013 年，日本东京国际家具展净面积达 25690m²，共有来自美国、巴西、英国、法国、德国、意大利、埃及、印度、马来西亚和中国等 14 个国家和地区的 360 多家企业参展。
官方网址：http://www.ifft-interiorlifestyleliving.com/ch/visit/visitor_info.php</td></tr>
</table>

第20届中国国际家具展览会圆满闭幕 廿载家具梦浓情绽放

第二十届中国国际家具展观众入口现场

一、展会概况

2014年9月10日，中国国际家具展的第20岁华诞在上海浦东盛大开幕，为期5天的展览加活动盛事打造了设计之都不眠不休的饕餮之宴。展会以设计为抓手、着眼渠道、打造未来，为行业可持续发展引领航向。

展会5天内共接待来自158个国家和地区的海内外观众98401人次，与去年相比增长了15.34%，其中海外买家21823人次，比去年增长了3.3%。无论国内外观众人数还是海外国别地区数都创造了家具展的历史最新纪录。根据新国际博览中心5天加上世博展览馆4天的安检统计，合计343221人次的家具人九月申城共同见证了引领生活方式的世界家具设计潮流，众多参展企业展品被一扫而空，满载而归。

二、展会亮点

随着带有20年庆典标志的全新展会形象遍布新国际博览中心每个角落，第20届中国国际家具展览会正式开幕。回顾1993年的3000平方米起步，到如今35万平方米和2500家参展企业的展示面积(含中国国际生产设备及原辅材料展)，家具展见证了中国现代家具工业如何从籍籍无名到成长为世界第一出口国，并成功打造出了世界级家具贸易平台。

(一)海外展商云集 设计馆再升级

除了声势浩大的中国制造大军外，观众在W1

W5H18 来自新加坡工业联合会的达成私人有限公司产品

生活概念馆的喜临门空间

国际品牌馆和 W4\W5 设计馆等场馆看到来自 26 个国家和地区的 220 家海外企业和品牌，他们来自法国、比利时、西班牙、葡萄牙、马来西亚、印尼、新加坡，2015 年还新增加了韩国展团，巴西和波兰的家具企业在 2014 年也是首次亮相展会。

展品品质上，中国国际家具展一直坚持严格把关，不断提升。始创于 3 年前的设计馆从最初的半个馆扩容至如今的两个馆，并分为原创设计馆及品牌设计馆，集中呈现目前在国内展出的最为活跃的设计力量。位于新国际博览中心 W4、W5 号馆的两大设计馆汇聚了 106 家原创设计企业和设计品牌，除了中国知名的原创家具品牌外，还汇聚了来自印尼、菲律宾、新加坡、印度、泰国、澳大利亚、比利时、瑞士、德国、印度及美国等 16 家海外设计品牌，将展会的品质带向了全新高度。

（二）首推生活概念馆 引领展会新趋向

位于 E4B01 的 Home Plus 生活概念馆是整个软体家具区升级的缩影。主办单位携手国际权威家居生活杂志《安邸 AD》及知名设计师在 500 平方米的区域内，用多个空间呈现了主人公从三口之家到中产阶级，再到成功人士所喜好的不同生活方式。十上建筑董事长 & 首席设计师陈暄以中国建筑“山墙”符号贯穿整个空间设计，通过山水造型的围挡、镜面、皮革、布料、发光材料、真草等多种材料在空间中与家具混搭，使整个 Home Plus 生活概念馆更具未来感和艺术化。Home Plus 生活概念馆展现了一个家庭从年轻、成熟到成功的不同状态，也寄予了主办方对中国原创设计的厚望，希望通过这个生活概念馆能为中国本土家具品牌如何精准有效地呈现生活方式抛砖引玉，启发思考，让设计更好地改变人们的生活品质及精神态度，从而推动整个中国设计产业的繁荣。

（三）首推 100 沙发秀 上下游企业深对接

原创设计离不开材料的技术革新。2014 年，主办方首次尝试品牌沙发企业与高端面料企业在展前进行配对，经过 3 次配对，由 6 位设计大咖和 4 个国内顶级家具生产企业联手打造六大主题，以及与面料企业配对成功的数十家企业共同参与制造的限量版 100 沙发秀在于 9 月 10 日在世博展览馆拉开帷幕。顾家家居副总裁刘宏这样评价这次面料配对活动：我觉得这次活动办得很有意义，让我们沙发企业与面料企业有了一次深入对接。余杭的面料一直以来都是供出口的，面料企业的整体水准很高，以后有类似的活动还会继续参加。这种中国好面料智造中国好沙发的创举将在 2015 年的展会继续延续下去。秉承对材料的不断升级，才能支撑原创设计的持续发展。

2015 年，展会将继续秉承上述原则，在展商品牌的遴选和展出展品的质量上严格把关，将展会的核心竞争力继续发扬光大。

（四）20 周年庆典晚宴 金点创新双翼齐飞

9 月 10 日晚，近千名家具业名流将参加以“绽放 20 年 感恩有你”的中国国际家具展览会 20 周年庆典晚宴。晚宴现场隆重推出充满回忆温情的

参加 100 沙发秀的 ACF Home 的风之翼沙发

20 周年历史回顾展和满载记忆的 20 周年纪念特刊。

同时，由德国红点奖创始人 / 主席 Peter Zec 担任主席，有影响力的家居和设计类生活方式媒体平台《ELLE DECORATION 家居廊》与主办方共同打造的“中国家具设计金点奖”颁奖典礼也在晚宴同时颁出。首届金点奖由来自建筑、室内、产品设计方面的知名人士陈幼坚、朱小杰、沈雷和吴滨共同担任评委，分为组委会大奖、品牌奖、单项奖等三大类别的 20 大奖项。

已成功举办至 14 届的中国家具设计奖更名为“2014 中国家具产品创新奖”后，主要针对面向市场销售的成套家具产品，针对性更强，选出的产品也更贴近普通消费人群，与其他设计类奖项有所区分。两大奖项共有近 200 家企业的 300 家作品参评。

（五）两大会议助推展会新高潮

1、中国家具业战略发展峰会 9 月 10 日，由业内知名专业杂志《家具时代》战略协办及全程策划执行的“通往下一个 30 年的竞争力——中国家具业战略发展峰会”在上海新国际博览中心 E1M19 会议室召开。大会邀请到中国家具协会理事长、亚洲家具协会主席、美克集团副董事长、喜临门董事长、华日董事长等家具业风云领袖人物做主题演讲，同时还邀请到曲美董事长、索菲亚总经理、慕斯 CEO、尚品宅配董事长、美乐乐 CEO 等超重量级嘉宾参与对话。如何才能找到最适合的发展战略并果断行动，有效执行，获取最大化受益已成为众多家具企业面临的最大困惑。本届峰会针对资本、交接班、互联网、品牌正面战等关键词，邀请了 250+ 家具业精英到场共议，助力中国家具企业逆境腾飞！

2、首届中国家具电商论坛 9 月 11 日上午，由中国家居电商研究联盟与展会主办方共同举办的 2014 年首届中国家具电商论坛将在世博展览馆 4 号馆举行，主题为家居企业电商“双轨制”的破局思考。越来越多的家居企业意识到，目前企业实施的电商“双轨制”几乎为鸡肋：电商没有盈利，没有增量。更重要的是，电商不是企业的战略发展方向。家居企业如何突破当前的电商“双轨制”？家居企业的电商发展出路又在何方？资深家居电商专家唐人、曲美家居总经理吴妮娜、顾家家居副总裁刘宏、酷漫居董事长杨涛等家具电商先行者到场分享了他们的经验，居然在线、齐家网、美乐乐、日日顺等家居平台高管就如何打造家居企业 o2o 电商平台展开对话；林氏木业总经理、土巴兔 CEO、美资网 CEO、数联中国总裁、木头公园 CEO 等互联网行业精英共商家居企业互联网创新之路。

三、展会预告

2015 年第 21 届中国国际家具展览会仍将在浦东上海新国际博览中心和上海世博展览馆两地举办，时间调整为 9 月 9 ~ 12 日。

上海家具展微信号：Furniture_China

上海家具展二维码：了解展会最新动态

中国（广州）国际家具博览会
中国（上海）国际家具博览会
家聚世界 双城魅力
好的更好 新的更优
CIFF
广州·琶洲
上海·虹桥
2015.9.8-12
上海虹桥·国家会展中心（上海）
上海市青浦区崧泽大道333号
2016.3.18-22 / 3.28-4.1
广州琶洲·广交会展馆
广州市海珠区新港东路980号
ciff.fairwindow.com

第35届中国（广州）国际家具博览会成功举办

一、展会概况

第35届中国（广州）国际家具博览会（简称“CIFF广州家具展”）于2015年3月18日盛大开幕。本届展览分两期举行，第一期于3月18～22日展出民用家具、家居饰品、家纺布艺、户外家居及休闲用品等题材产品，第二期于3月28～4月1日展出办公系统家具、酒店家具、办公配件、钢制家具、办公坐具、公共家具、家具生产设备及配料等题材产品，两期总规模超过68万平方米。

CIFF家具展是全球家具界品牌含金量最高，最具价值的品牌展会之一。以其规模全球之大、参展商和专业观众之多、展品种类之全、展览质量之高，享有“品牌第一阵营”“亚洲家居交易中心”“中国家具业晴雨表”等众多美誉。

二、展会亮点

本届展会有以下亮点：“品质提升、定制亮丽、强化优势、注入新锐、联动宣传、精确推广、贴心服务、馆展一体”。

（一）品质提升

国际品牌馆规模持续扩大，品质不断提升，已经成为CIFF家具展皇冠上又一颗璀璨的明珠，为观众们带来精彩绝伦的观感盛宴。本届展会，国际顶尖品牌进一步扩容，有美国爱室丽（Ashley）、意大利纳图兹（Natuzzi）、新加坡华达利（HTL）、意大利夏图（Chateau d‘AX）等老朋友继续参展外，还有英国乔纳森查尔斯（Jonathan Charles）、德国朗乐福（Longlife）、韩国奔思（Bens）、日本上坐（Chairman）等品牌企业闪亮登场。国际品牌馆内涵更加多元化，整体品质又迈上了一个新台阶。

（二）定制亮丽

CIFF家具展本着服务行业、助力企业发展的宗旨，前瞻市场发展趋势，及时捕捉市场变化，多年前设立定制家具展区，成功引进个性化设计强、服务周到完善的定制家具企业。定制家具展区也成了CIFF家具展上另一道亮丽的风景线，本届展有好莱客、尚品宅配、维意定制、优越等多家上市公司和国内一线品牌领衔参展，挖掘更加个性化、多样化的市场需求。

（三）强化优势

中国广州国际家具生产设备及配料展是CIFF广州家具展的重要组成部分，在亚洲同题材的展览会中占据绝对优势。高达14万平方米的盛大规模，卓越的参展效果以及与interzum guangzhou的强强联合，每一届都吸引了全球生产设备及配料行业众多品牌企业报名参展。顺应广大企业需要，本届第二期展继续优化展区布局，增加使用12.1号展馆、B区一楼通道展位和天桥展位，展区规模和展商数量再次扩张，展会的集成效应进一步凸显，题材优势进一步强化，为参展企业创造更多商机。

（四）注入新锐

扎根行业18年，CIFF广州家具展始终坚持锐意创新、科学发展，打造了一个时尚化、全球化、多维度、互动式的国际商贸平台。不断完善展会结构，优化展区布局，创新题材设置，前瞻行业潮流。作为为会员企业服务的重要指标之一，国内外行业组织与协会纷纷推荐优质企业前来参展，为这个蒸蒸日上的平台注入新锐的力量。本届，注重设计理念的民用家具品牌华林凯迪、美国高端家居饰品品牌Global Views、美国高端户外遮阳材料供应商 Sunbrella、浙江知名户外家具品牌远大家俬、国内唯一同时在 A+H 股上市的国有大型家具企业天坛家具、中国十大酒店家具品牌经典通达、办公坐具品牌震喜等，为展会带来更多活力与惊喜。

（五）联动宣传

从 2015 年起，9 月广州家具展将整体移师上海虹桥的国家会展中心举办，CIFF 家具展即将形成每年 3 月逢单届（68 万 M2）在广州琶洲，9 月逢双届（40 万 M2）在上海虹桥，南北呼应、春华秋实的中国家具展举办格局。为充分发挥 3 月广州和 9 月上海虹桥家具展互相助力、共同发展的优势，“3 月广州 +9 月上海”的全球联动宣传早在 2014 年 3 月启动，高潮呈现在 2015 年 4 月米兰家具展期间，引发了全球各地家具、家居行业的高度关注。广州家具展多年内蕴的平台资源、品牌影响力联动上海的国际化程度、城市影响力，就如强劲的两翼，必将极大助力 CIFF 家具展这一国际著名的世界级品牌大展飞得越高、变得越强。

（六）精确推广

CIFF 家具展投入巨资与全球超过 500 家专业媒体、尤其是网络媒体紧密合作，在国内的产业集散地、家居卖场、专业渠道和新媒体渠道展开精准的宣传及推广活动，为展会带来全球 190 多个国家和地区的超过 14 万名具有商业价值的专业观众，以及美国、德国、意大利、法国、韩国、印度、日本、土耳其、比利时等多地的高品质专业买家团，同时，在稳定且精确的手机观众数据基础上，打通互联网和移动互联网的各端口，优化了官方网站、微信及 APP 等新媒介的宣传平台，实现了对与会人士的精确推广和精准邀请。

（七）贴心服务

本届展会利用技术创新，进一步完善观众服务系统，首次引入了手触屏导航设备，更方便与会观众查询相关信息，提高了参展商与买家之间的配对率。同时，提供连接各展馆的免费电瓶车服务；连接机场、合作酒店、展馆的穿梭巴士交通服务；包括有中西餐、清真和国际连锁品牌的餐饮服务；ABC 三区展馆均设立有祈祷室服务等贴心服务，让中外客商在收获巨大商机的同时，尽情享受展会的美好时光。

（八）馆展一体

依托中国对外贸易中心（集团）自有展馆的优势，CIFF 广州家具展在 18 年来不断发展壮大。随着国家会展中心（上海）的全馆投入使用，馆展一体的经营模式也将进一步发挥优势，实现展览服务与展馆服务无缝对接的配套服务，实现可持续发展和良性循环。本届展会进一步简化了入场办证程序，丰富了官方网站及微信功能，方便展商轻松报名参展，观众快捷预先登记入场；此外，展览期间还安排了白云机场至展馆以及环绕展馆的穿梭巴士。展馆与展会将如同左右手，合力为参展商和参观商提供天衣无缝的舒适服务。

三、展会预告

2015 年 9 月 8 ～ 12 日，相聚在上海虹桥！

2016 年 3 月 18 ～ 22 日,3 月 28 ～ 4 月 1 日，相聚在广州琶洲！

2014 第三届中国（沈阳）国际家具博览会成功举办

沈阳国际展览中心全貌图

一、展会概况

中国（沈阳）国际家具博览会（简称沈阳家具展）是由中国家具协会、辽宁省家具协会和上海博华国际展览有限公司联合举办的以东北、蒙东市场为主，辐射中国北方和东北亚国际市场的家具及室内装修装饰用品、木工机械、原辅材料专业展会。每年 8 月在沈阳国际展览中心举办，2014 年展会面积为 10 万平方米，参展企业 507 家，买家近十万人。本届展会规模、参展企业数量、展出品种和成交额，均大大高于往年，特别是买家数量，比去年增加近 50%，使得展会成为东北地区规模和影响力最大的家具专业会展。

沈阳家具展是国内起步最早的家具专业展会之一。1987 年，应中国改革开放步伐及家具行业发展和市场需求，沈阳家具展启幕。展会规模由当年 1500 平方米发展到如今的 10 万平方米，成为行业交流合作的平台、产品展示销售的桥梁。中国驰名商标获得者沈阳宏发家具集团、沈阳舒丽雅家具集

定制家居展馆现场

团等一批辽宁企业在这个平台上淘到了第一桶金并发展壮大；伊春光明家具、广东联邦家私等众多国内知名品牌利用这个桥梁进入辽宁、拓展东北市场。

2012 年沈阳家具展移师新展馆——沈阳国际展览中心，发展突飞猛进，至 2014 年三年迈出三大步，跃居国内区域家具展会规模之首，也是目前唯一一个国家级的区域家具会展。

二、展会亮点

沈阳家具展在长期的实践中，尤其是近三年经济发展进入新常态的新形势下，形成了自己独到的特点，在众多大大小小的家具会展中独树一帜，充满发展活力。

（一）浓厚的实木家具底蕴

具有悠悠历史的东北优质木材资源，打造了东北家具业用料上乘、表面涂饰精细、制作工艺精湛的产品，“钉是钉，铆是铆，实打实”的口头禅，深深地扎根于人们的脑海。尤其以中国名牌、中国驰名商标获得者——大连华丰家具为代表的东北企业，赢得了将“中国实木家具产业基地”称号落户在东北境内的殊荣。实木家具因此成为沈阳家具展的主打产品，吸引国内外行业内人士来沈与会参观采购。沈阳家具展上不仅有大连华丰、沈阳宏发、大兴安岭恒友等东北风格传统实木家具，还有广东联邦、北京天坛、河北蓝鸟等国内知名实木家具企业的风姿，实木家具是沈阳家具展根基和第一看点。

（二）集成（整体定制）家居的倡导者、先行者

随着人们生活水平的不断提升和住宅条件的改善，消费者的个性需求日益突出，需求差异不断加大。为适应需求，促进行业企业健康稳步持续发展，2012 年沈阳家具展邀请中国家具协会、中国林产工业协会、中国室内装饰协会、中国建筑装饰装修材料协会、中国建材市场协会、中国林产林业联合会、中国房地产协会、中国建筑装饰协会等有关家居生产、材料领域的八大国家级协会领导专家，来沈与会考察调研。举行首届中国集成（整体定制）家居发展趋势论坛，首次明确集成（整体定制）家居概念，阐明发展态势及注意的问题、相关的标准参照与制定，以及如何引导企业健康发展事宜。并首次在沈阳家具展上设置定制集成（整体定制）家居展区，对整个定制家居行业的发展起到积极推动作用。

在 2013 年、2014 年举办的沈阳家具展上，接连举行第二届、第三届中国首届集成（整体定制）家居发展趋势论坛，吸纳更多家具专家与企业参与，同时参展的集成（整体定制）家居规模迅速扩大，成为沈阳家具展的一个新亮点，引起业内人

沈阳家具展联邦沙发展位现场

首届中国集成化发展趋势论坛现场

士广泛关注。

（三）创新是沈阳家具展永远永久的主题

一是产品创新，每届展会都为首次投放东北市场家具新产品安徽会展的主导地位，并设定创新设计大奖，用以引导东北家具业发展和市场繁荣稳定，吸引东北亚国际家具同仁与会；

二是会间活动创新，具有连贯性的会间活动，其内容不断推陈出新，如中国实木家具生产基地发展研讨会、中国集成（定制）家居发展论坛，已成为业内关注的行业盛会，每届的研讨内容，根据市场变化、行业发展、企业诉求，年年设定新主题，做到既有高度，又见实效。

每年根据形势发展，设置会间新活动，如2012年为迎接2013年全运会在辽宁举办，沈阳家具展上举办采购对接会，并编制了全运会定点采购产品名录；2013年家具展上增加集成（定制）家居经验交流会，2014年增加了南北家具原材料产销对接会，收效良好。

三、展会预告

沈阳是东北经济文化中心，有关资料表明：东北家具需求年达1500亿元人民币，2014年在经济发展放缓的新常态下，仍呈上升趋势，仅辽宁家具市场销售额就增长21%。国家新一轮扶植东北老工业基地振兴发展的战略，将为东北家具市场繁荣稳定发展注入新的活力。沈阳对东北亚国际市场的辐射作用，让沈阳家具展继续向国际化、时尚化迈进！

2015年沈阳家具展定于8月15 ~ 17日在沈阳国际展览中心举行，规模将达到12万平方米，来自全国20余个省市及美日韩600多家企业参展，买家可到达10万人。展会设置8大展馆，涵盖精品实木家具、软体家具、定制家居、办公家具与木门、地板、机械材料等。展会期间举行家具设计大赛、DOD设计展、行业发展高端论坛、政府采购、电商大会。让与会者与专家、企业、高端设计师无缝对接，提高商家未来的市场竞争力！

组委会做了大量实地走访邀约工作，在覆盖了东三省及内蒙古东四盟的全部市县基础上，延伸到了华北、西北各省市，延伸到日、韩、朝、俄国度，从秋至冬，从春至夏，到处都有组委会的足迹，数十万个经销商的邀约、讲解、走访，让沈阳家具展的种子，洒满了整个行业土地，生根、发芽……

沈阳国际家具展——中国家具业的蓝海和新的增长极，它为行业开辟了一个宏大的战略发展平台！

微信号：syjjz22733380

09 家具设计大赛

FURNITURE DESIGN COMPETITION

随着家具行业规模的不断壮大，企业竞争愈加激烈，行业上下都在探索转型出路，设计创新则成了转型升级的关键所在。近年来，各个高校、企业、政府、机构组织、社会媒体等都在积极开办家具设计大赛，以此为契机提升行业的设计创新意识和水平。中国家具协会自成立以来即对推动家具设计创新工作高度重视，发动举办了多项全国性设计大赛，并在国内最早开设了家具实物作品评比的比赛模式，其中“金斧奖”中国家具设计大赛已成功举办10年，是中国家具行业内的最高设计赛事和最高设计奖项。本篇收录了“金斧奖”“龙家具”“轩红坊杯”“安吉椅业杯”四个大赛2014年的获奖作品及大赛介绍，以供读者学习借鉴。

2014～2015“大岭山杯”金斧奖中国家具设计大赛复赛入围作品出炉

2015年2月3日，2014～2015“大岭山杯”金斧奖中国家具设计大赛参赛作品初评会在广东省东莞市大岭山镇圆满落幕。本届大赛由中国家具协会和大岭山镇人民政府联合主办，组委会办公室同时设在中国家具协会和大岭山镇人民政府。中国家具协会副理事长陈宝光、大岭山镇人民政府副镇长蔡容稳、金斧奖专家评委以及各大专院家具设计机构、家具企业和国内知名媒体共30多人出席了本次评选活动。

两年一届的“金斧奖”是中国家具设计界的最高规格赛事，志在为中国家具设计师及在校学生提供一个展示家具设计创新理念的专业平台。本届大赛是金斧奖大赛创立以来的第六届赛事，是与大岭山镇人民政府合作举办的第三届赛事。本届大赛主题为“结构与细节”，意在将设计的注意力由外观设计引向为对产品内在品质的改进，注重家具设计中结构的创新及细节的表现。

大赛于2014年3月的国际名家具（东莞）展览会上正式启动，广泛面向高等院校、设计机构、家具企业等家具专业在校学生及设计师征集作品。本届大赛作品征集截止日期为2014年11月30日，共收到来自广东、北京、云南、福建、浙江等地的千余幅参赛作品。为了使大赛具有专业性、权威性、影响性，评审委员会由9名知名专家组成，严格执行大赛章程和评选标准，以“公平、公开、公正”的原则评选出195幅作品进入复赛，具体入围名单请查阅附件。

大岭山镇副镇长蔡容稳认为，通过与中国家具协会共同主办三届中国家具设计最高规格的赛事，不断激发创意思路、吸收设计理念、发掘优秀人才。一方面可以了解家具研发的潮流趋势，凝聚家具制造的新工艺、新材料；另一方面可以发掘家具设计的新兴人才，开启产品设计的新思路、新理念。

中国家具协会副理事长陈宝光认为，本届大赛参赛作品在设计质量上有了很大的提升，同时强调本届大赛的宗旨：一是外观，引领潮流，重在创新与创造；二是结构和细节，结构决定功能，细节决定品质。要努力将大赛打造成为培养、挖掘中国家具设计人才与引领产品潮流趋势的风向标。要继续深化并持续打造“中国家具设计金斧大奖赛”品牌影响力，更好地凝聚国际国内设计力量，提高中国家具设计发展水平，营造国内优秀家具设计文化氛围，提高家具产品的国际竞争力。

初赛评审现场

電商坐具設計

第三屆『龍』家具創意設計大賽

2013-2014 3rd "Loong" Furniture Originality and Design Competition

詳情請點擊大賽官方網站：www.yuncreat.com

主題説明

"家具電商坐具設計"，主要是針對目前和未來高速發展的家具電子商務而展開的坐具產品設計大賽。家具電商銷售的產品種類非常廣泛，幾乎涉及生活和工作的所有領域。爲了大賽更加聚焦，將大賽主題定在"適合電商的坐具設計"上。坐具是使用最普遍、用量最大的家具產品，人們大多對坐具有比較深刻的感受，更適合參賽者廣泛參與。坐具，不限場合，不限風格，不限材料和外觀裝飾手法，也不限定結構和功能。

對于家具的電子商務來講，款式和價格對消費者的吸引力最大，因此產品設計的原則首先是時尚、好看，與其他家居融合度好，具有一定的裝飾性和個性化；其次，關鍵的是結構簡單巧妙，適合工業化生産，包裝設計要巧妙，既要減少包裝體積和包裝的復雜性，還要安全防運輸中損壞，還要便于消費者易于搬抬以及拆包，自身成本和重量都要控制在合理的範圍内，同時還要美觀，提升品牌。

本次主題的家具設計大賽，是中國家具行業第一次設定爲家具電商的專題設計，是這個行業向電子商務積極轉型的行動，也是主動去研究未來最重要的商務模式和商務流程的起點。爲此，本次大賽的初評和終評由目前家具電商排名前十名的企業營銷總監或設計總監以及國内知名設計師組成的評審團評審，實物展出后舉行設計師和電商企業對接的活動，使本屆大賽真正辦成具有商業價值，并對提高對家具電商的關注度和經濟效益具有雙重收益的大賽。

獎項設置

專業組				院校組			
金獎	60,000元	1名	附加獎杯與獎狀	金獎	30,000元	1名	附加獎杯與獎狀
銀獎	20,000元	2名	附加獎杯與獎狀	銀獎	10,000元	2名	附加獎杯與獎狀
銅獎	10,000元	3名	附加獎杯與獎狀	銅獎	5,000元	3名	附加獎杯與獎狀
優秀獎	2,000元	10名	附加獎杯與獎狀	優秀獎	1,000元	10名	附加獎杯與獎狀

"優秀組織獎"和"優秀指導教師獎"

優秀組織獎	3,000元	2名	附加獎杯與獎狀
優秀指導教師獎	3,000元	2名	附加獎杯與獎狀

大賽官網……………http://www.yuncreat.com
中國家具協會官網…http://www.cnfa.com.cn
設計在綫……………http://www.dolcn.com

參賽作品與報名表必須在**2014年1月30日**24：00點之前發送到本次大賽的公共郵箱：

yuncreat@126.com

主辦單位：中國家具協會、廣東省家具協會
承辦單位：順德區龍江鎮人民政府
協辦單位：順德職業技術學院、順德家具研究開發院、龍江鎮家具電子商務協會、佛山市家具行業協會、順德家具協會。
支持單位：順德區經濟和科技促進局、創意產業中心、亞洲國際家具材料交易中心
支持媒體：亞洲大師雜志、家具與室内裝飾雜志、消費日報、中國家具材料、家具雜志、辦公家具雜志、珠江商報、美家網、搜狐網、佛山搜房家居、中國家具雜志、家具商、深圳家具、設計風、中國家具報道、家具TIME、家具產業報、騰訊家居、家具導刊、南方家具博覽、互訊網、中國建材報、新快報、信息時報、南方日報佛山觀察、佛山日報、廣州日報、南方都市報、羊城晚報。

中國家具協會、龍江鎮人民政府
2013~2014第三屆"龍"家具創意設計大賽組委會

2013～2014 年度 “龙”家具创意设计大赛回顾与总结

各位领导与来自各地的获奖选手在展览现场合影留念

2014 年 9 月获奖作品实物展现场

电子商务正以迅雷不及掩耳之势席卷着今天这个复杂的市场，冲击着传统的经营模式。没有行业可以例外，家具也在其中面临着从未有过的机遇与挑战。龙江镇，这片家具的热土，首当其冲，成为国内家具电商最活跃的区域。

设计作为社会活动最活跃的因素，毋庸置疑地深受着电子商务的影响而发生着巨变。中国家具产业的电商在这场席卷世界的电商大潮里也是波涛汹涌，紧随潮头。“家具电商坐具设计”，就是针对目前和未来高速发展的家具电子商务而展开的坐具产品设计大赛。家具电商销售的产品种类非常广泛，几乎涉及生活和工作的所有领域。为了大赛更加聚焦，将大赛主题定在“适合电商的坐具设计”上。

以“电商”为设计主题的家具设计大赛，是中国家具行业第一次设定为“家具电商”的专题设计，也是行业和学界主动去研究未来最重要的社会生活形态和商业形态的一个有力的行动和值得纪念的起点，它将前瞻性地引导设计力量积极地向新的生活方式和经营模式去关注，研究和创新，并通过设计改变和美化生活。

本届大赛通过近 5 个月利用网络，宣讲、媒体等各种传播手段广泛深入地全球发动，截止 2014 年 1 月 31 日，共收到来自企业、公司、学校等单位和个人参赛者共计 1440 个作品，其中，学生组参赛作品数 1350 个，专业组 90 个。经过专家评委和电商评委的综合评审，最终从这些作品中又选出了入围的 80 件作品，并通过近 4 个月的打样过程，于 7 月下旬，对这些入围作品的实物，来自全国各个层间的知名评审专家，进行了严格和专业的现场评审，最终评出了各类奖项。

相比其他设计大赛，“龙”家具大赛具有以下几个特点：

- 参赛院校起点高，数量多，范围广。每届都有来自全国 150 多所大学的 1300 多名学生和 90 多个设计师团体和个人参与了大赛。如：郑州航空工业管理学院参赛人数为 128 个，南京林业大学 103 个，掀起了“以赛促教”的高潮。

- 设计主题紧扣社会热点问题，立题新颖，设计难度高。
- 以自己打样为条件，以实物评审为依据，锻炼了选手，使得设计更落地，达到了培养设计人才和端正设计思想的目的。
- 举办设计方案展与实物展，充分用展示来直观传播设计的创意和实现，以及它们之间的区别。
- 设计师，学者和电商企业家以及大众网评三位一体的综合评审，保证了大赛评审的科学性、公正性、有效性和商业性。
- 大赛组织的专业性、严谨性和创新性，保证了大赛各个环节的水平和质量，也给参赛者搭建了很好的交流平台，为“以赛促学，以赛选优，以赛助产”发挥了很大的作用。

获奖名单

院校组获奖名单

获奖名次	参赛者	所在院校	参赛作品
银奖	谢春武	华南农业大学	明简
银奖	赖浩塱	顺德职业技术学院	EASY LIFE
银奖	陈炎城	广东石油化工学院	纽子椅
铜奖	黄　彬	中南林业科技大学	简
铜奖	陈雁南	山东工艺美术学院	画框椅
铜奖	郑良轩	浙江师范大学	方圆指尖

2013 ~ 2014 年度“龙”家具创意设计大赛专业组获奖名单

获奖名次	参赛者	工作单位	参赛作品
金奖	陈伟龙、朱欣子、吴维伟、周赞	浙江师范大学	木之语
银奖	易升伟	中山迪欧家具实业有限公司	龙骨椅
银奖	干　珑	顺德职业技术学院	折叠圆凳
铜奖	张雪峰	圣豪庭家具有限公司	秀墩
铜奖	徐小欢、张鸿	广东石油化工学院	合椅
铜奖	黄嘉琳	顺德职业技术学院	万用屏风椅

优秀组织奖和指导老师奖获奖名单

序号		指导老师	单位
1	优秀组织奖	/	郑州航空工业管理学院
2		/	南京林业大学家具学院
3	优秀指导老师奖	郭　琼	华南农业大学林学院
4		雷鸿源	广东石油化工学院
5		张　瑞	昆明理工大学
6		陈伟强	深圳第二高级技工学校
7		张晓利	黄山学院
8		刘帼君	青岛工学院
9		王洪亮	湖南科技学院
10		张　乐	北京市环境与艺术学校
11		薛　坤	山东工艺美术学院
12		陈伟龙	浙江师范大学
13		毕海龙	郑州航空工业管理学院

龙家具
创意设计大赛
院校组

龙家具创意设计大赛专业组

2014“轩红坊杯”中式养生红木家具设计大赛颁奖典礼成功举办

2015年3月14日下午，2014“轩红坊杯”中式养生红木家具设计大赛终评暨颁奖典礼在太兴家具贵宾厅。举行。在终评现场，评委们各抒己见，对30份作品一一进行投票，最终按投票数高低，产生了本次大赛的获奖名次。随后，大赛为获奖者们举行了隆重的颁奖仪式。

本次大赛是继2009年、2012年、2013年“轩红坊杯”红木家具设计大赛后打造的又一创新创作平台。现场除6位评委外，来自中山市人社局、科技局以及大涌镇党政领导也亲临颁奖现场，为获奖者们祝贺。

典礼现场，中山市太兴家具有限公司总经理李兴畅首先致欢迎辞，对各位领导、嘉宾以及远道而来的参赛作者们表示热烈欢迎和感谢。

中国家具协会副理事长陈宝光上台讲话，现场分享了传统中式家具在当代家居生活中的意义，并为大家介绍红木家具创意设计道路的发展方向。

南京林业大学家具与工业设计学院院长吴智慧介绍了大赛的总体情况，本次大赛自去年三月份签约启动以来，共收到来自25所高校及自由设计师作品451件，经过专家评委的初次甄选，共有30份作品入围。

评委认真评比各入围作品

2014“轩红坊杯”中式养生红木家具设计大赛获奖名作品名单

奖项序号	奖项	作品名称
	金奖	空缺
1	银奖	福喜
2	银奖	祥云直上
3	铜奖	禅心椅
4	铜奖	凝
5	铜奖	兴韵意雅
6	优秀奖	福在眼前
7	优秀奖	宜
8	优秀奖	悟
9	优秀奖	鸟语花香
10	优秀奖	“简”系列红木养生家具
11	优秀奖	祥云瑞气 武侯尊
12	优秀奖	贤霖
13	优秀奖	禅养
14	优秀奖	明韵
15	优秀奖	古坊
16	入围奖	故事
17	入围奖	吉祥如意
18	入围奖	天圆地方
19	入围奖	湘
20	入围奖	扇意
21	入围奖	双龙戏珠
22	入围奖	禅韵
23	入围奖	简·现
24	入围奖	金玉满堂
25	入围奖	八面玲珑
26	入围奖	暖绣
27	入围奖	清气乾坤
28	入围奖	缘
29	入围奖	珠连璧合
30	入围奖	素

轩红坊杯

2014

CHINESE STYLE FURNITURE DESIGN COMPETITION

中式养生红木家具设计大赛

设计创新铸就“中国好座椅”

——“安吉椅业杯”中国座椅设计大奖赛结果在浙江安吉揭晓

在经过作品征集、初评、入围作品发布和展览、实物制作、决赛现场答辩等多个环节之后，2014 年 2 月 1 日，首届“安吉椅业杯”中国座椅设计大奖赛结果在“中国椅业之乡”浙江安吉揭晓，来自锋橙设计工作室的高阳设计的作品“绸带椅”和华东理工大学沈裔设计的“WillChair 电动轮椅”分获专业组和院校组金奖。同时还产生了 26 件银奖、铜奖和优秀奖作品，以及部分“优秀组织奖”和“优秀指导教师奖”。

院校组金奖“WillChair 电动轮椅”的设计理念是使轮椅具有“行驶模式”、“辅助站立模式”、“辅助如厕模式”三种功能模式，从而希望更好的帮助残疾人解决代步、站立、如厕等生活问题。专业组金奖“绸带椅”的设计灵感来源于丝绸，座椅的整体线条设计吸取了丝绸柔美纤细的特性，靠背支架和金属支架双侧的外观设计突出体现了丝绸交叉而不凌乱的蕴意，给人带来视觉上和心灵上的双层冲击。

“安吉椅业杯”中国座椅设计大奖赛由中国家具协会和安吉县人民政府主办，安吉县发展改革与经济委员会和浙江省椅业协会承办。大赛以“坐享健康生活”为主题，旨在传播创新座椅、健康生活的理念，聚焦“座椅创意设计”。作品征集对象包括高校师生、国内外专业设计师、设计机构和产品设计爱好者等，参赛设计作品主要类别以办公座椅、公共及商业场所座椅、休闲座椅、家庭座椅为主。大赛共计收到来自浙江大学、东南大学、湖南大学、中国美院等 80 余所高等院校和 60 多家专业设计机构及个人的 560 幅参赛作品，参赛人数近 500 名。决赛由国内著名家具设计专家、高校设计专业教授和知名家具设计师组成的评审委员会进行现场评审。

“自去年在广州国际家具博览会上发布大赛信息以来，历时 10 个月，经过全国 30 位行业专家评分，最终确定了院校组前 8 名和专业组前 8 名进入决赛答辩。”安吉县发展改革与经济委员会相关负责人介绍说。

“大赛为各大高校、设计机构的优秀设计人才与安吉众多椅业企业搭建了沟通交流的平台，有利于全面提升安吉椅业企业的产品创新能力和国际竞争力，更能引导中国椅业企业进一步提高产品的自主创新能力，增加椅业产品的附加值和市场竞争力。

大赛评委中国家具协会副理事长陈宝光认为：本次大赛除了传播创新座椅、健康生活理念，唤起公众对选择健康座椅的追求外，更希望以此大赛为契机，树立行业标杆，为安吉椅业设计和生产建立起一个交流合作的平台，助力企业提高创新力和竞争力，进一步推广宣传安吉椅业。

大赛评委及领导与获奖选手合影留念

参赛选手答辩现场

院校组获奖名单

奖项	设计者	作品名称
金奖	沈　裔	WIllchair 电动轮椅
银奖	廖　源	FIT BODY
	邵思旖	蒲扇摇椅
铜奖	杜稼淳 黄家蕙 田豆	蛋形输液椅
	孔令轩	城市残疾人短途代步工具
	吴越 席宇翔 刘强 李燕飞	“面对面”家居休闲椅
	赵贺琦 丁霞飞 武雷波	“面子”
	曹文凯 计越	云月依依

专业组获奖名单

奖项	设计者	作品名称
金奖	高　阳	绸带
银奖	何基 林奕良	智能孕妇办公椅
	张朱军	入人椅
铜奖	余夏聪	时尚办公躺椅
	沈文彬、徐利锋	海洋
	臧璐娟	麻将椅
	赵金建	易健高级办公椅
	易侃 刘念月	Bread 多功能摇椅

1th
“安吉椅业杯”
中国座椅设计大奖赛
CHINA CHAIRS DESIGN AWARD

CCDA

院校组

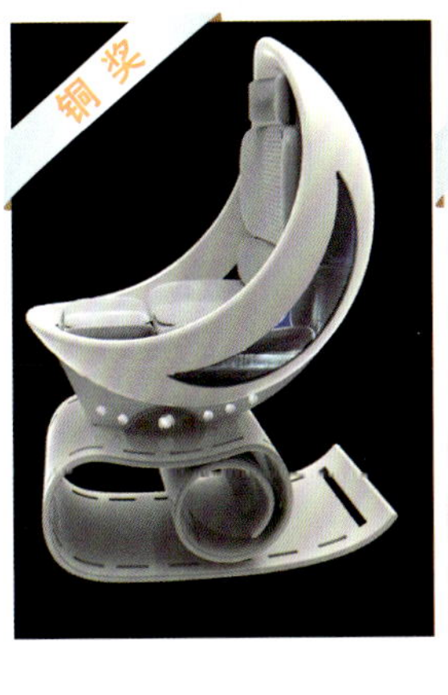

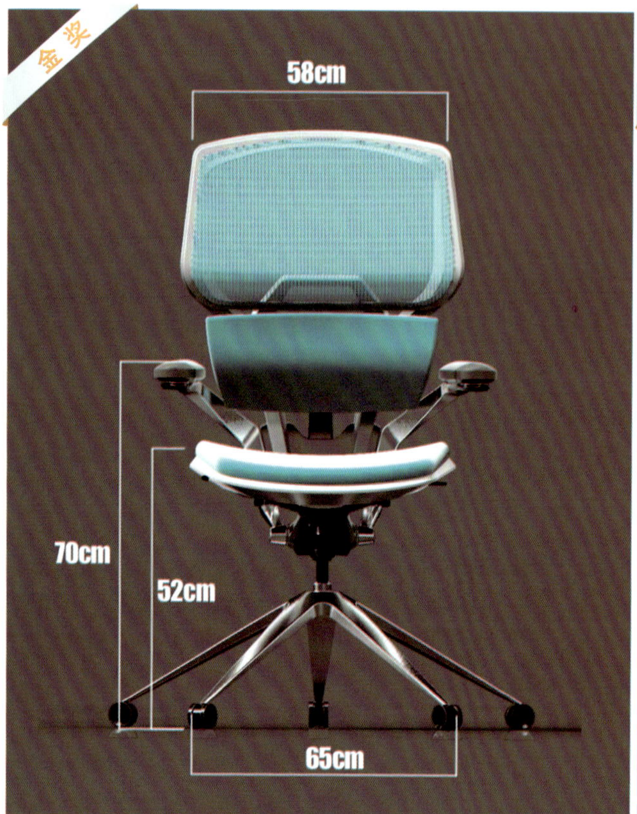

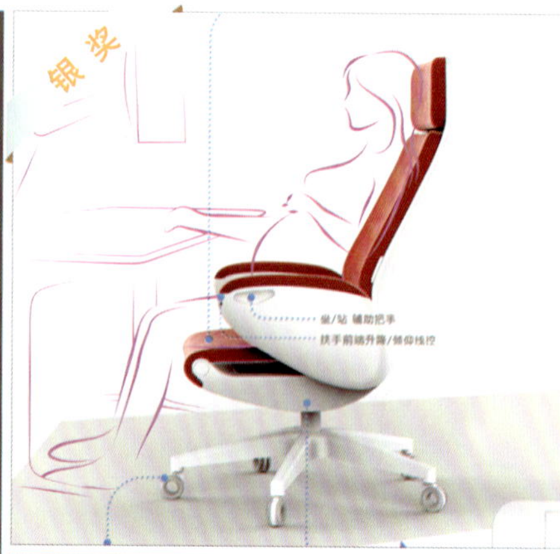

1th

"安吉椅业杯" 中国座椅设计大奖赛

CHINA CHAIRS DESIGN AWARD

CCDA

专业组

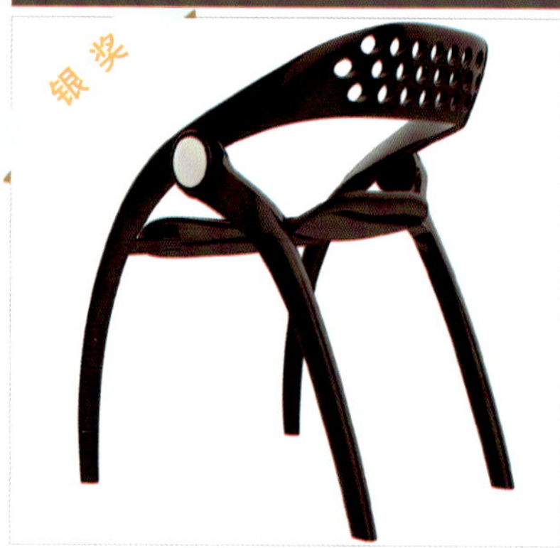

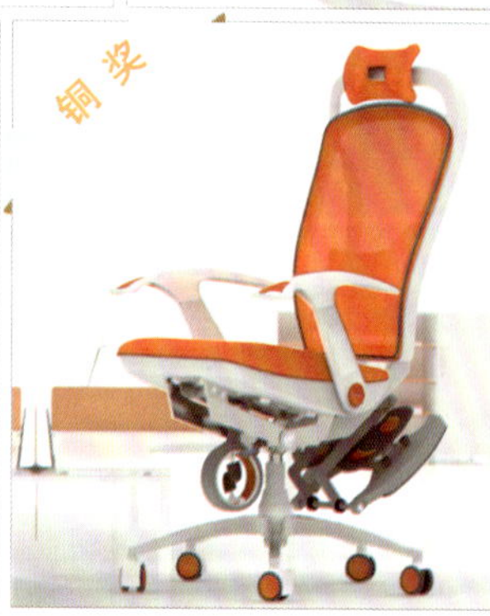

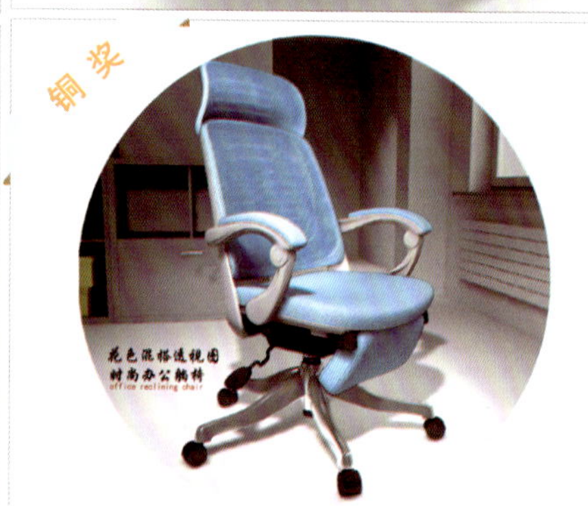

10/人才教育

PROFESSIONAL EDUCATION

中国家具行业经过改革开放几十年以来的飞速发展，已经成为轻工体系里的大型消费品行业。据估算，国内行业约有家具企业6万家、全行业从业人员超过500万人，专业人才需求量巨大，其中高级管理型、技术型、设计型等专业性强的岗位人才最为缺乏。目前国内家具人才培养方式主要有职业培训和高校教育两大部分，虽然近年来这两大培养途径的人才输出量逐渐递增，家具类专业高校毕业生就业率基本都在95%以上，但是行业专业人才缺口仍然很大，专业人才供不应求。本篇对国内家具行业职业培训领域现状进行了一个基本介绍，并对开设家具专业的重点高校做了详细介绍，从人才教育角度解析行业发展现状。

中国家具行业职业培训概况

一、家具行业从业人员现状

我国家具行业是满足内需型的消费品行业，家具行业劳动密集型特征比较突出，与林产加工业、皮革纺织业、家具机械业、流通服务业、展览广告业和物流配送业的关联度高，对专业的设计、制造以及销售人才有巨大需求。据不完全统计，全行业约有 6 万家家具企业、家具经销商 30 万人、营销总监和区域经理数十万人、家具营业员约有 150 万人、家具制作技术工人 300 ~ 400 万人，估算全行业从业人员超过 500 万人。总体来讲：家具企业内人员流动性和人才需求量巨大，企业内中高级管理型、技术型、设计型等专业性强的岗位人才缺乏，技术型工种尤为严重。

目前国内家具人才培养方式主要有高等院校培养和职业培训两大类。虽然各类专业院校逐年为企业提供不同学历的“职教、专科、本科、研究生”等毕业生，但是不管在数量，还是培养的质量、满足行业人才需求的能力和水平上都远远达不到本行业需求。家具企业内各工种人员结构比例不科学，企业理想的劳动力结构应为领导层和操作层小（人数少）、技术职能层大（人数多）的“啤酒桶”型结构。据 2005 年统计数据，西方发达国家，高级技工占技工总数比例超过 35%，而我国家具行业，技术人员比例仅占 3.1%，对于家具这种劳动密集型行业来说，这无疑是制约行业健康发展的一个瓶颈。

企业缺人、院校输送的人才和企业不能很好地对接，是目前家具专业人才培养中存在的一个重要问题，而职业培训是高校毕业生和企业用人需求的关键链条。

二、家具职业培训领域现状

（一）国际职业培训领域现状

在职业培训领域，国外发达国家均已形成较完善的“职业资格制度“，它是世界各国普遍采用的人力资源开发管理的一项基本制度，对于加强职业教育培训、提高劳动者素质、增强就业创业能力、促进人员合理流动、推动经济社会发展都具有积极意义。如德国“双元制”职业培训与鉴定、英国国家职业资格证书制度、澳大利亚职业资格认证框架、日本国家技能检定制度，均是劳动者参加培训、考核后获得相应的资格证书，持证上岗。

（二）国内职业资格证书制度

我国从 1994 年开始借鉴国外职业培训经验，结合本国具体国情开始推行“职业资格证书制度”，已经逐步建立了职业资格证书制度的法律法规体系、宗旨实施体系等，形成了覆盖全国的职业技能鉴定网络。简单来说，就是国家确定“职业分类”（参见《中华人民共和国职业分类大典》，这是我国对职业进行分类的权威性文献），对规定的职业制定“国家职业标准”，对从业者经过职业培训和技能考核，通过考核后获得职业资格证书。

职业资格证书与学历文凭证书不同，它与某一职业能力的具体要求密切结合，反映特定职业的实际工作标准和规范，以及劳动者从事这种职业所达到的实际能力水平，是劳动者进入就业岗位的重要凭证。职业资格证书由国家人力资源和社会保障部统一印制颁发，证书一共分 5 个级别，从低到高分别是：五级初级技能、四级中级技能、三级高级技能、二级技师和一级高级技师。权威性高，终身有用，还享有国家一定的补贴政策。设立职业资格证

五级至一级职业资格证书样本

家具导购员、家具设计师职业技能培训教材封面

书制度的根本目的，是让求职者在入职之前得到岗位操作技能的基础性培训，以便于企业在选拔人才时不会因为对求职者能力不明而错过人才。

三、中国家具协会职业培训工作简介

中国家具协会为提升行业的人才素质，积极争取，于 2007 年被国家人力资源与社会保障部批准成为“特有工种职业技能鉴定站（机构编码为 58003058）”，这是国家批准设立在中国家具协会开展行业职业技能培训和鉴定的基层组织机构，负责协调、指导全行业的职业技能培训与鉴定工作。被批准可培训和鉴定《中华人民共和国职业分类大典》中 14 个工种（包括 2 个通用工种和 12 个家具行业特有工种），它们是：

（1）营销师

（2）营业员

（3）家具设计师

（4）木制品涂饰工

（5）家具机械木工

（6）木家具配料工

（7）木雕工

（8）家具手工木工

（9）木家具胶压工

（10）木容器工

（11）旋木工

（12）制楦工

在国家人力资源和社会保障部的监督管理、中国轻工业职业技能鉴定指导中心的大力支持与直接指导下，中国家具协会的职业培训工作稳步前进。培训和鉴定的组织机构建设方面大有突破：在省市协会设立了培训分站，在专业院校、家具企业、流通卖场设立了“中国家具行业职业技能培训基地”。

（一）参与修订《国家职业分类大典》

中国家具协会根据国家的要求与部署，参与修订了 1999 年版《国家职业分类大典》相关内容，更新了家具行业的特有工种，为行业职业技能培训提供法律依据。

（二）组织编写行业标准及教材

组织《家具设计师》《木制品涂饰工》等国家职业标准制订，使培训工作有标准、有尺度可依。同时积极开展职业技术培训教材的编写，已经编写完成《家具导购员》和《家具设计师》职业培训教材，《木制品涂饰工》教材也将出版发行。

（三）组织开展职业培训与技能鉴定

通过聘用专业培训教师，联合专业培训机构，中国家具协会依托各个地区的职业技能鉴定基地，对家具企业内的从业人员、社会从业人员（有意向从事家具行业的人员）以及家具专业大中专院校的在校学生进行“家具导购员”、“家具营销师”、“家具涂装工”、“家具设计师”的职业培训与技能鉴定，对成绩合格者颁发从五级到一级的相应等级的“导购员”、“营销师”、“木制品涂饰工”、“家具设计师”的国家职业资格证书。

各职业的培训鉴定现状：

1、家具涂装工　面对家具企业内的涂装操作与技术管理人员，中国家具协会与四川省家具行业

家具涂装工实操培训现场

家具设计师职业技能鉴定考试现场

营销师职业技能鉴定考试现场

商会、华润涂料在成都联合举办6期“木制品涂饰工”的培训与鉴定班。在涂装实训室内，进行油漆、水性漆等各种喷涂工艺的培训，真正做到学以致用。至今共计100余名学员持有“木制品涂饰工”的职业资格证书上岗工作。

2、家具设计师　从1996年至今，国家多部门在许多法规和政策性文件中多次提出了高校毕业生实行“双证书（学历证书和职业资格证书）”制度的要求，高等职业院校的毕业生在取得学历证书的同时，必须要考取专业相关的职业资格证书。旨在让学生通过考取职业资格证书来在毕业前完成“上岗培训工作”，掌握岗位工作的实际操作能力，做好和企业用人需求的对接。

参照《家具设计师》国家职业培训教程，黑龙江林业职业技术学院、江西环境工程职业学院、温州职业技术学院、山东工艺美术学院、南京林业大学、东莞职业技术学院等多所院校对即将毕业的在校生进行家具设计师的职业培训与鉴定工作，全行业累计每年约有1000余名持有“家具设计师”职业资格证书的毕业生上岗工作。

3、家具营销师　“家具营销师”的培训旨是为全国家具制造与家具销售企业中的营销总监（副总）、大区经理、经销商、销售经理、大店店长等中高层营销管理人才提供专业、正规的职业教育，并给予职业水平认证。中国家具协会和北京国富纵横管理咨询有限公司共同合作，在全国家具行业内进行宣传、招生、培训、授课。

以岗位要求为课程设计的出发点，培训内容包含：行业发展概述、品牌营销经典案例分析、企业营销管理工具、商业美学、文化营销等。培训后，学员参加理论考核、实操考核与论文答辩。考核试题为国家试题库中随机抽取，由国家持证上岗的考评员完成考务工作，履行公平公正的考务管理制度。

2010年5月至今，在北京、广州、成都、南康、深圳等地累计近千名学员参加了培训并获得了营销师（二级、一级）职业资格证书。深圳左右家私、深圳仁豪、北京克拉斯、东明家具商场、红星美凯龙、慕思等国内知名家具企业积极参与。

4、家具导购员　“家具导购员”的培训依赖行业内的培训基地，培训基地负责具体招生、资料收集以及培训工作，各基地对本地区大型家具卖场内的家具导购员进行由低级别向高级别递进的培训与考核。以《家具导购员》职业培训教材为依据，培训内容包含：店面摆设与管理、家具基础知识、导购员销售礼仪、实战销售技巧、客户管理与维护、相关法律法规知识。理论考核试题从国家试题库中随机抽取，实操考核则采用销售环节情景演练的考核方式，通过灵活的岗位学习，让导购掌握各个环节的销售技能和处理方式。

四川成都的八益家具卖场、顺德家具原辅材料卖场、山西黎氏阁家具卖场、安徽新粤美家家具卖场、中国原点新城家居博览中心等卖场，累计约3500余名家具导购员持国家“导购员”职业资格证书上岗工作。

（四）积极倡导职业技能竞赛

中国家具协会大力支持国内家具协会、企业等组织的技能竞赛，为成绩合格者授予相应级别和职业的职业资格证书。

为弘扬红木雕刻文化、培养红木雕刻高技能人才而举办的2015“鱼珠杯”中国（中山）首届红木雕刻大赛，中国家具协会作为特别支持单位，为理论考试、实操比赛成绩均达60分以上的参赛者颁发“三级高级工”精细木工职业资格证书。

将首届“东成杯”大学生导购大赛总决赛选手定为“营业员”三级职业资格，激发引导大学生学习的兴趣，培养导购所需要的能力和素质。

截止至2014年底，由中国家具协会组织培训与鉴定，累计5000余人取得国家人力资源和社会保障部颁发的职业资格证书。

家具导购员培训现场

红木雕刻大赛现场

大学生导购大赛现场

结语

2014年2月，李克强总理主持召开国务院常务会议，部署加快发展现代职业教育，强调“培养数以亿计的工程师、高级技工和高素质职业人才”和“提升人才培养质量，大力推动专业设置与产业需求、课程内容与职业标准、教学过程与生产过程‘三对接’，积极推进学历证书和职业资格证书‘双证书’制度，做到学以致用”。6月，国务院总理李克强主持召开的国务院常务会议中提到：今后凡没有法律法规依据和各地区、各部门自行设置的各类职业资格，不再实施许可和认定。通过清理规范，提高国家职业资格水平，逐步形成以《国家职业分类大典》为职业资格工种鉴定依据制度（《国家职业分类大典》中规定的相关工种、职业的职业资格证书不在国家取消的范围之内）。

目前，人力资源和社会保障部正在研究逐步建立由行业协会、学会等社会组织开展水平评价类的职业资格制度，充分发挥行业协会的作用。今后行业协会在职业培训中的地位将逐步提升，这都为中国家具行业的职业培训工作带来了前进的动力，也给中国家具协会的培训管理能力和水平提出了更高的要求。

中国家具协会将继往开来、继续努力，夯实现有培训体系，做好培训标准和教材的开发工作，全面启动家具一线制作员工（家具机械木工、手工木工、组装工等）的培训与鉴定工作，给予家具行业从业人员国家认可。为企业合理配置岗位员工提供科学依据，更为从业者提供岗位培训、岗位练兵的方向，规范家具行业从业秩序，使职业培训成为助推行业由“制造大国”向“制造强国”转型升级的“火箭”！

全国家具类院校概况

经不完全统计，目前我国开设家具类专业的院校有125所，其中，广东省26个，江苏省12个，四川省11个，福建省9个，黑龙江省7个，浙江省6个。院校分布密集度与我国家具行业发展集中度高度一致，推动了校企合作培养模式的发展。

我国目前开设家具类专业的高校主要集中在农林类、艺术类、高职类三类院校中。各类学校对学生培养的侧重点也有所不同，这种因材施教、因人而异的教育培养体系使我国家具行业人才结构分布更加合理，有利于满足行业对各类型人才的需求。开设家具类专业的重点农林类院校代表有南京林业大学、北京林业大学、中南林业科技大学、东北林业大学、福建农林大学、浙江农林大学等，重点艺术类院校代表有清华大学美术学院、中央美术学院、广州美术学院、山东工艺美术学院等，重点高职类院校代表有顺德职业技术学院、江苏农林职业技术学院等。除公办大学外，部分民办高校也积极开设家具类专业，着重培养学生的动手能力，为当地家具企业地扩展源源不断地输送人才，代表高校有四川国际标榜职业学院等。

全国家具类院校汇总表

序号	地区	学校名称	序号	地区	学校名称
1	安徽	安徽农业大学	17	广东	广州美术学院
2	安徽	淮南师范学院	18	广东	华南农业大学
3	安徽	淮南职业技术学院	19	广东	广州涉外经济职业技术学院
4	安徽	淮北师范大学	20	广东	广东工业大学
5	北京	北京林业大学	21	广东	广东海洋大学
6	北京	中央美术学院	22	广东	广州大学
7	北京	清华大学美术学院	23	广东	深圳职业技术学院
8	福建	福建农林大学	24	广东	顺德职业技术学院
9	福建	厦门东海职业技术学院	25	广东	深圳第二高级技工学校
10	福建	漳州职业技术学院	26	广东	广东建设职业技术学院
11	福建	龙岩学院	27	广东	广东科学技术职业学院
12	福建	福建林业职业技术学院	28	广东	广州城建职业学院
13	福建	福建农业大学	29	广东	清远职业技术学院
14	福建	闽江学院	30	广东	东莞市家具学校
15	福建	泉州华光摄影艺术职业技术学院	31	广东	仲恺农业技术学院
16	福建	漳州城市职业学院	32	广东	东莞职业技术学院

序号	地区	学校名称
33	广东	龙江职业技术学校
34	广东	广州大学
35	广东	东莞市轻工学校
36	广东	广东石油化工学院
37	广东	华南理工广州汽车学院
38	广东	深圳大学
39	广东	东莞大岭山职业技术学校
40	广东	中山职业技术学院
41	广东	韩山师范学院
42	广东	肇庆学院
43	广西	广西大学
44	广西	桂林工学院（桂林理工大学）
45	广西	广西城市职业学院
46	广西	广西东方外语职业学院
47	广西	广西机电职业技术学院
48	广西	广西理工职业技术学院
49	广西	广西生态工程职业技术学院
50	广西	南宁职业技术学院
51	广西	邕江大学
52	广西	广西建设职业技术学院
53	河北	廊坊东方职业技术学院
54	河北	河北农业大学
55	河北	唐山学院
56	河北	唐山学院
57	河南	郑州大学升达经贸管理学院
58	河南	商丘职业技术学院
59	河南	郑州轻工业学院
60	黑龙江	东北林业大学
61	黑龙江	黑龙江生物科技职业学院
62	黑龙江	黑龙江建筑职业技术学院
63	黑龙江	黑龙江生态工程职业学院
64	黑龙江	东北农业大学成栋学院
65	黑龙江	黑龙江工商职业技术学院
66	黑龙江	黑龙江林业职业技术学院
67	湖北	湖北生物科技职业学院
68	湖北	武汉理工大学
69	湖北	湖北生态工程职业技术学院
70	湖南	中南林业科技大学
71	湖南	岳阳职业技术学院
72	湖南	湘潭大学
73	吉林	北华大学
74	吉林	长春工业大学
75	江苏	南京林业大学
76	江苏	南京艺术学院
77	江苏	江南大学
78	江苏	南通职业大学
79	江苏	苏州大学
80	江苏	苏州工艺美术职业技术学院
81	江苏	江苏农林职业技术学院
82	江苏	镇江市高等专科学校
83	江苏	苏州经贸职业技术学院
84	江苏	南通大学
85	江苏	淮阴师范学院
86	江苏	淮海工学院
87	江西	江西环境工程职业学院
88	江西	华东交大理工学院
89	江西	南昌大学
90	江西	景德镇陶瓷学院
91	辽宁	辽宁林业职业技术学院
92	内蒙	内蒙古商贸职业学院
93	内蒙	内蒙古农业大学
94	山东	山东农业大学
95	山东	山东工艺美术学院
96	山东	滨州职业学院
97	山东	齐鲁工业大学
98	山东	烟台南山学院

（续表）

序号	地区	学校名称
99	山西	太原工业学院
100	山西	太原理工大学
101	陕西	陕西科技大学
102	陕西	陕西杨凌职业技术学院
103	陕西	西北农林科技大学
104	陕西	西安欧亚学院
105	陕西	西安联合学院
106	四川	成都市现代制造职业技术学校
107	四川	成都艺术职业学院
108	四川	四川现代职业学院
109	四川	成都纺织高等专科学校
110	四川	四川农业大学
111	四川	绵阳职业技术学院
112	四川	四川师范大学

序号	地区	学校名称
113	四川	四川音乐学院
114	四川	西南石油大学
115	四川	四川国际标榜职业学院
116	四川	四川城市职业学院
117	天津	天津科技大学
118	天津	天津滨海职业学院
119	云南	西南林业大学
120	浙江	中国美术学院
121	浙江	温州职业技术学院
122	浙江	浙江农林大学
123	浙江	宁波大红鹰学院
124	浙江	浙江科技学院
125	浙江	浙江理工大学

备注：本数据为不完全统计。

部分重点家具类院校简介

南京林业大学

一、学院概况

南京林业大学家具与工业设计学院设有家具设计、家具与木制品工程、工业设计、设计技术四个系和一个实验中心。学院现有工业设计、工业设计（家具设计方向）和产品设计专业，是江苏省重点专业和省特色专业，也是2012年、2013年和2014年国家留学基金委“优秀本科生国际交流项目”专业。现有在校一本学生660余人、三本学生320余人。学院现有的本科专业均有对应的硕士研究生招生学科和方向。学院拥有江苏省重点学科——家具设计与工程、国家级重点学科——木材科学与技术（家具与木制品工艺方向）2个博士点，设计学（工业产品设计及理论方向）硕士点，工业设计工程、林业工程（家具制造与室内装饰工程方向）、艺术（工业产品设计方向）三个专业学位硕士点。“家具设计与工程”博士点是目前国内高校中最早单独设立的家具与室内设计类博士点学科，从2004年起，已正式开始招收硕士和博士研究生。现有在读硕士生100余人、博士生30余人、留学生2人。

二、教学科研成果

2013年以来，学院先后承担并完成国家、省部级科研项目32项，获省部级奖20余项（含设计奖），制修订国家和行业标准15项，企业委托课题60余项，鉴定验收成果5项，获专利68项（其中发明专利8项、实用新型专利11项），技术服务22项，产品开发与技术转让21项。出版本专科和研究生专业教材以及专著20余部，在国内外有较高影响的专业杂志上发表学术论文200余篇。

三、软硬设施

学院现有教职工54人，其中教授（博士生导师）7人、副教授12人，教师中有博士学位的20人、硕士学位的14人、在读博士的9人，大多数教师是从德国、日本、英国、美国、意大利等留学回国。

学院拥有江苏省家具家饰产品设计工程技术研究中心和江苏省工业设计中心两个省级科研平台，建有家具与木制品工程研究所、家具设计研究中心、工业设计研究中心、古典家具与红木工艺研究所、人类工效学研究所、中芬国际设计中心等6个校级研究机构。学院还主持编辑出版《家具》杂志和《室内设计与装修》杂志。

四、校企合作

学院同江苏、浙江和广东等地的许多家具与家饰企业建立了产学研合作关系，拥有面积近1000平方米的家具生产实训车间，在5家家具企业建立了博士后流动站工作点，并建有近60个校地、校企长期合作的实习基地，在新产品设计开发、新材料应用、新工艺研究、教学实习和人才培训等方面开展了深度合作。

学院分别与浙江圣奥集团有限公司、广州太兴家具有限公司、深圳兴利集团、上海亚振家具股份有限公司等企业进行校企合作，成立了圣奥管理学院（下设圣奥班、教研中心、博士后流动站等机构）、太兴班、兴利俱乐部、亚振班等校企合作机构，开启“订单式”培养人才的创新合作模式。对在读本科生、研究生给予公司学习津贴补助，采取企业实习实训和学校科研训练相辅相成的形式，以“激励学生、奋发向上、全面发展、报效祖国”为宗旨，坚持高校理论教学与企业实践培训相结合，为中国家具工业和木材工业的发展培养全方位、多角度知识型实干人才。

五、就业走向

学院毕业生的就业前景良好，不仅可到相应的企事业单位就业，而且可在本校继续深造或出国留学，历年毕业生就业率均为100%。从就业行业分布来看，大部分毕业生选择在家具及相关行业工作。从就业地区流向上看，毕业生分布在全国10多个省市，主要集中在江浙沪长三角一带。

六、未来规划

学院以“办一流学院、建一流师资、育一流人才、出一流成果、创一流效益”为办学宗旨和发展目标，依托“家具设计与工程”省级重点学科优势和工业设计本科专业特色，结合社会对人才的需求，以“家具”产品和“家居”环境为研究重点，立足于“为人的居住生活而设计”的办学理念，朝着与人们居住生活密切相关的工业产品和家居环境的设计方向拓展专业和学科的研究内容。

联系方式

联系人：吴智慧、吴菱蓉
地址：南京市龙蟠路159号南京林业大学行政2号楼
电话：025-85427419、025-85427409
传真：025-85427439
邮箱：jjxy@njfu.edu.cn
官方网址：http://jiaju.njfu.edu.cn/index.asp

北京林业大学

一、专业概况

北京林业大学（以下简称北林）材料科学与技术学院是北林具有鲜明特色的研究教学型学院，下设木材科学与工程系、林产化学工程系、家具设计与工程系。家具设计与制造专业方向在北林有着较长的历史，在没有该专业方向之前，一直是木材科学与工程专业中重要的教学方向之一。2003 年，学院正式设立木材科学与工程（家具设计与制造方向）本科专业，迄今已招生 14 届。2014 年，学院正式成立家具设计与工程系（以下简称家具系），下设家具设计教研室和家具工程教研室。

家具设计与制造专业方向是北林具有鲜明行业特色、在社会和行业具有较高影响力的专业方向。材料科学与技术学院是中国家具协会理事单位、北京市家具协会副会长单位以及北京市建筑装饰协会副会长单位。

家具设计与制造方向以木材科学与技术为依托，着重研究包括家具产品设计理论与实践、家具与木质品产业工程、人体工程学、居住行为文化、室内空间设计等方向，旨在培养掌握家具造型、结构设计与家具制造工艺的基本理论知识和技能，掌握木材、木质复合材料的性能与加工的基本理论和工艺方法，在家具设计与制造、木材加工业研究、设计与生产技术管理等方面的高级工程技术人才。学制四年，授予工学学士学位。

二、教学科研成果

（一）设计大赛

近年来，学院组织学生参加各种国内外家具设计比赛以及与企业合作开展家具产品研发等活动，为学生创造各种实践锻炼机会，提高学生的综合设计能力。在近几年的国内外各类专业比赛中，成绩优异。国际比赛如 IDA（International Design Award），本专业学生连续几届取得佳绩，其中 2013 年中国入围前 40 名的有 7 组，北林家具方向就有 3 组，并获得学校优秀组织奖；国内如“大岭山杯”金斧奖中国家具设计大赛，北林学生在近几届的比赛中获得诸多奖项及优秀指导教师、优秀组织奖。

（二）教学交流

家具系重视与国内外高校及行业的交流，多位教师赴芬兰、美国、斯洛伐克等国做访问学者或进行短期学术交流，并邀请多位国内外专家、设计师来校交流。

（三）科研成果

专业教师承担国家、省部级科研项目多项：国家林业局公益性行业科研专项重大项目“家具用速生材改性及应用关键技术研究与示范”、国家林业局重点科学技术项目“绿色厨房家具设计与关键工艺技术研究”、北京市重点学科建设项目“速生材高效利用技术”，校级青年教师科技创新项目“座椅类家具舒适度生理学及心理学评价指标与评价方法的研究”、“家具产品创新设计与研究开发”、“北京市中小学教室内环境及课桌椅的人体工学研究”等，这些科研项目选题多与教学内容密切配合，对教学形成良好促进，成果显著。

三、软硬设施

（一）师资力量

家具系承担主要课程的教师共 26 人，其中教授共人、副教授 9 人、讲师 9 人，实验教师 2 人，承担专业核心课程教学的教师共有9人。教师毕业于北京林业大学、南京林业大学、中国林业科学研究院、清华大学美术学院、中央美术学院、日本鸟取大学等十几所国内外高校。2012年，家具专业教师获中国家具协会颁发的“中国家具行业突出贡献奖”及“中国家具设计教育名师奖”。

（二）硬件设施

家具专业方向以木材科学与技术学科为主干依托，该学科是国家重点学科，是学校“211工程”、“教育振兴行动计划”、“北京林业大学优势学科创新平台”项目重点建设学科，拥有“木质材料科学与应用”教育部重点实验室、“林业生物质材料与能源”教育部工程研究中心、“木材科学与工程”北京市重点实验室等优质平台。家具设计与工程专业方向拥有家具制作实验室、家具检测实验室、海蒂诗大学生家具技术创新实验室、家具设计工作室等多个实验实践平台，为家具专业的教学和科研提供有力的支撑。

四、校企合作

家具设计与制造是理论与实践紧密结合的专业，学科发展应突出产—学—研结合的特点，紧跟家具行业发展步伐。近年来北林家具系与国内多家家具企业建立了长期的合作关系，如北京金隅天坛家具股份有限公司、北京世纪京泰家具有限公司、北京世纪百强家具有限责任公司、浙江方太集团、广州欧派橱柜企业有限公司等。学校与企业合作，为企业在家具生产工艺、企业规划管理、材料处理技术、木材鉴定、家具设计等多领域提供技术服务，并与多家企业合作建立正式的北京林业大学校外实习实践基地。校企的密切合作成为一种针对性培养人才的有效方式，实现资源互补，校企共赢。

五、就业走向

家具设计与制造方向一直是北林就业率和就业质量均较高的专业方向。学院对每位学生的就业取向和毕业去向进行提前引导，与多个企业工厂长期保持推荐实习生的合作。家具专业培养的毕业生大都进入国内大中型家具及木材加工企业、相关科研院所、木材及家具贸易领域、家具原辅材料领域、家具产品质量检测机构、室内装饰设计与工程企业、国内外著名产品设计机构等，培养的毕业生普遍受到用人单位的好评。近年本科生和研究生的就业率见表1、表2。

表1　木材科学与工程（家具设计与制造方向）专业本科毕业生就业率统计表

毕业年度	毕业生人数	升学人数	出国人数	签约人数	灵活就业	就业率
2009	60	9	4	28	16	95.00%
2010	55	12	4	8	16	72.73%
2011	58	7	11	8	31	98.28%
2012	46	12	2	10	20	95.65%
2013	60	11	8	3	33	91.67%
2014	56	13	8	3	31	98.21%

表2　木材科学与工程（家具设计与制造方向）专业研究生毕业生就业率统计表

毕业年度	毕业生人数	高校研究所	事业单位	企业	公务员	就业率
2012	32	8	4	18	1	96.88%
2013	40	8	4	25	2	97.50%
2014	36	10	2	23	1	100.00%

六、未来规划

我国家具行业发展前景广阔，但家具行业要有更好的发展与提升，还需要进一步的行业细分。作为国内拥有家具专业方向的最高学府，北林将全面培养掌握木材科学、家具设计和制造工艺的基本理论，具有产品设计能力和工艺管理知识的工程技术的专业高级人才。因此学科发展的定位应突出理论与应用实践的结合，紧跟家具行业发展，以家具材料、结构、工艺、设计创新和家具文化等方向为学科研究及发展重点。继续推进校企合作机制，将校企合作的内容与方式制度化、长期化，充分利用社会及企业资源，发挥学校、学院优势和教师个人能力，为社会提供专业设计、培训、咨询等技术服务，同时也成为学科发展和人才培养的良好平台。

联系方式

地址：北京市海淀区清华东路35号北京林业大学森工楼
电话：010-62338358、010-62336550
邮箱：zhangfan1976@163.com
官网：http://www.bjfu.edu.cn　http://clxy.bjfu.edu.cn/

中南林业科技大学

一、专业概况

中南林业科技大学家具与艺术设计学院（College of Furniture and Art Design）现为中国林学会家具与室内装饰研究会副会长单位，湖南省工业设计协会副会长单位，中国家具协会理事单位，中国家具协会设计专业委员会、科学技术专业委员会副主任单位。学校与湖南省共建的“湖南省家具家饰工业设计中心”是中国家居行业唯一的省级研究中心。编辑出版中国家具行业核心期刊《家具与室内装饰》。

现有家具与木制品工艺、家具与室内设计工程2个博士学位授权点，设计学、家具与室内设计工程、工业设计工程3个硕士学位授权点。在校博士、硕士研究生200余人。学院开设工业设计、产品设计、环境设计、视觉传达设计4个本科专业，在校本科生近2000人。学院秉承“技术与艺术完美结合”的设计理念，坚持文、理、工、美协调发展的道路，不断总结近30年来的办学经验，力争为设计领域的进步尤其是中国家居产业的发展做出较大贡献。

二、科研成果

近年来，在科学研究工作中，学院承担国家、省部级项目67项，获省部级以上科技奖励4项，获各项专利400余项，出版作品16本，发表核心期刊论文500余篇。学生参加红星周，米兰设计周等各种赛事获奖150余项。在教研工作中立项省级教改质量工程项目5项，立项校级教改项目19项、发表教改论文50余篇。实木家具生产成一条，板式家具生产成一条，拥有CNC加工中心，电子开解锯等一系列设备。费斯特样品制作设备一套，价值200万人民币，家具检测设备一套，价值500万元。家具工作实验室配备材料检测，性能分析等设备，具有ERP，TitINKDESEGN图文等多种软件。

三、软硬设施

学院与美国、俄罗斯、加拿大、德国、法国、意大利、日本、芬兰、瑞典等国家的高校和设计研究机构建立了教学和科技合作关系，与国内外50余家著名企业建立了产学研合作关系，聘请国内外知名高校和企业的120余名学者、设计师、企业家为兼职教授和客座教授。

学院设有“智能家具研究中心”、“家具企业产品策划研究所”、“陶艺与公共艺术工作室”、“住宅室内空间艺术研究所”、“现代家具工程技术研究所”、“新中式家具研究所”等研究机构和工作室。

专业拥有实木家具生产成一条，板式家具生产成一条，拥有CNC加工中心，电子开解锯等一系列设备。费斯特样品制作设备一套，价值200万人民币，家具检测设备一套，价值500万元。家具工作实验室配备材料检测，性能分析等设备，具有ERP，TitINKDESEGN图文等多种软件。

四、校企合作

学院与广东万家乐公司、安徽百仪公司、广东宏铭公司、广东欧派集团分别建立横向合作工作室，与宁波柯美集团、深圳仁豪家具、浙江省圣奥家具共建校企合作班，学院与50多家大型企业签定产学研合作协议。参与各种形式的社会服务工作100余项，创造直接经济价值20亿元。

五、就业走向

30年来，学院已为国家输送了5000多名高

2014年中南林业科技大学家具与艺术设计学院毕业生流向数据表

专业	总数（人）	机关		事业单位		企业单位		三资企业		其他企业		自主创业		升学与出国	
		人数（人）	百分比（%）	人数（人）	百分比（%）	人数（人）	百分比（%）	人数（人）	百分比（%）	人数（人）	百分比（%）	人数（人）	百分比（%）	人数（人）	百分比（%）
合计	361	5	0.1%	14	0.36%	266	73%	34	8%	232	64%	3	0.1%	33	1%
艺术设计	263	5	0.1%	9	0.2%	195	54%	30	8%	165	45%	2	0.08%	21	0.7%
工业设计	70	0	0	0	0	52	14%	0	0	52	14%	1	0.03%	9	0.25%
广告专业	28	0	0	5	0.16%	19	0.5%	4	0.15%	15	5%	0	0	3	0.05%

级专门人才，在家具行业中形成了一种令人瞩目的“中南林现象”。毕业生有的已成为国内家具业知名专家、教授，有的是具有较强经济实力的企业家，更多的是奉献在设计生产第一线的行业骨干。

六、未来规划

以“互联网”为视角，完成工业设计、产品设计等专业的转型升级，适应市场发展。在全国率先设立“饰品设计”、“软装设计”专业方向。完善工作室制度，加强校企合作。建立企业人才培训机制。

联系方式

地址：湖南省长沙市韶山南路498号

联系人：王頔

电话/传真：0731—85658619

东北林业大学

一、专业概况

东北林业大学（以下简称东林）于1986年被批准设立家具设计与制造专业；1994年被批准设立本科家具设计与制造专业，授予工学学位；1999年划归艺术设计专业（室内与家具设计方向），授予文学学士学位；2012年专业目录调整，更名为产品设计专业，授予艺术学学士学位。

本专业着重培养具有扎实设计理论基础知识、产品及相关设计表达手段、具有先进设计思想、创新设计方法以及技术解决能力，并具备良好职业素质的高级家具与室内环境设计人才。毕业后能在家具及室内装饰行业从事家具设计开发、生产技术管理、营销，室内设计与装饰工程施工和技术管理等领域工作。

二、教学科研成果

（一）课题建设

产品设计专业的《艺术设计（室内与家具设计人才培养模式创新实验区）》获教育部高教司公布的“2009年度人才培养模式创新实验区拟立项建设项目名单”；《室内装饰工程与施工工艺》课程获2010年黑龙江省精品课程；2007年、2012年先后有两项教学成果获黑龙江省优秀教学成果奖一等奖、二等奖。

2003年获批设计艺术学学科硕士点，成为黑龙江省第三个获批院校，2011年改为设计学学科，国家一级学科。该专业和学科有比较齐全的家具与室内实验设备和产品设计工作室以及产品摄影实验室。2012年9月，艺术设计（室内与家具设计创新创意）专业班开始招生，该班将与企业开展共建模式，培养具有极强动手实践能力及创新思维的优秀本科毕业生。

（二）教材建设

第1主编教材《建筑装饰材料与应用》与《环境艺术设计快速表现技法》在2014年获得教育部第二批“十二五”普通高等教育本科国家级规划教材书目；第1主编教材《中国传统家具文化》在2014年入选全国高等教育十二五规划教材；另有《家具设计学》《家具造型与结构设计》《家具造型设计》《家具设计》《室内与家具设计制图》《图案》《家具表面涂饰技术》《商业办公空间设计》及《明式硬木家具制造》等多项教材及专著出版。

三、软硬设施

东林是国内较早设立家具设计与制造专业的院校之一，在国内同类院校中具有较高声誉。调整为产品设计专业后，教学重点仍在家具与室内方向上，现有教师26人，实验系列专职教师3人，其中教授6人，副教授9人，讲师10人；教师中教育部教学指导委员会设计分委会委员1名，海蒂诗国际家具设计大赛评委1名，国内家具展国际家具评委2名，国家家具标准委员会委员2名，中国家具设计教育名师1名，黑龙江省美术协会环艺专委委员2名；黑龙江省室内设计学会副会长1名，黑龙江省室内设计学会设计专业委员会主任1名，陈设艺术委员会副秘书长2名；专任教师中具有博士学位的8人，具有硕士学位的17人；教师来源有英国威尔士大学、日本拓殖大学、意大利米兰理工、鲁迅美术学院、哈尔滨师范大学、吉林大学、燕山大学等，学缘结构优良，教学经验丰富。

四、校企合作

专业积极与企业建立联系，在与北京世纪京泰家具有限公司、北京忽视木业有限公司、青岛一木集团有限责任公司、广东东方家私有限公司、上海新冠美家具有限公司、哈尔滨佳福钢塑家具有限公司、哈尔滨好门面门窗有限公司、哈尔滨长城装饰公司、哈尔滨境朗环境艺术设计有限公司等家具及装饰企业分别签约建立了教学实习基地，为专业的实践教学环节提供了坚实的保障。多年来共建有校外实践基地 17 处。

有 6 名客座教授不定期来校，和学生进行交流与讲座，专业学生积极参加各类国内外设计比赛，累计获奖多次。目前，每年都有学生在国家级或省级设计大赛奖中获奖。学生每年都与欧洲及中国台湾院校进行互换交流活动，专业教师先后参加多次中韩设计师作品展等国内外美术及设计展，多次参与企业产品开发及政府、企业室内装饰设计任务。

五、就业走向

专业几十年来为全国家具及室内装饰行业培养了上千名优秀人才，他们在全国各地企业担当着企业负责人或技术主管，或独立创业，他们在各自岗位上发挥着自己的专业特长，为学校与专业赢得了荣誉。

本专业依托于设计学学科和木材科学与工程学科，招收与就业情况良好。全国家具企业有数万家，建筑室内外装饰企业十几万家。繁荣的家具与室内装饰行业，需要大量的家具与装饰专业人才。产品设计专业现每年招收 65 人左右，每年毕业的学生供不应求，就业率常年在 95% 以上。

六、未来规划

未来，产品设计专业将进一步优化教学体系，夯实专业实践基础；改革课程教学内容及方法，注重学思结合，完善工作室制度，更多采用实践互动、案例参与式教学。加强企业实践基地建设，通过对原有课程体系的整合重组，减少课堂教学学时数，增加实践课程的课时数，增加设计性、综合性和创新性的教学实践活动，鼓励学生参与实际工程项目的研究活动，支持学生参与“大学生创新性实验计划”等实际项目。

积极与行业协会联系沟通，加大专家到校讲座力度，聘请具有丰富经验的行业专家、企业家、高级工程师和国内外著名的教授、专家作专题讲座，以企业生产实际项目为教学载体，鼓励学生参加科研项目、大学生创新训练项目以及国内外相关家具设计大赛等活动。

联系方式

设计学科负责人：宋魁彦 邮箱：skuiyan@126.com

产品设计系主任：赵俊学 邮箱：zjxue@sina.com

地址：黑龙江省哈尔滨市香坊区和兴路 26 号

清华大学美术学院

一、学院概况

清华大学美术学院前身是中央工艺美术学院，创建于 1956 年。1999 年 11 月 20 日，中央工艺美术学院正式并入清华大学，更名为清华大学美术学院（以下简称清华美院），是中国艺术院校中实力最强影响最大的设计学院。

学院现设有九系一部，即艺术史论系、染织服装艺术设计系、信息艺术设计系、工业设计系、环境艺术设计系、视觉传达设计系、工艺美术系、绘画系、雕塑系和培训中心。上述各学科均具有学士、硕士学位授予权，设计艺术学和美术学具有博士学位授予权。

清华美院作为国内艺术设计学科最高学府，始终处于设计的前沿。学院许多专业与家具设计均有联系，其中关联较为密切的是环境艺术设计专业和工业设计专业。

清华美院的前身中央工艺美术学院早在办学初期就开设有家具设计课程，王世襄、林福厚、雷圭元等老先生都曾在中央工艺美院教授过家具设计课程。1984 年在当时的环境艺术设计系成立“家具设计专业”，学制三年，大专学历，每年招收 15 名左右学生。但当时中国的家具市场环境对家具设计的人才需求几乎为零，因此，虽为家具专业，所学课程涉及家具的却很少，学生毕业后也极少能够从事家具设计的工作，因此，1997 年环境艺术设计系取消了家具设计专业。

随着行业的发展和社会的进步，人们对于家具的需求从数量、质量型向审美型，文化型、设计型的个性化发展。中国的家具在经历了二十多年的高速发展后，逐渐完成了原始积累，企业需要转型升级，于是对家具设计的需求不断提高，社会上家具的自主设计品牌逐渐产生，对家具设计人才的需求也不断增加。鉴于此，2013 年 12 月由环境艺术设计系于历战副教授发起在清华大学美术学院成立“家具设计研究所”，专门从事家具设计的人才培养，设计研究，学术交流、社会实践、校企合作，展览推广、教育培训等工作。

二、教学、科研成果

清华美院本科生家具设计课程主要分为课堂教学、专业实习和参加展览三部分。本科学生课程的四年内家具设计教学主要有两次，分别为二年级的家具设计基础和三年级的家具设计，每次均为 32 学时。二年级结束后的暑期学期有一次家具制作的实习，为期三周。每年学生的家具作品还参加国内外的不同展览。学院教师参与申请了清华大学 SRT 项目，项目名称为：家具材料与构造，SRT 是大学生研究训练计划（Students Research Training，简称“SRT”计划），是针对在校本科生开展的科学研究训练项目，使更多的学生参与到家具设计的领域中，在课程的讲授和实践过程中不断加深对家具设计的理解与认识。在硕士研究阶段开设家具设计选修课程，供学生自主选修。在本校从事家具教学的同时，也积极开展国内外校际间的家具教学交流活动，进行家具设计的课程交流，学术讲座，联合培养等等。

清华美院有关家具设计的研究交流等活动始终在不断进行，2006 年 4 月清华美院首次受邀参加意大利举办的米兰国际家具展的设计部分“卫星沙龙”板块。之后至 2015 年 4 月的 9 年间，除 2014 年，清华美院忙于 2015 年米兰世博会设计未去参展外，始终不断的参加米兰家具展或同期举行的米兰设计周的展览活动。促进了清华美院家具设计的发展，提升了家具设计水平，加强了与国际设计类院校在家具设计领域里的交流，开阔了学生的视野，不断更新现代家具设计的观念，同时也提升了清华美院家具设计的影响力。

除了国外参展外，从2014年起，清华美院还参加了每年3月在广州举办的广州家具博览会，2012年9月起，参加在上海举办的上海国际家具展。

2013年11月在中国家具协会，中国工业设计协会的大力支持下，清华美院成功主办了《首届“境”国际家具设计学术论坛暨家具设计展》，活动邀请了众多国内外家具设计界的专家、教师、设计师在清华美院共同研讨家具设计的相关议题。

另外，随着家具行业的迅速发展，对家具行业人才的需求量不断增大，学院对家具设计专业也越来越重视，环境艺术设计系于历战副教授及系领导于2015年精心设计并筹划了“家具设计高级研修班”(www.fdri.org.cn)，通过家具设计的高端培训传达清华美院设计理念，传承清华美院优良传统，整合国内家具行业优质资源，培养家具设计人才，发现设计精英，培养行业领袖，搭建顶级家具交流平台，开拓专业视野，拓展职业空间，促进设计与产业结合，推动行业发展，提升整体设计水平。

三、软硬设施

环境艺术设计系从事家具设计教学、研究的骨干教师有于历战副教授和刘铁军副教授。于历战副教授主要从事现代家具设计研究，人类行为与家具设计研究，是清华美院家具设计研究所的所长。刘铁军副教授主要从事传统家具研究，兼任工艺美术协会明式家具委员会副秘书长。

清华大学艺术与设计实验教学中心为校级实验教学中心、清华大学一级实验室，由美术学院管理和建设。中心承担美术学院1100余名本科生，近800名研究生以及学校艺术素质课程的实验教学、科研和创作实践，现为北京市实验教学示范中心和国家级实验教学示范中心建设单位。其中，与家具设计相关的工房有木工实验室、金工实验室、纺织与面料实验室等。其中木工实验室是家具设计教学的主要场所，拥有木工机具二十余台（套），拥有激光切割机等先进的机械加工设备。主要面向清华美院的本科生、研究生开放，并向全校其他院系开设艺术选修课程。同时接受社会课题研究项目及本科生科研训练计划项目。

四、校企合作

目前学院已与浙江省喜临门家具股份有限公司、广东华颂家具集团建立了较为稳定的合作模式，为学生提供了良好的专业实践教育基地，参加展览竞赛活动的机会以及奖学金等。

五、就业走向

目前学院研究生、本科生就业情况理想，由于学生较少，专门从事家具设计的毕业生更少。环境艺术设计系的毕业生中本科生大部分在本校或出国继续攻读研究生。学生就业主要分布在国内高校的相关设计专业、建筑设计类院所、私人设计事务所，也有部分同学选择自主创业，或者在文化产业作为自由职业者，获得了较强的社会影响力。

六、未来规划

为构筑和完善中国特色家具教育体系，持续建立当代设计理论与实践复合型人才培养基地，打造中国设计研究和文化创新高地，铺筑国际艺术设计交流的高端平台。

清华美院将不断进行家具设计的专业建设，完善家具设计的各类课程，开设更多的家具设计相关课程。继续参加各类与家具相关展览、研讨、交流等学术活动，促进家具设计学术水平的提升。推进社会性的专业家具设计培训，提升家具设计的高端社会教育。不断加强与相关企业的合作与沟通，促进教学与实践相结合，为家具设计的转化创造更好的条件。

联系方式

清华美院家具设计研究所

地址：北京市海淀区清华大学美术学院B座B347

电话：010-62798056

邮箱：yulzz@163.com

网址：www.fdri.org.cn

中央美术学院

一、专业概况

中央美术学院设计学院第九工作室于 2000 年建立，从属设计学院，是导师工作室制的教学机构。培养对象为设计学院大三以上产品专业学生和三年制硕士研究生，每年接收 10 ~ 15 名本科生，2 ~ 3 名硕士研究生，若干名进修生和学者访问。

第九工作室一直站在国际设计教育前沿，关注当代全球设计观念的发展，从理论到实践探索和推行当代具有中国本土特色的设计文化，旨在创造合理的生活和生存方式，遵循人与自然和谐共存的造物理念，基于本土地域性生态资源与人文环境的特点，探索当代我国社会和人文需求的绿色设计方法和教育体系。多年来，以实验性、前瞻性和可持续发展与产品开发作为设计教育的方向，在实验性家居产品的设计中取得了一定的成效，已得到国内外社会、高校与设计界的一致好评。

二、教学科研成果

先后以设计教育为出发点，策划举办过 1997 年《椅子设计展》；2002 ~ 2014 年第 1 ~ 6 届《为坐而设计》大奖赛及系列国际知名设计师作品展；2003 年与日本设计中心合作举办《再设计——21 世纪生活用品再设计展览》北京站巡展；2003 ~ 2005 年与中国家具协会共同主办第 1 ~ 2 届《中国实验家具设计展》等大型系列的国际设计大赛和展览，在国内、国际业界产生了非同凡响的学术影响力。

第九工作室长期与国内外一流设计院校及国际设计师保持密切的联络与合作。国际成果展：2007 年与德国国立卡尔斯鲁厄设计学院合作课题成果展；受邀 2007 法兰克福国际消费品——“趋势”博览会的主题展《竹藤》；2009、2012 年受邀米兰国际家具展卫星展区展出“中央美术学院第九工作室家具及产品设计展”；2010 年上海世博会与伦敦零碳建筑设计研究中心合作展出“零碳家具展”等。从 2007 ~ 2015 年期间，第九工作室的师生设计作品先后在德国、意大利、英国、日本、韩国、波兰等国家展出，近 10 年之间代表中国当代原创设计，不断登上国际设计界的专业展示舞台，赢得国际对中国当代设计的关注和尊重。

第九工作室还承担一些政府和国家设计项目，如 2008 北京奥运 08 办委托的国家项目，对城市家具（道路公共设施）设置的调研、制定规范标准、提出示范性设计提案等；与相关企业如曲美家具、荣鳞世家等合作研发创新性设计课题，具有完整强效的产品开发与教学研究能力，同时与专业生产企业建立了设计与教学研究的若干教学实习基地。

2014 年 1 月，在中央美术学院成功举办第 6 届“为坐而设计”展　“坐与长者”竞赛，取得圆满成功。

三、软硬设施

师资方面，江黎教授为工作室导师，专业基础任课教员 8 名，其中外籍教授 2 名，副教授 2 名，讲师 2 名，外聘讲师 2 名。

四、就业走向

本科就业主要方向：家具企业、自由设计师、继续在国内国外专业院校读研。硕士就业主要方向：院校教书、家具企业设计师、自主创业、自由设计师。

五、未来规划

继续保持在学术上的制高点，持续探讨本土文化传承与国际前沿设计思潮共融的教育方法，坚持一贯的教学特点和学术主张，走自己路，创自主牌。

联系方式

联系人：江黎

联系电话：010-64770686

邮箱：jiangli@cafa.edu.cn、389535481@qq.com

网站：www.d9design.com

福建农林大学

一、专业概况

福建农林大学艺术学院是具有鲜明特色的教学研究型学院，下设产品设计系、环境设计系、视觉传达系、动画系。学院室内与家具设计方向可追溯到1993年的装潢专业（专科），1997年开始招收家具与室内设计专业（工科），1999年由于国家调整，专业停招，2000年开始招收艺术设计（本科），2001年开始设置室内与家具设计方向，2013年设置产品设计专业。

产品设计专业围绕着家居产品设计方向为主轴进行相关专业课程的制定。培养具备坚实专业基础、较强专业技能和创新能力、良好专业素养和职业道德，能在家具设计、日用品设计、陶瓷产品设计、室内外灯具设计等产品设计企业的工作专业特色人才，同时培养在教学科研等单位从事家居产品创新设计、研究、策划、管理等方面工作的应用型、复合型、创新型复合人才。

二、科研成果

产品设计专业已有稳定的竹木家具、户外家具、木塑家具、陶瓷家居的设计与开发以及家具设计评价等研究方向，并已在某些研究领域取得了突出成就。研究领域综合性强、区域地带性特色显著，特别是竹木家具的设计与开发、家具设计评价等方向的研究处于国内领先地位。

近年来，学院先后承担并完成福建省部级科研项目10多项，获省部级等部门奖10余项（含设计奖），鉴定验收成果1项，专利10多项（其中实用新型专利1项、外观10多项）。出版本专科和研究生专业教材及专著20多部，在国内外有较高影响的专业杂志上发表学术论文近100余篇。

产品设计专业学生近5年在国内外举办的家具设计大赛中，获得金奖4项、银奖4项、铜奖12项，优秀奖50多项，其他奖项50多项，共计130多项，获得国家级大学生创新性项目4项、省级大学生创新性项目6项。

三、软硬设施

学院现有教师8人，其中教授1人、副教授4人。教师毕业于厦门大学、福建师范大学、南京林业大学、中南林业科技大学、福建林学院学等高校。学院拥有海西家具技术中心、海峡西岸艺术设计与文化中心、工艺制作室、人体工程学试验室、漆艺试验室和陶瓷产品试验室等。

四、校企合作

产品设计专业同福建金牌、国辉工贸、好事达和浙江义乌林产品开发中心等地的家具与家饰企业建立了产学研合作关系。坚持高校理论教学与企业实践培训相结合，为福建家具工业和饰品工业全方位、多角度地培养了一批优秀知识型实干人才。在新产品设计开发、新材料应用、新工艺研究、教学实习和人才培训等方面开展了卓有成效的合作。

五、就业走向

学院毕业生的就业前景良好，不仅可到相应的企事业单位就业，而且可在本校继续深造或出国留学，每年毕业生就业率均为100%。室内与家具设计专业方向已培养9届本科毕业生（2届专升本），共计400多名。其中，90%以上学生在室内设计公司、装修公司、家具、橱柜制造以及家具设计公司就业，部分学生毕业后在教学单位、政府部门及其它企业工作。毕业生分布在全国10多个省市，主要集中在福州、厦门、上海、深圳、长沙等地。

六、未来规划

福建农林大学产品设计专业在福建省内特色明显，在发挥优势研究方向同时，结合海峡西岸文化特色向家居产品设计方面拓展，如漆艺产品、竹艺产品等。立足于“为人的居住生活而设计”的办学理念，朝着与人们居住生活密切相关的工业产品和家居产品（包括漆艺、陶艺）设计方向拓展。

联系方式

地址：福建省福州市上下店路1号，福建农林大学艺术学院产品设计系

电话：0591-83720621

传真：0591-83720621

邮箱：chenzujian99@aliyun.com

官网：http://fjsjjxh.com/

浙江农林大学

一、专业概况

浙江农林大学工程学院的木材科学与工程（室内与家具设计）专业以浙江省一级学科林业工程和国家木质资源综合利用工程技术研究中心为依托，是学校极具特色的专业之一。它以室内设计、家具设计和制造为核心，集自然科学、人文与艺术于一体，将设计、材料、技术、工程、科学、艺术等紧密结合，培养学生掌握室内与家具设计基本理论与技能，加强文化与创新设计能力，能够从事家具设计与制造、室内设计与装饰工程、室内与家具企业管理与营销、相关科学技术研究与教学等方面的应用型专门人才。

二、科研成果

近两年来，完成省部级等各类科研项目30余项，到位科研经费300余万元，主要承担家具家饰类国家标准、行业标准的制修定项目、浙江省科技厅创新团队项目和公益项目等；教师发表学术论文40余篇，主编、参编教材20余部；指导学生获各类设计大赛奖460余项，教改项目“产学研用协同培养专业人才的探索与实践”获浙江省教学成果一等奖。

三、软硬设施

木材科学与工程（室内与家具设计）专业于1997年开设，设有浙江省内唯一的家具设计与工程硕士点，教学条件和师资力量较强。本专业有承担主要课程的教师25人，其中教授3人，副教授7人，博士7人，硕士生导师10人，其中5人有日本、加拿大、美国等国留学经历。目前在校本科生600余人，在校研究生50余人。

该专业目前建有“家具家饰创新训练中心”、“产品模型制作室”、“CNC数控加工中心实验室”和“家具质量检测”等10个实验室。实验室总面积为1200m^2，设备资产520万。同时，建有各类学生创新创业基地5个，每年接收、培养在校学生100余人。

四、校企合作

木材科学与工程（室内与家具设计）专业注重“产、学、研”协同人才培养模式的探讨。近年来，专业通过各种渠道与地方、行业、企业等建立设计实践创新平台，已经初步构建起了“开放、集成、高效”的内外部协同人才培养机制。

首先，依托地方政府的出资和场地提供，在家具企业相对集中的区域建立创新设计服务中心，由教师带领团队入驻，深入地方企业服务。现建有安吉博士工作站（竹家具和转椅产业）和玉环家具科技创新中心（古典家具）等5个不同门类的科技创新中心和孵化基地。其次，联合知名企业在学院开设创新训练基地和“校企实践班”，以培养学生设计与创新能力。如办公家具方向开设“震旦班”和“圣奥班”，民用家具方向开设“莫霞班”，户外家具方向开设“炬日班”，室内设计方向开设“紫蝶班”等。学生进入“校企实践班”由企业和学校共同制定培养方案进行联合培养。再次，加强与家具行业协会的合作与交流，积极参与行业协会的事务中，将人才培养与行业协会的优势进行结合，拓展设计实践，构建协同培养体系。

五、就业走向

本专业毕业生从事家具设计与制造、室内设计与装饰工程、室内与家具企业管理与营销等相关科学技术研究与教学方面的工作，近三年来，毕业生就业率高达99%以上。学生也可选择继续考研或出国深造，对应的专业主要有工业设计、设计学以及木材科学与技术等专业，现今美国、加拿大、意大利、英国等高校相关专业均有我校毕业学生。

六、未来规划

随着人们生活水平的提高，人们对家具及家居产品的需求日益多元化和个性化，我们需要结合社会需求进一步提升本专业的办学质量，围绕本专业的办学特色，进一步深化和完善“产、学、研”协同人才培养模式，力争把本专业办成家具家饰行业国内一流、与国际接轨的教学与科研基地。

联系方式

联系人：李光耀、余肖红

地址：浙江省临安市环城北路88号浙江农林大学工程学院工业设计系

电话：0571-63743206、0571-63748785

传真：0571-61062735

邮箱：yuxiaohong@zafu.edu.cn

官方网址：http://gc.zafu.edu.cn/index.asp

山东工艺美术学院

一、专业概况

山东工艺美术学院应用设计学院成立于2003年，是学校成立最早的二级学院。学院于2004年开始招收家具设计专业本科学生，专业设立以来紧紧围绕“实践教学型”的总体定位，以培养应用型和实践型家具设计人才为目标，凸显家具设计专业教研工作的实践特色。在遵循学校“科学精神、人文素养、艺术创新、技术能力”办学理念的基础上，坚持以培养技能创新型职业能力为本位的艺术设计应用人才为导向，通过教学改革和科研创新努力实现“职业性、技能性、适应性和创新性”的教学特色。

二、教学科研成果

十年来，学院教师完成国家社科课题1项；省级科研立项项目6项；校级科研立项项目10项；出版专著、教材20余部；在国内外有较高影响的专业杂志上发表学术论文100余篇；获山东省高校优秀教学成果奖7项（一等奖一项、二等奖二项，三等奖四项）；校级优秀成果奖4项；教师获奖作品100余件，其中第十一届全国美展入选作品2件，第七届中国体育美术作品展览优秀作品1件，在庆祝中华人民共和国成立60周年美术作品展中，学院有15件作品获奖（其中一等奖2项、二等奖3项、三等奖1项）；获得国家外观设计专利13项。

学院与各专业协会合作举办各类设计大赛，或组织学生参加国内外各项设计竞赛，将竞赛课题融入课堂教学。学院学生设计作品多次获得“金斧”、“新鲁班”、“红古轩”、“永安竹家具”等全国家具设计大赛金奖，各类设计竞赛中有120项获得优秀或入围奖。学院多次获组委会颁发的最佳组织奖，多位教师获得最佳指导教师奖励。

三、软硬设施

应用设计学院拥有一支教学科研创作水平较高、结构合理、综合素质优良的师资队伍。现家具教研室有专职教师8人，包括教授1人，副教授5人，讲师2人，其中具有博士学位的教师3名。学院还从企业聘请一批技工作为兼职教师，进一步充实和强化专业教师队伍，满足专业教学的需要。

为配合实践教学改革，学院建设了应用设计综合实验中心。中心先后建成实木家具实训实验室、板式家具实训实验室、木作工艺实验室、涂饰工艺实验室。实验室管理制度完善，全年开放运行，满足了分层次的实践教学的需要。

四、校企合作

学院分别与广州欧林家具有限公司、深圳拓璞设计有限公司、天地儒风家具有限公司、U+家具有限公司等企业进行校企合作，对学生进行订单式培养。山东工艺美术学院设有家具研究所，研究所先后为国内家具企业设计开发新产品上百套。家具研究所参与了2010年上海世博会山东馆的设计、搭建、运营工作；2012年参与韩国丽水世博会山东活动周的展览、设计、施工、运作等各项工作。

五、就业走向

目前该专业已培养本、专科毕业生700多人，主要就业走向是考取知名高校研究生、出国留学、应征入伍、自主创业、进入企业，历年总就业率均达98%以上。学生专业就业质量不断提高，就业区域逐步从省内家具企业扩展到珠三角、长三角知名设计公司、家具企业。

六、未来规划

学院将不断提升教师科研能力和创新水平，紧密结合社会对人才的需求点，完善优化教学体系，实现由培养知识应用型人才向培养知识应用与实践能力俱佳的综合性人才转变。

联系方式

地址：山东济南千佛山东路 23 号
电话：0531-82619540，82619446
官网：http://www.sdada.edu.cn/yys/

顺德职业技术学院

一、专业概况

顺德职业技术学院家具设计与制造专业筹建于 1997 年，并于 1998 年开始招生，是依托顺德“两家一花”支柱产业发展起来的。本专业是首批国家级教育改革试点专业，先后获得国家级高等教育教学成果二等奖 2 项、广东省教学成果一等奖 2 项，拥有 2 门国家精品课程；专业师资队伍雄厚，现有“国家级教学团队”1 个，国家级教学名师 1 人，省级教学名师 1 人，教授 3 人；先后编写出版 1 本人才培养方案和 10 多本家具专业核心课程教材，供全国的高职专业及本科专业使用；获得国家专利 32 项；为企业开发新产品 1000 多件；学生累计获奖 300 多项，其中包括金 30、银 38、铜 55，并成为继清华、广美后，参加意大利米兰国际家具博览会“SaloneSatellite”的唯一高职院校。本院校也是全国唯一“家具设计专业”与“家具制造专业”并驾齐驱协同发展的院校，这对服务家具行业，满足社会人才需求奠定了很好的基础。

目前设计学院在校生有 1500 名，其中，家具设计与家具工艺专业学生共有 450 名。师资都来源于清华大学、湖南大学、南京林业大学、江南大学、广州美术学院等，基于高职的人才培养需要，教师都是双师型，既能教学，也具有非常扎实的实践能力，可以带领学生深入企业服务。

二、人才培养模式

家具设计与制造专业群以国家重点培育院校建设成果为基础，进一步深化了“项目载体、任务驱动”的人才培养模式与课程体系改革(如图 1 所示)，进一步加强了师资队伍和实验实训条件建设，进一步密切了校企合作，建成了家具设计与制造专业国家级教学团队。通过建立“专业设置与行业产业、人才培养规格与职业资格、学生学业与社会职业”紧密对接的“政、校、行、企”办学机制，实施“项

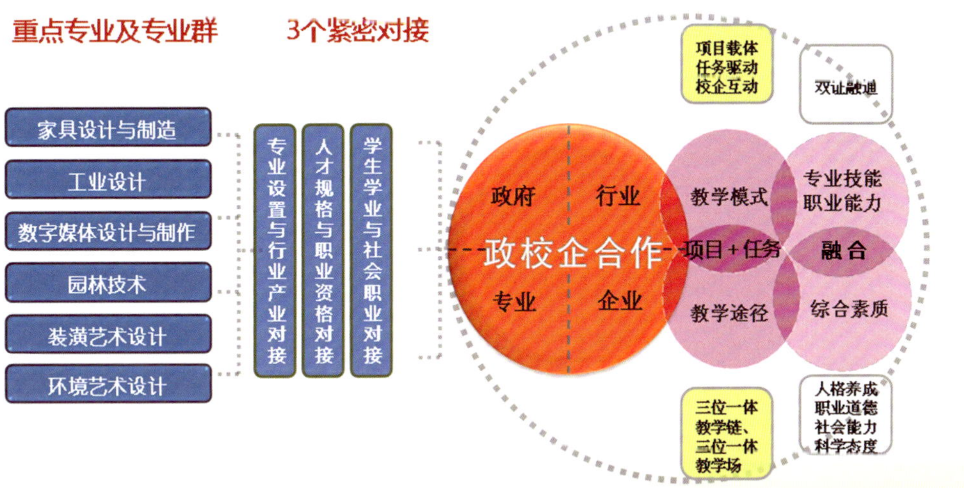

图 1　创建和实施了“项目载体、任务驱动”的人才培养模式与课程体系改革

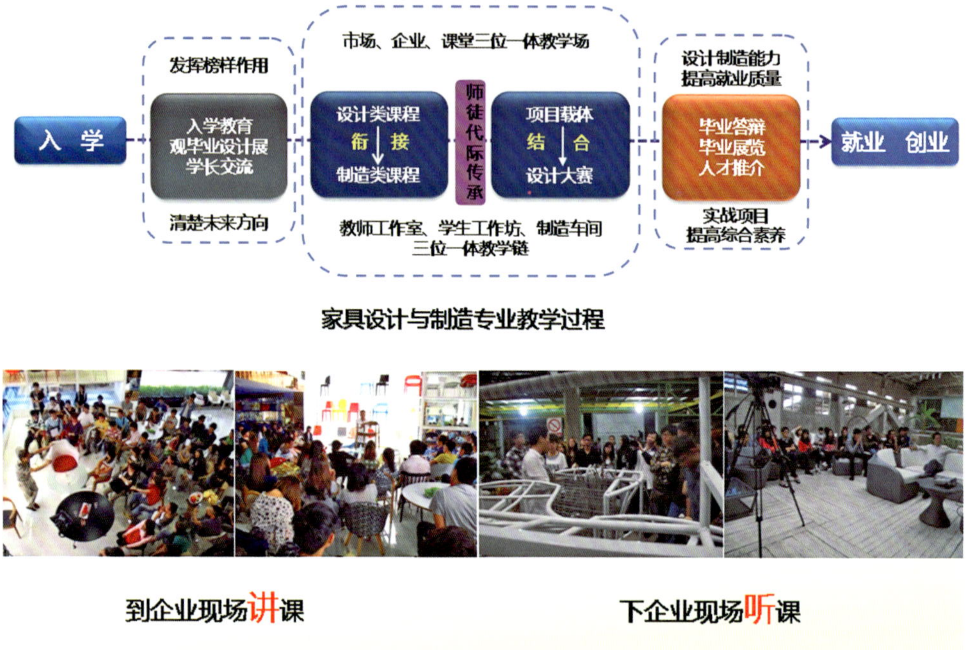

图 2 教学采用“三位一体”的教学场和“三位一体”的教学链人才培养方法

目载体、任务驱动”，通过“三位一体”的教学场和“三位一体”的教学链培养人才（如图 2 所示），提高学生的专业能力、职业技能以及综合素质，进而提升学生的就业质量和创业能力。在课程改革方面，融“设计”与“制造”课程内容为一体，培养学生“上天（设计创新）、落地（方案实现）”的能力，以岗位能力和实际工作流程需求出发优化教学内容。在就业方面，通过“三位一体”毕业设计教学模式提升学生就业质量。毕业设计是检验学生专业能力的实战型综合课程，也是检验人才培养质量的试金石，更是学生通向就业岗位的敲门砖。

三、科研成果

家具设计与制造专业群开展了《家具包装通用技术要求》等 6 项家具行业内首创的国家行业标准起草项目，并都已经发布实施；承接了连续 4 年三届“龙家具创意设计大赛”项目，在行业内产生了较大的影响力；承接了与家具企业的产品研发和企业咨询项目 60 余项、到账经费超过 400 万元；专业教师中有 36 人次在行业和企业兼职，并担任主要职位；本专业老师在行业里进行了数百场专业培训，尤其在家具定制的模式和相关技术方面的培训在行业里产生了较大的影响力，培训人次达 2 万人以上；发表文章 300 多篇，出版有影响力的教材十几部。指导东莞职业技术学院、中山职业技术学院、广州仲恺农业工程学院、龙江职业高中、大岭山职业高中、浙江安吉职业高中的家具设计专业建设工作，获得广泛赞誉。

四、软硬设施

设计学院现有教职工 56 人，其中教授 7 人、副教授 16 人，教师中有博士学位的 5 人、硕士学位的 40 人，大多数教师是从美国等国家留学回国和国内一线设计院校毕业的硕士。

家具设计与制造专业拥有“广东家具制造工程技术开发中心”、“广东家具制造工程与装备数字化技术协同创新发展中心”、“广东家具创新设计与制造政校企协同育人基地”等 3 个省级科研及育人平台。还拥有 5000 多平方米的实训室，设备投入近 800 万元，建有板式、实木、涂装和软体制造车间，实现了制作各类家具的软件和硬件设备设施。设计学院建成了国内领先的家具设计国家级教学团队，并于2012年通过国家验收，成为团队建设的标志性成果。

五、校企合作

设计学院同广东、浙江、上海、河南和江西等地的许多家具与家饰企业建立了产学研合作关系，建有近30个校地、校企长期合作的实习基地，在新产品设计开发、新材料应用、新工艺研究、教学实习和人才培训等方面开展了卓有成效的合作。尤其在广东省，与顺德、中山、南海、东莞、深圳、惠州等地的定制家具企业、红木家具企业、户外家具企业、办公家具企业、民用家具企业等都建立了长久、深入和密切的合作，多位教师担任家具企业的设计总监和高级顾问。

六、就业走向

家具设计与制造专业学生就业遍布珠三角地区、长三角地区和环渤海地区。2010～2014年学生就业率均为100%，其中家具设计专业就业起薪点高出全国示范校平均水平700多元。许多优秀毕业生在毕业后成为企业的中坚力量，毕业生很多担任珠三角一些优秀家具企业的高管，如担任“广东尚品宅配集团”工艺总监，“顺德斯帝罗兰家具有限公司”的设计总监，“东莞菩提树家具公司”设计总监，“顺德中泰办公家具公司”的销售总监，“东莞兆生办公家具公司”的设计总监等。近些年，许多毕业生在广州，深圳和东莞以及江西南康等地创办设计公司，受到了行业的认可。总之，本专业的毕业生，在全行业得到了广泛的认可，在同专业的高校毕业生中具有强劲的竞争力。

七、展望未来

秉持“立足产业、国际视野，前沿技术”的人才培养标准，探索创新“政、校、企”合作机制，建立“商、产、学、研”办学模式，围绕“引领行业人才培养”的中心任务，以“数字化设计与制造”为核心，整合设计学院及行业优质资源，为行业优秀企业和设计公司，培养具有前瞻性思想，前沿性的知识和技能的专业设计与制造人才，为行业的升级转型和可持续发展提供智力资源和人才保障。

联系方式

地址：广东省佛山市顺德区德胜东路
联系人：刘晓红
电话：0757-22328924
邮箱：707361801@qq.com
官方网址：http://sdpt.com.cn

江苏农林职业技术学院

一、学院概况

江苏农林职业技术学院创建于1923年，是一所国有公办全日制普通高校，也是江苏省唯一的农业类国家示范性高职院校。学院坐落于句容市城区，占地面积3563亩，建筑面积47万多平方米，设有8个系59个专业（方向），在校生13000多人，已成为以农林专业为特色的多学科、综合型高等职业技术学院。学院2007年跻身于国家百所示范性高职院行列，2009年被教育部评为全国毕业生就业工作先进集体，2010年被教育部、农业部确定为全国职业院校技能大赛农业技能大赛固定比赛基地，2011、2014年相继成为国家教育部50大教学资源库建设项目的领军学校，2014年成为中国现代农业职业教育集团理事长单位。全国人大常委会副委员长周铁农、全国政协副主席罗富和、时任教育部长周济、农业部长孙政才、近三任省委书记、省长都先后到学院视察指导工作。教育部鲁昕副部长要求学院“要做全国农业职业院校的领头羊”。

江苏农林职业技术学院“家具设计与制造”专业于2007年首次招生，现有“家具设计与制造”和“木材加工技术”两个专业方向，为江苏省高职高专院校特有专业。有在校生192人，致力于培养“有文化、懂技术、能制作、擅长设计”的高级技术技能型专门人才。经过长期的探索与实践，创新了“三位一体”工学结合人才培养模式、“三段六步”专门人才培养模式、“三依托三结合”“双师”培养模式，形成了产学研创并举的办学特色。

二、教学成果

- 家具设计与制造专业2014届毕业生戴金鑫、2015届毕业生王妍荣获“全国林科十佳毕业生”称号，徐至立等3人荣获“全国林科优秀毕业生”称号；
- 2013年5月参加全国职业院校林业职业技能大赛，2组参赛选手分别获得板式家具设计与组装赛项第1名和第3名，饶鑫荣获优秀指导教师奖；
- 2014年参加第九届“发明杯”全国高职高专创新创业大赛，作品《纸在我家》获得发明制作类二等奖，杨静荣获优秀指导教师奖；
- 2012年参加江苏省第二届大学生创新创意创业大赛，作品《点“木”成金》获得二等奖，饶鑫荣获优秀指导教师奖；
- 先后组织学生参加“大岭山杯”金斧奖中国家具设计大赛、国际（永安）竹具设计大赛、“轩红坊杯”新中式红木家具创意设计大赛等设计比赛，成绩优秀，获得“优秀组织奖”、“优秀指导教师奖”等。

三、软硬设施

（一）师资力量

现有专任教师12人，其中教授1人，副教授

师资队伍组成

项目	专任教师						兼职教师		
	总数	高级职称	中级职称	初级职称	硕士以上	双师	总数	行业专家	能工巧匠
人数	12	3	7	2	11	10	10	5	5
比例(%)		25	58.3	16.7	91.6	83.3		50	50

2 人，硕士及以上学历达 91.6%，“双师”比例达 83.3%，行业企业兼职教师 10 人。

（二）硬件设施

以实现“图纸—模型—实物”构建实践教学体系，已建成手工制图实训室、CAD 实训室、效果图制作实训室、家具设计实训室、家具结构实训室、模型制作实训室、家具制造车间、木工坊等实践空间，可以满足家具设计、模型制作、家具制造等课程技能训练和木工、精细木工等工种培训考核的需求。已有 36 家家具企业作为校外实训基地，满足课程见习和顶岗实习的需求。

四、校企合作

- 2014 年 6 月与亚振家具股份有限公司签订合作办学协议，双方共同制定《“亚振班”管理办法》。首届“亚振班”共选拔 17 名学员，配备校、企两位班主任，已组织学员参加暑期见习、每月 1 次共计 10 课时的规划课程学习，第六学期在亚振家具顶岗实习；
- 2015 年 1 月与亚振家具股份有限公司签订《校企合作共建木材加工技术专业订单班协议》，探索“双主体育人、双导师教学、入校即入厂”的现代学徒制办学模式，培养“有文化、懂技术、会管理”的现代家具制造人才。已组织校企双方代表对报考江苏农林职业技术学院 2015 年木材加工技术专业的学生进行面试，双方将共同制定人才培养方案；
- 2015 年 4 月与北美枫情木家居有限公司签订合作办学协议，双方共同制定《“北美枫情班”管理办法》，组织选拔 20 名学员；
- 2011 年 12 月与江苏省家具行业协会签订合作协议，开展家具设计师（三级）职业资格认证工作。已对 157 名学员进行了家具设计师职业技能培训鉴定考核；
- 2014 年 11 月与扬州汇川成套设备有限公司签订合作协议，共同开办木工培训班，木工坊硬件已全部配齐；
- 2014 年 10 月与加拿大纽布伦斯威克大学（UNB）就两校“3+2”本科培养计划及“3+2+1”硕士培养计划进行了深入探讨，达成了合作共识。

五、就业走向

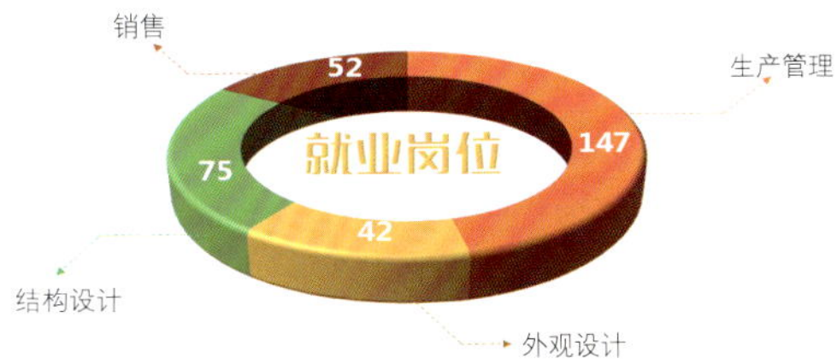

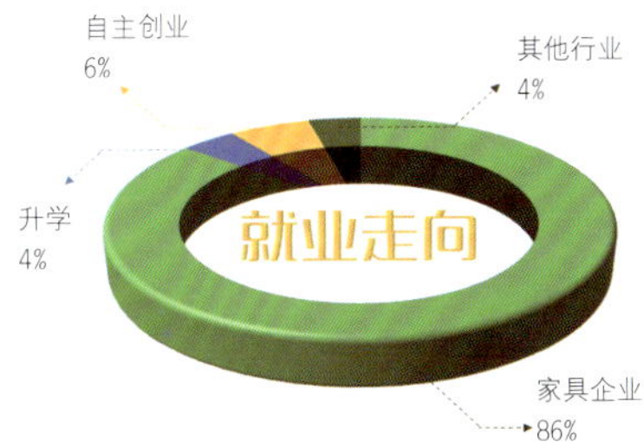

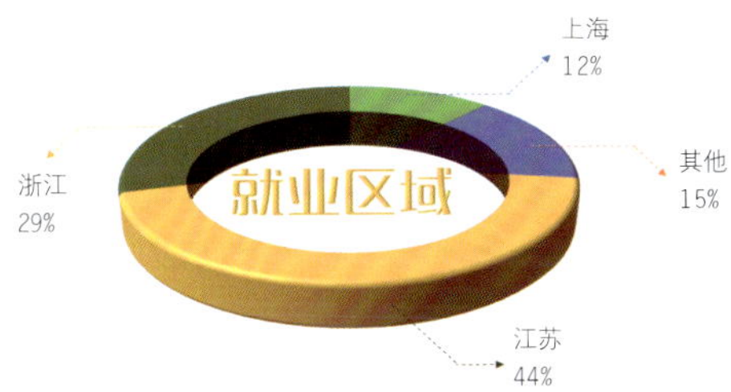

六、未来规划

依托行业协会，与国内一流家具企业深度合作，推进家具行业现代学徒制人才培养模式的形成；建成国内领先的家具制造教学工场；开发“互联网 +”时代的教学资源；打造具有国际视野的教学团队；构建创新创业教育平台；提升科研与社会服务能力。

联系方式

联系人：饶鑫
电话：0511-87290707
传真：0511-87290707
邮箱：raoxin_1983@163.com
官方网站：www.jsafc.net

四川国际标榜职业学院

一、学院概况

（一）学院概况

四川国际标榜职业学院是2002年4月经四川省人民政府（川府函【2002】105号）批准、教育部备案，直属四川省教育厅领导的一所全日制普通高等职业院校。学院现有17个专业，共34个专业方向。现有在校高职学生5000多人。

学院内建有完善的7大实训基地共66个实训室，能保证每个专业实习实训的需求。2009年，中央财政支持的"国家计算机应用与软件实训基地"在学院建立，成为服务学院专业建设和中国西部的人才培养基地。2007年，学院接受国家教育部人才培养工作水平评估获得优秀，成为四川省唯一获得优秀等级的民办高校。2012年被评为"四川省示范高等职业学院"。

（二）家具设计专业特色

四川国际标榜职业学院家具设计与制造专业坚持"培养创新型人才"的办学理念，在传承、弘扬传统家具文化的基础上进行创新型人才培育，在唤醒学生自由独立思考的同时，复兴动手智慧，进而将技术与艺术、设计与生活相结合。

专业不断深化教学改革，转变教学运行机制，提高师资水平及教学质量，坚守"以美提升人生命质量"的信念，立足成都及周边的家具产业，提升人们对居家生活美的人文情怀，服务区域经济、推动行业发展。

二、科研成果

家具设计与制造专业所获成果如下表所示。

家具设计与制造专业所获成果

序号	成果名称	等级及签发单位、时间	专业参与教师
1	川西民间家具的研究	四川国际标榜职业学院与南京林业大学联合课题 2008～至今	王加祎、郭颖艳、毛茅、方桃
2	《四川传统民间家具装饰图案的地域特色研究》	《家具与室内装饰》2012年（10）	王加祎
3	《川西民间座椅类古旧家具的品种和用材》	《家具与室内装饰》2010(10)	王加祎
4	《新型圆竹家具结构研究》	国家专利　2009	杨凌云、郭颖艳、王加祎、方桃
5	《开放型校内实训基地建设模式的研究》	四川省教育厅人文社会科学重点研究基地项目2011～2012	郭颖艳、方桃、王加祎
6	资源共享型高职实训基地建设模式的研究与应用	四川省高等教育"质量工程"子项目 2011～2012	方桃、王加祎、郭颖艳

三、软硬设施

专业拥有家具设计工作室、古家具修复工作室、涂装实训中心、校办家具工厂、成都标榜川西古典家具博物馆、省级家具设计专业校内综合实训基地等教学资源群。初步形成了一个功能齐全，设施完善，产、学、研相结合的现代教学实训中心。

四、校企合作

学院先后与全友家私、掌上明珠家私、双虎家私、南方家私、华润涂料、千川木业等行业知名企业共建行业高端人才孵化中心；与四川省家具行业商会战略联盟，共建“四川省家具行业商会中小企业服务中心”；先后与企业共建“华润涂装技能培训中心”、“铭龙数控加工中心”等；2010年，被中国家具协会、中国轻工业职业技能鉴定中心授予“中国家具行业职业技能培训基地”。

五、就业走向

毕业生主要在家具企业、设计公司、行业协会、室内设计与装饰企业、房地产开发公司等企业，从事家具产品设计、定制家具设计、家具结构与工艺设计、家居陈设设计以及家具企业生产管理、质量检测、销售等工作，有部分学生选择了在家具行业自主创业，如创建定制家具工厂，自主设计研发家具产品等。毕业生就业区域主要集中在成都、重庆及周边地区，部分在北京、广东等地。

六、未来规划

四川国际标榜职业学院是一所私立大学。未来将一直服务人们对美与健康生活的需求，学习先进的教育理论，基于中国社会现实，协助每一位求学者获得生存与发展的能力并惠及社会，与时俱进的成为中国同类型同层次高校中一流、国际知名、博雅精专的高等职业学院。

家具设计专业将致力于培养能从传统文化与现代生活的差异中理解当下生存境况的设计师，在唤醒自由独立思考的同时，复兴动手智慧，进而将技术与艺术、设计与生活相结合，对日常的设计能批判性地理解、分析，并能以执着的精神去实现梦想；注重培养有完善人格的人才，重视人与自然和谐关系的价值观，重视健康和快乐的生活观，重视思想的创见与劳作实践、个人性情与集体协作精神的平衡，对人生道路的选择具有自主判断力。

联系方式

地址：四川省成都市龙泉驿区阳光城同策路3号

联系电话：028-84835619-8263/028-84836850

院办传真：028-84835163

联系邮箱：30150294@qq.com

网址：http://www.polus.edu.cn

11 五届五次理事会

THE FIFTH SESSION OF THE FIFTH COUNCIL

2014 年 12 月 4 日，中国家具行业年会暨中国家具协会第五届五次理事会在北京人民大会堂隆重召开。每年一度的行业年会都聚集了全国各地的行业优秀企业家代表及相关机构代表，是中国家具协会乃至中国家具行业的最高级别会议。本次大会上，经各地协会推荐和企业自荐，148 家企业成为了中国家具协会理事单位，8 家单位成为中国家具协会常务理事单位。截至目前，中国家具协会第五届理事会共有理事单位 1053 家，其中理事长 1 名，副理事长 125 名、常务理事单位 253 家、理事单位 674 家，特邀副理事长 4 名、特邀常务理事单位 34 家。

2014 中国家具行业年会暨中国家具协会第五届五次理事会在北京召开

会议现场

2014 年 12 月 4 日，中国家具行业年会暨中国家具协会第五届五次理事会在北京人民大会堂隆重召开，中国轻工业联合会会长步正发、民政部民间组织管理局副巡视员赵泳、国资委行业协会联系办公室副主任张涛、中国家具协会理事长朱长岭、副理事长刘金良、副理事长兼秘书长张冰冰、副理事长陈宝光、名誉理事长贾清文等领导，以及来自全国各地的地方家具协会、会员企业、媒体记者六百余人出席了大会。会议由中国家具协会副理事长兼秘书长张冰冰主持。

会上，步正发会长发表了热情洋溢的讲话，他代表中国轻工业联合会对大会的召开表示热烈祝贺。步会长表示，近年来，家具行业克服国际金融危机的严重影响和国内经济下行压力加大、要素成本上升、资源环境约束增强等各种困难，保持了全行业平稳较快发展，取得了结构调整和转型升级的积极成果。中国家具协会成立20多年来，在家具行业的快速发展和结构调整的进程中，发挥了重要作用。协会会员进一步扩大，凝聚力、国内外影响力进一步增强，得到了整个行业的赞扬。同时，步会长还对协会工作提出了几点希望，一是继续推进结构调整，促进产业优化升级。二是加强和完善企业质量管理体系，培育提升自主品牌的影响力。三是加强行业自律，规范市场行为。四是进一步加强协会自身建设。

中国轻工业联合会会长　步正发

民政部民间组织管理局副巡视员赵泳在讲话中对协会工作给予了充分肯定，并指出，近年来，中国家具协会始终围绕中心、服务大局，积极拓展协会职能，充分发挥桥梁与纽带作用，为推动家具行业的深入发展做了大量工作。同时，中国家具协会坚持以创建中国特色一流行业协会为奋斗目标，积极推动改革创新，加强思想、作风、队伍建设，推进支撑体系、工作平台和品牌建设，增强服务意识，赢得了会员信赖、政府认可和社会关注，在我国经济社会发展中发挥了积极作用，树立了良好形象，成为家具领域不可或缺的重要力量。赵泳强调，目前，我国社会组织改革发展正迎来千载难逢的好机遇，中央明确提出要“重点培育和优先发展行业协会商会类社会组织，成立时直接依法申请登记”，要“限期实现行业协会商会与行政机关真正脱钩”，要“探索一业多会，引入竞争机制”，要“支持行业协会商会类社会组织发挥行业自律和专业服务功能”。按照党中央、国务院部署，到2020年，要建立健全统一登记、各司其职、协调配合、分级负责、依法监管的社会组织管理体制，营造法制健全、政策完善、待遇公平的社会组织发展环境，构建结构合理、功能完善、诚信自律、有序竞争的社会组织发展格局，形成政社分开、权责明确、依法自治的现代社会组织体制。

民政部民间组织管理局副巡视员　赵泳

国资委行业协会联系办公室副主任张涛在肯定协会近年来所做工作的同时，重点对社会组织的改革形势作了说明。在国家和社会整体层面，新形势对协会工作提出了新要求。协会要进一步扎实做好行业基础工作，集中全行业智慧和力量，为促转型多作努力。要在促进转型的观念转变、战略规划、标准制修订、科技导向、信息服务、市场策略调整、集群化发展、文化软实力建设、诚信发展、品牌文化提升、社会责任履行，以及政策建议与推动、国际化经营等方面多想办法，抓典型问题、瓶颈问题，多搭建促进平台，努力起好服务引领作用。行业协会、社会组织要积极适应管理制度的改革，努力实现自我提升。要按照改革精神切实完善组织治理，切实管好走向自治管理的相关重要事务，大力推进协会品牌建设，积极推动协会的自我发展。要以规范管理、提高效能为目标，切实加强秘书处能力建设。他表示，此次会议是协会重要的一次承前启后的大会，希望中国家具协会可以在现有成绩的基础上加倍努力，把今后的工作做得更好。

国资委行业协会联系办公室副主任　张涛

中国家具协会理事长朱长岭作第五届五次理事会 2014 年度工作报告

中国家具协会名誉理事长贾清文出席大会

中国家具协会副理事长刘金良宣读《关于促进家具行业环境保护工作的指导意见》

中国家具协会副理事长兼秘书长张冰冰主持大会

中国家具协会副理事长陈宝光宣读《中国家具行业知识产权保护办法》

中国家具协会理事长朱长岭向大会作第五届五次理事会 2014 年度工作报告。朱理事长在报告中介绍了 2014 年我国家具行业发展的基本情况。2014 年，我国正处在经济增长换挡期、结构调整阵痛期以及前期政策消化期，家具业的发展步伐与全国经济形势一致，也将从高速发展向中低速发展转变。按全口径统计，产值达到 1.2 万亿。规模以上家具企业 4933 家，1 ~ 9 月实现主营业务收入 5121.87 亿元，同比增长 12.64%。累计出口 382.49 亿美元，同比增长 0.34%。今年以来，家具行业继续调整产业结构实现转型升级，技术水平快速提升，盈利水平稳步提高，定制家具高速发展，家具电子商务迅速崛起。2014 年，中国家具协会获得 5A 等级，协会自身建设进一步加强，会员组织继续发展壮大，信息服务工作进一步深入，产业集群工作继续强化，行业培训有所创新。此外，协会积极加强国际交流，举办家具展览会和家居文化节，开展标准化工作，国际及行业影响力进一步提升。在谈到 2015 年主要工作时，朱理事长指出，明年协会要组织专家制定家具行业十三五发展规划，促进行业发展。同时还要促进企业管理水平的提升，加强行业集中度，鼓励大型企业集团的建设。家具行业还应坚持品牌建设和创新，继续做好家具出口，加强产业集群建设。此外，要进一步发挥协会组织的作用，加强信息工作，深化国际合作与交流，制定宣贯家具标准，规范市场行为，努力完善行业培训体制。朱长岭理事长的报告得到了出席会员企业的一致认可并获得了大会的通过。

会议审议并通过了分别由中国家具协会副理事长刘金良、陈宝光宣读的《关于促进家具行业环境保护工作的指导意见》和《中国家具行业知识产权保护办法》。这两个指导性规定，为家具企业环保生产等工作指出了明确的目标和要求，明确了家具行业知识产权保护工作的原则，详细阐述了家具行业鼓励和抵制的行为，为今后协会及行业相关工作的开展打下了基础。

此外，会议审议并批准了由中国家具协会副秘书长吴国栋宣读的《中国家具协会关于增补第五届理事会理事单位的议案》和《中国家具协会关于特邀第五届理事会常务理事单位的议案》。经各地协会推荐和企业自荐，148家企业成为了新一届中国家具协会理事单位，8家单位成为中国家具协会常务理事单位。

荣麟世佳（北京）家具制造有限公司总裁戚麟代表新增补的理事单位发表讲话，他对行业和协会领导一直以来对家具企业的关心和认可表示感谢。他表示，世界各国都在享用中国生产制造的家具，中国的家具企业和行业虽然面临诸多挑战，但未来是光明的。在协会的带领和引导下，家具企业应奋发自强，只有改变自己，改变传统发展模式，才能从根本上改善行业发展环境。

中国家具协会副秘书长吴国栋宣读《中国家具协会关于增补第五届理事会理事单位的议案》和《中国家具协会关于特邀第五届理事会常务理事单位的议案》

荣麟世佳（北京）家具制造有限公司总裁戚麟代表新增补的理事单位讲话

此次大会得到了协会上级主管部门的关心和支持，无论是领导的指示，还是嘉宾的精彩分享，都将激励中国家具协会在新的一年里，继续按照党的十八大和十八届二中三中四中全会的精神，积极开展各项活动，为企业、为政府、为社会、为行业搭建更多的交流和贸易平台，更好地服务于行业、会员和政府，推动家具行业健康发展，共圆家具行业的中国梦。

会议现场

中国家具协会关于增补第五届理事会理事单位的议案

中 国 家 具 协 会

中家具〔2014〕39 号

中国家具协会
关于增补第五届理事会理事单位的议案

我国家具行业在不断适应国家经济结构调整带来的变化，加快推进转型升级，进入了平稳增长阶段。几年来，全国各地涌现出许多发展充满活力、管理规范有序的家具企业，在行业发展过程中成为骨干，发挥了很大作用，这些企业先后向中国家具协会秘书处提出申请，积极要求作为中国家具协会理事单位。应行业发展需要以及广大会员单位的要求，根据《中国家具协会章程》规定，经过各地协会推荐和企业自荐特提名荣麟世佳（北京）家具制造有限公司等 148 家企业为理事单位。

请大会审议。

中国家具协会
2014 年 12 月 4 日

附：增补理事单位名单

中国家具协会关于特邀第五届理事会常务理事单位的议案

中 国 家 具 协 会

中家具（2014）41 号

中国家具协会
关于特邀第五届理事会常务理事单位的议案

近几年，中国家具行业在转型升级的变革道路上平稳前进，各地家具企业在当地政府的引导和扶持下，在设计水平、生产技术、经营管理等方面有了明显提升。不仅如此，各地政府积极组织企业在产业集群建设中建立服务平台促进行业技术进步，形成合力，为中国家具行业的发展做出了巨大贡献。根据行业发展的需求，特邀潜江市人民政府等八家单位为中国家具协会常务理事单位。

请大会审议。

中国家具协会

2014 年 12 月 4 日

附：特邀常务理事单位名单

中国家具协会第五届五次理事会增补理事单位名单

序号	企业	序号	企业
1	荣麟世佳（北京）家具制造有限公司	25	张家口市宣化区乐福家居有限公司
2	北京东方万隆家俱有限公司	26	山西荣泰真红木家具有限公司
3	北京维力家具有限公司	27	太原富丽达木业有限公司
4	北京实创尊典家具有限公司	28	山西黎氏阁家具广场有限公司
5	北京城外诚家居市场有限公司	29	沈阳市瑞美鑫家具厂
6	北京舒雅轩办公家具制造有限公司	30	长春重山办公设备有限公司
7	北京世纪京泰家具有限公司	31	长春市艺泽诚木业有限公司
8	北京国林系统家具有限公司	32	吉林省尺度家俬有限公司
9	北京九牧林氏古典家具有限公司	33	吉林省辽源市东方广场家居有限责任公司
10	上海龙凤床垫有限公司	34	江苏迪高乐家具有限公司
11	上海莘潮家具有限公司	35	苏斯帕（南京）减震系统有限公司
12	天津市艾格家具有限公司	36	江苏渔歌子家具有限公司
13	涞水县万铭森家具制造有限公司	37	扬州市千年居家业有限公司
14	涞水县珍木堂家具有限公司	38	常熟市金蝙蝠工艺家具有限公司
15	涞水县隆德轩红木家具有限公司	39	浙江奥士家具有限公司
16	河北古艺坊家具制造股份有限公司	40	宁波柏厨集成厨房有限公司
17	涞水县精佳红木雕刻厂	41	浙江昌丽家居有限公司
18	涞水县艺宝家具制造有限公司	42	浙江昊天伟业家具有限公司
19	涞水县森源仿古家具厂	43	温州华奇家具有限公司
20	涞水县艺联木刻厂	44	浙江华洲文仪有限公司
21	涞水县永蕊家具坊	45	兰溪市鑫联家具有限公司
22	河北涞水易联升古典红木家具有限公司	46	宁波麦高家具有限公司
23	正定县家具协会	47	玉环县美林格家具有限公司
24	原阳县金祥家具产业园有限公司	48	浙江美生橱柜有限公司

（续表）

序号	企业
49	浙江铭派博杰家具有限公司
50	普陀海华实业有限公司
51	义乌市喜霸家私实业有限公司
52	宁海县雅格家具有限公司
53	浙江艺家百年家具有限公司
54	浙江中义家具有限公司
55	浙江澳利达家具有限公司
56	东阳市双洋红木家具有限公司
57	东阳市御乾堂宫廷红木家具有限公司
58	浙江万家宜家具有限公司
59	东阳市明清宝典艺术家具有限公司
60	东阳市黄家宝典家具有限公司
61	东阳市中艺红木家具厂
62	福州左海家具有限公司
63	福建省华名华居家居实业有限公司
64	厦门玉鹭集团有限公司
65	赣州市品味空间家具有限公司
66	江西木之宝家具有限公司
67	赣州市三儿家具有限公司
68	江西锦瑞家具有限公司
69	江西金塔家具有限公司
70	江西广迪智能钢艺集团有限公司
71	江西金钱豹保险设备集团有限公司
72	江西金都保险设备有限公司
73	南昌市经济技术开发区强升家俱厂
74	江西世纪星校具实业有限公司
75	江西瑞发校具有限公司
76	江西省海龙校具有限公司
77	江西兴达校具有限公司
78	江西光正金属设备集团有限公司
79	江西宏达保安器材有限公司
80	江西省新余市东方巴黎市场开发管理有限公司
81	临沂市恒久家私有限公司

序号	企业
82	青岛喜之林家具有限公司
83	济南金华鹏科技有限公司
84	都市果园（北京）家具有限公司
85	洛阳市九都金柜有限公司
86	湖北御品红红木家具发展有限公司
87	武汉梦湖家私有限公司
88	湖北东南绿源木业有限公司
89	武汉鸿扬尚品家俬有限公司
90	湖北品上家居有限公司
91	湖南扬诚瑞林木业
92	湖南省顾帝家俬有限公司
93	广州市展洋家具有限公司
94	广州市汇雅家具有限公司
95	佛山市顺德区杰盟家具制造有限公司
96	佛山市穗龙家具有限公司
97	佛山市联润家具有限公司
98	佛山市南海九龙优胜办公家具有限公司
99	鹤山市海景家具有限公司
100	佛山钡特办公系统设备有限公司
101	中山市华辰机电科技有限公司
102	佛山市南海西樵卓凯五金厂
103	佛山富盟五金有限公司
104	广东泰明金属制品有限公司
105	佛山市南海区硕和金属制品有限公司
106	广州市番禺区思联现代画饰有限公司
107	佛山市顺德区巨欧家具有限公司
108	霸州市天标五金家具有限公司
109	佛山市顺德区龙江镇好莱运家具厂
110	广东省中山市中意家具有限公司
111	中山市礼胜家具有限公司
112	佛山市顺德区恋家家具有限公司
113	霸州市胜芳镇瑞兴家具有限公司
114	上海雷曼公司

（续表）

序号	企业
115	中山市星美家具有限公司
116	佛山市富美家具有限公司
117	东莞市艺家沙发有限公司
118	东莞市洋臣家具有限公司
119	东莞崧崴电子科技有限公司
120	东莞市金茂达家具有限公司
121	东莞市凯晟家具有限公司
122	东莞市富佳华家具有限公司
123	东莞市精益家具有限公司
124	东莞市大木匠家具有限公司
125	东莞市厚街格林家具厂
126	中山市华福工艺家具有限公司
127	东莞市华伟家具有限公司
128	东莞市宏升木制品有限公司
129	中山市东成家具有限公司
130	广东富美达办公家具集团有限公司
131	深圳市柏威国际货运代理有限公司上海分公司
132	佛山市顺德区乐从镇家具城商会
133	佛山市顺德区家具协会
134	三菱商事（广州）有限公司
135	四川八益大狮家具有限公司
136	成都市东金家具有限公司
137	甘肃龙润德商贸有限公司
138	兰州江华家具有限责任公司
139	东莞市弘开实业有限公司
140	宁夏回族自治区家居行业商会
141	瑞昌市中部红木产业有限公司
142	香河靓涌轩商贸有限公司
143	香河家具城漢功欧派家具直销处
144	江西美达文体器材有限公司
145	江西天境精藏科技有限公司
146	中山市广立办公家具有限公司
147	涞水县艺友红木家具厂
148	中山市兴华家私木器有限公司

中国家具协会第五届理事会特邀常务理事单位名单

序号	单位
1	潜江市人民政府
2	碧溪镇人民政府
3	成都市新都区人民政府
4	东阳市人民政府
5	杭州市人民政府
6	海宁市人民政府
7	涞水县人民政府
8	庞村镇人民政府

永华红木
YONGHUA ROSEWOOD
知木知永华
知木
知永华
www.yonghuahm.com
移动官网
官方微信
热线电话：4000-223-888

穗宝
SOMNOPRO
闭眼买 睁眼睡？
穗宝床垫
我们不是家具
专注床垫 44 年
专业品牌更值得信赖
穗宝官方微信
穗宝官方网站
服务热线：4001881971
Anniversary
44年
好梦中国44年
“穗宝”是穗宝集团注册商标。版权所有©2015穗宝集团。

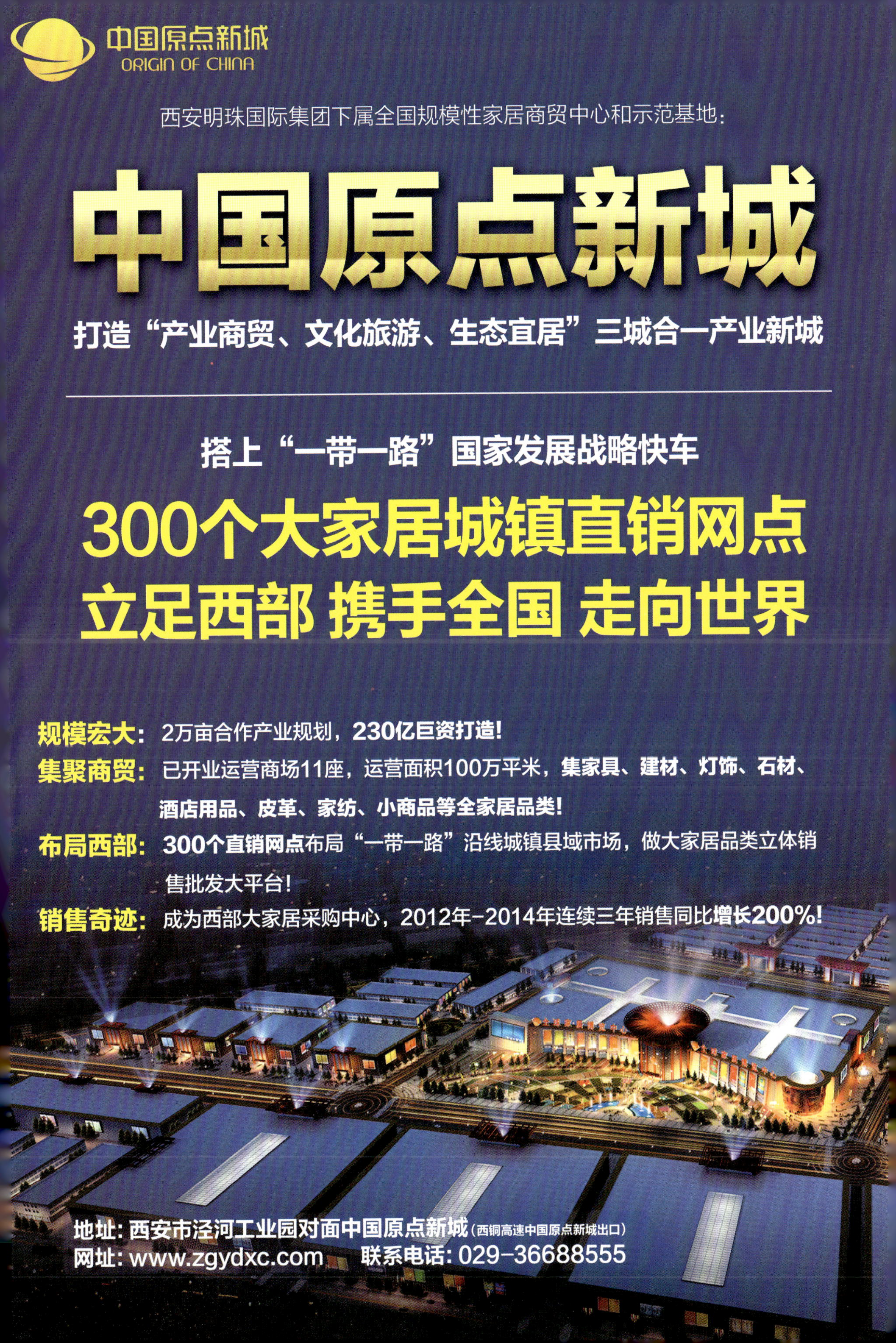
中国原点新城
ORIGIN OF CHINA
西安明珠国际集团下属全国规模性家居商贸中心和示范基地：
中国原点新城
打造“产业商贸、文化旅游、生态宜居”三城合一产业新城
搭上“一带一路”国家发展战略快车
300个大家居城镇直销网点
立足西部 携手全国 走向世界
规模宏大：2万亩合作产业规划，230亿巨资打造！
集聚商贸：已开业运营商场11座，运营面积100万平米，集家具、建材、灯饰、石材、酒店用品、皮革、家纺、小商品等全家居品类！
布局西部：300个直销网点布局“一带一路”沿线城镇县域市场，做大家居品类立体销售批发大平台！
销售奇迹：成为西部大家居采购中心，2012年-2014年连续三年销售同比增长200%！
地址：西安市泾河工业园对面中国原点新城（西铜高速中国原点新城出口）
网址：www.zgydxc.com 联系电话：029-36688555

LIFE & WORK
humanity healthy ecology
创新设计，创心体验
丰富机能,提升质感,演绎风尚空间表情,让空间重焕新生!
贺国靖家具
第35届(广州)国际家具博览会一炮三响,
一举荣获材料应用奖金奖、展位设计奖
优秀奖、制造工艺奖优秀奖三大奖项
石纹漆
Boldness
本产品荣获第35届
中国(广州)国际家具博览会
材料应用奖金奖
双
Twin
本产品荣获
2013年广州设计周红棉奖
2015年广州国际家具博览会
(办公环境展)制造工艺优秀奖
Alter Chair Series
KCA-X700系列
本产品荣获2014年
广州设计周红棉奖产品设计奖
ISO9001 ISO14001
OHSAS 18001
GREENGUARD
绿色卫士/国际室内空气质量环保认证
ilac-MRA
CNAS
中国合格评定国家认可委员会
实验室检测认可
(注册号:CNAS L5827)
中国环境标志
國靖集團
KUOCHING GROUP
座 椅 方 案 专 家
广州国靖办公家具有限公司 广州市番禺区钟村街钟一工业区 邮编:511495 TEL:86-20-84776005 FAX:86-020-84776137
鹤山国靖家具有限公司 鹤山市双合镇蒲塘开发区 邮编:529735 TEL:0750-8613222 FAX:86-0750-8613111
安徽国靖家具有限公司 安徽省滁州市全椒县大墅镇大墅工业园 邮编:239544 TEL:0550-5368588 FAX:86-0550-5368602
E-Mail:kc@kuoching.com